Commercial Economics

21世纪贸易经济系列教材

General Economic Theory of Consumption

现代消费经济学通论

（第二版）

主编　柳思维

大学出版社

点，充分吸收和反映近10年来消费经济理论研究和消费实践的新成果、新进展、新变化，在消费经济学基本原理、基本知识、基本方法等内容的广度与深度的阐述上，宽窄协调，深入浅出，适度适宜，好教好学。

其二是内容有所创新。全书既注重保持消费经济学界和已有各种消费经济版本教材中已达成共识的内容的稳定性，注重2006年第一版教材的结构及内容的稳定性，又注意与时俱进，在结构与内容上及时调整优化。特别是深刻领会党的十八大报告关于经济方面的理论创新，充分领悟科学发展观对消费的新要求，紧密结合世界和我国社会经济文化发展的新变化，结合后金融危机时代以来我国消费经济理论研究与实践发展的新问题，及时吸收学术界最新的研究成果，对消费需求、消费方式、消费水平、消费市场、消费环境、消费质量、消费者行为、消费者教育、消费调控增补了新的内容，增添了新的资料，另外新增了消费质量与消费安全、消费热点、消费市场多层次协调发展等方面前沿的学术成果，从而使再版教材在理论内容上体现创新性与科学性的统一。

其三体例更为规范，形式活泼。一是规范教材语言文字，更加注重字、词、句准确、规范、简明，尽力避免内容繁杂、文字冗长、含义含糊的问题；二是逻辑更为严密，教材中对已达成共识的通用的基本理论、综合知识，做到前后一致，一以贯之，每章各节、大目、子目、细目之间的符号清晰统一；三是形式更加活泼，每章增加了小结、阅读推荐、案例分析。

本书适合用作高等院校经济管理本科专业相关课程教材，还可作为经济与管理学科研究生教学专题参考用书，也可为读者了解消费经济学知识提供读书参考。

柳思维

目 录

第1章 消费经济学导论

Chapter 1

内容提要

本章是全书的导论，也是学习本书的入门导引，主要讲述消费（指生活消费）的含义、要素、类型及特征，研究消费在市场经济发展中的功能与作用，综述国内外消费经济理论研究的概况，说明消费经济学的研究对象，介绍本书的内容及学习方法。

第1节 消费与社会经济发展

一、消费的含义、类型

（一）消费的含义

消费是人类社会永恒的主题，也是社会经济活动中最基本的经济活动，《新帕尔格雷夫经济大词典》对消费一词没有单独定义，而对古典经济学中关于消费研究的代表性观点则有系统的介绍。我国经济学界对消费的最早定义是："人们为了满足生产和生活的需要而对物质资料的使用和消耗。包括生产消费和生活消费。"① 而在著名消费经济学家尹世杰教授主编的《当代消费经济词典》中又表述为："人们在物质资料和劳务的生产与生活中，对物质产品和劳动力的消耗过程。包括生产消费和生活消费。"② 以上两种表述都是指广义的消费。

经济学中的生产消费，属于直接生产过程，是指物质产品生产过程中任何耗费一定的物质资料及劳动力的活动。任何生产消费活动总会耗费一定的物质资料，耗费的形式有一次性消耗的原材料、燃料及辅助材料；也有多次性消耗和使用的物质资料，如设备、厂房、工具等。在生产消费中，也必须耗费劳动者的体力和脑力，或称人力资源或人力资本，而绝不只是单纯的物质资料的消耗过程。物质资料和劳动力、资本在生产中的消耗本身是生产过程的要求，本质上属于生产过程，是一种生产行为，包含在生产过程中，正如马克思指出的："生产行为本身就它的一切要素来说也是消费

---

① 《中国大百科全书经济学Ⅲ》，1 078页，北京，中国大百科全书出版社，1988。

② 尹世杰主编：《当代消费经济词典》，9页，成都，西南财经大学出版社，1991。

行为。"[①] 生产消费是一种中间性消费，生产消费的结果是生产出一定的新的劳动产品，这种新的劳动产品主要是物质产品，也包括精神产品和劳务，是一种新的使用价值的出现。一定时期内，一个国家或地区的全部生产消费是构成这个国家和地区经济增长总量的主要基础。任何人在任何时候都离不开生产消费。马克思早就说过："人从出现在地球舞台上的第一天起，每天都要消费，不管在他开始生产以前和在生产期间都是一样。"[②] 生产消费属于社会再生产过程的生产领域与起点环节。

与生产消费不同，生活消费是最终消费，一般是指为满足消费者（居民）物质生活消费需要与精神生活消费需要而使用、利用和变更各种物质资料、精神产品及劳务的过程。生活消费是实现人自身再生产的行为与过程，马克思称它是"原来意义上的消费"[③]，也就是真正意义上的消费。生活消费则是社会再生产过程的终点环节与目的，社会再生产总过程包括生产、分配、交换与消费四个环节，各个环节之间相互促进，互为条件。生产决定分配、交换和消费，同时分配、交换和消费也影响和反作用于生产，甚至在一定条件下对生产起决定作用。

生活消费活动与过程的进行必须同时具备四大基本消费要素。其一是消费主体，即作为消费者的个人，或是由个人构成的集体与社会。消费主体与劳动者不是同一个概念，作为消费主体的个人在年龄、职业、文化、资历等方面具有很大的差异。作为消费主体，还有家庭、社会集团以及社会成员的公共消费。其二是消费客体，也称消费对象，如人们的食物消费必须有一定的食品作为消费对象，衣着消费必须有可以穿戴的服装或饰物。随着社会生产力的发展、科学技术的进步和消费主体消费水平的提高，消费客体的数量和品种越来越多，结构也越来越复杂。消费对象按使用价值的消费效果划分，有的是一次性消费的，如食品；有的则是可供多次性、重复性消费的，如耐用消费品。其三是消费工具，这是消费者为了取得和使用消费对象而完成消费活动所需要的各种用具、用品及技术物质设施等，例如饮食消费必须有刀叉、筷子、盘、碗、桌等，还必须有一定的场所。在现实生活中，也有一部分消费工具同时兼有消费对象的特性。如小轿车在消费者进行旅游消费时既是消费对象，又是必不可少的消费工具，到各地游山玩水，参观风景名胜，均少不了它。其四是消费环境。消费环境是影响和制约人们消费活动过程的各种自然因素、社会因素的统称。消费自然环境指影响消费者消费的各种自然条件，如自然地理因素的海拔、区位、光照、雨水、温度等。消费社会环境是指直接影响消费者的消费心理及消费行为的各种社会因素，如受教育程度、宗教、主流意识、民俗文化。

（二）生活消费的类型

生活消费可以从不同角度划分类型：

（1）按消费主体消费行为的组织化程度来划分，主要有个人（包括家庭）生活

---

① 《马克思恩格斯全集》，中文1版，第46卷（上），27页，北京，人民出版社，1979。

② 马克思：《资本论》，3版，第1卷，196页，北京，人民出版社，2004。

③ 《马克思恩格斯选集》，2版，第2卷，8页，北京，人民出版社，1995。

消费和公共生活消费（团体消费）。个人生活消费是指以个人或家庭为单位的消费，这是生活消费的基本类型、主导类型。个人消费在使用消费工具、享用消费对象、进行消费决策方面都是分散、自主、自由的，表现为消费者单独消费一定的对象，如一个人外出就餐，一个人驾私家车旅游等。团体消费则是以社会组织为主体的一种消费，消费主体是社会组织，社会组织有企事业单位、政府机关等，是许多消费者在同一时间、同一空间有组织地集体消费同一消费对象，如部队官兵统一观看文艺演出，学校师生统一组织外出旅游等。在团体消费时，个人是作为整体中的一员来参与消费的。一般而言，个人消费的许多消费对象分散存在于各个消费者个人或家庭手中，即生活资料是私人所有的，但个人消费的许多不可移动的消费对象也是集中存在的，只是既可以满足个人生活消费的单独需要，也可以满足团体消费的需要，如旅馆中的床位、酒店的餐饮服务、旅游景点的旅游资源等。

（2）按消费主体消费资料的来源及取得的方式划分，有自给性消费、商品性（市场化）消费和福利性消费。自给性消费是指消费主体以自己的劳动产品直接满足个人或家庭其他成员的一种消费方式，人类社会最早的氏族公共消费就是一种自给性消费。自给性消费与自给性生产相结合，是自然经济的基本内容。由于历史上传统自然经济占主导地位，我国农村居民长期以来自给性消费的比重较高。商品性消费是指消费者通过市场交换用货币购买生活资料而进行的一种消费。当人类社会出现商品交换和商品经济后，商品性消费就相应产生了，随着商品经济的发展，商品性消费的比重不断上升。商品性消费已成为市场经济条件下消费者生活消费的基本方式和主导方式。经济学研究的消费主要是商品性消费。福利性消费是指消费者取得的生活资料既不是自己生产的，也不是通过自己的货币购买的，而是由国家、社会团体和居民个人无偿提供的。福利性消费包括国家免费为广大居民提供的社会公共消费品的消费；国家为一部分无收入和生活没有保障的居民提供的救济性生活消费品供给；国家、社会团体、企事业单位、居民个人为灾民、病人、残疾人、老人、贫困者等各种弱势群体提供的生活救助；国家和政府为学生提供的奖学金、助学金及生活补贴等。福利性消费不一定都表现为向消费者直接发放消费资料，其主要形式是向消费者提供一定金额的生活救助金、救济金、补贴等。

（3）按消费资料的使用价值及消费目的划分，可分为生存性消费、发展性消费与享受性消费。生存性消费是指满足消费者个人生命延续的一种消费，主要是消费者维持人体正常生存的各种基本生活资料的消费行为，这是任何社会最基本的消费，也是维护人的基本生存权的主要内容，只是不同时期，生存性消费的内容和生存性生活资料的构成是不同的。发展性消费是指满足人的体力和智力发展需要而进行的消费，发展性消费具有发展个人的体力和智力的目的，随着社会生产力水平的提高和社会消费水平的提高，发展性消费的内容也不断丰富。享受性消费是指生存性消费、发展性消费以外的各种满足人的精神享乐需要的消费行为与消费活动。以上三种消费类型的构成比例对于同一个消费者而言，可能同时存在，只是比例不同；而不同时期同一消费者这三种消费的比例是动态变化的。此外，同一种消费活动在不同时期可以属于不同的消费活动，如在汽车产品问世的工业化初期，购买和使用轿车可能视为享受性消费，而到了轿车普及到家庭的后工业化时期，它已是一种生存性消费行为了。

二、生活消费的两重性及其基本特征

（一）生活消费的两重性

生活消费具有两重性，即自然性与社会属性。所谓生活消费的自然性是指生活消费过程具有与社会制度性质及社会关系无关的特性。这种自然性表现为：（1）消费过程是人自身发展的自然要求。不管在任何社会，也不管是什么人，消费活动本身是人的生理与心理的需要，首先要满足人自身体力和智力再生产的需要。（2）人们的消费活动总是在一定的自然环境和自然地理条件下进行的，自然地理环境不同，消费结构、消费方式、消费水平及消费手段等均不同。气候、空气、海拔、日照、温度、降雨量以及自然生态系统是否平衡等都会不同程度地影响消费活动过程。（3）人们消费活动中的某些消费方式、消费手段、消费过程等由消费品自身使用价值的特点决定，即由商品自身的生物、化学、物理性能决定，与社会关系无关。

但任何生活消费活动过程又具有明显的社会属性。这种社会属性从以下几个方面表现出来：（1）社会生产方式和分配关系的性质直接制约不同居民的消费状况，消费活动本身带有特定的生产关系性质；（2）任何社会的消费活动过程中，不同的消费者之间形成的一定的消费关系总是体现一定的所有制关系和一定的社会制度性质；（3）任何社会的消费活动总会受到各种非经济的社会关系、上层建筑等的影响，包括政治、文化、民族、道德、宗教、习惯势力、传统观念等因素都会对消费活动产生影响。

（二）生活消费的基本特征

消费经济学研究的消费主要是居民个人的生活消费，就生活消费而言，一般具有下列基本特征。

1. 生活消费的个性化特征

所谓消费的个性化，是指消费者个人对生活消费的内容、手段、形式等的一种个体自主选择性，这是由消费者自我主权决定的。就生活消费活动过程而言，个性化是其基本特征，生活消费本身具有分散性特点，个人如何消费首先由个人意志决定，只是在不同社会阶段、不同生产力发展阶段、不同社会经济发展水平条件下，个性化的表现形式及程度有所不同。总的趋势是随着社会生产力的进步及社会经济的发展，生活消费的个性化特征越来越明显，特别是在现代市场经济条件下，由于消费商品化和货币化程度、消费者个人收入水平及人文素质水平的不断提高，人们消费的自主选择性越来越强烈，居民生活消费的个性化特征也越来越明显。

2. 生活消费的差异性和多样性特征

生活消费的个性化必然带来生活消费的差异性、多样性。这种多样性表现在不同消费者之间由于其收入、职业、文化程度、生活习俗、心理偏好等的差异，必然

会形成不同的消费习惯与消费偏好；不同地区的消费者由于地域文化的影响和自然地理条件的制约，在消费结构、内容和方式上也会产生差异，例如同样是菜肴消费，四川人爱食麻辣味，湖南人要求辣而不麻，沪、苏、浙一带喜带甜味的淮扬菜系，广东人则喜粤菜。此外，不同民族、不同宗教的消费者因受特定的宗教信仰或禁忌的影响，也会形成不同的消费偏好与消费差异。多样化的消费构成了丰富多彩的生活消费，即使同一个消费者处在不同的年龄阶段或不同的地理环境，也会表现出消费的差异。即使同一个家庭的成员，也会各自在消费结构、消费方式、消费内容、消费水平等方面表现出差异性和多样化特征。承认、容忍消费的差异性、多样性，才会形成社会和谐消费。

3. 生活消费的相对稳定性与动态性特征

消费者的消费既具有相对稳定性，又具有不断变化的动态性。相对稳定性是指由于受自然消费力规律的制约和消费习惯形成的影响，或受消费有限性的制约，人们的某些消费活动具有相对稳定性，而相对稳定的消费则明显具有重复消费的特点，如一日三餐的消费模式，许多青少年喜欢到麦当劳去就餐等。但消费受多种因素变化的制约，又是动态变化的。随着科技的进步、经济的发展、文化的繁荣，人们的消费是不断变化的，消费的对象、消费的结构、消费的水平与质量等都处在不断变化、不断更新、不断优化的状态中。消费的这种动态变化具有无限性的特点，例如，太空旅游和海底潜游过去曾是人们的一种梦想，但随着科学技术的发展已经变为现实，今后也一定会扩展。从物质产品消费与精神产品消费来看，人类对精神产品的消费更具动态性及无限性的特点。而物质消费的来源和供给也随着科技的创新和生产力的发展，具有动态发展的无限性。

4. 生活消费的多层次性特征

消费的多层次性是很明显的：一方面，人的消费需要本身就是多层次的，美国著名人类学家、管理学家马斯洛（A. H. Maslow）曾提出了人类需要的多层次理论，即人的需要从生存需要到人生价值实现的需要可分为五个层次，而且人的需要是从低层次到高层次不断递进的。总的来说，人们的消费层次大致可分为生存性消费、发展性消费与享受性消费。另一方面，同一个时期不同的消费者在同一类消费品的消费层次上也是分开的，不会都处于同一个平台上，如轿车消费，由于个人收入水平、消费水平的差异，购买和使用从几万元一辆到上百万元一辆的轿车就构成了轿车消费的多层次系列，住房、衣服等方面的消费也是如此。这种消费的多层次性也推动了消费品市场的发展，成为产业结构升级的主要动力。

5. 生活消费的开放性特征

市场经济条件下的消费主要是商品化与货币化消费，消费活动过程是与市场相联系的，而市场的本质是开放的。首先，消费的开放性表现为消费资料来源全球化，一定国度和地区的消费者可以选择消费不同国家和地区生产的消费品，尤其在经济全球化的条件下，全球消费品市场是开放的，许多消费品在全世界范围内流通，如发达国家的汽车、电子产品、化工产品、医药保健品等，以及发展中国家的原料密集型消费品、劳动密集型消费品等。其次，消费的开放性表现为居民的消费项目、消费活动打破时空界限的限制，必须跨区域、垮国界进行，如消费比重越来越高的旅游消费、闲暇消费、网络消费等，又如全世界几亿消费者可在同一时间内观看奥运会开幕式或同时欣赏一场高水平的足球赛、拳击赛和文化表演。最后，消费的开放性还表现为居民个人之间、不同国家与地区之间、消费行为与消费活动之间具有互相影响、互相渗透、互相作用的关联性和示范性，消费的关联性与示范性不受行政区划和国界的限制而具有横向传递、扩散效应，越来越多的世界性流通企业在全球布点，如沃尔玛、麦德龙、家乐福、麦当劳、肯德基等企业的网点跨国界拓展，也引发了消费示范效应，互联网及传媒的发达也加快了消费流行与消费跨国界、跨地区传递的示范效应。因此，从一定意义上讲，现代市场经济下消费的开放性必然引发消费的国际化及消费的国际化示范效应。

三、消费力与消费关系

（一）自然消费力与社会消费力

消费力是指消费主体对消费客体发生作用的力量或能力，即消费者消费各种消费资料与劳务的力量或能力。消费力包括自然消费力与社会消费力。自然消费力是指消费者为维护其生存、发展、享受需要而使用消费资料的能力，又称绝对消费力。不同消费者因生理、心理及文化和技能差异，在消费同一消费品时所表现出的能力是不同的，如同一年龄、同一性别的消费者有的可饮烈性酒，有的则滴酒不沾；有的可以参加“过山车”等惊险刺激的休闲娱乐活动，有的则不行。此外，还因自然环境不同导致不同区域的消费者拥有不同的消费能力。因此，这种因消费者生理、心理、文化、技能、自然环境差异而形成的消费能力，可以称为自然消费力。每个人的自然消费力并不纯粹由自然规律决定，而是可以在消费实践中不断变化，如驾驶汽车的技术、参加各种文化娱乐体育活动的能力、使用与消费电脑等现代消费品的能力，都是可以从无到有、从弱到强得到提高的。当然，有的自然消费力（如消化食品的能力），则主要受到人体自身生理特点及规律的制约。

社会消费力则是指在一定社会经济条件下，消费者个人或社会集团获得一定份额的消费品（包括各种实体消费品和各种消费服务）进行消费的能力。社会消费力的概念首先是马克思提出并使用的。马克思在论述资本主义生产规律时指出：“直接剥削的条件和实现这种剥削的条件，不是一回事。二者不仅在时间和空间上是分开的，而且在概念上也是分开的。前者只受社会生产力的限制，后者受不同生产部门的比例和社会消费力的限制。但是社会消费力既不是取决于绝对的生产力，也不是取决于绝对的消费力，而是取决于以对抗性的分配关系为基础的消费力；这种分配关系，使社会上大多数人的消费缩小到只能在相当狭小的界限以内变动的最低限度。这个消费力还受到追求积累的欲望的限制，受到扩大资本和扩大剩余价值生产规模的欲望的限制。”[①] 马克思的以上论述阐明了两点，第一，社会消费力以消费品分配制度及分配关系为基础；第二，社会消费力受到积累与消费比例的限制。社会消费力与自然消费力无关，自然消费力主要由人的生理及心理规律决定，而社会消

① 《马克思恩格斯全集》，中文1版，第25卷，272～273页，北京，人民出版社，1974。

费力主要取决于人在社会生产中的经济地位及其社会分配关系，消费者消费某种消费品的能力与他是否具有得到某种消费品的能力是两码事。在市场经济条件下，社会消费力主要表现为有货币支付能力的消费力，即一定时期社会居民对购买消费品及劳务的货币支付能力。经济学应主要研究这种社会消费力。

（二）消费关系

消费关系是指人们在消费活动中，通过社会消费力表现出来的人与人之间的社会关系。与分配关系和交换关系一样，消费关系是社会生产关系的一个重要组成部分，也是社会生产关系在消费领域的具体反映，它反映不同的社会成员，包括不同阶级、不同阶层、不同集团、不同家庭、不同消费者个人之间在消费领域的地位、作用和相互关系。任何消费活动都是消费力和消费关系互相结合在一起的过程，可以说消费力是消费关系的载体和物质内容；消费关系则是消费力的社会实现形式和条件。消费关系的发展变化既受到社会生产力状况的制约，又受到社会生产关系变动的制约。人们在社会生产中所形成的各个方面的经济联系、社会生产关系的各个层次和各个侧面，都会不同程度地在消费领域反映出来。

在消费关系中，消费资料的所有制性质是消费关系的基础，它反映人们对消费资料占有关系的性质与形式，一般由生产资料所有制状况决定。生产资料所有制是社会生产关系的基础，包括生产资料的所有权、占有权、使用权与剩余索取权，建立在生产资料所有制基础之上的社会生产关系的实质就是人们之间的物质利益关系，而物质利益最终必须通过消费活动给居民带来的实际利益来体现。由于消费领域的活动规律具有自身的特点，因此，消费资料占有关系的性质与形式并不一定完全与生产资料所有制状况相一致。我国《宪法》规定要保护的公民合法财产中就包括许多生活资料，如房产及其他不动产等，这些由居民个人分散占有的生活资料是由消费的特点决定的，法律必须保护居民个人的合法财产，包括私人所有的房产及其他生活资料和货币资产。

四、消费与现代市场经济的发展

（一）消费在社会再生产过程中的地位作用

要明确消费在发展市场经济中的地位和作用，必须先了解消费在社会再生产过程中与生产、分配、交换的相互关系。马克思主义认为社会再生产过程分为生产、分配、交换、消费四个环节，它们之间互为条件、互相制约、互相影响。一般而言，生产决定分配、交换和消费，分配、交换、消费除了互相影响，也反作用于生产，甚至在一定条件下决定生产。马克思对此作了深刻分析：“一定的生产决定一定的消费、分配、交换和这些不同要素相互间的一定关系。当然，生产就其单方面形式来说也决定于其他要素。”[①] 下面我们分别就消费与生产、分配、交换的相互关

① 《马克思恩格斯选集》，2 版，第 2 卷，17 页，北京，人民出版社，1995。

系原理作简要的论述。

1. 消费与生产的关系

在社会再生产总过程中，生产是起点，消费是终点。消费由生产决定，这种决定作用表现在以下几个方面。一是生产提供消费供给的物质基础，正如马克思所指出的：生产“为消费提供材料，对象。消费而无对象，不成其为消费，因而在这方面生产创造出、生产出消费”①。消费者的消费对象、消费工具与设备都要靠生产提供，消费水平不可能超越生产所提供的物质基础而达到某种程度。生产结构决定着消费结构。二是生产方式决定消费方式，即生产决定每个消费者以什么方式与消费资料相联系，用什么方式去消费消费资料；生产决定消费者的消费方式，或由个人单独消费，或进行社会化消费；生产决定人们的生活方式。三是生产决定消费质量的高低。四是生产创造消费的动力和能力，生产的产品越丰富，人们的收入水平越高，新的产品就越会唤起人们新的消费需要，创造出消费的动力，正如马克思所指出的：“生产不仅为需要提供材料，而且它也为材料提供需要。”②

消费也反过来作用于生产、制约生产，这主要表现在以下几个方面：

（1）消费是生产的目的和归宿，是生产最终实现的条件。社会生产不是目的，而是为了消费，消费是生产的目的。如果生产出来的产品不能消费，就意味着生产过程和产品的价值没有最终真正实现，再生产就无法继续进行。马克思指出：“产品只是在消费中才成为现实的产品，例如，一件衣服由于穿的行为才现实地成为衣服；一间房屋无人居住，事实上就不成其为现实的房屋；因此，产品不同于单纯的自然对象，它在消费中才证实自己是产品，才**成为**产品。”③ 消费作为生产的实现，也成为对生产的一种检验。

（2）消费是生产的动力与前提。马克思说：“消费创造出生产的动力；它也创造出在生产中作为决定目的的东西而发生作用的对象……消费**在观念上提出**生产的对象，把它作为内心的图象、作为需要、作为动力和目的提出来。”④ 消费的增长会引发对生产的新的需要，新的需要会成为生产的动力和前提，推动和促进生产的发展。同时，消费的规模、结构又制约生产的规模、结构。

（3）消费为生产创造基本条件。在任何社会的生产过程中，劳动者都是最基本的生产要素。而消费直接为生产提供这一基本要素。一方面，消费过程也是再生产劳动力的过程，消费是对劳动力消耗的补充过程，是恢复劳动者体力、脑力的一种过程，没有必要的生活消费来补充人体的各种劳动消耗，劳动者就不可能继续进行生产；另一方面，通过消费水平提升和消费结构改善，不但使劳动力获得了再生产，而且可以发展劳动者及其后代的体力与智力，提高劳动者的素质。

2. 消费与分配的关系

广义的分配包括生产资料的分配和生活资料的分配。分配一般是指消费资料的

---

① 《马克思恩格斯选集》，2版，第2卷，10页，北京，人民出版社，1995。
② 《马克思恩格斯选集》，2版，第2卷，10页，北京，人民出版社，1995。
③ 《马克思恩格斯选集》，2版，第2卷，9页，北京，人民出版社，1995。
④ 《马克思恩格斯选集》，2版，第2卷，9页，北京，人民出版社，1995。

分配，作为再生产的中间环节，分配对消费具有决定性作用。分配决定消费表现在以下三个方面：一是分配决定消费水平，一定时期内的消费基金比例状况直接制约消费水平的高低；二是分配决定消费结构，一定时期内社会产品的分配比例直接制约消费结构；三是分配决定消费方式。

消费反过来也制约和影响分配：一是消费影响分配的实现程度，特别是影响分配的最后实现；二是消费影响分配方式和分配结构；三是消费能检验和衡量分配制度状况。

3. 消费与交换的关系

交换是社会再生产过程中一个重要的中间环节，交换与消费是互相影响的。交换对消费的作用和影响主要表现在以下几个方面：一是交换影响消费的实现程度，交换状况直接制约消费能否实现以及实现的程度；二是交换影响消费水平和消费结构；三是交换影响消费的方式；四是交换影响消费的效果与效益；五是在一定条件下交换也决定消费。

消费对交换的制约作用是明显的：一是消费是交换的目的和动力。交换是由消费需要引起的，离开了消费，交换就无法实现其目的；二是消费的结构决定和制约交换的结构。无论是物质消费与精神文化消费的结构变化，还是物质消费中各种吃、穿、用、住、行商品消费结构的变化，都会引起交换结构的变化；三是消费的规模和速度决定交换的规模和速度。马克思指出："把再生产消费所造成的限制撇开不说，商人资本的周转最终要受全部个人消费的速度和规模的限制，因为商品资本中加入消费基金的整个部分，取决于这种速度和规模。"① 消费的速度越快，交换就越顺利；消费的规模扩大，也会推动流通规模扩大，如近几年来中国出现了信息消费热点，促进了程控电话、移动电话等商品流通规模的急剧扩大。

（二）消费与现代市场经济发展

1. 消费为市场经济发展提供人力资本再生产要素

马克思主义认为直接的物质生活资料的生产与消费是一切社会的发展基础。恩格斯的《在马克思墓前的讲话》一文中有一段精辟的论述："正像达尔文发现有机界的发展规律一样，马克思发现了人类历史的发展规律，即历来为繁芜丛杂的意识形态所掩盖着的一个简单事实：人们首先必须吃、喝、住、穿，然后才能从事政治、科学、艺术、宗教等等；所以，直接的物质的生活资料的生产，从而一个民族或一个时代的一定的经济发展阶段，便构成基础……"② 很显然，没有生活资料的生产与消费，人们首先不能吃、喝、住、穿，从而就无法生存，更谈不上社会的发展。在社会资源相对有限的情况下，如何能最大限度地满足人的消费需要、促进人的发展是一切社会面临的突出问题。

我国社会主义市场经济发展的最根本目标应是为了人的全面发展，这是科学发

① 马克思：《资本论》，3 版，第 3 卷，338～339 页，北京，人民出版社，2004。

② 《马克思恩格斯选集》，2 版，第 3 卷，776 页，北京，人民出版社，1995。

展观的要求，也是社会主义生产目的的直接体现，因此必须最大限度地满足全体居民日益增长的物质消费需要和精神文化消费需要。通过消费，人的全面发展的需要得到满足，这将极大提高社会成员的综合素质，促进劳动力素质的提高，为发展社会主义市场经济提供最宝贵的生产要素——人力资本。一切为消费者服务，这是现代市场服务发展的要求，现代市场经济也是消费者主权经济，消费直接为市场经济发展提供人力资本要素的再生产。

2. 消费是现代市场经济发展的主要动力

在开放型经济条件下，一个国家或地区的经济增长需要多种拉力和推力，包括经济性的拉动力和非经济性的推动力，制度变革、观念创新等属于非经济的间接推动力。在现代市场经济体制下，在经济增长的经济性拉动力中最重要的是需求拉动力，它包括“三驾马车”，即出口需求、投资需求、消费需求。出口需求是指一定时期内国际市场的需求容纳一国出口产品的能力；投资需求是指一定时期国内用于经济、文化、社会发展基础建设的投资需求；消费需求是指一定时期国内城乡居民的消费需求。这三大需求动力既互相区别，又互相联系、互相制约。但对于推动经济增长的力度而言，消费需求是最终需求，是有决定意义的需求，而投资需求和出口需求则是中间需求。[①] 根据有关专家测算，消费需求对经济增长的拉动力或贡献率一般在60%以上。

现代市场经济越发展，市场机制自发配置资源的比重越高，市场导向性就越强。市场导向实际上是需求的主导与调节，而最重要的是消费需求导向调节，正如英国著名经济学家马歇尔早就论述过的：“一切需要的最终调节者是消费者的需要。”[②] 20世纪30年代以来，西方经济学家，无论是凯恩斯，还是后来的萨缪尔森以及当代的著名经济学家斯蒂格利茨等，都十分重视对消费率、消费倾向、储蓄倾向、消费函数等的研究，之所以如此，是因为他们都在谋求提高消费倾向，从而更多地启动消费需求，刺激资本主义经济的发展。特别是2008年美国金融危机爆发和随后欧洲债务危机蔓延，世界经济又一次持续遭遇市场需求失衡的波动，美、欧、日等发达工业化国家的政府都实行了鼓励居民多消费、多开支的经济政策，试图以此来防止和缓和市场不景气的危机。

十一届三中全会至今是中国经济总量增长最快的时期。1978年国内生产总值(GDP)为3 645亿元，2012年超过了50万亿元，人均GDP已超过6 000美元，创造了世界经济史及中国经济史上的奇迹；2005—2010年，中国经济总量分别超过法、英、德、日，仅次于美国，跃居世界第二，按照世界银行的标准，中国已跻身中等收入国家行列。经过30多年的发展，中国已从过去的人口大国、经贸小国发展成为经济总量仅次于美国的经贸大国，同时中国的经济及市场格局也由过去长期的短缺经济与卖方市场主导转变为相对过剩经济下的买方市场局势，而且自1996年至今，供大于求的消费品占70%以上，供不应求的消费品基本没有。消费市场的

---

① 参见柳思维：《关于启动市场若干对策的思考》，载《光明日报》(理论版)，1990-08-18。

② 马歇尔：《经济学原理》(上)，111页，北京，商务印书馆，1981。

主要矛盾也由过去的供给约束变为需求约束，扩大国内消费需求成为我国拉动经济增长的基本战略。正如党的十八大报告中指出的："要牢牢把握扩大内需这一战略基点，加快建立扩大消费需求长效机制，释放居民消费潜力，保持投资合理增长，扩大国内市场规模。"① 提高消费比重和消费率，进一步激活和激励消费，就能使中国经济增长获得更充足的内部动力，避免市场和经济的大起大落。

在市场经济下，消费的导向与动力作用对产业结构的变动与优化尤其明显，消费结构的变化往往是产业结构调整的依据。消费结构的升级与优化可以带动产业结构的升级与优化，如中国加入世界贸易组织以来，由于信息消费、汽车消费、住宅消费在居民消费结构中的比重不断上升，极大地促进了中国电子信息产业、汽车产业等的迅速发展。消费结构变动已成为产业结构变化的推动力，加快了中国新一轮产业结构的调整和升级。

3. 消费是搞活流通的基本条件

在市场经济条件下，生产与消费的联系必须通过流通环节，商品只有经过流通领域进入消费领域，才能真正实现其价值。如果商品不能进入消费领域，就意味着商品流通的失败。消费状况对商品流通状况的影响极大，正如马克思指出的："消费者花费自己收入的方式以及收入的多少，会使经济生活过程，特别是资本的流通和再生产过程发生极大的变化。"② 只有经过消费者的购买和消费，商品才能真正完成从流通领域转移到消费领域这一次有决定意义的"惊险的跳跃"，商品的价值以及商品所有者的经济利益才能最终实现。这就意味着，消费是商品流通的生命线。

应当看到，20 世纪 90 年代中期以来，由于我国居民消费率下降、消费倾向减弱，已严重影响了商品流通的发展，如社会消费品零售额占 GDP 的比重这一指标，已从 1991 年的 44%下降到 2012 年的 39.89%。③ 因此，要进一步鼓励消费，提高消费在国民经济中的比重。启动消费，开拓新的消费领域，培植和发展新的消费热点，既可以搞活流通和加快、促进流通业的创新，又可以进一步开拓和繁荣市场。

第 2 节 消费经济学理论的发展沿革

一、马克思主义经典作家的消费研究

马克思主义经典作家历来十分重视消费问题的研究，消费经济理论是马克思主义经济学的一个重要组成部分，主要有以下内容。

---

① 胡锦涛：《坚定不移沿着中国特色社会主义道路前进 为全面建成小康社会而奋斗——在中国共产党第十八次全国代表大会上的报告》，22 页，北京，人民出版社，2012。

② 《马克思恩格斯全集》，中文 1 版，第 26 卷（Ⅱ），562 页，北京，人民出版社，1973。

③ 参见《中国统计年鉴（2012）》，北京，中国统计出版社，2012。

（一）关于消费一般问题的研究

1857—1858年，马克思在《经济学手稿》导言部分中，专门就生产、消费、分配、交换（流通）的相互关系原理进行了系统论述，科学地界定了消费的含义，并在经济学研究中明确提出并解释了消费关系、消费的自然过程属性与社会过程属性、消费力与社会消费力等基本范畴。

（二）关于资本主义条件下消费问题的特殊性研究

马克思在《资本论》等著作中对资本主义条件下的消费作了深刻的论述。马克思认为，不论生产消费还是生活消费，在资本主义条件下都直接从属于资本主义生产目的，都受资本主义剩余价值规律的制约，服从于资本家榨取更多剩余价值的需要。马克思把资本主义条件下的消费分为生产消费与个人消费，把生产消费又分为"生产资料的消费"与"劳动力的消费"，认为生产消费就是资本的增值过程，"不是工人把生产资料当作自己生产活动的物质要素来消费，而是生产资料把工人当作自己的生活过程的酵母来消费，并且资本的生活过程只是资本作为自行增殖的价值的运动"①。马克思把资本主义的个人消费分为资本家阶级的个人消费和工人阶级的个人消费，认为资本家的个人消费既有追求腐朽生活、享乐消费的一面，又从根本上服从他们作为人格化的资本追求剩余价值的目的，"奢侈被列入资本的交际费用……但是资本家的挥霍仍然和积累一同增加，一方决不会妨害另一方"②。至于资本主义社会工人阶级的消费。马克思认为其完全从属于资本的目的和运动这一特征，是资本家追求剩余价值必不可少的生产要素即劳动力的生产和再生产，工人消费水平和消费结构的变化也都从根本上从属于资本的动机和目的。列宁则首次提出了资本主义条件下居民消费需求上升规律的理论问题。

（三）关于社会主义条件下的消费研究

马克思认为消费与生产的一般联系在社会主义条件下采取最直接的表现形式，社会主义生产的目的就是居民的消费。为了实现社会主义生产的目的，马克思主张在生产和需要之间自觉地建立一种合理的联系，"社会必须合理地分配自己的时间，才能实现符合社会全部需要的生产"③。在研究社会主义条件下的消费时，马克思和恩格斯都将分配制度与消费需要紧紧联系在一起，他们认为在以生产资料公有制为基础的社会主义社会，除了个人的消费资料，没有任何东西可以成为个人的财产，因而消费资料在各个生产者中间的分配，遵循按劳分配的原则，即一种形式的一定量劳动和另一种形式的同量劳动相交换的原则。斯大林则论述了社会主义条件下应竭力扩大和发展个人消费需要，全面充分地满足有高度文化的劳动人民的一切需

---

① 马克思：《资本论》，3版，第1卷，359～360页，北京，人民出版社，2004。

② 马克思：《资本论》，3版，第1卷，685页，北京，人民出版社，2004。

③ 《马克思恩格斯全集》，中文1版，第46卷（上），120页，北京，人民出版社，1979。

要，并明确地提出了社会主义基本经济规律的理论，“保证最大限度地满足整个社会经常增长的物质和文化的需要，就是社会主义生产的目的”①。至今，斯大林的这一论述对于研究社会主义消费问题仍然具有十分重要的现实意义。

二、西方消费经济理论的发展

（一）前凯恩斯时期的消费经济理论

消费理论一直是标准的西方经济理论中的主要部分。在凯恩斯以前，标准的微观经济学中的消费理论主要是关于消费者行为方面的，从理性和效用最大化的角度分析消费者在市场价格和收入预算的约束下如何作出选择。这一分析框架在马歇尔的《经济学原理》（1890）中得到了较完整的形式化表述，我们将在第 9 章详细阐述有关消费者行为的西方经济理论。早在重商主义时期，就有人对“节俭论”提出异议，并主张增加消费。法国的拉斐玛斯在《置国家于繁华的金银财富》（1598）一书中指出，富人的挥霍生活帮助了穷人的生计，而守财奴却导致穷人更加贫困。古典政治经济学创始人、英国经济学家威廉·配第（1662）最早对消费问题进行了理论分析，他认为消费过多，会使人们变得懒惰，他主张对过剩产品加征赋税，节制过度消费，以增加资本积累和财富增值。威廉·配第主张节制过度消费的思想也为后来的古典政治经济学创始人亚当·斯密和大卫·李嘉图所认同，他们认为奢侈性消费不利于国民财富的增加，需要加以节制。

最早重视消费问题的是被马克思称为“现代政治经济学真正鼻祖”的古典政治经济学奠基者之一、法国重农学派创始人弗朗索瓦·魁奈（1694—1774），1757 年魁奈在为狄德罗的《百科全书》撰写的《人口论》一文中就提出把消费水平提高看成一国繁荣的保证，他明确将消费需要与财富联系起来，并最早把消费和生产系统看做一个经济循环过程：“构成国家强大的因素是人：财富是由于他们的需要而增长的；人们所需要的生产品增加得越多，他们对产品的消费越多，他们就越富裕。如果不去使用和消费，那么产品也失去了作用。”② 魁奈认为消费扩大“会创造财富的新的来源”，促使生产“适应消费的扩大后发生新的增长”③，他还把消费品划分为生活必需品和奢侈品，农业提供的是必需品；他主张减少奢侈品的生产和消费，保护农业以保证必需品的生产和供应；他还认为只有让农民富裕起来，使农民消费更多产品，才能促进社会繁荣。

除了魁奈，法国经济学家西斯蒙弟和英国经济学家马尔萨斯也提出了资本主义“消费不足的理论”，认为资本主义经济危机是由机器大生产的迅猛发展与广大群众的消费低下共同造成的。马尔萨斯认为社会生产力的闲置与分配关系密切，因为分配影响了消费需求，而消费需求又影响了生产发展，他在晚年时期正式使用“有效需求不足”这一概念来解释失业问题。马尔萨斯还对斯密的“资本由节俭而生”和

① 《斯大林选集》，下卷，598 页，北京，人民出版社，1979。
② 《魁奈经济著作选集》，103 页，北京，商务印书馆，1979。
③ 《魁奈经济著作选集》，138 页，北京，商务印书馆，1979。

萨伊的“物与物交换”的观点进行了批判，但他并未能清楚地说明有效需求不足的原因，从而没有引起当时社会的关注。霍布森首次否定了自斯密以来一直持有的国民收入取决于当年投入要素规模的传统观点，认为国民收入与消费之间存在某种必然联系，并试图阐明生产、消费、投资和储蓄等概念及其相互关系，提出了“消费制约生产，而不是生产制约消费”的著名论断，从而把古典学派的供给决定论转向现代经济学的需求决定论，但他没有形成自己的利率学说，因而在有些方面（如投资与储蓄的关系）阐述得不够清楚。

（二）凯恩斯的消费经济理论

现代宏观消费理论是从凯恩斯的《就业、利息与货币通论》（1936）开始的。20 世纪 30 年代的世界经济大危机，使资本主义经济陷入了“全面毁灭”的边缘而不能自拔。凯恩斯认为这场浩劫的原因在于有效需求不足，即“生产（供给）增长大于需求增长”：一方面是消费不足；另一方面是投资不足，并且他断言投资不足最终不过是消费不足的派生现象。凯恩斯建立了消费函数理论，在说明有效需求不足的原因时，引入了“边际消费倾向递减”的心理规律假说，即随着收入的不断增加，人们的消费会随之增加，但在增加的收入中，消费所占的比例会不断减小，即“边际消费倾向递减”，从而引发消费品需求的不足，即消费不足。凯恩斯将“边际消费倾向递减”、“资本边际效率递减”、“流动性偏好”并称为有效需求不足的三大心理规律。在以上假说的基础上，凯恩斯着重分析了消费对经济发展的重要影响，强调它是解决实际问题的关键，并提出许多一反传统的政策主张：第一，扩大消费支出。凯恩斯认为一个国家如果喜欢挥霍性消费，它的生产发展和文化程度一定很高。第二，实行高额累进税政策，进行收入再分配，以提高消费倾向。凯恩斯认为财富和收入的分配不均既不利于消费倾向的提高，也不利于经济发展。第三，实行积极的财政政策，扩大政府财政支出，扩大投资，发挥投资乘数效应，以带动就业和扩张有效需求。

（三）后凯恩斯时期的消费经济理论

自凯恩斯对消费问题作出形式化的分析以后，西方学者开始把注意力集中于消费函数的构造，因为消费函数对于分析消费者微观决策和消费对宏观经济的影响来说，都是基础性的。杜森贝里（1949）针对凯恩斯的绝对收入假说提出了相对收入假说，认为消费者的消费支出不仅受自身收入的影响，而且受他人消费支出的影响；不仅受本人目前收入的影响，而且受本人过去收入与消费的影响，特别是受过去“高峰时期”收入的影响，消费具有一定程度上的“不可逆性”。布朗（1952）进一步发展了消费“不可逆性”的观点，将过去的消费和收入纳入其模型和框架体系，提出了广义相对收入假说。弗里德曼（1957）把消费者的收入和消费分别划分为暂时收入、暂时消费、持久收入、持久消费，并认为只有持久收入与持久消费之间存在固定的比率关系，从而提出了持久收入假说，以重新解释杜森贝里的棘轮效应。莫迪利亚尼以人的生命周期为线索，用更为理性和实际的方式，在弗里德曼的消费函数理论中加入了财产这一变量。霍尔（1978）融合了弗里德曼的持久收入假说、莫迪利亚尼的生命周期学说和理性预期理论，提出了一种称作随机游走的消费者行为模型，把对消费者行为的分析观测纳入可持续发展的研究领域——消费者预算约束的时间跨度。坎贝尔和丘曼（1989）等人对霍尔的理论进行了补充和修正。另外，黄有光、王建国等人以凡勃仑、杜森贝里的炫耀性消费为契机，提出了位置消费理论（positional consumption theory），该理论强调人类争名的一面，即人们不仅追求其消费的绝对数量，而且非常看重其消费水平在周围人群中的排位，这种排位或名次是消费效用的重要影响因素。位置消费理论的观点对标准的微观经济学的消费者理论形成了挑战，因为后者主张效用只是本人消费量的函数，而前者认为消费效用函数中还应包括他人的消费量。随机游走假说与位置消费理论代表了消费经济理论研究的新发展。20 世纪 90 年代以来行为分析在消费经济领域得到广泛应用与拓展，消费者行为学进一步发展为独立的消费应用经济学的一个新学科。

三、中国消费经济理论的推进和创新

（一）十一届三中全会前对消费问题的研究

从 20 世纪 50 年代新中国成立初期起，我国学术界对消费问题，特别是对人民生活消费就比较重视。当时，理论界接受了斯大林关于社会主义基本经济规律的提法，肯定了消费是生产的目的。王亚南、于光远、杨英杰、杨波、许刚等经济学家都曾在《经济研究》等杂志上撰文论述社会主义生产目的问题。于光远教授明确指出："个人消费的需要是人们直接的也是最根本的需要，在社会主义制度下，生产的最终目的是增加个人的消费。"① 人民消费也成为新中国第一个五年计划中的重要内容。1956 年 9 月，刘少奇同志代表党中央在八大的政治报告中也明确提出："全国人民的主要任务是集中力量发展社会生产力，实现国家工业化，逐步满足人民日益增长的物质和文化需要"。这一时期，理论界还对消费对生产的促进作用、消费结构、消费与生产的比例进行了研究。50 年代中期，消费经济问题已纳入了国家的科学研究计划和政治经济学社会主义部分的研究中，1958 年国务院科学规划委员会提出了"人口、劳动资源、劳动就业和消费水平"的课题研究任务。鉴于我国经济发展在 60 年代初出现了重大失误和比例失调的困难，60 年代前期，我国经济学界对消费经济问题的研究主要集中在三个方面：一是关于积累和消费的比例关系研究，董辅礽、杨坚白等经济学家都在《经济研究》上撰文，提出要重视积累基金与消费基金的平衡与协调；二是关于生产与需要关系的研究；三是消费是否要纳入政治经济学的研究对象，于光远、王学文、蒋学模、田光等经济学家等在《经济研究》等重要学术刊物上撰文，主张消费应包括在政治经济学的研究对象之中，如于光远教授在 1965 年年初就强调："消费中的经济关系，应当作为一个方面包括在政治经济学对象之中，在研究中给予重要的地位。"②

---

① 转引自李新家编著：《消费经济学》，36 页，广州，广东人民出版社，1995。

② 于光远：《政治经济学社会主义部分探索》，403 页，北京，人民出版社，1980。

（二）消费经济理论研究的新阶段

自 60 年代中期至 1976 年“文化大革命”后期，消费经济成为一个研究禁区。粉碎“四人帮”后，特别是党的十一届三中全会以后，理论界又重新重视消费经济学的研究。1977 年 10 月，在全国第四次经济理论研讨会上，于光远教授等主张设立消费经济学。1979 年 4 月 28 日《光明日报》理论版加编者按发了一组提倡深入研究消费经济学的问题，尹世杰教授在《加强对消费经济的研究》一文中指出：“消费经济是经济学中一个重要组成部分”，“消费经济是一门复杂的学科”，文中提出了需要研究的九大消费问题。[①] 1982 年 6 月，全国第一次消费经济学研讨会在湘潭大学召开，1983 年上海人民出版社出版了由尹世杰教授主编的国内第一本消费经济学教材《社会主义消费经济学》，该书于 1984 年获首届孙冶方经济科学基金奖。其后，北京大学厉以宁教授、刘方棫教授，中国社会科学院杨圣明教授，山东大学林白鹏教授等有关消费经济学方面的专著、教材等相继出版，消费经济学成为高等院校本专科生、研究生的必修课或选修课，也成为干部教育的课程。

自 80 年代中期以来，中国经济学界关于消费经济学的研究主要有以下特色。

1. 重视消费经济学的基本理论研究

1985 年由湘潭大学、湖南师范大学、湖南商学院三家联合主办，由尹世杰教授任主编的《消费经济》杂志在国内公开创刊出版，多年来以这个刊物为阵地研究消费经济理论问题，此外，自 90 年代中期以来，在尹世杰教授的倡导下，每年举行一次全国性的消费经济理论学术研讨会，因此，在社会主义消费结构、消费模式、消费方式、小康消费水平、消费力、文化消费、绿色消费与低碳消费、服务消费、消费伦理、消费者行为、消费者权益、消费市场、科学消费等方面，形成了一大批有代表性的科研成果，同时还推出了一批消费经济学教材。特别是 2008 年以来，在应对美国金融危机，加快经济发展方式转变，扩内需、调结构、稳增长方面，产生了一大批有价值的消费经济学研究成果，一部分学者直接对中国转型时期消费需求不振和城乡居民消费行为的问题展开了深入的理论研究，对收入、财富、政府支出、制度变革、流通、金融、储蓄、文化、心理因素等对消费的影响进行了系统探讨。在此基础上，学者们结合中国国情提出了一系列建立扩大内需长效机制的理论思路，一批高水平论文先后在《中国社会科学》、《经济研究》、《管理世界》、《财贸经济》、《经济学动态》等权威学术期刊上公开发表，一批研究消费经济学的学术专著也公开出版。

2. 关注民生及消费实际问题的研究

自 80 年代中期以来，中国经济理论界一直关注民生实际问题，关注改革开放和发展中的消费热点、重点、焦点问题，先后对消费早熟、消费需求膨胀及其治理、高消费、启动消费市场、消费引导、劳务消费、消费信贷、消费环境、网络消

① 参见尹世杰：《加强对消费经济的研究》，载《光明日报》（理论版），1979－04－28。

费、消费风险、消费市场秩序、维护消费者权益、消费质量、人的全面发展与可持续消费、开拓消费市场、拓宽消费领域、发展消费热点、全面小康消费等问题进行了许多应用性、对策性研究，在国务院和各地方政府的“九五”、“十五”、“十一五”、“十二五”规划及中长期规划中都吸收了学术界这方面的研究成果。例如，自1996 年中国结束消费品市场的供应短缺的卖方市场状态而进入买方市场后，对于买方市场条件下如何进一步启动最终消费、提高消费率，学术界和政府部门进行了认真的探索，一批对策性研究成果直接影响了中央和地方政府的决策。近年在应对美国金融危机，扩内需、促消费、稳增长方面，也产生了一大批有应用价值的消费经济学研究成果，同时扩大消费需求等方面的研究纳入了国家社科规划重大项目、教育部人文社科规划重大项目立项，一批专家团队正在应用对策研究方面努力创新。

3. 注重消费经济学研究方法的创新

20 世纪 90 年代后期以来，在消费经济学研究方面出现了一种新的变化，在研究方法上努力与国际接轨，即一批中青年学者运用主流经济学中的数理经济、计量经济的分析方法和统计学方法以及实验方法等科学方法，并将规范分析与实证分析、定性分析与定量分析、综合分析与专题分析相结合，对中国消费问题进行深入研究，得出了一些新的见解和新的结论，推动了消费经济学的研究创新。如在关于运用消费函数的计量分析技术方法分析和研究中国居民的消费函数方面，臧旭恒、余永定、李军等学者取得了有代表性的成果；在居民收入与分配的相互关系及消费倾向的技术分析方面，陈宗胜、袁志刚、朱国林、杨天宇等学者先后在《经济研究》杂志发表了有影响的论文；在关于中国消费者行为的实证与技术分析方面，贾良定、陈秋霖、叶海云、万广华、臧旭恒、柯学等学者先后在《经济研究》杂志发表了有影响的论文。

4. 消费经济学学术人才培养格局出现新变化

特别是进入 2000 年以来，新增的消费经济学博士、硕士点的设立为消费经济学学术人才培养提供了新的平台，尽管从 20 世纪 80 年代起在全国已设有经济学（含理论经济学与应用经济学）博士点、硕士点的高等院校，在政治经济或产业经济等方向也有研究消费经济的博士研究生毕业，但都是分散的，未形成集中、集群、团队式培养。2002 年西南财经大学通过努力获国务院学位委员会办公室批准，全国首家在应用经济学一级学科中增设“消费经济学”博士、硕士学位培养专业，2003 年起招收消费经济学专业博士研究生，2005 年 5 月西南财经大学消费经济研究所成立，主要承担消费经济学专业研究生培养和科学研究的任务，在原校长王裕国教授带领下该所已成为专门培养消费经济理论人才的大本营。此外，西安交通大学经济与金融学院文启湘教授也一直在产业经济学博士点每年坚持招收消费经济方向的博士研究生。湘潭大学 2003 年获得经济学博士点后，也招收消费经济方向博士研究生。对外经济贸易大学于 2011 年 12 月成立中国消费产业与投资研究中心，集合校内外等多方面资源开展研究工作，力争成为全国消费产业与投资的人才库和教育中心。

第 3 节　消费经济学的研究对象

一、消费经济学的研究对象

马克思曾指出："经济学所研究的不是物，而是人和人之间的关系……可是这些关系总是**同物结合着**，并且**作为物出现**。"① 因此，消费经济学的研究对象便是指一定社会经济条件下社会消费活动中的经济关系及其运行方式与规律。至于消费领域中除了经济关系以外的其他关系，也应予以研究，但应归属到不同学科去研究，如消费品的使用价值之间的关系，消费与自然环境的关系等，可从商品学、营养学、生理学、生态学等不同角度去研究。

消费领域中的消费关系十分复杂，经济学要研究的消费关系的主要内容有：（1）各社会阶层、社会集团、居民个人在消费活动领域的不同地位及其相互关系、消费方面的相互差异及其发展趋势；（2）一定时期社会消费需要、消费结构、消费水平、消费方式、消费质量等方面的相互联系及其发展趋势和规律性；（3）整个社会消费过程中物质消费与文化消费的相互关系及其变化趋势；（4）社会公共消费、个人消费之间的关系及各种消费方式之间的关系；（5）消费需要与消费需求及消费供给之间的关系及其发展趋势和规律。

为了深入研究消费关系及其规律，还可将消费关系分为一般消费关系与特殊消费关系来研究。所谓一般消费关系，是指在任何社会制度下都存在并发生作用的消费关系，即消费领域中那些具有普遍性特点的消费关系及其规律，如马克思所揭示的社会再生产过程中消费环节与生产、分配、交换各环节的关系。特殊消费关系是指在特定社会制度下，特定国家和地区、特定时期消费领域所存在的经济关系，例如马克思、恩格斯就集中研究了资本主义社会前期的特殊消费关系，并提出了资本主义社会的"社会消费力"问题。研究中国社会主义初级阶段的消费关系也自然需要研究一些具有中国特色的消费关系问题。

研究社会消费关系还可以从纵横两个方面去进行。从纵的方面看，是把生活消费纳入社会再生产总过程中的四个环节之间的联系中去分析消费关系，研究生产、分配、交换环节对消费的制约和影响，以及消费对生产、分配、交换各个环节的反作用，研究消费关系与生产关系、分配关系及交换关系之间的互相作用与变动规律，例如消费结构与生产结构之间的内在联系及相互矛盾等。从横的方面看，就是要研究消费环节内部特有的关系及其规律，如消费水平、消费方式、消费结构等要素之间的关系，消费文化与消费力之间的关系等，对消费领域内一系列消费关系范畴的专门研究，是消费经济学的研究重点。

---

① 《马克思恩格斯选集》，2 版，第 2 卷，44 页，北京，人民出版社，1995。

现代消费经济学对于消费关系的研究不应孤立地、割裂地局限于消费关系，要真正全面揭示消费关系的形成机制及其运动规律，还必须联系以下几个方面去进行研究。

1. 应联系消费的自然过程来研究消费关系

消费活动作为一种社会经济活动，本身具有与自然过程相联系的一面，人的消费活动、消费行为总是与一定的消费物品相联系，与一定的自然环境、自然条件相联系的。消费物品的使用价值的自然属性（物理、化学、生物性能）与自然环境因素直接影响消费需要、消费构成、消费手段、消费质量。因此，不联系消费过程去研究消费关系，就不可能全面揭示消费关系的内容及其发展规律。

2. 应联系生产力和消费力的发展来研究消费关系

一方面，研究消费关系必须联系社会生产力。生产力是生产关系的基础，也是消费关系的基础；离开了生产力的发展状况，研究消费关系就会失去基础。同时，消费关系的调整必须与生产力发展相适应，如社会公共消费与个人消费之间关系的调整就必须与生产力发展水平相适应，并有利于促进而不是阻碍生产力的发展。

另一方面，研究消费关系必须联系消费力来研究。消费力不同于生产力，又与生产力有联系，消费力与消费关系具有直接联系，两者的结合构成完整的消费活动过程，消费力与消费关系互相影响、互相制约。自然消费力与社会消费力的状况直接制约消费方式、消费水平、消费质量、消费结构、消费效益等，离开了消费力的发展，也难以揭示消费关系的实质及其运动规律性。

3. 应联系非经济的其他社会关系来研究消费关系

各种经济关系以及各种非经济的社会关系都会影响消费关系，诸如上层建筑各个环节、社会意识等。一方面，人们的消费不但要满足物质生活的消费需要，还要满足精神文化生活的消费需要，而且后者的比重不断上升，精神文化消费的内容与社会意识、政治状况、法制与民主、道德水准、时代精神等上层建筑的范畴紧密相关；另一方面，任何社会的消费，无论是个人消费，还是团体消费，绝不仅仅是消费者纯粹自发的行为，还会受到社会法制、政策及行政手段的引导和调控，受到道德力量的调节，受到各种思想、文化的影响。因此，研究消费关系必须联系上层建筑及各种非经济的社会关系的发展。

二、消费经济学的研究内容

消费经济学在国内仍是一个新兴学科，是一个正在发展中的学科。对于这个学科的基本理论范畴，学术界有许多相同的看法，而对于学科的理论体系及教材的结构，学术界的观点并不相同。如近年有的新出版的《消费经济学》将一些消费热点问题，诸如绿色消费、闲暇消费、旅游消费、文化消费等单列一章纳入其中，而有的学者则认为此类热点问题可归入“消费热点”中研究，也可以归入消费质量或消费结构中研究，如果单列一章，会使消费经济学的体系越来越庞大，因为今后又会出现新的消费热点。结合我们研究的体会，综合学术界的研究成果，本书以通行的现代消费经济学的基本理论和基本知识为主线，其主要内容包括以下方面。

（一）消费与消费经济学的基本含义

这是研究现代消费经济学的逻辑起点。这一部分依据马克思主义经济学与现代经济学的基本原理考察消费的基本含义、类型与特征，了解消费经济学的研究对象，分析消费在现代市场经济发展中的重要功能，综述国内外消费经济学的理论研究概况，介绍本书的基本内容与研究方法，从而为全面了解和学习研究消费经济学打好基础。这一部分也可以视为全书的导论部分。

（二）消费需要与消费需求

消费需要是消费的动力与起点。本部分依据马克思的消费理论和经济学、心理学、社会学等学科原理研究消费需要的基本含义与类型，分析消费需要的内容及在整个社会经济发展中消费需要的发展趋势，考察消费需要与消费需求的关系，研究市场经济条件下制约和影响消费需求的各种质量因素，了解消费需求上升规律的基本内容，明确如何按照消费需求上升规律的要求，扩大消费需求，促进和推动经济的发展。

（三）消费方式

主要依据现代经济学原理，综合国内外学术界的研究成果，对消费方式系统加以研究。这部分内容包括分析消费方式的含义及内容，了解影响消费方式的各种因素，分析各种市场化消费与非市场化消费方式的联系与差异，考察什么是个体消费、什么是群体消费，研究怎样发展文明、科学、健康的消费方式。

在关于消费方式内容的研究中，单独分章研究家庭消费方式与非家庭消费方式。家庭消费部分主要考察家庭作为基本消费单位的含义，了解影响家庭消费决策的变量、家庭消费决策的模式类型以及家庭消费支出结构，研究我国居民消费变化的新趋势。而在非家庭消费中，主要考察非家庭消费的含义、类型、特点与作用，了解政府消费与其他社会团体消费的基本知识。

（四）消费结构

消费结构是现代消费经济理论研究的重点问题，也是产业经济学、市场营销学必须重点研究的问题之一。根据马克思主义再生产理论、现代宏观经济学原理、经济结构理论，本部分研究消费结构的含义及影响消费结构的主要变量，分析消费结构动态变化的发展趋势，考察消费结构合理化的含义与标准以及实现消费结构合理化的途径，同时根据“三个代表”重要思想和党的十六大精神，认真探讨全面小康社会的消费结构问题。

（五）消费水平

消费水平与消费结构紧密相关。这一部分主要运用宏观经济学原理和经济增长理论考察消费水平的含义及层次、消费水平与经济增长的相互关系以及合理消费水平的含义，了解影响消费水平的各种变量因素，同时，根据“三个代表”重要思想与党的十六大精神，研究全面小康消费水平的内涵、主要指标体系及实现全面小康消费水平的途径。

（六）消费市场

本部分主要运用现代市场经济理论与发展经济学、产业经济学等经济学原理，考察消费市场的含义与特点、消费市场体系的内容、消费市场的功能，研究如何开拓消费市场，包括拓宽消费市场领域和发展消费市场热点，按照统筹兼顾新的发展观考察城乡消费市场的协调发展问题，特别是如何繁荣和开拓农村消费市场，同时研究进一步发展消费信用的问题。

（七）服务消费

相对于物质消费品而言，服务消费是现代市场经济下发展最快的一种消费内容。服务消费的具体内容包括闲暇时间内居民的各种服务消费，如文化教育消费、旅游消费等，服务消费也可作为一个独立的研究对象。本书中关于服务消费的研究主要是考察服务消费的内涵、特点及服务消费的作用和发展趋势，并重点了解其中的闲暇消费、文化消费、教育消费及旅游消费等服务消费发展中的热点问题。

（八）消费环境

任何消费活动都离不开特定的消费环境。本部分依据现代经济学基本原理和可持续发展理论及党的十六大提出的科学发展观，集中研究消费环境问题，包括消费环境的含义与重要性，消费的自然生态环境、人工物质环境、社会经济文化环境的内容，研究优化消费环境的意义，优化消费环境的主要内容和优化消费环境的主要途径，了解优化消费环境与可持续发展之间的关系，考察消费环境可持续发展的内容与措施。

（九）消费质量

讲究和提高消费质量是消费活动的归宿。本部分专门研究消费质量的内涵和重视消费质量的客观趋势，探讨全面小康消费质量评价的原则及指标体系，同时专门对绿色消费与消费质量的问题进行系统的论述。

（十）消费者行为

消费者行为是研究现代消费经济学的微观基础。本部分主要依据微观经济学、心理学、行为科学、社会学原理，考察消费者行为的含义、特征及影响因素，了解从不同角度划分的消费者行为的类型，并引入西方经济理论研究的消费函数原理来分析消费者行为，研究加强对消费者行为的引导，包括加强对消费者行为引导的必要性、消费者行为的发展趋势以及消费者行为引导的原则与内容。

（十一）消费者权益与消费者教育

本部分主要运用现代市场经济理论和“以人为本”的现代发展理念及有关法律法规，研究消费者合法权益的内涵与界定，了解消费者合法权益的基本内容及保护消费者合法权益的必然性、必要性；同时考察消费者合法权益受到损害的种种表现及原因，探讨净化消费市场、维护消费者合法权益的各种措施与对策。把消费者教育纳入这一部分是本书的一大创新，与维护消费者合法权益具有内在一致性，本部分考察了加强消费者教育的意义、消费者教育的基本内容以及如何建立和完善城乡消费者教育体系的问题。

（十二）消费的宏观调控

微观的消费者行为引导与宏观角度的消费调控都是必不可少的。本部分运用现代市场经济理论和宏观调控理论论述消费宏观调控的必要性及目标，考察了消费宏观调控的原则及内容，探讨了完善消费宏观调控的途径。

三、消费经济学的研究方法

学习和研究现代消费经济学，必须运用科学方法。从总体要求来看，所有经济学的研究和学习都必须坚持唯物辩证法。唯物辩证法是马克思主义科学的基本研究方法，也是经济学和消费经济学的基本研究方法。按照唯物辩证法的要求，在消费经济学的学习和研究中必须运用以下科学方法。

（一）坚持理论与实际紧密结合的方法

消费经济学是一个理论性很强的经济学科，又是一个实践性很强的经济学科，而且还是正在发展中的经济学科。学习和研究消费经济学一定要坚持理论与实际有机结合的学习方法。一方面，要运用现代消费经济学的基本原理和科学范畴，紧密联系国内外消费活动的实际，特别是联系改革开放和加入世界贸易组织以来中国消费实践活动中的热点、难点、重点和焦点问题，分析中国消费领域的新变化、新趋势、新问题，推动消费的健康发展；另一方面，要坚持不唯上、不唯书、只唯实的原则，注重运用调查研究的方法来收集和掌握大量第一手实际材料，让生动丰富的消费实践活动来检验、校正、补充、完善书本知识，创造新的概念和范畴，推动中国消费经济理论的发展；同时，通过对新时期国内外消费领域实践活动的研究、分析、解剖，透过现象，抓住本质，发现规律，提升理论，更好地指导消费实践活动。

（二）坚持系统研究方法

系统论是现代管理科学的基础理论之一，系统方法也是研究现代经济学、现代管理学的基本方法，注重从整体和整体的各个部分的相互关联、相互制约、相互联系、相互作用上去研究问题。消费活动本身是一个系统，消费经济学也是一门系统的科学，各个部分如消费方式、消费结构、消费水平、消费需要、消费市场、消费环境等都是互相联系、互相制约、互相作用的一个有机整体。运用系统论的研究方法，可以注意消费经济学各个部分之间的内在联系，在学习上可以循序渐进，由浅入深，从点到线，从线到面，易于从总体上把握消费经济学的理论框架。运用系统论方法去研究消费实践活动中的具体问题，也可以防止孤立、片面地去分析问题，而是从消费活动的系统中看到子系统之间的物质、信息、能量的变换和互相影响，从而分清主次，廓清现象，发现本质。

（三）定性研究与定量研究相结合的方法

马克思主义认为研究社会经济活动不可能像研究物理学那样使用显微镜，也不可能像研究化学那样使用试管和药剂，更不可能像研究天文学那样使用望远镜，而必须将定性研究与定量研究的方法结合起来。定性研究是一种抽象的方法，是一种由表及里、由此及彼、去伪存真、去粗取精的科学研究方法。运用抽象研究法，就是通过人的大脑的思维功能进行抽象的分析、推理、归纳、概括，舍弃事物的表象，抽取事物本质的内在必然联系，寻找现象背后的实质，看到事物发展的趋势和规律性。学习研究消费经济学还必须与定量研究结合起来。消费经济活动会产生大量的信息输出与输入，影响消费活动的各种内生变量与外生变量互相关联，因此，要对各种自变量、因变量进行定量的计算、比较、分析，才能使定性研究的结论符合实际、符合科学。在西方消费经济学研究中，已运用许多函数式来表述消费经济活动中的某些数量依存关系，例如需求与供给函数、消费函数、消费者预算线、储蓄曲线、洛伦兹曲线等，有的还建立了数学模型。因此，我们在消费经济学研究中要加强定性研究与定量研究的结合。

（四）坚持静态研究与动态研究相结合、相比较的方法

研究消费经济学离不开静态研究与动态研究的结合。静态研究方法是对一定时期内已进行的经济活动过程与现象进行分析研究，动态研究则是在报告期内对经济主体经济活动发展变化的现状及趋势的研究。学习和研究消费经济学及消费活动时，只有采取静态研究与动态研究相结合、相比较的研究方法，才能真正掌握和理解消费经济学理论体系的由来、沿革及发展。通过运用这种方法，既使我们能够以历史的眼光去了解消费经济学的许多范畴和内容在一定历史阶段出现的必然性和合理性，又使我们能够以前瞻性的思维去审视和反思消费经济学如何在新的条件下进行理论创新，并用消费实践活动的动态性来弥补书本知识中的某些滞后的静态研究结论。

（五）坚持规范分析与实证分析相结合的方法

消费经济学是一门理论经济学，同时，它也有很强的应用性。学习和研究消费经济学既要有规范分析研究，又必须有实证分析研究。一方面，应通过规范分析，论证并揭示消费经济现象之间的相互联系、运行方式及发展变化的规律性，确立起相应的消费经济理论；另一方面，又必须对消费活动的现状、相关政策与制度等进行严格的实证分析，要克服以往研究中规范分析多、实证分析少的缺陷，加强实证分析。将规范分析与实证分析相结合，必须运用各种已有的科学方法，特别是要把西方经济学中的主流范式研究方法积极引入到对中国消费问题的研究中，加大研究方法的创新，并通过研究方法的创新，来推动和促进消费经济学的理论创新与学术创新。

□ 本章小结

生活消费是最终消费，一般是指为满足消费者（居民）物质生活消费需要与精神生活消费需要而使用、利用和变更各种物质资料、精神产品及劳务的过程。消费活动与过程的进行必须同时具备四大基本消费要素。生活消费可以从不同角度划分类型。生活消费具有两重性，即自然性与社会属性。生活消费具有个性化特征、差异性和多样性特征、相对稳定性与动态性特征、多层次性特征、开放性特征。消费力是指消费主体对消费客体发生作用的力量或能力，包括自然消费力与社会消费力。消费关系是指人们在消费活动中，通过社会消费力表现出来的人与人之间的社会关系。

要明确消费在发展市场经济中的地位和作用，必须先了解消费在社会再生产过程中与生产、分配、交换的相互关系。消费由生产决定，消费也反过来作用于生产、制约生产，这主要表现在以下几个方面：消费是生产的目的和归宿，是生产最终实现的条件；消费是生产的动力与前提；消费为生产创造基本条件。同时，消费与分配、消费与交换也互相制约，互相影响。消费为市场经济发展提供人力资本再生产要素，是现代市场经济发展的主要动力，是搞活流通的基本条件。

马克思主义经典作家历来十分重视对于消费问题的研究，主要有关于消费一般问题的研究、关于资本主义条件下消费问题的特殊性研究、关于社会主义条件下的消费研究。古典西方经济理论中威廉·配第、亚当·斯密和大卫·李嘉图、弗朗索瓦·魁奈，也分别研究了消费经济领域中有关问题。凯恩斯建立了宏观消费理论，特别是消费函数理论。凯恩斯后西方学者相继提出相对收入假说、持久收入假说等，并重视消费行为的研究。

新中国成立初期中国学术界对消费问题比较重视。但自 20 世纪 60 年代中期至 1976 年“文化大革命”后期，消费经济成为一个研究禁区。党的十一届三中全会以后，中国经济学界又重新重视消费经济学的研究，关于消费经济学的研究主要集中在关于社会主义消费经济学的基本理论与实际问题研究、运用主流经济学范式创新消费经济学的研究方法。

消费经济学的研究对象是社会消费活动中的消费关系及其规律，同时应联系消费的自然过程来研究消费关系，应联系生产力和消费力的发展来研究消费关系，应联系非经济的其他社会关系来研究消费关系。本书以通行的现代消费经济学的基本理论和基本知识为主线，其主要内容包括消费与消费经济学的基本含义、消费需要与消费需求、消费方式、消费结构、消费水平、消费市场、服务消费、消费环境、消费质量、消费者行为、消费者权益与消费者教育、消费的宏观调控。

学习和研究现代消费经济学，必须运用科学方法。从总体要求来看，所有经济学的研究和学习都必须坚持唯物辩证法，坚持理论与实际紧密结合的方法，坚持系统研究方法，坚持定性研究与定量研究相结合的方法，坚持静态研究与动态研究相结合、相比较的方法、坚持规范分析与实证分析相结合的方法。

□ 重要名词

消费　消费力　消费两重性　消费函数　消费关系　消费经济学

□ 思考题

1. 生活消费的分类有什么实际意义？
2. 怎样理解生活消费的两重性及其基本特征？
3. 为什么说消费是现代市场经济发展的动力？举例说明。
4. 消费经济学怎样才能不断创新？
5. 怎样理解消费经济学的研究对象？学习和研究消费经济学应运用哪些方法？

□ 推荐阅读

1. 威廉·配第．政治算术．北京：商务印书馆，1978
2. 亚当·斯密．国民财富的性质和原因的研究．北京：商务印书馆，1974
3. 凯恩斯．就业、利息与货币通论．北京：华夏出版社，1997
4. 尹世杰主编．社会主义消费经济学．上海：上海人民出版社，1983
5. 尹世杰主编．消费经济大辞典．成都：西南财经大学出版社，1993
6. 消费日报社主编．消费经济：从概念到实践：首届中国消费经济高层论坛成

果汇编．北京：中国轻工业出版社，2007

7. 周建，艾春荣，王丹枫，唐莹．中国农村消费与收入的结构效应．经济研究，2013（2）

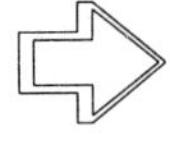

案例分析　中国消费经济学的先行者

中国消费经济学创始人、湖南师范大学尹世杰教授因病医治无效，于2013年1月19日在长沙逝世，享年91岁。尹世杰教授1922年9月出生于湖南省洞口县石柱乡。1946年毕业于湖南大学经济系，留校任教。1954—1976年任武汉大学经济系党总支书记、系主任，1976—1993年任湘潭大学政治系、经济系主任，消费经济研究所所长，教授。1993年下半年起任湖南师范大学教授。

尹世杰教授毕生从事消费经济理论研究。在青少年时期他萌发了“经济救国”、“经世济民”的宏愿。20世纪40年代就读于湖南大学经济系时就关注民生消费问题。50年代至60年代中期担任武汉大学经济学系系主任时就潜心于国民经济计划和社会再生产理论的研究。1979年他的《加强对消费经济的研究》一文公开发表，引起了强烈反响，同年4月28日《光明日报》头版头条用“打破了禁区”对他在学术上“敢为人先”的开拓精神予以高度赞誉。在中国经济学界，尹世杰教授创造了“六个第一”：第一个在我国提出消费经济学是一门独立的学科；主编我国第一本消费经济学教材《社会主义消费经济学》；获得第一届孙冶方经济科学奖；创办我国第一个消费经济研究所；主编我国第一个公开发行的消费经济专业刊物《消费经济》；第一个在我国招收消费经济专业研究生。这“六个第一”的卓越功绩使其当之无愧地成为“中国消费经济理论第一人”，1984年他主编的《社会主义消费经济学》获首届孙冶方经济科学奖。1991年经国务院批准授予有突出贡献的享受政府特殊津贴的专家称号，1992年获中国保护消费者基金会颁发的首届“保护消费者杯”个人最高奖。2003年尹世杰教授已逾80高龄，仍以更为旺盛的创新精神，坚定地走在消费经济学研究的坎坷道路上。近十年，随着尹世杰教授又推出了《消费力经济学》、《消费文化学》两本新著作，将消费经济学研究推向了一个新的历史阶段。

作为中国消费经济学的主要创始人，尹世杰教授一辈子呕心沥血，痴心消费经济学研究。改革开放以来出版学术专著20余部，发表学术论文600余篇。在他儿子的悼词中，有这样一段话：“我的父亲，关心13亿人的消费，却从不关注自己的消费；关心13亿人的闲暇，却从不关心自己的闲暇；关心13亿人的健康，却从不关注自己的健康。”2013年1月19日，尹世杰教授在病重入院的当天，仍在进行消费经济学的研究工作，直到逝世前，他还惦记着书桌上未完成的书稿，厚厚一叠、密密麻麻的《生态消费论》的书稿，他已写到了第6章。在生命的最后一刻，尹老一直念叨着

“我要到学校上课，我要回书房写作”。

资料来源：根据《光明日报》、《长沙晚报》、红网等媒体关于尹世杰逝世的消息整理。

讨论分析

尹世杰教授研究消费经济学最宝贵的精神是什么？尹世杰教授的治学过程对我们学习消费经济学理论有什么启发？

第2章 消费需要与消费需求

Chapter 2

内容提要

在社会需要体系中居于重要地位的消费需要，是一切经济活动的出发点和归宿。本章从分析消费需要的含义入手，讨论了消费需要的特点、分类、内容及其发展趋势，考察了影响消费需求的主要因素，并依据消费需求上升规律，着眼于更好地推动经济发展，提出了现实中扩大我国消费需求的具体路径。

第1节 消费需要的含义、特点与分类

一、消费需要的含义与特点

社会需要多种多样，但是在根本上可以划分为两大类：一是对消费资料（包括服务，下同）的需要，我们称之为消费需要或直接需要；另一类是对生产资料的需要，我们称之为生产需要或间接需要。这两类需要有机联系，相互促进，但生产需要不属于消费经济学研究的范围，这里存而不论。消费需要在社会需要中有着重要的地位，它是消费行为产生的原动力，是一切经济活动的出发点和归宿。

所谓消费需要，是指人类为了实现自身的生存、享受与发展而产生的获得各种消费资料的欲望、意愿或要求。换句话说，它是指消费者生理和心理上的匮乏状态，即因为感到缺少些什么，从而想要获得它们的状态。消费者在其生命周期中会有各种各样的需要，如饿的时候有进食的需要，渴的时候有喝水的需要，在与他人交往中有获得友爱、被人尊重的需要等。

消费需要的产生、变化通常都有一定的规律性，表现出具有普遍意义的特点。

1. 消费需要的社会性

马克思说过："我们的需要和享受是由社会产生的；因此，我们在衡量需要和享受时是以社会为尺度，而不是以满足它们的物品为尺度的。因为我们的需要和享受具有社会性质"①。在不同的生产力水平下，人们的消费需要的社会性质也是不同

① 《马克思恩格斯选集》，2版，第1卷，350页，北京，人民出版社，1995。

的。资本主义社会的消费需要既存在阶级差别，又存在程度差别；在社会主义条件下，生产的目的是满足人民日益增长的物质和文化生活的需要，消费需要不存在阶级差别了，但是由于不同社会阶层、不同社会集团所处的社会地位的差别，他们的消费需要还是存在差别的。因此，消费需要具有社会性质，具有社会的历史必然性，这一点无疑是客观的。

2. 消费需要的发展性

消费需要是随着生产力一同发展起来的。马克思曾指出："在生产的最低阶段上，人类的需要还很少，因而要满足的需要也很少。"① 但随着社会生产力的发展，特别是科学技术的不断发展，分工越来越细，新的工业部门不断出现，新的消费品不断出现，人们的消费需要不断上升，消费需要的内容不断扩大，成为一个与生产体系相适应的消费需要体系。"新生产部门的这种创造……不仅是一种分工，而且是一定的生产作为具有新使用价值的劳动从自身中分离出来；是发展各种劳动即各种生产的一个不断扩大和日益广泛的体系，与之相适应的是需要的一个不断扩大和日益丰富的体系。"② 反过来，包括消费需要在内的社会需要的内容越丰富，又越会促进社会分工不断发展，促进新的工业部门不断出现，使社会需要不断得到更好的满足。可见，消费需要不仅是随着生产力一同发展起来的，而且不断地促进着生产力的发展。

3. 消费需要的层次性

人们的消费需要是有层次的。在满足各种需要的过程中，消费者将首先满足低层次的需要，待其满足到一定程度后，较高层次的需要才会显现出来并逐步成为主要的满足对象。至于层次的划分，可以有不同的角度。例如，恩格斯曾将消费需要分为生存需要、享受需要和发展需要三个层次，马斯洛则有生理需要、安全需要、社交需要、尊重需要和自我实现需要的五层次论。

4. 消费需要的多样性

消费需要的多样性不仅体现在每个人的需要是多种多样的，还体现在同一种需要对于不同的人也是各不相同的。由于年龄、性别、民族、受教育程度、职业存在差别，收入水平、生活习惯、个性以及宗教信仰、兴趣爱好、居住环境等不同，人们的消费需要常常千差万别，各具特色。

5. 消费需要的关联性

消费需要之间通常是相互关联的，包括正相关与负相关两种形式。消费需要的正相关是指有的需要之间会相互诱导、相互补充、互为条件、互为手段，如某些配套产品的需要。消费需要的负相关是指一些需要之间会相互限制、相互排斥或彼此替代，如某些竞争性产品和替代品的需要。简单一点说，消费需要的关联性多数情况下表现为消费需要之间是互补还是替代的关系。当然，互补或者替代的程度是不一样的。

---

① 《马克思恩格斯全集》，中文 1 版，第 46 卷（上），377～378 页，北京，人民出版社，1979。

② 《马克思恩格斯全集》，中文 1 版，第 46 卷（上），392 页，北京，人民出版社，1979。

6. 消费需要的伸缩性

消费需要具有一定的伸缩性（也可以理解为商品弹性的不同在消费需要上的反映），因为需要的实现受到货币收入、支付能力、商品价格及其供应等因素的制约。消费者收入高、商品价格便宜、商品供应充分，消费者的需要量可能大一些，反之则可能少一些。不过不同产品对人们消费需要的影响程度不一样，伸缩性的大小也不一样。一般来说，必需品的弹性小，伸缩性小；奢侈品的弹性大，伸缩性也大。急需品的伸缩性小，非急需品的伸缩性大。

7. 消费需要的可诱导性

消费需要作为一种欲望、意愿或要求，通常难以直接捕捉到。但是，通过它在可观测现象、活动或事物上的“投射”，还是可以把握和进行有目的诱导的。实践证明，由于受到外界各种因素的影响，如商业广告、橱窗展览、柜台咨询和销售服务等，人们的消费需要很容易被“唤醒”或“激发”。

8. 消费需要的季节性

经验事实告诉我们，消费者的需要往往会随着时令季节的变化而变化。引起需要季节性变化的原因主要有：第一，一些消费对象的生产具有季节性，从而使需要和消费具有季节性；第二，季节变化对人的生理和心理需要本身有直接影响，从而使需要具有季节性，如春夏秋冬的气候变化，就导致人们服饰需要的变化。

此外，消费需要的周期性、连续性、时代性和情感性等也是较为重要的特点。

二、消费需要理论

（一）马克思的消费需要理论

马克思十分重视对消费需要的研究，在他的著作中提出了关于消费需要的一系列观点，主要有：

1. 消费需要具有两重属性

马克思曾经把消费需要区分为社会制造的需要和自然的需要。他认为，人们的消费需要既受自然因素制约，又受社会因素制约；在不同自然条件下，人的自然需要是不同的；而需要的范围及满足消费需要的方式，又受社会条件的影响。

2. 消费需要与消费需求不同

马克思认为，消费需要是观念的东西，需求则是与货币购买力相联系的。“以货币为基础的有效的需求和以我的需要、我的激情、我的愿望等等为基础的无效的需求之间的差别，是**存在**和**思维**之间的差别”[①]。

3. 消费需要具有层次性

马克思在论述消费需要的层次性时，先后使用了最直接的食物消费需要以及人们的审美需要、交往的需要和自然需要与历史需要等概念[②]，还把人们的生活资料划分为生存资料、享受资料与发展资料。后来，恩格斯据此将消费需要划分为生存

① 《马克思恩格斯全集》，中文1版，第42卷，154页，北京，人民出版社，1979。

② 参见《马克思恩格斯全集》，中文1版，第46卷（下），383页，北京，人民出版社，1980。

需要、享受需要、发展需要三个层次。

此外，马克思还论述了消费需要是调节社会生产结构的重要因素，论述了消费需要内在的丰富性及发展变化的动态性。

（二）马斯洛的需要层次论

1943 年，美国行为科学家马斯洛在《人类动机的理论》一书中提出了需要层次论，将人类的需要由低到高依次划分为五个层次，即生理需要、安全需要、社交需要、尊重需要和自我实现需要。

1. 生理需要

这是人们最基本、最原始的需要，是为了生存而对必不可少的基本生活条件所产生的需要，如对食物、水、氧气、排泄及休息等的需要。这类需要如未满足就会有生命危险，所以是最强烈的需要。

2. 安全需要

这是维护人身安全与健康、保障财产安全等的需要。这些需要包括得到保障、稳定、依赖、保护、秩序、法律、保护者力量等，目的在于免于身体危险及剥夺基本生理需要等。生理需要得到满足之后，人们就会产生安全需要。如为了人身安全和财产安全而对防盗设备、保安用品、人寿保险和财产保险产生的需要；为了维护健康而对医药和保健品产生的需要。

3. 社交需要

这是从事社会活动、参与社会交往，旨在获得社会承认和归属感的需要。如渴望家庭成员、朋友、同事、上级等的爱护与关怀，以及对温暖、信任、友谊等的需要。人们还渴望自己有所归属，成为团体中的一员。

4. 尊重需要

这是在社交活动中受人尊敬，取得一定社会地位、荣誉和权力的需要。如为了在社交中表现自己的能力而对教育和知识产生需要，为了表明自己的身份和地位而对某些高级消费品产生需要等。

5. 自我实现需要

这是充分挖掘潜能，发挥个人最大能力，实现理想和抱负的需要。自我实现需要是人类的最高需要，满足这种需要的产品主要是精神文化产品，如教育与知识等。

马斯洛的需要层次论可进一步概括为两大类：一类是生理的、物质的需要，包括生理需要和安全需要；一类是心理的、精神的需要，包括社交需要、尊重需要和自我实现需要。[①] 马斯洛认为，一个人同时存在多种需要，但在某一特定时期每种需要的重要性并不相同。人们首先追求满足最重要的需要，即需要结构中的主导需要，它作为一种动力推动着人们的行为。主导需要在满足后就会失去对人的激励作

① 除了广为人知的以上五个层次的需要，马斯洛还详细说明了认知和理解的欲望、审美需要在人身上的客观存在，但是他也说明，这些需要不能放在基本需要层次之中。

用，人们会转而注意到另一种相对重要的需要。一般而言人的需要存在递进的趋势与规律，即人的需要是由低层次向高层次不断递进发展的，低层次的需要满足以后才追求高层次的需要。例如，一个食不果腹、衣不蔽体的人可能会铤而走险而不考虑安全需要，可能会向人乞讨而不考虑社交需要和尊重需要。①

（三）奥尔德弗的ERG理论

基于马斯洛提出的需要层次理论，1969年克雷顿·奥尔德弗（Clayton Alderfer）在《人类需要新理论的经验测试》一书中提出了一种新的人本主义需要理论。奥尔德弗认为，人们存在三种核心的需要，即生存（existence）的需要、相互关系（relatedness）的需要和成长发展（growth）的需要，因而这一理论被称为ERG理论。他还同时提出了三个概念：

1. 需要满足

即在同一层次的需要中，当某个需要只得到少量满足时，会强烈地希望得到更多的满足。这里，消费需要不会指向更高层次，而是停留在原有的层次，向量和质的方面发展。

2. 需要加强

即低层次的需要满足得越充分，高层次的需要就越强烈，消费需要将指向更高层次。

3. 需要受挫

高层次的需要满足得越少，越会导致低层次需要的膨胀，消费支出会更多地用于满足低层次的需要。

除了用三种需要替代了五种需要，与马斯洛的需要层次理论不同的是，奥尔德弗的ERG理论还表明：人在同一时间可能有若干种需要在起作用；如果较高层次需要的满足受到抑制的话，那么人们对较低层次的需要的渴望会变得更加强烈，即需要的变化不仅是“满足—前进”的，也有可能“受挫—倒退”。

（四）麦克莱兰的显示性需要理论

美国学者麦克莱兰（David McClelland）侧重分析了环境或社会学习对于需要的影响，因此他的理论又称为显示性需要理论。麦克莱兰特别关注四种需要，即成就需要、亲和需要、权力需要、独特性或新颖性需要。

1. 成就需要

所谓成就需要，是指人们愿意承担责任，解决某个问题或完成某项任务的需要。具有高成就动机的人一般设置中等程度的目标，并具有冒险精神，而且更希望有行为绩效的反馈。

2. 亲和需要

所谓亲和需要，是指个体在社会情境中，要求与其他人交往和亲近的需要。人

① 参见吴健安：《市场营销学》，94～95页，北京，高等教育出版社，2000。

们想获得别人的关心，获得友谊、爱情，获得别人的支持、认可与合作，均可视为亲和需要。亲和需要很大程度上是在学习以后才形成的：个人目标实现遇到困难时，学到求人帮助；遇到危险情境时，学到求人保护；对事物不了解时，学到求人指导。具有高亲和动机的人特别关心人际关系的质量，友谊和人际关系往往优先于完成某项任务或取得某项成就。那些有着强烈的合群需要的人倾向于将和他人在一起的愿望排在对成功的需要之前。

3. 权力需要

所谓权力需要，是指个体希望获得权力、权威，试图强烈地影响别人或支配别人的倾向。麦克莱兰发现，凡是对工作成就具有强烈要求的人均无领袖欲。换言之，成就需要和权力需要是彼此不同的两种需要。研究发现，凡是对社会事务有浓厚兴趣的人，其行为背后均存在强烈的权力动机。权力动机有两种类型：个人化权力动机与社会化权力动机。前者出于为己之目的，后者出于为人或为公之目的。麦克莱兰认为，权力可以朝着两个方向发展：一是负面方向，强调支配和服从；二是正面方向，强调劝说和激励。

4. 独特性或新颖性需要

所谓独特性或新颖性需要，是指渴望被别人认为自己是不同的且独一无二的。马斯洛认为，尽管社会因素对个体如何满足其需要有重要作用，但就其本质而言，这些需要是人生来就具有的。与此不同，麦克莱兰特别强调需要从文化中的习得性，所以，他的理论与学习、人格概念有着紧密联系。一些研究调查了麦克莱兰的观点和消费者行为之间的关系，结果和他的显示性理论相一致：在可能的动机阐述中，74%的人符合显示性需要中的某一个。①

三、消费需要的分类

（一）根据消费需要的起源分类

1. 自然性消费需要

所谓自然性消费需要（或称生理需要），是指个体为维持生命和延续后代而产生的本能需要，如进食、饮水、睡眠、运动、排泄等。自然性消费需要是人类最原始、最基本的需要，它是人和动物所共有的，而且往往带有明显的周期性。比如，受生物钟的控制，人需要有规律地、周而复始地睡眠，需要日复一日地进食、排泄，否则就不能正常生活，甚至不能生存。但是，人的自然性消费需要，从需要对象到满足需要所运用的手段，无不烙有人类文明的印记。这表现为，人类在满足其自然性消费需要的时候，并不像动物那样完全受本能驱使，而是要受到社会条件和社会规范的制约，受自身综合素质与理性的约束。

2. 社会性消费需要

社会性消费需要是指人们为了丰富社会生活、进行社会交往、提高消费层次、

---

① 参见 John C. Mowen，Michael S. Minor：《消费者行为学》，72页，北京，清华大学出版社，2004。

消费质量的消费需要。社会性消费需要是人类特有的，它往往带有鲜明的时代、阶级、文化特征。人是社会性的动物，只有被群体和社会接纳，才会产生安全感和归属感。社会性消费需要得不到满足，虽不直接危及人的生存，但会使人产生不舒服、不愉快的体验和情绪，从而影响人的身心健康。

从历史上看，自然性消费需要是社会性消费需要的基础。人的社会性消费需要以自然性消费需要为前提，并从自然性消费需要中发展起来。正如马克思所说："人们首先必须吃、喝、住、穿，然后才能从事政治、科学、艺术、宗教等等"①。所以，人的需要应该包含自然性消费需要，但是人的需要主要地表现为社会性消费需要。

（二）根据消费需要的对象性质分类

1. 物质消费需要

物质消费需要是指人们通过消耗、使用各种物质消费资料而得到满足的需要，如对食品、衣服、鞋帽、家具、家用电器等消费品的需要。物质需要是人类最基本、最直接的需要，也是其他社会需要的基础。

2. 精神文化消费需要

精神文化消费需要既包括主体自由地发挥自己的智力资源的需要，又包括进行各种各样的创造消费活动和对文化成果的享用。例如，对于文化艺术的需要、对于人类积累的科学知识的需要、对美的需要等，都属于精神文化消费需要的范畴。随着科技、文教的不断进步及社会经济的不断发展，精神文化消费需要越来越重要。精神文化消费需要的满足是不断提高人的素质、促进人的全面发展不可缺少的条件。

（三）根据消费需要满足的途径分类

1. 个人消费需要

个人消费需要主要是指消费者通过按劳分配或其他方式得到的收入，以个人或家庭消费的形式而实现的需要。个人消费需要主要是在家庭中进行的，具有分散性、灵活性、多样性的特点，它反映了人们对私人所有的消费资料的依赖关系。

2. 公共消费需要

公共消费需要又称非家庭消费需要，主要是指通过分配社会消费基金或集体消费基金而实现的需要。公共消费需要也是人们对具有非竞争性和非排他性的公共消费品如基础教育、卫生防疫、妇幼保健、公共交通及公共文化、体育、娱乐、环境等的需要，因此具有相对的统一性和公共性。

（四）根据消费需要满足的层次分类

1. 生存需要

生存需要是人们维持和延续生命而产生的对物质生活资料和服务的需要，即对

---

① 《马克思恩格斯选集》，2版，第3卷，776页，北京，人民出版社，1995。

生活必需品的需要。生存需要是人类生活最基本的和最低限度的需要，例如对食物、服装、住宅、医疗卫生、交通通信等生活必需品的需要。生存需要的满足是一切社会生活的前提，是维持劳动力简单再生产的低层次需要，应首先予以满足。生存需要是发展的，满足生存需要的标准是不断提高的。

2. 享受需要

享受需要是人们为追求生活享受而产生的消费需要，表现为要求吃好、穿好、住得舒适、用得奢华、有丰富的消遣娱乐生活。这类需要的满足可以使消费者在生理和心理上获得最大限度的享受。

3. 发展需要

发展需要是人们对学习文化知识、增进智力和体力、提高个人修养、掌握专业技能、在某一领域取得突出成就等的需要。发展需要的满足可以使消费者的潜能得到充分释放，人格得到高度发展。

（五）根据消费需要的时间特征分类

1. 现时需要和未来需要

现时需要是指必须立即采取行动予以满足的需要，如现在饿了，要立即吃饭。未来需要是指消费者已经意识到并可能做些准备，但要在未来才会真正要求满足的需要，如新婚夫妇预期的自己子女的教育，又如大部分储蓄活动指向的将来的消费。

2. 短期需要和长期需要

短期需要是指在较短时期内产生并要求予以满足的需要，这些需要在以后可能不再重复出现。长期需要是指在一个较长时期内会持续或反复出现的需要，如衣、食、住、行等。

此外，从其他的角度将消费需要分为实物消费需要和服务消费需要、必需品消费需要和奢侈品消费需要、现实消费需要和潜在消费需要、商品性消费需要和非商品性消费需要以及生态消费需要和非生态消费需要等，对于我们正确认识消费需要都是有意义的。

第 2 节　消费需要的内容及发展趋势

一、消费需要的内容

（一）对商品基本功能的需要

根据消费者的消费实践，消费者对特定商品消费需要的基本内容首先是商品的基本功能[①]，即商品能满足人们某种需要的使用价值。商品的基本功能或有用性是

① 参见江林：《消费者心理与行为》，88～91 页，北京，中国人民大学出版社，2002。

商品被生产和销售的基本条件，也是消费者需要的基本内容。任何消费都不是抽象的，而是有具体的物质对象的。商品成为消费对象的首要条件是要具备能满足人们特定需要的使用价值和功能。例如，轿车要能载人、灵活驾驶，空调要能制冷或制热，护肤品要能保护皮肤，这都是消费者对商品功能的最基本要求。在通常情况下，基本功能是消费者对商品诸多需要中的第一需要。

（二）对商品质量性能的需要

质量性能是消费者对商品基本功能达到满意或完善程度的要求，通常以一定的技术性能指标来反映。就消费需要而言，商品质量不是一个绝对的概念，而是具有相对性。构成质量相对性的因素，一是商品的价格，二是商品的有用性，即商品的质量优劣是在一定价格水平下，相对于其实用程度所达到的技术性能标准。与此相适应，消费者对商品质量的需要也是相对的。一方面，消费者要求商品的质量与其价格水平相符，即不同质量有不同的价格，一定的价格水平必须有与其相称的质量；另一方面，消费者往往根据其实用性来确定对质量性能的要求和评价。

（三）对商品安全性能的需要

消费者要求所使用的商品卫生洁净、安全可靠，不危害身体健康。这种需要通常发生在对住宅、食品、药品、卫生用品、家用电器、交通工具、化妆品、洗涤用品、儿童玩具等商品的购买和使用中，是人类对安全的基本需要在消费需要中的体现。

（四）对商品便利功能的需要

这一需要表现为消费者对购买和使用商品过程中的便利程度的要求。在购买过程中，消费者要求以最短的时间、最近的距离、最快的方式购买到所需商品。同类商品如果质量、价格几近相同，其中购买条件便利者往往会成为消费者首先选择的对象。近年来，随着网络技术和电子商务的发展，网上交易以传统购物方式无法比拟的便利、快捷、零距离优势，正在越来越多地受到消费者的青睐。此外，在商品使用过程中，消费者要求商品使用方法简单易学、操作容易、携带方便、便于维修。

（五）对商品审美功能的需要

在消费活动中，消费者对商品审美功能的要求，同样是一种持久、普遍的心理需要。在审美需要的驱动下，消费者不仅要求商品具备实用性，同时要求商品具备较高的审美价值；不仅重视商品的内在质量，而且希望商品拥有完美的外观设计，即实现实用性与审美价值的和谐统一。消费者通过商品消费，一方面美化环境，为自己创造优雅怡人的生活空间；另一方面美化自身，塑造富有魅力、令人喜爱的个人形象。

（六）对商品情感功能的需要

情感需要是消费者心理活动中的情感过程在消费需要中的独立表现，也是人类所共有的爱与归属、人际交往等基本需要在消费活动中的具体体现。一般而言，在情感功能的需要驱动下，消费者要求商品蕴涵深厚的感情色彩，能够体现个人的情绪状态，成为人际交往中感情沟通的媒介，并通过购买和使用商品获得情感上的补偿、追求和寄托。

消费者作为有着丰富情感体验的个体，在从事消费活动的同时，会将喜怒哀乐等各种情绪反映到消费对象上，即要求所购买的商品与自身的情绪体验相吻合、相适应，以求得情感的平衡。例如，在欢乐愉悦的心境下，人们往往喜爱明快、热烈的商品色调；在压抑沉痛的情绪状态下，人们经常倾向于黯淡、冷僻的商品色调。

（七）对商品社会象征性的需要

即消费者要求商品能体现和象征一定的社会意义，或者体现一定的社会地位，使购买、拥有该商品的消费者能够显示出自身的某些社会特性，如身份、地位、财富、尊严等，从而获得心理上的满足。在人的基本需要中，大多数人都有扩大自身影响、提高声望和社会地位的需要，有得到社会承认、受人尊敬、增强自尊心与自信心的需要。对商品社会象征性的需要是高层次社会性需要在消费活动中的体现。

（八）对良好服务的需要

在对商品实体形成多方面需要的同时，消费者还要求在购买和使用商品的全过程中享受到良好、完善的服务。良好的服务可以使消费者获得尊重、情感交流、个人价值认定等多方面的心理满足。对服务的需要程度与社会经济的发达程度和消费者的消费水平密切相关。现代消费中，商品与服务已经成为不可分割的整体，而且服务在消费需要中的地位迅速上升。消费者支付货币所购买的已不仅仅是商品实体，同时还购买了与商品相关的服务，其中包括售前、售中、售后服务。从某种程度上说，服务质量已成为消费者选择购买商品的主要依据。

二、消费需要的发展趋势

（一）消费环境的新变化

当前，人类社会进入了一个新的以经济全球化、信息化、网络化等为标志的历史时期。在这一背景下，消费者面临的消费环境也发生了一系列变化。具体表现在：

（1）科学技术的日新月异和社会生产力的迅猛发展，加速了产品的更新换代，新产品和各种高科技产品层出不穷，推动了消费内容与方式的不断更新。

（2）经济全球化日益深入，各国之间的贸易往来急剧增长，现代消费者面对的已不是仅限于本国市场和本国商品，而是国际市场和各国商品，由此使消费者选择商品来源地的范围得到极大的扩展。

（3）电子商务的迅速发展和广泛应用，给传统的商品贸易方式带来了强烈冲击，从而为消费者实现购物方式和消费方式的根本性变革提供了可能性。

（4）现代交通和通信技术的日益发达，迅速缩小了时空距离，促进了国际交往的增加，使不同国家、民族的文化传统、价值观念、生活方式得以广泛交流、融会，各种新的消费文化、消费意识、消费潮流不断涌现，并以前所未有的速度在世界范围内广泛扩散。

消费环境方面的上述变化给消费者的消费观念和消费方式带来了多方面的深层次影响，并使消费需要的结构、内容和形式发生了显著变化。

（二）消费需要的发展趋势①

1. 消费需要日益高级化

随着人均收入水平和消费水平的提高，消费者的需要逐步趋于高级化，将带来消费结构的持续优化、升级。这一趋势在处于高速增长阶段的发展中国家表现得尤为突出，我国的情况就是如此。随着我国全面建设小康社会进程的顺利推进，社会经济全面发展，居民收入较快增长，推动居民消费逐步进入了新一轮的消费周期。这一新周期以家用电器在农村迅速普及，住房、轿车逐步进入城市家庭为主要标志。与此相对应，我国居民消费结构也正处于一个重要的转型时期。今后一段时期，城镇居民消费需求将加速向全面小康和更为富裕过渡，人们的消费观念、方式、内容及消费品市场供求关系都将发生重大变化。衣、食等一般性消费在总消费中的比重将进一步下降，住、行以及通信、电脑、教育、旅游等服务性、享受类消费将大幅增加。而且，随着世界经济贸易的增加和各国间文化的相互渗透，国内消费的国际化趋势已经显现。对于农村居民来说，他们也将逐步缩小与城镇居民之间的消费差距，并在后者的示范效应下，对加快融入开放的、文明的、高质量的现代消费生活表现出更为强烈的诉求。

2. 高情感消费需要催生感性消费

经济活动的高度市场化和高科技浪潮的迅猛发展，引起了人们生活方式的剧烈变化。快节奏、强竞争、高紧张度取代了平缓、稳定、闲散的工作方式；食物处理机、洗碗机、个人电脑、移动通信工具、现代化办公设备等高科技产品大量涌入家庭和工作场所，使得人们越来越多地以机器作为交流对象。而互联网的普及缩短了人们之间的时空距离，“地球村”的味道越来越浓。与全新的生活方式相对应，人的情感需要也日趋强烈。

西方营销理论认为，消费者的需求发展大致可分为三个阶段：第一是“量的消费时代”；第二是“质的消费时代”；第三是“感性消费时代”。在感性消费阶段，

① 参见江林：《消费者心理与行为》，92～97页，北京，中国人民大学出版社，2002。

消费者所看重的已不是产品的数量和质量，而是与自己关系的密切程度。他们购买商品是为了满足一种心理的渴求，或是追求某种特定商品与理想的自我概念的吻合。在感性消费需要的驱动下，消费者购买的商品并不是非买不可的生活必需品，而是能够引发其心理共鸣的感性商品。这种购买决策往往基于消费者个性化的感性标准，以自己“喜欢就买”作为行动导向。如有关机构的市场调查结果表明，美国女性选购服装时重点考虑穿着的感觉；在日本市场上，感性商品正成为新的流行时尚。

近年来，我国消费者需要的感性化趋向也逐渐增强。与之相适应，有远见的企业在产品的设计和宣传促销上也越来越注重感性诉求，得到了较好的市场反馈。一些以高科技为支撑的个性化现代电子类消费品，如平板电脑、智能手机等的热销就是证明。

3. 消费方式与生活方式走向统一

所谓生活方式，是指人们为满足各种需要而进行的全部活动的总体模式和基本特征。人们的生活方式是多方面、多层次的，具体包括劳动生活方式、消费活动方式、家庭生活方式、社会交往生活方式、文化生活方式、闲暇生活方式等。其中，消费生活方式不仅是生活方式总系统的重要组成部分，而且与其他生活方式子系统有着密切的联系。当前，人们在充分享受高度发达的物质文明所带来的高层次物质享受的同时，逐渐意识到高消费并不意味着生活的快乐和幸福。因为人的需要是社会性的，其快乐源于多个方面，仅靠物质享受难以使人的各种需要得到真正的满足，因此，消费和人的幸福之间并不直接相关。决定生活快乐的最主要因素是对家庭生活的满足，其次是有满意的工作和良好的人际关系，能自由自在地发挥才干和建立融洽的友谊关系。基于这样的认识，现代消费者越来越倾向于把消费方式与生活方式的其他方面统一、协调起来，从整体上把握、评价生活方式，注重提高整体的生活质量。

4. 消费需要生态化

这一趋势是指消费者要求自身的消费活动有利于保护人类赖以生存的自然环境，维护生态平衡，避免对自然资源的过度消耗与消费，实现永续消费。在可持续发展观念越来越深入人心的背景下，现代消费者的生态意识日益增强，逐步认识到地球的资源是有限的，过度消费留下的不仅仅是成堆的垃圾和对环境的破坏，还将导致人类的自我毁灭。为此，不同国家的消费者把保护自然资源和生态环境视为己任，将消费与生存环境及社会经济发展联系起来，自觉地把个人消费行为纳入环境保护的规范之中，努力恢复和构建人与自然的和谐关系。

5. 共感、共创、共生型消费凸显

在更加注重和追求精神消费的过程中，现代及未来的消费者将不再把消费视为一种对商品或服务的纯消耗活动，也不再安于被动地接受企业经营者单方面的诱导和操纵，从生产厂商设计和提供的有限种类、式样中选购商品，而是要求作为参与者，与企业一起按照消费者的新的生活意识和消费需要，开发能与他们产生共鸣的“生活共感型”商品，开拓与消费者一起创造新的生活价值观和生活方式的“生活共创型”市场。在这一过程中，消费者将充分发挥自身的想象力和创造性，积极主动地参与商品的设计、制作和再加工，包括精神产品和物质产品，通过创造性消费来展示独特的个性，分享消费体验，展现自身价值，获得更大的成就感和满足感。

总之，随着时代的发展和社会环境的变化，现代消费者的需要结构、内容和性质也在不断发展变化。只有及时分析、了解消费者需要的变化趋势，才能从整体上把握消费需求的特点和发展规律。

第3节 影响消费需求的因素

一、消费需要与消费需求

消费需要与消费需求是既有密切联系又有重要区别的两个概念。消费需要是在一定生产力水平和一定生产关系下，人们为了满足自己的生存、享受、发展，对获得消费资料的一种有意识的、可能实现的欲望、意愿或要求。而消费需求是指消费者在一定价格条件下愿意并且能够购买的消费资料的数量。可见，区别消费需要与消费需求有两个关键点：一看购买力，二看消费欲望，二者缺一不可。恩格斯说过：“在经济学家看来，只有能够为自己取得的东西提供等价物的人，才是真正的需求者，真正的消费者。”[①] 没有支付能力的消费需要不会转化为消费需求，需求的本质是有购买商品的货币支付能力，它是实现消费需要的前提条件。

消费需要和消费需求的区别还在于：在实际生活中，居民有一部分需要是不通过市场，不以需求的形式而得到满足的，如农村居民通过自己的劳动而非交换获得的消费品用来满足个人或家庭的需要，以及一些社会福利性消费品满足了消费者一定的需要。但大部分消费需要是通过消费需求形式得到满足的，因此，研究消费需要还必须研究消费需求，研究有支付能力的购买力的投向，研究如何生产和供应丰富多彩的商品，使产品结构与需求结构相适应。市场经济是需求导向型经济，居民消费需求作为社会总需求的重要成分，对经济发展具有重大的拉动作用。

从整个国民经济体系来说，单一消费者的消费需求是社会总需求的一部分。社会总需求亦即国民收入（Y），通常由四个部分构成：对消费品的需求（C）；对投资品的需求（I）；政府支出（G）；出口净需求（X）。用公式表示为：

$$Y=C+I+G+X$$

政府支出（G）可以分解为投资支出和消费支出，若再把国民经济作为一个封闭体系进行考察，略去出口净需求（X），此时社会总需求由消费需求和投资需求

① 《马克思恩格斯全集》，中文1版，第1卷，619页，北京，人民出版社，1956。

组成，即国民收入等于投资与消费之和：

$$Y=C+I$$

在国民经济运行中，总需求与总供给是否平衡是一个十分关键的问题。在凯恩斯主义产生以前，西方的经济学说普遍不担心这个问题，认为供给的增长可以自行创造需求，所有的供给都是对其他某些产品的潜在需求，所以用不着担心社会会出现全面的生产过剩或总需求不足。然而 20 世纪 30 年代的世界经济危机以雄辩的事实证明这一观点是错误的，市场不可能自动地实现总供求的均衡，需求不足或者供给不足的情况都会出现，如何保持国民经济的总体均衡增长就是一个值得研究的重大课题。随着科学技术和生产力的迅猛发展，今天和将来供给不足出现的概率已经大大下降，有效需求不足的情况更为常见。20 世纪 90 年代以来，我国经济发展就面临消费需求约束这一难题。

二、影响消费需求的主要因素

（一）消费者的收入水平

收入是消费的基础，因为收入是影响消费需求的最根本因素。当收入变化时，消费者对某种商品的消费需求乃至消费支出结构都会发生变化。这里的收入变化，主要是指消费者的实际收入变化。实际收入与名义收入并不是完全一致的，而决定消费者购买力的是其实际收入。

消费者的收入还可以进一步细分为可支配的个人收入和可随意支配的收入两种。其中，可支配的个人收入是指消费者的货币收入扣除各种税金及义务缴纳后的收入，可随意支配的收入是指由可支配的个人收入再扣除衣、食、住等基本生活开支后所构成的收入。

对于具体商品而言，考察收入变化对商品的影响，还要考察需求的收入弹性。需求的收入弹性是指在一定时期内某一商品的需求量变化对收入变化的反应程度。在考察需求的收入弹性时，假定其他条件不变，只考虑收入变化对需求量的影响，即需求的收入弹性等于需求量变化的百分比与收入变化的百分比之比。一种商品收入弹性的高低取决于需求量相对于收入变动而变动的方向。对于正常商品而言，需求量随收入的增加而增加，弹性系数为正；对于低档商品而言，收入的增加将导致需求量的减少，弹性系数为负。对于正常商品而言，如果弹性系数大于 1，那么表明需求量增加的百分比超过收入增加的百分比，因而该商品是奢侈品，或者说是高档商品；反之，如果弹性系数小于 1，那么该商品是生活必需品。这两种商品需求收入弹性的差异导致它们的恩格尔曲线形状不同。

由于市场经济体制下周期性经济波动的存在，消费者的收入水平会随着经济波动而发生较大变化，因而预期收入也成为影响消费需求的重要因素。如果消费者预见到未来的收入（如工资调整）比现期收入将有明显增加，那么，他就可能增加现期消费支出，甚至举债（如借助消费信贷）进行消费；相反，如果预见到未来的收入将比现期收入绝对或相对地降低，或支出增加比收入增加快得多，那么消费者就会绝对或相对地减少现期消费量，增加家庭储蓄，以备日后的生活需要。未来收入具有不确定性，为了防范未来收入的不确定性引起的消费下降，必须进行储蓄，这种预防性储蓄同收入不确定性之间是正相关关系，且具有刚性特征。人们对未来收入不确定性的预测能力是极为有限的。

（二）消费品价格

消费者为了满足消费需要，必须根据自己的收入状况，根据不同的价格水平，在各种商品和服务之间进行选择。如果消费者的偏好不变，对价格预期不变，就不会发生人们出于对未来价格变化较大的担心而抢购等现象。如果某种商品的价格预期将上涨，即使当前价格不变，人们对它的需求量也会增加；反之，如果某种商品价格预期将下降，在现行价格下，它的需求量将会减少。

无论是价格总水平的变化还是某些消费品价格的变化，都会影响到需求总量和需求结构。马克思说："从量的规定性来说，这种需要具有很大伸缩性和变动性。它的固定性是一种假象。如果生活资料便宜了或者货币工资提高了，工人就会购买更多的生活资料，对这些商品就会产生更大的'社会需要'。"[①] 什么是需要的"伸缩性和变动性"呢？就是我们通常所说的需求的价格弹性。需求的变化与价格的高低成反比，价格越高，对这些消费品的需求量就越小。但是，也有一种逆反现象，即价格越高，需要的人反而越多；价格越低，需要的人反而越少。对不同的消费品来说，需求价格弹性是不同的。一般来说，必需品的需求弹性小（如粮食、食盐），非必需品的需求弹性大（如一些高档耐用消费品）。

（三）产业结构和产品结构

现有的产业结构和产品结构在很大程度上决定着消费需求总量和需求结构。具体表现为三种情况：

（1）生产的部门结构和部门内部结构影响消费需求结构。如果部门之间或部门内部比例失调，一些部门片面发展，另一些部门长期落后，则一方面会使社会劳动产生巨大浪费，另一方面会使部分需求得不到满足。

（2）产品结构影响消费需求结构。如果有些产品生产过多，另一些产品生产过少，或不适销对路，就会造成商品生产量和需求量不相适应，一部分商品供过于求，另一部分商品供不应求，由此就会影响市场和物价的稳定。

（3）产品质量影响消费需求结构。生产量和需求量基本适应，但如果产品质量低劣，就不能满足需求，甚至会损害消费者的利益。

可见，产业结构和产品结构决定和影响着消费需求的内容、数量和质量。当然，需求结构又决定和影响产业结构和产品结构。我们必须分析消费者对各种消费品的需求状况，根据需求结构，适时地调整生产结构，使之与消费需求结构相适应。

---

① 《马克思恩格斯全集》，中文1版，第25卷，210页，北京，人民出版社，1974。

（四）人口数量与人口结构

人口数量对消费需求的总量的影响极其明显。在其他条件不变时，人口越少，人均国民收入越低，消费需求也就越少。相反，人口越多，人均收入越高，消费需求就越多。人口一定，收入一定，消费总量就一定。从单个家庭看也是如此，家庭人口数量决定着家庭的规模，会影响家庭负担系数。在家庭就业人口一定的情况下，家庭人口老龄化及小孩出生率高，则家庭负担系数大，每一家庭成员的需求水平会较低。

人口结构包括年龄结构、性别结构、职业结构、地区结构、文化结构等。不同年龄、不同性别、不同职业、不同地区、不同文化素质的消费者各有不同的消费需求。而且，人口结构的变化也相应地带来消费需求的总量及其结构的变化。如我国人口老龄化逐步升级，“银色消费”需求必然增长，给家庭和社会都带来了一系列的新问题。因此，要多提供符合老年人需要的消费品，增加各种消费服务。

（五）消费观念与消费习俗

消费观念属于社会意识的范畴，是人们关于市场、货币、消费等经济生活现象的比较系统、稳定的见解和看法，受世界观、人生观、价值观的制约和影响。不同年龄阶段人们的消费观念是有差异的，随着人们年龄的增长和思想的成熟，人们的消费观也逐渐形成。消费观的形成受家庭和社会经济环境以及民族传统文化、主流意识形态、个人文化素质、宗教信仰等非经济因素的强烈影响。消费观念是一个历史的范畴，不同的时代和社会，有着不同的消费观念；不同的阶级和国家，其消费观念也相差甚远。处在同一时代和社会以及同一国家的人们，其消费观念也是不同的。而不同的消费观念，对消费需求会产生不同的影响。

消费习俗即消费习惯和消费风俗，习惯常常会稳定地影响一个国家、一个地区、一个民族的消费者需求。我国是地域广阔、多民族的国家，消费习惯与风俗的差异较为突出。如就食物消费而言，历来有“东酸西辣，南甜北咸”之别，有“北方爱面食，南方喜米饭”之不同。因此，开展商品经营活动，要适应不同的消费习惯、消费风俗，才能更好地满足多样化的消费需求。

（六）消费环境

消费环境主要指影响消费者行为的各种外在因素与条件，包括消费的自然环境、社会环境、市场环境等。目前，我国的消费环境问题还较多，亟待改善。如市场秩序混乱，假冒伪劣商品多，价格欺诈的现象不少见，一些地区尤其是农村的交通、通信、水电等基础设施落后等，制约了消费需求。当前和今后，积极扩大消费需求时必须重视治理、优化消费环境。

（七）制度变迁

制度是一种社会博弈规则，是一种公共产品，包括正式规则和非正式规则。制度变迁是制度的替代、转换和交易过程，包括诱致性制度变迁和强制性制度变迁。制度及制度变迁会影响消费需求。例如我国进行了教育、医疗、住房等制度的改革，原先由国家或集体负担的费用逐步转为由个人负担或由国家、集体和个人共同负担。这种制度变迁增加了居民未来收入的不确定性，同时也增加了居民未来支出的不确定性，如果缺失相关的应对政策，其结果势必是使居民减少现期消费，增加储蓄。

以上因素可以归纳为经济因素和非经济因素两类，前者对消费需求常常具有决定性影响，后者也综合性地影响着消费需求，都需要引起重视。

第4节 消费需求上升规律

一、消费需求上升规律的含义

消费需求上升规律是指随着社会生产的不断发展、生产力水平的不断提高，人们的消费需求不断发生变化，在总体上呈现出逐步上升的趋势，表现为需求总量的上升和需求结构的升级，消费需要、消费需求层次的不断上升。消费需求上升规律是一切社会化生产条件下人们的消费需求变化的普遍规律，是科学技术不断进步、社会分工不断发展的客观要求和必然结果。

列宁在《论所谓市场问题》中揭示了资本主义社会消费需求的上升规律，指出："资本主义的发展必然引起全体居民和工人无产阶级需要水平的增长"，这是一个毋庸置疑的真理。他说："欧洲的历史十分有力地说明了这一需要增长的规律"，"这个规律在俄国也显出了自己的作用：商品经济和资本主义在改革后时代的迅速发展也引起了'农民'需要水平的提高"[①]。资本主义劳动生产率的提高和经济的发展是工人消费需求上升的原因之一。"工人参与更高一些的享受，以及参与精神享受——为自身利益进行宣传鼓动，订阅报纸，听讲演，教育子女，发展爱好等等……在经济上所以可能，只是因为工人在营业兴旺时期，即有可能在一定程度上进行积蓄的时期，扩大自己的享受范围。"[②] 资本主义经济的发展需要有掌握科学技术、拥有劳动技能和技术熟练的劳动者。较高的劳动力素质就需要较多的训练费用，劳动力的价值就相应提高，这是社会化大生产发展的必然结果，也是资本主义生产发展的结果。因而在资本主义社会，从总的趋势来说，工人的消费需求是呈上升趋势的。

消费需求上升是一切社会化生产条件下消费需求变化的普遍规律，因此也必然是社会主义社会的经济规律。社会主义的消费需求上升，也表现在需求总量的上升和需求结构的变化上。我国改革开放以来，居民经济生活的巨大变化充分说明了这

---

① 《列宁全集》，中文2版，第1卷，84～85、85页，北京，人民出版社，1984。

② 《马克思恩格斯全集》，中文1版，第46卷（上），246页，北京，人民出版社，1979。

一点：一方面是需求总量的上升。例如，以1978年为基期，1980年、1990年、2000年、2010年我国城镇居民家庭人均可支配收入分别增长了1.27倍、1.98倍、3.84倍、9.65倍，城镇居民家庭人均消费性支出分别增长了1.10倍、1.76倍、3.91倍、7.31倍；同期，我国农村居民家庭人均纯收入分别增长了1.39倍、3.11倍、4.83倍、9.54倍，农村居民家庭人均生活消费支出分别增长了1.15倍、2.15倍、3.71倍、6.60倍。[①] 而1998—2010年，按不变价格计算，我国居民消费水平年增长率分别达到了5.9%，8.3%，8.6%，6.1%，7.0%，7.1%，8.1%，7.7%，9.6%，10.7%，8.7%，9.2%，6.1%。[②] 另一方面，居民消费需求结构性的上升则更为明显。生存资料在需求结构中的比重不断下降，享受资料、发展资料在需求结构中的比重不断上升。例如，恩格尔系数（即食物消费支出占全部生活消费支出的比例）不断下降，家庭用品、文化教育娱乐支出等不断上升。这反映出人们的物质文化需求结构不断升级。消费需求的上升反映消费需要的逐步实现，反映消费需要的满足程度不断提高，反映需求上升规律有了发挥作用的广阔场所。

在消费需求上升规律作用下，消费需求的发展趋势呈现出多样化、多层次化等特点。短缺经济在我国早已结束，产品的丰富多彩不仅提高了居民现有的消费需要的满足程度，而且从观念上创造了更多样的消费需求。随着收入水平的提高、产品的持续开发和创新、消费领域的不断拓宽，许多新的消费需求也应运而生。譬如在我国城市，汽车、住房消费等势头看好，反映了城市居民的消费需求不断上升。同时，消费需求也日益多层次化。不仅物质消费需求不断升级换代，而且精神文化消费需求越来越旺盛，越来越为人们所重视。人们的消费需求总体上完成从温饱型向小康型的转变以后，正在开始向全面小康型发展，由数量扩张为主逐步转变为质量提高为主。如要求住得舒适，穿得漂亮，用得高档，行得方便，信息、旅游消费迅速增加等。消费需求的多样化、多层次化使人们的消费呈现许多新的特点，如消费智能化、个性化、健美化、世界化等。这样，消费活动的空间更广，消费结构的内容更为丰富。

二、扩大消费需求

（一）消费需求对经济发展的拉动作用[③]

1. 消费需求能直接拉动经济发展

这是指消费需求能直接对经济起拉动作用，是经济增长的主动力源之一。

---

① 参见国家统计局：《中国统计年鉴（2011）》，67页、330页，北京，中国统计出版社，2011；《中国统计摘要（2009）》，109页，北京，中国统计出版社，2009。

② 参见国家统计局：《中国统计摘要（2011）》，67页，北京，中国统计出版社，2011。

③ 经济发展是指一个国家或地区经济的整体演进，它不仅包括一个国家或地区经济总量的增加（即经济增长），而且包括该国家或地区经济结构的优化和经济质量的提高。消费需求对国民经济的拉动效应，不仅有增加国民经济的数量效应，更有优化经济结构的结构效应和提高国民经济质量的质量效应。这里着重在经济增长的层面上谈消费需求拉动经济发展，因为毕竟经济增长是实现经济发展的前提、手段和基础。

消费是 GDP 的组成部分，在生产能力的界限之内，消费需求的增长直接就是经济的发展（最终需求的其他变量如投资、政府购买、净出口等的增长也是一样的），消费需求增长多少，GDP 也增长多少；在消费需求增长与经济发展之间，没有中间环节或中间变量。当然，如果消费需求的增长超出了生产能力的界限，那就不能形成真实的经济发展，而只会形成经济的名义增长和通货膨胀。

2. 消费需求对经济发展具有间接拉动作用

这是指消费需求作为初始变量拉动其他变量，又通过其他变量拉动经济发展。其表现形式就是消费需求拉动投资需求，投资需求又拉动经济发展。投资有自主投资和引致投资之分。自主投资的动因主要是新产品和新生产技术的发明，而不是收入或消费的增长。引致投资则是由消费的增长和自主投资等经济行为诱生出来的投资。要产生大规模的自主投资，要有需求规模较大、产业关联效应较强的新产品、新技术的出现。但这样的新产品、新技术不是时时出现的，所以必要的投资规模不能仅仅依靠自主投资来维持，除了自主投资，还要有引致投资。

消费需求对投资需求的拉动是按加速原理进行的。所谓加速原理，是指资本存量与它所能生产的产量之间的倍数关系。这个倍数叫做资本系数，即获得单位产量所需要的资本存量。当消费需求或者整个产品需求所要求的资本存量超过现有的实际资本存量的时候，就会按产品需求增量的倍数来拉动投资的进行。投资需求被拉动起来以后，它就如消费需求一样对经济发展起着拉动作用。不过与消费需求相区别的是：投资需求对于经济发展具有双重效应。其即期效应是拉动当期经济发展；远期效应是创造生产能力。当然，投资需求的作用要归因于投资，而不应与消费需求的作用混淆起来。但是就消费需求所拉动的引致投资这一部分来看，它对当期经济发展的拉动可视为消费需求对经济发展的间接拉动。

3. 消费需求能创造生产能力，从而拉动经济发展

生产能力是由物质资本和劳动力两个要素构成的。劳动力的再生产是通过消费需求的满足来实现的，特别是现代社会，人力资本成为经济发展的源泉，教育消费需求的稳定增长已成为推动经济发展的重要力量。

值得注意的是，消费是对 GDP 的使用，是 GDP 的一部分，所以只有人均 GDP 增长，GDP 中用于消费的部分才能增长，即消费需求对经济发展有依存关系。同时，消费是对储蓄或投资的放弃，消费和储蓄是此消彼长的关系，而储蓄又是经济发展的重要源泉，如果消费增长过快会减少投资，从而损害经济发展。

（二）我国消费需求不足已成为经济发展的“掣肘”①

1. 消费需求不足的直接表现是消费率偏低

改革开放迄今，我国消费需求长期不足、消费率偏低的发展趋势一直延续。统

① 参见何昀：《节约型社会背景下的奢俭消费研究》，115～125 页，长沙，湖南师范大学出版社，2012。

计资料显示，1978年我国的消费率为62.1%，之后持续下降，到2010年为47.4%；期间，我国政府消费率基本持平，1978年为13.3%，之后一直以小幅度波动，到2010年又恢复到13.6%；同期居民消费率由1978年的48.8%持续下行到2010年的33.8%。也就是说，我国消费率的走低、偏低实际上是由居民消费率下降造成的。

对于近年来我国消费率持续下降的问题，理论界绝大多数人表示了深深的忧虑，但也有一种观点认为，"鉴于我国已进入新的重化工业化阶段，保持较高的投资率和较低的消费率是经济发展所必需的"。其基本的依据是，钱纳里等发展经济学家曾经对39个国家工业化进程中经济结构的演变规律进行深入研究，实证的结论是："随着收入水平的提高，消费结构中食品消费占比不断下降、非食品消费占比不断提高，产业结构中第一产业增加值占比不断下降、工业和服务业增加值占比不断提高，同时，作为消费结构和产业结构提升的结果，投资率不断提高、消费率不断下降。"① 其实，钱纳里等人还曾经指出，在工业化结束或经济进入发达阶段之后，投资率和消费率将趋于相对稳定的状态，并且有大量的统计资料证明，虽然处于不同发展水平阶段的国家消费率不同，但是对应于不同的收入水平，大致存在一个消费率标准值（见表2—1）。② 我国当前处于工业化中期发展阶段，2010年的消费率、居民消费率分别为47.4%，33.8%，大大低于80%，65%的标准值；2010年的政府消费率为13.6%，略低于15%的标准值。由于近年来我国消费率一直处于快速下降的通道中，其显著偏离消费率标准值的状态仍在继续。此外，通过表2—2也可以发现：第一，1990年以来发达国家的消费率变动不大，但发展中国家的消费率总体趋于下降，基本符合钱纳里模型的规律；第二，1990年以来我国政府消费率同其他国家一样没有出现大的波动，但居民消费率不仅大大低于主要发达国家水平，而且大大低于主要发展中国家水平，我国消费率偏低显然主要是由居民消费率偏低造成的。因此，我们不能只看到消费率随着收入水平提高而下降的基本趋势，却无视我国消费率特别是居民消费率长期偏低的严峻现实，后者正是我国经济持续快速发展面临"掣肘"的症结所在，也是我们积极扩大内需中必须着力解决的重点和难点问题。

表2—1　　钱纳里多国模型工业化进程中的消费率标准值

发展阶段	人均GDP（1970年美元）	消费率（%）	居民消费率（%）	政府消费率（%）
工业化初期	140	85	71	14
工业化中期	560	80	65	15
工业化末期	2 100	77	59	18

① 转引自李建伟：《投资率和消费率演变特征的国际比较》，载《中国金融》，2007（8）。

② 参见钱纳里等：《工业化和经济增长的比较研究》，72～75页，上海，上海三联书店、上海人民出版社，1995。

表 2—2　　世界主要发达国家与发展中国家的消费率比较（%）

	国别	美国	日本	英国	法国	德国	巴西	印度	中国
消费率	1990 年	83.7	65.9	82.0	78.8	77.1	—	80.5	64.7
	2000 年	83.4	73.1	84.1	78.6	77.9	83.4	76.6	62.0
	2006 年	86.2	74.8	85.5	80.1	76.8	79.4	66.1	52.2
	2007 年	—	—	84.9	79.8	74.7	79.9	65.1	50.0
	2008 年	—	—	—	—	—	81.5	66.2	50.8
居民消费率	1990 年	66.7	52.5	62.0	57.1	57.8	—	68.8	50.6
	2000 年	69.0	56.2	65.1	55.7	58.9	64.3	64.0	46.2
	2006 年	70.2	57.1	63.5	56.7	58.5	59.4	55.9	38.0
	2007 年	—	—	63.2	56.7	56.7	60.0	55.0	36.3
	2008 年	—	—	—	—	—	61.3	55.1	36.8
政府消费率	1990 年	17.0	13.4	20.0	21.7	19.3	—	11.7	14.1
	2000 年	14.4	16.9	19.0	22.9	19.0	19.1	12.6	15.8
	2006 年	16.0	17.7	22.0	23.4	18.3	20.0	10.2	14.2
	2007 年	—	—	21.7	23.1	18.0	19.9	10.1	13.7
	2008 年	—	—	—	—	—	20.2	11.1	14.0

说明：根据《国际统计年鉴（2010）》80～81 页、83 页、89～91 页、93 页有关数据，按照当年价格计算，中国的数据与《中国统计摘要（2009）》提供的数据略有差异但此处予以保留。表格中“—”为数据缺失。

2. 消费需求不足对经济发展的消极影响

（1）消费率持续下降、消费需求不足导致其对国民经济增长的贡献率总体相对下降。统计资料表明，1978—2010 年越是往后，消费需求贡献率低于投资需求贡献率的年份越来越多。在拉动经济增长的“三驾马车”中，消费需求逐渐失去了它应有的稳定领先的地位。如果不尽快改变这一状况，消费需求对于拉动经济增长的突出作用发挥不出来，国民经济的长期持续健康发展必将难以为继。

（2）消费需求不足导致我国储蓄率一直处于高位，投资率周期振荡上升，造成了宏观经济波动。改革开放以来，我国 GDP 保持了快速增长的势头，1979—2010 年平均每年增长 9.9%，1991—2010 年平均每年增长 10.5%，2001—2010 年平均每年增长 10.5%。① 伴随着经济的高速增长，我国储蓄率（国民储蓄率）大幅提高。周小川所撰文章中提到，我国的储蓄率 1998 年前后为 37.5%左右，到 2007 年上升为 49.9%②；马建堂则指出，我国 2008 年的储蓄率为 51.3%。③ 居民储蓄率、企业储蓄率和政府储蓄率是国民储蓄率的主要组成部分，现实中我国居民储蓄率是最高的，虽然近年来企业储蓄率上升明显，政府储蓄率急剧上升，但是居民储蓄率同样保持了平稳增长的态势，这才导致我国国民储蓄率不断创出新高。储蓄率的屡创新高，为一轮又一轮的投资增加创造了必要条件，而在我国消费率不断走低的情况下，正是连续的投资扩张对扩大国内需求、保持经济快速增长发挥了至关重要的

① 参见国家统计局：《中国统计摘要（2011）》，24 页，北京，中国统计出版社，2011。

② 参见周小川：《关于储蓄率问题的若干观察与分析》，载《中国金融》，2009（4）。

③ 参见马建堂：《2008 年中国储蓄率 51.3%》，温州网，http：//news.66wz.com/system，2009-07-04。

作用。然而，投资毕竟不是最终需求，它在扩大了当期总需求的同时又按照一定比例形成资本存量，从而增加了下一期的总供给，在消费率未能与投资率形成合理比例关系的前提下，新增投资得不到最终需求的支持，必将降低投资效率，加剧产能过剩，最后造成经济的大起大落和难以长期持续发展。

（3）消费需求不足还导致我国经济发展长时期内过分依赖出口需求。改革开放伊始，我国确立了出口导向型的外贸政策，大力鼓励出口，通过出口换取引进先进设备、技术所需的外汇资金。1978—1993年，我国对外贸易态势经常在逆差与顺差之间转换，1994年开始保持了顺差的常态化发展，虽然带有周期性，但是总体上净出口额快速增加、净出口占GDP比重不断提高。这一比重是世界上其他国家所少见的，甚至远远高于处于经济高速增长时期的日本、韩国和东南亚地区一批“高储蓄率、低消费率、高外向度”的国家。显然，在国内消费需求不足的情况下，近10多年来出口需求在消化我国高投资率形成的供给方面发挥了重要作用。但问题是从长期来看，作为一个经济大国，我国只有走内需主导型增长道路，才能牢牢把握经济发展主动权，如果将总需求中太大的比重放在海外市场，就将大大降低自身对经济发展的调控能力。要保持我国经济又好又快地发展，必须避免国外需求严重萎缩导致的种种危机，必须真正重视和着力拓展国内消费需求。

（三）现阶段扩大我国消费需求的路径选择

（1）增加城乡居民收入，调整收入分配格局，使居民收入持久稳定增长。首先要增加城乡居民收入。千方百计扩大就业是保持城乡居民良好的收入预期，提升消费信心的关键。要进一步放宽政策，简化工商登记手续，对下岗、无业人员自谋职业和自主创业在税费等方面采取更有力的鼓励政策。同时，劳动就业工作要改变重城镇、轻农村的偏向，打破城乡二元分割，建立城乡一体化的劳动就业管理体制，及时废除不合理的地方政策。要进一步调整农业产业结构，增加农民收入，切实减轻农民负担，同时继续提高公职人员工资水平，促进城乡居民收入水平上升。其次要改革、调整收入分配格局，缩小贫富差距。要加快健全初次分配和再分配调节体系，合理调整国家、企业、个人分配关系，从而“明显增加低收入者收入，持续扩大中等收入群体，努力扭转城乡、区域、行业和社会成员之间收入差距扩大趋势”；要坚决取缔非法收入，抑制灰色收入，调节过高收入，加大对低收入者、贫困者的扶持和补贴。

（2）调整供给结构，纠正供需之间“结构性错位”，以结构的升级换代和产品更新开拓新市场，培育新的经济增长点。消费需求的合理化和高级化过程，决定了产业结构合理化和高级化过程。商品生产与供给必须树立“市场第一”和“消费者至上”的经营理念，努力优化产品供给结构，通过延伸产品的加工链条来提高产品的加工深度和附加值，在专业化分工的深化与细化之中寻找差异性，形成特殊技术和产品差别化基础上的竞争优势。要善于发现和挖掘潜在的市场需求，通过市场调研和市场细分来寻找目标市场，通过采用新技术改良品种，提高产品质量，降低产品成本，以及通过开发全新的产品和服务，把消费者潜在的消费欲望有效地激发出来。以家电为例，今后城镇居民对家电产品的需求将是多品种、小批量、高性能、个性化和低碳化，而农村居民则更多需要实用型、耐用型、方便型和经济型的中低档产品。这就要求供给方适应消费需求的这种发展态势，本着“以人为本”的设计理念，生产出适合各层次居民需要的不同档次的适销对路的家电产品。

（3）完善社会保障制度，稳定居民支出预期。近期内应加快落实“广覆盖、保基本、多层次、可持续”的方针，推进全面覆盖所有城乡居民的社会保障体系建设。具体而言，一要完善最低生活保障制度，实现城乡居民应保尽保，在合理提高补助水平的基础上，逐步缩小城乡最低生活保障差距。二要推动机关事业单位养老保险制度改革，加快建立职工基本养老保险、农民社会养老保险、城镇居民基本养老保险有序组合、全面覆盖的全民养老保险制度体系，首先实现职工基本养老保险的全国统筹、垂直管理，逐步建立不同类别养老保险相互之间有效衔接、顺畅转换的机制。三要遵循城乡统筹原则，加快整合城镇居民医疗保险与新型农村合作医疗保险制度，形成城乡一体的居民医疗保障形式，与城镇职工基本医疗保险统一经办、有序运行，共同构成相对公平的全民医疗保障制度体系，并逐步降低个人负担的疾病医疗费用开支比例，致力解决“看病难、看病贵”和“因病致贫、因病返贫”的问题。四要完善失业保险、生育保险、工伤保险等其他保险制度，不断提高保障水平。同时，积极发展商业保险，鼓励建立企业年金和职业年金，发挥新型保险形式的重要补充作用。五要真正将住房保障当作社会保障体系中的重要内容，立足保障基本住房需求，强化各级政府责任，基本解决保障性住房供应不足的问题。

（4）取消各种限制消费的政策，实行鼓励消费的政策。我国现在许多领域还存在不少限制消费的政策和地方法规。例如商品房价格过高，原因之一就是各种费用太高，如土地费、市政费、税费等，几乎占房价的50%；购买汽车，真正的车价一般只占购车费的60%，40%属于增值税、消费税、车辆购置税以及各种不合理的费用。据不完全统计，各种名目的车辆和道路收费项目，全国约有500多种。在发达国家，车辆的各种税费一般只占4%左右。我国税费太多太高，人们普遍感到“买得起，养不起”。在信息领域，垄断经营对网络和信息服务的消费也明显构成制约。还有奢侈品消费也因国内税费多价格高，导致大量消费需求跨国转移。所有这些都大大限制了人们消费需求的扩大。我们应全面清理、取消各种限制消费的价格、税费方面的政策，以鼓励和扩大消费。

（5）增加和改善公共消费品供给。要继续加强城乡水、电、路等基础设施建设，打破铁路、民航、电视等垄断服务，加大农村义务教育、公共医疗的投入，加大对城市公共文化设施、公共交通等的投入，使公共消费品与私人消费品协调增长。

（6）继续规范市场秩序。现在假冒伪劣产品充斥市场，不仅使消费者财产受到损失，甚至使人身安全受到危害。近年来，消费者投诉不断增加。这一方面反映消费者权益意识的提高；另一方面也反映市场环境、消费环境还很不干净。此外，黄、赌、毒等丑恶现象也在危害人们。文化市场以及信息网络消费中，“黄毒”泛滥、“黑客”常在的情况，危害人们的身心健康，败坏社会主义精神文明。近几年，整顿市场经济秩序很有成效。但还需进一步加大消费者权益保护力度，加大整顿治理力度，净化市场，以利于扩大消费需求，推动经济发展。

（7）积极发展消费信贷。我国现在的消费信贷发展还不适应扩大需求的要求，要进一步积极发展消费信贷。金融部门应在总结经验的基础上，进一步扩大消费信贷规模，增加消费信贷品种和形式。拓宽消费信贷领域，创新消费信贷的金融工具，确定合理的消费信贷利率，使更多的消费者能接受信贷消费方式。要在简化手续、降低成本、扩大对象、延长贷款偿还年限、改善服务上下工夫，鼓励居民进行信贷消费。

总之，通过扩大消费需求，充分发挥消费需求的拉动作用，促进消费热点的形成和发展，促进新的经济增长点的形成和发展，就能促进经济发展。而且，在消费需求的导向作用下，通过促进消费结构的升级和优化，提高服务消费，特别是提高精神文化消费在消费结构中的比重，使消费层次、消费质量不断提高，这样就会促进人的素质的提高，促进人的全面发展，促进社会文明和社会全面进步，促进社会主义市场经济的健康发展。

□ 本章小结

消费需要与消费需求是消费经济理论中的一对基础范畴。消费需要是指人类为了实现自身的生存、享受与发展而产生的获得各种消费资料的欲望、意愿或要求。消费需求是指消费者在一定价格条件下愿意并且能够购买的消费资料的数量。可见，区别消费需要与消费需求的关键是一看购买力，二看消费欲望。

消费需要具有社会性、发展性、层次性、多样性、关联性、伸缩性、可诱导性等特点。基于马克思的消费理论、马斯洛的需要层次论、奥尔德弗的 ERG 理论以及麦克莱兰的显示性需要理论等，可以从不同的角度将消费需要区分为自然性消费需要与社会性消费需要、物质消费需要与精神文化消费需要、个人消费需要与公共消费需要等不同类型。

一般认为，消费者对特定商品消费需要的内容包括对其基本功能、质量性能、安全性能、便利功能、审美功能、情感功能、社会象征性以及良好服务的需要。在新的消费环境下，消费需要日益高级化，高情感消费需要催生感性消费，消费方式与生活方式走向统一，消费需要生态化，以及共感、共创、共生型消费凸显等趋势值得关注。

影响消费需求的主要因素有：消费者的收入水平、消费品价格、产业结构和产品结构、人口数量与人口结构、消费观念与消费习俗、消费环境、制度变迁等。尽管受到不同因素的复杂影响，但消费需求上升规律是一切社会化生产条件下人们的消费需求变化的普遍规律。消费需求上升规律是指随着社会生产的不断发展、生产力水平的不断提高，人们的消费需求不断发生变化，从总体上呈现出逐步上升的趋势，表现为需求总量的上升和需求结构的升级，消费需要、消费需求层次的不断上升。

消费需求能够直接和间接地拉动经济发展，以及通过创造生产能力拉动经济发展。但是，消费率长期偏低导致了消费需求对国民经济增长的贡献率总体相对下降，储蓄率一直处于高位、投资率周期振荡上升进而造成了宏观经济波动，内需不足使得我国经济发展过于依赖出口等，已成为经济发展的“掣肘”。因此，为了真正和全面释放消费需求对于经济发展的突出拉动作用，必须保证居民持久收入稳定增长，完善社会保障制度，纠正供需之间的“结构性错位”，实行鼓励消费的政策，增加和改善公共消费品供给，继续规范市场秩序，积极发展消费信贷等。

□ 重要名词

消费需要　消费需求　马斯洛的需要层次论　奥尔德弗的 ERG 理论　麦克莱兰的显示性需要理论　消费需求上升规律

□ 思考题

1. 如何理解马斯洛、奥尔德弗和麦克莱兰三位学者的消费需要理论?
2. 消费需要有什么特点? 可以分为哪些类型?
3. 影响消费需求的主要因素有哪些?
4. 如何理解消费需求与经济发展之间的关系?
5. 现阶段我国扩大消费需求的路径是什么?

□ 推荐阅读

1. 尹世杰．消费需要论．长沙：湖南出版社，1992

2. 臧旭恒等．新经济增长路径——消费需求扩张理论与政策研究．北京：商务印书馆，2010

3. 杨继瑞．扩大消费与内需的理论选择——兼论发放购物券刺激消费的局限性．经济学动态，2009（5）

4. 方福前．中国居民消费需求不足原因研究——基于中国城乡分省数据．中国社会科学，2009（2）

5. 宋则，王雪峰．商贸流通业增进消费的政策研究．财贸经济，2010（11）

6. 陈乐一．对进一步扩大消费需求的几点思考．中国经济时报，2007-03-12

7. 王勇．通过发展消费金融扩大居民消费需求．经济学动态，2012（8）

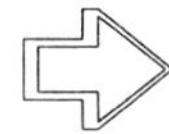

案例分析　中国奢侈品消费世界第一，奢侈品消费需求跨国转移

我国以购物为目的的出境游项目目前越来越多，欧美各大奢侈品商店已成为中国游客的必经之地。事实上，绝大部分奢侈品品牌在国内都能买到，为什么中国消费者还要舍近求远呢？

奢侈品为何海外更便宜

一款香奈儿的手袋 Timeless Classic Flap 在法国的零售价为 3 100 欧元（合 3 839 美元），在中国内地却卖到 3.7 万元（约 5 850 美元），两者相差 34%。而一款路易·威登的手提包 Speedy 30 在国内售价是人民币 6 100 元（合 964 美元），而欧洲的售价仅为 500 欧元（约 619 美元），两者相差 36%。同一款产品在不同的地方销售却有如此巨大的价差，也难怪中国消费者纷纷涌向海外去购买奢侈品了。事实上，奢侈品在国内不仅定价高，而且很少打折。而在国外，奢侈品打折销售的现象则较为普遍。一位在法国定居的林小姐对记者表示，路易·威登、古驰等一些奢侈品牌，每到盛大节日的时候都会搞促销，很多商品以 5～7 折的价格就可以买到。在欧洲，300 欧元左右的古驰包款式很多，而同类的包在国内要卖 5 000 元左右，比国外贵了约 50%，国外一旦过了季，就会打折促销。

“由于我国奢侈品价格比境外高出许多，因此许多人到境外大量购买奢侈品。”中国社科院财经战略研究院副研究员依绍华表示，中国人在境外的奢侈品消费连年位居世界第一。贝恩公司发布的《中国奢侈品市场研究》显示，2010 年中国人在海外奢侈品消费累计达到 500 亿美元，为国内消费的近 5 倍，我国事实上已成为世界奢侈品消费第一大国。

奢侈品在中国为什么卖得比国外贵

中国正在取代传统欧美国家成为奢侈品消费的主力军，国际各大奢侈品牌也越来越重视中国市场的地位，那么，为何奢侈品在中国卖得比国外贵这么多呢？奢侈品专家、财富品质研究院院长周婷博士在接受记者采访时认为，主要存在三个方面的原因：一是由于关税的存在。奢侈品的关税确实造成了国内外奢侈品的价格差，某些产品价格本身就很高，比如贵金属材质的腕表，少则上万元一块，多则几十万元一块，再加上 30%的关税，肯定价格会差得相当大。二是经销的费用，这个成本包含在渠道成本里，也就是流通的费用，包括商场的租金以及各种管理费。三是营销费用。通过对国际几大奢侈品集团年报的研究发现，成本中营销所占的比重非常大，甚至超过了产品成本本身。“各个税种叠加以及各类费用累加才是推高最终售价的根本原因。”依绍华表示，我国对奢侈品实行较高进口关税政策，税率为 6.4%～25%。但除了关税，奢侈品在国内销售还需要缴纳增值税、消费税、营业税等，综合税负较高，从而导致最终零售价格比进口到岸价格高出 2/3 以上。以雅诗兰黛眼霜为例，其到岸价格为 175 元，进口关税率为 10%，消费税率为 30%，加上进口环节费用，进口完税价格为 274.5 元，比到岸价格高了近100元。在国内流通环节，还需缴纳5%的营业税、17%的增值税以及城市维护建设税等，再加上广告费，其直营店的最终零售价格为540元左右。

面对奢侈品国内外的巨大价差，怎样降低消费者在国内购买奢侈品的花费呢？依绍华建议，首先要调整奢侈品征税范围，适当降低关税；其次要减少国内征税环节，实行统一消费税，免征营业税，降低各类税费额度。此外，还应鼓励国内企业收购国外奢侈品品牌，使其在产品设计方面更多考虑国内需求，减少品牌推广费用和进口环节各类费用，同时降低预设利润，使奢侈品零售价格逐渐与国际接轨。

资料来源：周小苑：《我国奢侈品消费已成世界第一，国内外价差巨大》，载《人民日报（海外版）》，2012-08-14。

讨论分析

1. 请用消费需求上升规律说明我国目前居民奢侈品需求不断扩大的原因。

2. 你认为怎样才能使我国居民购买奢侈品的消费需求在国内市场上释放？

第3章 消费方式

Chapter 3

内容提要

消费方式是消费者与消费资料相结合的方式，是指在消费力和消费关系的矛盾运动中，消费力在特定消费关系中的实现形式。随着社会经济的发展，消费方式也在不断变化，迄今为止，消费方式经历了四种不同的历史形态。不同国家、地区、民族及不同时期，消费方式是不同的，主要受到诸如生产方式、自然地理、社会等因素的影响。从不同角度理解消费方式，可以表现为多种形式，如市场化消费与非市场化消费、个体消费与群体消费等。科学的消费方式既是消费经济学的研究内容，也是我国市场经济和社会发展中一个极为重要的现实问题。

第1节 消费方式的含义及影响因素

一、消费方式的含义

（一）消费方式的概念

要科学地理解消费方式的概念，首先需要理解消费关系与消费力。消费关系是消费过程中与消费资料相结合并通过消费资料表现出来的人与人之间的经济关系，是人们在消费过程中相互交往、相互作用和相互联系的社会关系。消费力分为个人消费力和社会消费力。个人消费力是指消费者在消费过程中将消费资料满足自身需要的能量加以实现的能力，由其收入决定。而社会消费力则取决于社会的分配关系。消费方式便是一定时期和一定社会阶段消费关系与消费力的总和。也就是说，消费方式是指在消费力与消费关系的矛盾运动中，消费力在特定消费关系中的实现形式。因此，消费方式是在一定社会消费关系与消费力的矛盾运动中，消费者主体与消费对象相结合的本位选择。消费方式作为一个科学的概念，它要解决的主要问题是：通过选择合理的消费本位，使消费者主体与消费对象在最佳本位上结合，以便消费力在最大限度上得到实现，并达到消费规模效益的优化。

（二）消费方式的内容

消费方式有两种形式，一种是消费的自然方式，另一种是消费的社会方式。消费的自然方式指的是消费者同消费资料之间自然的、技术的结合方式。它是由消费资料本身自然的、技术的特性决定的。各种消费资料是生产分工的产物，各有自己特定的使用价值，分别满足不同的消费需要。例如，食品用于吃，衣服用于穿，房屋用于住等。吃、穿、住、听、看、骑，都属于不同的消费方式。即便是同一种消费，由于消费的工具、消费的设备不同，也会显示出不同的消费方式。如吃这种消费方式，又分生吃与熟吃，用手抓饭吃与用各种餐具吃。再者，消费资料品质的优劣不同，消费方式也存在差异。由于消费的自然方式是由消费对象和消费手段本身的自然属性决定的，不体现特定的社会消费关系的性质，因而不属于消费经济学研究的对象，而属于商品学、营养学和烹调学等自然技术科学的研究对象。消费经济学着力研究的是消费的社会方式。消费的社会方式就是消费者同消费资料相结合所采取的一定社会形式，简言之，消费的社会方式就是消费的社会组织形式，是个体消费，还是群体消费；是市场化消费，还是非市场化消费；是经济合理的消费，还是浪费性消费；是科学的消费，还是不科学的消费，等等，都属于消费的社会方式。

当然，作为研究消费关系及其运动规律的消费经济学，不能孤立地研究消费的社会方式，因为消费的社会方式并不是脱离消费的自然方式孤立存在的领域，它们是彼此密切关联的。首先，消费的社会方式必须以消费的自然方式作为“载体”，借助它来实现自己，而消费的自然方式又总是同消费的一定的社会方式密切联系的，并由它规定和体现自己的社会性质。其次，一种消费方式的发展变化会引起另一种消费方式相应的变化。因此，应在二者相互依存、相互制约中来研究消费的社会方式。

纵观人类历史，消费方式是随着社会经济的发展与进步而不断演进的过程，迄今为止，已经历了四种不同的历史形态。在工业化到来之前，人类社会经历了原始渔猎和自给自足的农耕经济两个发展阶段。与此相适应，消费方式也经历了从原始消费方式到传统消费方式的演变。在原始渔猎阶段，人类使用石器、手撕、牙啃等原始手段，以部落群体的形式消费野兽、野果、树叶、山洞等原始资料，极其艰难地维持着生命存在最简单的需要。在自给自足的农耕经济时代，人类主要消费自己在自然状态下生产出来的品种和数量都非常有限的产品，过着简陋封闭的生活。在这一阶段，人们也感受不到蓝天白云、青山绿水的价值，相反，他们梦寐以求的却是能够强大起来，拥有足够的能力去征服、战胜自然，过上丰衣足食的生活。随着机器和工厂的出现，人类终于进入了生产力高速发展的工业化时代，形成了新的消费方式，迎来了一个高额消费的社会。工业化大规模的流水作业与批量生产要求有大规模和不断增长的消费，并且总是通过各种强大的诱导和刺激来造成这样一种消费。高额消费使人们的需要，尤其是物质需要得到了较为充分的满足，这无疑是一种进步，但工业化时代的高消费又易产生各种新的弊病，易出现各种消费短视与消费风险，因而，它包含着非常深刻的内在矛盾与冲突。于是一种以人与自然环境的和谐统一为基础，以人的全面、持续与最优化满足为目的的全新的消费方式即绿色消费应运而生。绿色消费方式已成为当今人们所追求的新的消费方式。

二、影响消费方式的因素

（一）生产方式对消费方式的影响

消费方式是由生产方式决定的。生产不仅为消费者创造了消费的材料和对象，而且为生产消费提供了不同性质的产品。因此，有什么样的生产方式，就有什么样的消费方式。生产方式对消费方式的决定具体表现在生产关系和生产力对消费方式的作用上。

1. 消费方式必然反映生产关系

生产关系是以生产资料所有制为基础的人与人之间的关系。生产资料的所有制关系不同，人们在社会生产、分配、交换中的地位和作用不同，获得生产资料的方式和消费方式也不同。生产关系对消费方式的影响还表现在交换关系和分配关系两个方面。交换关系的差别，比如，商品交换是否发达，影响商品性消费、货币性消费的状况，影响自给性消费、福利性消费和消费的社会化状况。分配关系直接影响消费方式，不同社会阶层收入水平的差别直接影响其消费水平和消费方式。高收入居民的消费方式与低收入居民的消费方式是有差别的。高收入居民能使他们和消费资料在更大范围内进行结合，而低收入居民对消费资料的选择则较多地受到自身购买能力的限制。因此，生产关系不同，人们在生产、分配、交换中的地位和作用不同，消费方式自然也就不同。

2. 在生产关系一定的情况下，生产力成为决定消费方式的直接因素

马克思指出："'机械发明'。它引起'**生产方式**上的改变'，并且由此引起生产关系上的改变，因而引起社会关系上的改变，'并且归根到底'引起'工人的**生活方式上**'的改变。"① 由此可见，生产力不仅通过改变生产关系间接对消费方式产生影响，而且直接对消费方式产生重大的影响。生产力发展水平不同，可以决定人们消费对象和消费工具的丰富程度和水平高低，由此产生不同的消费方式。随着生产力的发展和科学技术的进步，新的消费方式层出不穷，人们的购物方式、教育方式、医疗方式都发生了改变，例如，人们现在足不出户就可以获得世界各地消费资料的信息，购买所需要的各种商品，在家中接受远程教育，享受远程医疗服务。生产力的发展水平对消费方式的影响，还表现在收入水平和收入分配状况对消费方式的影响上。人们的消费是建立在自己的收入基础上的，生产力不同，收入不同，消费方式的选择也就不同。可见，生产力水平决定收入水平和消费水平，从而影响消费方式；生产力水平决定收入分配的状况，也直接影响消费方式。还应看到，生产力发展必然导致不同地区和国家之间经济联系的加强，由此会出现不同消费方式之间的相互影响、相互渗透。

（二）自然地理因素对消费方式的影响

自然地理因素包括地理环境、气候及自然条件等。随着生产力的发展，地理

① 《马克思恩格斯全集》，中文 1 版，第 47 卷，501 页，北京，人民出版社，1979。

环境对消费方式的影响，从某种程度上说，在不断减弱。比如，随着发达的市场条件的形成，地理环境对消费可选择对象的限制大为减弱；随着水资源的不断开发，地理环境对居民生活用水的限制也在减弱等。但必须肯定，地理环境始终是影响消费方式的一个不可忽视的因素，北方与南方、沿海与内地、山区与湖区地理环境的不同，必然造成消费方式的差异性。例如，我国不同地域的消费者在"吃"的消费上，有"南甜、北咸、东辣、西酸"的差别；湖南、四川等地常年潮湿，因而当地人在饮食上多吃辛辣以驱寒祛湿。此外，我国南北方气候和温度差别较大，形成南北方消费者在服饰、取暖、纳凉诸方面的不同消费方式。在资源条件上，沿海居民、江南水乡周围的居民对水产品的消费非常讲究，而蒙古族人更多地食用牛羊肉，藏族人喝青稞酒，这些都构成不同地域和民族的独特的消费方式。

就地理环境和自然条件的影响看，它所决定的消费方式具有稳定性和长期性的特性。而对于自然变化和自然灾害来讲，它们对消费方式的影响就具有突然性和可变性。诸如风、火、旱、虫、灾以及地震、火山等自然灾害，对于一个地区甚至一个国家的消费方式会产生灾难性的破坏和影响。虽然灾难有时是短期性的，但可以长期地影响受灾地区的消费方式。

（三）社会因素对消费方式的影响

社会因素包括民族传统的生活方式、风俗习惯、伦理道德、消费观念等。其中民族传统的生活方式、伦理道德和风俗习惯是一个国家或民族历经多年形成、固定和沿袭下来的，因而具有继承性，其本质的特征不会在短时间内发生大的变化。即使人们的经济收入增加，在传统习惯的影响和约束下，消费方式也难以发生较大的变化。人们的价值观、幸福观、审美观乃至一个社会的意识形态，都会对消费方式产生这样那样的影响。科学的价值观、幸福观、审美观能使消费者与消费资料直接进行科学的结合，有利于建立科学的消费方式，使之具有社会主义的精神风貌与道德情操，给人以奋发向上的精神力量，使人们的消费充满生机与活力；而非科学的价值观、幸福观、消费观则不利于建立科学的消费方式。

此外，消费者观念的变革对消费方式的影响尤为直接和明显。消费观念是消费者主体在进行或准备进行消费活动时，对消费对象、消费行为方式、消费过程和消费趋势的整体认识评价与价值判断。由这种整体认识评价而形成的选择，便通过确立或改变消费行为而影响消费方式。经济发展和社会进步使人们逐渐摒弃了自给自足、万事不求人等传统消费观念，代之以量入为出、节约时间、注重消费效益、注重从消费中获得更多的精神满足等新型消费观念，都直接影响人们的消费行为，从而影响或改变人们的消费方式。现代生活消费的巨大变化不断地带动和促进人们消费观念的更新，从而对消费方式的转变起到了推动作用。

第 2 节　非市场化消费与市场化消费

一、自给性消费与福利性消费

自给性消费是一种传统的、古老的消费方式，它是指消费者以自己的劳动产品来直接满足自己消费需要的一种消费方式。在历史上，自给性消费是与自给性生产紧密结合在一起的，属于自然经济的范畴。自给性消费具有简单性、重复性、单一性和被动接受性的特点，排斥市场和商品交换。在几千年的封建社会中，中国农民基本上采用一种“自耕自食”、“自织自衣”的自给性消费方式。新中国成立以后，在相当长的时期内，由于农村生产力水平低下，商品经济不发达，农民消费方式中自给性消费部分占相当大的比重。直到 1978 年，农民自给性消费仍高达 59%。改革开放以来，随着农村生产力水平的提高和市场经济的发展，自给性消费的比重在不断下降，1998 年急剧下降为 29.3%，2012 年下降为 16.5%。消费也从自给、半自给方式逐渐向商品化、市场化方式转变。这一巨大变化表明，目前我国农村居民的消费方式从整体上讲，已开始进入由过去的自给性消费为主向以商品性消费为主转变的新阶段。

福利性消费方式则是指居民的消费品主要来自国家福利发放的形式。福利性消费有两种情况，一种是计划体制下居民的部分消费品来自政府或单位的福利发放。如改革开放前我国经济是高度计划控制下的短缺经济，生产和消费都由政府计划，城市居民从事的是低工资、高福利、高稳定的工作，生活资料和商品服务更多地依靠福利分配而不是市场的消费来满足。在这种消费方式下，消费者主权得不到尊重，居民的选择范围受到限制。以福利分房为例，我国住房的福利分配制度是在从前的住房保障制度基础上继承和发展起来的，具有浓厚的福利性、供给性、非商品性，虽然国家每年都有大量资金投入住房补贴，但是仍然无法满足城市居民对住房的主观需求，结果一部分人得到的住房消费是以另一部分人得不到住房为代价的，这种现象有悖于社会主义的按劳分配原则。另一种福利性消费是指国家和社会对一部分贫困者、低收入者等弱势群体无偿地提供消费品的一种消费，这在所有国家都存在。这种福利援助通过满足维持生计的最基本要求，能够让穷人获得同其他人等同地、有意义地参加共同体生活的机会。同时，也能防止因为普遍的不公正而产生的沮丧感和不安全感所引起的社会弊病。

二、市场化消费

市场化消费也称商品性消费，是指消费者所消费的生活资料必须通过市场上的商品交换才能实现的一种消费方式，即消费行为的实现必须依赖市场。商品性消费是一个与商品经济相联系的历史范畴，是人类社会经济生活发展到一定历史阶段的产物，是逐渐从自给性消费方式中发展起来并与之共同融合在消费实践中的一种消费方式。

人类社会最早的消费是一种原始的自给性消费。在漫长的原始社会，生产力水平极其低下，只有自然分工，产品没有多少剩余，原始人共同劳动，共同消费，产品的生产、占有、消费带有直接的同一性。到了原始社会末期，相继出现了第一次和第二次社会大分工，分工促进了生产力水平的提高，不同部落生产的产品有了剩余，分工又导致了生产单一性与消费多样性的矛盾。不同部落为了满足自身的消费需要，必须通过商品交换来实现，这样，原来单一的自给性消费便逐渐变成了自给性消费与商品性消费相结合的双重性消费。其后，随着社会分工和社会生产力的进一步发展，商品性消费方式不断扩大。到了资本主义社会，商品性消费发展为市场化消费，成为一种占主导地位的消费方式和市场经济的一个有机组成部分。

市场化消费方式不同于自给性消费方式，也不同于福利性消费方式，它具有如下特点：

（1）市场化消费对市场具有巨大的依赖性。市场化消费的一个显著特点是消费者个人消费行为的最终实现必须借助于市场，只有通过市场上的商品交换才能最终实现消费。一方面，市场状况直接影响消费需求的实现程度和消费行为的完成，因为在市场经济条件下，商品的生产与消费一般不具有时间、空间上的直接同一性，消费品从生产领域转移到消费领域必须通过市场交换的循环才能实现；另一方面，市场机制直接调节着市场化消费行为，既可以刺激也可以抑制消费行为。此外，市场能引导消费，创造或培育新的消费。

（2）市场化消费具有多样性、多变性及自主选择性的特点。市场化消费方式既受一定的生产力水平制约，也受消费者个人的购买能力、购买心理及各种市场因素影响，消费动机日趋复杂。由于不同消费者的购买能力不同，因而其消费呈现多样性、多层次性；由于经济因素与非经济因素不断影响人们的消费，因而人们的购买与消费具有多变性；由于不同的消费者具有不同的个性和消费特征，因而购买与消费过程也具有明显的自主选择性，特别是在市场供应宽裕的买方市场条件下，自主选择性更明显。

（3）市场化消费方式具有横向跨地域扩散及横向示范效应。与自给性消费方式的封闭不同，市场化消费是一种与市场紧密相连的开放式消费，它打破了自给性消费囿于一城一地一家，消费自给性产品的封闭状态。在市场化消费方式下，消费者可以在自己的住地充分享受不同地区、不同国家生产的各种消费品，正如马克思指出的："需求的增长，直接和首先以各国**现有的产品**相互进行交换为保证。需求渐渐失去了自己的地方性等等，即带有广泛扩展的性质。这样，各国的产品越来越多地进入这一或那一国家居民的消费。"① 市场化消费具有的这种跨地域横向扩散的特性，大大方便了人们的消费。正由于市场化消费能跨地域横向扩散，因而也会产生一种横向示范效应，它是指一种新的消费品、一种新的消费方式、一股新的消费潮流能够打破行政地理界限的限制跨地域进行横向传递、横向扩散的示范效应。

---

① 《马克思恩格斯全集》，中文1版，第42卷，382页，北京，人民出版社，1979。

这种市场化消费的横向示范效应既有近地性的，也有远地性的；既有区域性的，也有国际性的。尤其在当前国际互联网已形成的条件下，横向示范效应表现得更为明显。

第 3 节　个体消费与群体消费

一、个体消费

以消费基金的内部结构为标准，可以把消费方式划分为个人消费方式和社会公共消费方式。很明显，社会消费基金和个人消费基金只是消费得以进行的资金来源，并不是现实的消费活动。而社会公共消费和个人消费作为两种现实消费活动的基本规模形式，其资金来源并不会与社会消费基金和个人消费基金两条渠道直接对应，反而会相互交叉。群体消费与个体消费只是在生产力水平发展到一定程度才分化的。原始社会生产力水平低下，人们只能在简单的原始分工下进行共同生产，并共同享用和消费生产劳动成果——捕获的猎物和鱼、收获的谷物、采集的果实等。这时的消费方式以群体方式为主。在当时落后的生产力水平下，由于单个人对自然界的抵御和征服能力太低，难以得到维持自己生存的起码的消费品，因而个体消费不可能成为主要方式。只是在经历了漫长的发展时期后，出现了剩余产品，出现了家庭，群体消费才逐渐演变成小集体消费，最终形成家庭和个人消费，原始社会开始瓦解。因此，出现群体消费与个体消费的分化瓦解的前提是生活产品有了一定的剩余，这种分化瓦解是社会生产力长期缓慢提高的结果。

个体消费是消费基金归个人或家庭所有，家庭和个人根据自己的经济状况和审美情趣选择适合自身的具体的消费方式。因此，个体消费具有较大差别性、分散性和灵活性的特点。个体消费对象包括个人及家庭的实物资产、金融资产及劳务服务的消费，具体包括：为个人及家庭消费而购买的食品、衣物、生活用品、文化用品、耐用消费品及非商品服务，还包括亲友馈赠、社会救济、困难补助、物价补贴及各种奖励、赞助等。个体消费并不是社会主义所特有的，它在从原始社会解体以来的各个社会形态都存在。在社会主义阶段，个体消费和家庭消费方式作为社会主义消费方式的主体，有其深厚的客观基础，并将长期存在。

1. 自然基础

人作为一种十分复杂的自然动物和社会动物，既有与各人的生理机制和心理机制相联系的自然需要，又有与若干社会因素相关联的社会需要；既有不同的低层次需要，又有不同的高层次需要。因此，任何社会，基于民族、地区、职业、文化程度、性别、年龄的不同，个人的生理和心理活动、兴趣和爱好的不同，其消费需要总是千差万别，具有较强的个性特色，无法强求一致。人们之间这种具体的消费需要的差别，是社会主义个人消费方式存在和发展的自然基础。在社会主义初级阶段，生产力水平还很低，劳动仍然是个人谋生的手段，消费资料归个人所有，消费品实行按劳分配。所以，个体消费不仅实现了劳动者的个人物质利益，而且成为调动劳动者积极性的重要方式。

2. 物质技术基础

有一部分生活资料只适合个体消费而不适合群体消费。适应个人的消费需要，社会便生产出使用价值适于个人分散消费的各种消费资料，如供个人使用的衣服、鞋帽、餐具、工具、自行车、手表等。如果没有这些直接供个人消费的生活必需品，个人消费方式就不可能实现。所以，只能供个人而不能供集体共同消费的生活资料的生产和供应，是个体消费方式赖以存在和发展的物质技术基础。

3. 经济基础

由于多种分配方式并存，人们的收入水平不完全一致，收入的差别在消费领域的反映必定是不同消费者的消费水平有高有低，享用的消费品有多有少，而且质量和档次也不一样，所以在收入不一致的情况下，不可能要求人们实行统一的公共消费。

社会主义个体消费方式的存在和发展，具有十分重要的意义。首先，它有利于社会主义公有制和劳动者个人物质利益的最终实现。通过个体消费，一方面保证个人的物质利益获得实现；另一方面可以增强个体的主人翁意识和责任感，从而充分调动和发挥人们的生产积极性和主动性，进一步完善和发展社会主义市场经济。其次，个体消费的存在和发展有利于劳动力再生产的顺利进行，从而有力促进和推动社会主义物质生产和精神生产的正常发展。最后，个体消费能够保证个人过最美好、最幸福的生活，实现社会主义生产的根本目的。

二、群体消费

个体消费尽管十分重要，但是只能满足人们的部分需要，人们的消费需要并不是仅靠个体需要就可以完全满足的，还有众多的共同需要，需依靠群体消费实现。一方面，社会化大生产需要的劳动者培养离不开群体消费。作为劳动者，一般要具备相应的条件和技能，如健全的体魄、发达的智力、专门的技术、熟练的技能、丰富的知识、灵活的能力、旺盛的精力、广泛的爱好等必备条件或因素。这些知识的获取和技能的培养，很大程度上依赖于群体消费。另一方面，为了满足人们对精神文化生活的需要，逐步实现个性全面自由的发展，要依赖于群体消费。如学习科学文化知识，要大量利用学校教育设施、科研机构、图书资料等；旅游观光要借助公共交通和公共服务设施；欣赏电影和戏剧要利用公共影剧院；进行健身、竞技和各种体育活动要利用公共体育设施和场所。因此群体消费方式是必不可少的。

群体消费是指消费基金归某集体（如企业、事业单位等）或社会所有，在消费者家庭以外实现的消费。主要包括：（1）通过举办各种公用事业，如教育、金融、文化艺术、运输、邮电、卫生保健、旅游、保险等来满足集体、社会消费的需要；

(2) 为直接满足消费者的物质、精神需求而提供的各种服务性设施和劳务，包括饮食、旅馆、商店、摄影、剧场、电影院、园林及修理和服务行业或企业向消费者提供的设施和服务；(3) 企事业单位为本部门、本单位职工兴办的各种集体福利事业；(4) 为社会总消费顺利实现和加快运转而提供的信息咨询、消费储蓄等；(5) 国家为满足居民消费需要而提供各种公共消费设施与项目。

群体消费是由集体和公众进行的，具有一定的规范和行为准则，也具有一定的统一性和约束性，如剧院对号入座、道路上人车各行其道、按顺序排队上下车等，同时，在消费场所也要遵守和维护公共道德，遵纪守法，扶老携幼，以保证群体消费的正常进行。

三、个体消费与群体消费的关系

个体消费与群体消费既包括相互补充、相辅相成的方面，也包括相互矛盾的方面。一方面两者是相互补充的，个体消费的充分实现及内容的不断充实，可以使消费者的利益得以实现，为更快、更好地发展群体消费创造良好的条件；而群体消费的发展，可以使消费者获得自由全面的发展，在更广泛的意义上使个体消费得以实现。另一方面两者又是相互矛盾的，主要表现在现阶段个体消费不能完全取代群体消费，而群体消费同样不能完全取代个体消费；在总消费或消费总量一定的情况下，个体消费占的比重过大，群体消费就会相应减少，反之，群体消费所占比重过大也会挤占个体消费部分。

在我国进入中等收入国家行列的今天，个体消费还必须是人们消费的主要方式，同时，国家要逐步扩大群体消费并提高其比重。与个体消费迅速发展相比，我国的群体消费相对不足。以财政性教育支出为例，世界各国的公共教育经费（或称为公共教育投入）大致相当于我国的财政性教育经费。2000年，经济合作与发展组织（OECD）国家和非OECD国家公共教育经费占GDP的比例平均水平分别为5.2%和4.9%；从1985年到1999年的14年间，发达国家公共教育经费占GDP的比例一直保持在5%左右，从1990年到2000年的10年间，非OECD国家公共教育经费占GDP的比例平均水平在4.4%～4.9%之间波动。而我国2000年教育财政支出占GDP的比例为2.9%，2012年该比例才首次超过4%。尽管我国教育财政支出占GDP的比例有所提高，但与发达国家相比明显偏低，也低于欠发达国家的平均水平。

政府对于群体消费投入的相对不足可能会产生两个消极后果：一是公共基础设施和公共服务的供给相对不足，不能满足人民群众日益增长的群体消费需要，直接阻碍了消费需求增长，制约了国民经济又好又快地发展；二是群体消费不足扩大了城乡之间、地区之间和不同社会群体之间的公共福利水平差距，导致社会群体利益失衡，消费不公，不利于构建和谐社会。

第4节 发展科学消费方式

一、科学消费方式的重要性

（一）科学消费方式的含义

科学发展观，是“坚持以人为本，树立全面、协调、可持续的发展观，促进经济社会和人的全面发展”，按照“统筹城乡发展、统筹区域发展、统筹经济社会发展、统筹人与自然和谐发展、统筹国内发展和对外开放”的要求推进各项事业的改革和发展的一种方法论，也是中国共产党的重大战略思想。科学消费是科学发展观的重要组成部分。落实科学发展观，不仅要选择科学的生产方式，还要树立科学的消费方式。全面、协调发展离不开消费的科学发展和经济各个方面与消费的协调；可持续发展最终要落实到可持续消费；只有实现社会和个人的科学消费，才能促进经济社会和人的全面发展。

消费是人们生存和发展最基本、最重要的条件。而消费方式是否合理，是否科学，对人的身心健康和社会发展都具有重要作用。科学消费就是人们通过科学的消费理念、消费方式和消费行为，促进人的身心健康和全面发展的消费，它的出发点和落脚点都在于促进人的身心健康和全面发展。科学的消费方式涵盖内容广泛，可以从几个方面来理解。

（1）科学的消费方式是适度消费。什么是适度消费呢？有的学者把适度的消费方式形容为一种“美丽新境”：“在这个美丽的新世界里，人的生活形态由高消费、高刺激，重返简单素朴。”重返“简单素朴”当然不是回到与过去缺衣少食的生存型需要一样的低消费水平上，而是主张适度消费的一种表述。适度消费的界限应划定在满足生活需要范围之内，而不是过度的欲求。适度消费与过度消费相对应。过度消费在经济上表现为两种情况：第一种是盲目超前性消费，即消费者在缺乏足够消费能力的条件下盲目追求高档消费，把未来才能满足的需求提前兑现，透支未来的消费资源。二是挥霍性消费，即消费者具备支付能力，但消费远超其自身的合理需求。随着社会的进步，人的需要的内容是不断变化和发展的，但无论怎样变化，只要限定在需要的范围内，就可以避免许多浪费，也有利于人自身的健康。适度消费的目标是要建立起一种与环境相协调、低资源和能源消耗、高消费质量的适度消费的体系，以努力加快建设资源节约型、环境友好型社会。在这种体系中，消费品的特征将是持久耐用、可回收、易于处理。这将意味着奢侈品、一次性用品、耗用资源多的消费品不断减少，并促成普通用品、耐用品、节约资源的消费品大幅增长。对于我国而言，适度消费的目标还应当包括建立起与我国当前经济水平相适应的节约资源的消费模式，而不是过度奢侈型的消费，避免浪费资源和损害环境。

适度消费的精髓是节约。崇尚节俭的消费是自古以来的美德，即使在物质生活相当富足的今天还是一种美德，仍然需要大力提倡。节约消费不仅可以避免地球上有限资源的不必要浪费，而且有利于形成良好的社会道德风尚。有人说节俭是一个“误区”，认为我国居民应该实行浪费性的消费，以便于刺激生产，解决市场疲软、需求不足的问题。有人甚至认为节俭“已经成为我们发展经济，提高人民生活水平的最大敌人”①。这实际上就是提倡西方的消费主义，对我国有百害而无一利。虽然说对一部分人的“过度节俭”需要引导，必要的刺激消费和扩大需求是无可非议的，但也绝不能把人们向消费主义的歧路上引导。再者，刺激消费、扩大需求的路径很多，不一定非让人们挥霍浪费才能解决问题。从可持续发展战略着眼，从中国的国情着眼，崇尚节俭的资源节约型的适度消费是我们的正确选择。

（2）科学的消费方式是生态（绿色）消费。由于环境危机的严重性，被污染的产品泛滥，促进了绿色消费的兴起。绿色消费也是发展循环经济的要求，循环经济要求减量化、再使用、再循环，要求节约资源和能源，减少污染。在发达国家，民众对环境的日益关注甚至对政治生态产生了重大影响。20 世纪 80 年代后半期，英国率先掀起了“绿色消费者行动”，后来这一活动席卷到欧美各国，对消费者的消费活动、企业的生产活动、政府的相关政策影响深远。政治生态的绿色化导致环境法律的日益严厉。发达国家竞相制定严厉的产品环境标准，并积极推行标准化的绿色标志认证制度。在“绿色浪潮”的不断冲击下，企业生产越来越追求“干净”。环保已不仅仅是企业的一种基本责任，而且是关系企业生死存亡的一个关键因素。

在我国，绿色消费已初见端倪，人们也开始更多地选择无污染的生态产品。以绿色食品为例，1990 年，我国开始推行“绿色食品工程”，绿色食品产业发展开始规范和加速。截至 2012 年 12 月 31 日，全国绿色食品企业总数已达到 6 862 家，产品总数为 17 125 个。2012 年，绿色食品产品国内年销售额达到 3 178 亿元。②

党的十八大报告指出，“面对资源约束趋紧、环境污染严重、生态系统退化的严峻形势，必须树立尊重自然、顺应自然、保护自然的生态文明理念，把生态文明建设放在突出地位，融入经济建设、政治建设、文化建设、社会建设各方面和全过程，努力建设美丽中国，实现中华民族永续发展。”“加大自然生态系统和环境保护力度……要实施重大生态修复工程，增强生态产品生产能力，推进荒漠化、石漠化、水土流失综合治理……加快水利建设……加强防灾减灾体系建设”。

国家也在鼓励清洁生产的政策和相关环境法规的建设上加大了力度。但由于积累的问题太多，我国企业距离清洁生产还有相当大的差距，绝大多数企业污染处理的目标仍然停留在达标排放这种末端控制的污染治理阶段，相当一部分产品未达到清洁生产的要求。此外，政策与法律的实际推行很不理想。就消费者而言，生态消费的意识也还不够强烈，远没有形成一股潮流。加上假冒伪劣产品泛滥，生态消费的现状更不容乐观。在我国已经实现了由卖方市场向买方市场过渡的今天，已经摆

---

① 黄铁苗：《综观经济效益论》，2～3 页，北京，人民出版社，2001。

② 参见《2012 年全国绿色食品发展概况》，http://www.greenfood.org.cn/Html/2013_06_04/2_25126_2013_06_04_25189.html。

脱了商品短缺的困扰，人们的选择余地大了，购买力也提高了，所以也就有了大力推行绿色消费的现实可能性。我们应按照科学发展观的要求，进一步强化生态消费意识，努力培育绿色消费者群体，使生态消费成为消费主流，以促进循环经济的发展。

（3）科学的消费方式更注重物质消费与精神消费的和谐发展。人的需要是立体的，包括物质需要和精神需要的多个层面。当人们在解决了温饱问题，满足了基本物质消费需要后，精神消费需要也不能短缺和失调，否则享乐主义、消费主义便会泛滥。解决了温饱问题后，人们应该有新的需求升华和新的精神追求，科学、文明的消费方式就是要打破这种过分追求物欲的消费主义，进入更注重精神追求的消费境界。

精神追求的消费表现在两个方面：一方面，它是一种追求接近自然的生态消费，不以获得某一具体的、有形的商品或服务为主要目的，而是要从中获得以美感、知识、闲适为指向的消费方式，如生态旅游、生态小区建设等；另一方面，它是一种在物质需求之外，更多地要求文化教育、科学技术的学习，健康的娱乐活动和体育活动以及外出旅游等方面的消费。这种高尚的精神追求的消费，正如马克思所说，它能放射出“崇高精神之光”①，既可以开发人的智慧和能力，提高人的整体素质，更有利于培养人高尚的品德、高雅的情操，把人格从功利型的“单向度”或“经济人”中拯救出来，实现人格的升华。同时也使我们的生态环境和社会环境得到优化，创造一个美丽的新境界，使人与自然和谐发展。

在我国，目前精神追求方面的消费严重不足，多数人还是偏重物质消费，而忽视精神上的需求，在购买书籍、订阅报刊、文化进修、技术培训等文化消费上的支出比重很小。目前在仍居高不下的40多万亿元银行储蓄中，本来有相当一部分应转为文化消费的，却没有转化。在相当一部分人的消费意识中，消费基本上还是低层次的物质消费型的，而对于发展自身的高层次的文化消费的意识相当淡薄。在人类跨入知识经济时代的今天，社会发展已对人的发展提出了更高的要求，要求人们在满足了基本的生存和物质享受需要以后，应加大精神文化方面消费的比重，使人的素质获得全面提高，这不仅是个人发展的需要，也是社会发展的需要。在大部分居民已达到小康生活水平的今天，注重精神追求的消费，则应该成为我们的一种自觉的消费意识和消费行为。

（二）科学消费方式的作用

（1）科学的消费方式有利于提高消费质量。随着社会经济的发展，消费领域不断扩大，消费内容日益丰富多彩。人不仅要满足生存需要，还要满足享受和发展的需要以及精神文化需要。正如马克思所说：“在社会主义的前提下，人的需要的**丰富性**，从而某种**新的生产方式**和某种新的生产**对象**具有何等的意义：**人的**本质力量

① 《马克思恩格斯全集》，中文1版，第42卷，140页，北京，人民出版社，1979。

的新的证明和人的本质的新的充实。"① 面对丰富多彩的消费需要，提倡科学消费，提高消费的选择性，提高消费的科技含量和文化含量，这样就能改善消费结构，提高消费质量，使人们的物质需要、精神文化需要都能得到更大的满足，才能体现"人的本质力量"，保证"人的本质的新的充实"，才能促进人的全面发展。科学、文明的消费方式，不仅能使人们的物质消费需要在数量上和质量上得到充分满足，而且使人的精神消费十分充实，促进人的身心健康发展，使人"获得解放"。特别是我国正面临着消费的升级，更要求不断提高消费质量，促进人的全面发展。

(2) 科学的消费方式有利于从根本上提高人的素质。科学、文明的消费方式既然有利于提高消费中的科技含量和文化含量，提高消费质量，提高"人的享受的感觉，实践感觉……创造同人的本质和自然界的本质的全部丰富性相适应的人的感觉"，也就能提高人的政治思想素质和科学文化素质，就会"作为一个完整的人，占有自己全面的本质"②。人的素质提高了，就会进一步发挥每个人的力量和才能，进行各种创造性活动，进一步促进人的全面发展。

(3) 科学的消费方式有利于提高消费力和生产力。科学、文明的消费方式既然有利于提高人的素质，发展人的才能，就能提高消费力，从而提高生产力。马克思早就指出："……消费的能力是消费的条件，因而是消费的首要手段，而这种能力是一种个人才能的发展，一种生产力的发展。"③ 消费力和生产力是相对应的，消费力提高了，就有利于提高生产力；生产力提高了，反过来有利于提高消费力。通过科学、文明的消费方式，就能实现消费力与生产力之间的良性循环。具体说，消费力提高了，通过科学消费可以促进消费结构的优化和升级，从而促进产业结构的优化和升级，形成新的经济增长点，促进经济的增长和生产力的提高。生产力提高了，反过来又会促进居民收入的提高，促进消费需求的扩大，进一步促进消费结构的优化和升级，促进消费力的提高。在生产力与消费力的良性循环中，消费结构与产业结构的相互促进和良性循环的过程，也正是社会经济规模不断扩大和经济增长质量不断提高的过程。

(4) 科学的消费方式有利于促进社会文明和社会全面进步，有利于科学发展观的落实。从全社会来说，人们有了科学、文明的消费理念，就能"按美的规律来建造"各种消费资料和消费方式，发展"艺术性生存"；就能正确处理人与大自然的关系，自觉保护生态环境，积极培育优美的生态环境，实行可持续发展；就能自觉地提高消费中的文化含量，美化自己的生活，从而提高整个社会的文明程度，移风易俗，培育优美的社会文明环境，这有利于促进社会文明和社会全面进步，促进两个方面建设的协调发展，落实科学发展观的要求。

① 《马克思恩格斯全集》，中文1版，第42卷，132页，北京，人民出版社，1979。

② 丹尼尔·贝尔、欧文·克里斯托尔：《经济理论的危机》，上海，上海译文出版社，1985。

③ 《马克思恩格斯全集》，中文1版，第46卷（下），225页，北京，人民出版社，1980。

二、发展科学消费方式的途径

（一）树立科学的消费观念和行为，反对不科学的消费行为

树立科学的消费观念是科学消费的前提。科学的消费观与一个民族、一个社会的经济文化发展相联系，是指根据经济文化发展水平，从实际出发，自觉地运用科学知识进行合理消费，以促进人的身心健康和社会全面发展为最高标准的一种消费意识与消费思想。

用科学消费的理念和科学知识来指导广大消费者的消费，必须树立科学消费的价值观、消费观。首先，要求消费者具有一定的消费知识和科学知识，并运用这些知识指导日常消费活动，完善消费结构，使既定的收入获得最佳的消费效益。其次，要正确处理当前消费和长远消费、消费和积累的关系，使消费既能满足现实需求，保证身心健康，又能兼顾长远需要，促进全面发展。再次，要选择健康正确的消费方式，避免过度消费所造成的资源大量浪费和环境污染，能够合理、均衡地使用有限的资源，尽量满足人们日益增长的物质文化需求，实现可持续消费，处理好消费领域中的代内公平与代际公平问题。最后，消费结构和消费水平要随着科学技术和经济文化的发展不断改变，表现在用于生存消费的比重不断下降，用于发展消费和享受消费的比重不断上升。提倡科学的消费观还要继承、发扬先进的消费文化传统，反对和消除不良消费习俗对消费者的有害影响。必须用先进文化来引导人们的各项消费活动，充实人们的消费生活。要划清科学消费和不科学、反科学消费的界限。既要反对片面强调节约、不敢鼓励消费的传统观念，也要反对铺张浪费、鼓吹享乐主义的消费观念；要强调可持续发展，反对浪费资源，污染环境；要强调高层次的精神文化消费，反对低级庸俗的东西。

树立科学的消费观念和行为，还必须规范消费行为。消费者行为与态度是个人或群体选择、购买、使用新业务、新产品、新服务以及新经验满足自身愿望及需要的过程。消费者行为规范的建立便于消费者遵守和接受科学消费观念，从而形成可持续的科学消费方式。科学消费一方面与全面建设小康社会和现代化建设相适应，是促进经济社会发展的目标消费方式；另一方面与我国当前的生产力发展水平相适应，是社会主义市场经济条件下规范消费运行的基本准则。科学的文明消费方式具有消费水平适度增长，消费结构日趋合理、注重节约资源等基本特征。倡导科学的文明的消费方式，就是既要发挥消费者对生活的积极作用，又要打破过分追求物欲的消费主义。

（二）提高消费中的科技含量和文化含量

在消费结构中，要不断提高享受资料、发展资料消费的比重，特别要提高高层次的精神文化消费的比重，促进消费结构的优化和升级，促进消费质量的提高。消费结构的优化、升级，会进一步扩大消费需求，促进经济增长。消费质量提高的过程，正体现了人的全面发展的过程，也体现了社会、经济、文化协调发展的过程。

在这里要强调的是：人的闲暇消费如何，对人的发展关系很大。闲暇消费是人们在闲暇时间进行的各种消费活动。现在人们的闲暇消费时间越来越多，提高闲暇消费质量，是促进人的全面发展的关键环节。马克思把闲暇时间称为“自由时间”，是“使个人得到充分发展的时间”，“为个人发展充分的生产力，因而也为社会发展充分的生产力创造广阔余地”的时间。目前在闲暇消费中还存在一些误区，有的搞非理性的甚至低级庸俗的消费活动，有的甚至搞“黄色消费”、“黑色消费”、“灰色消费”。这就要求在闲暇消费中，坚持科学的消费观和消费行为，开展一些“使个人得到充分发展”的闲暇消费活动，提高闲暇消费的科技含量和文化含量，促进人的身心健康和全面发展。要像恩格斯所说的：“……使每个人都有充分的闲暇时间去获得历史上遗留下来的文化——科学、艺术、社交方式等等——中一切真正有价值的东西；并且不仅是去获得，而且还要把这一切从统治阶级的独占品变成全社会的共同财富并加以进一步发展。”①

（三）创造、培育良好的消费环境

人们的消费总是在一定的客观环境中进行的。这首先是生态环境。如果生态平衡遭受严重破坏，生态环境遭受严重污染，就会直接影响人的生存和发展，科学消费就无从谈起。因此，不仅要保护生态环境，而且要培育优美的生态环境。只有真正实现可持续发展，处理好人与自然的关系，使人们生活在优美的生态环境中，才能享受大自然的丰厚赐予，才能促进人的身心健康和全面发展。正如马克思所说：它是人和自然之间、人和人之间的矛盾的真正解决，反映人的复归，是通过人并且为了人而对人的本质的真正占有。发展生态经济，保护和改善自然环境，是实现人与自然和谐发展的需要，也是实现科学消费方式的基础。

科学消费还必须创造和培育良好的社会环境，包括市场环境。现在我国的市场环境还很混乱，诚信缺失严重，伪劣假冒产品充斥市场，不仅给消费者造成经济损失，而且影响人的生存和发展。这就必须加强对消费领域和消费市场的管理，整顿市场经济秩序，打击制售伪劣假冒商品和服务的行为。还要净化文化市场，加大扫黄打非的力度，从根本上保护消费者的合法权益。只有净化了消费市场，优化了消费环境，消除了文化垃圾，培育了优良的社会机体，才能谈得上科学消费，促进人的全面发展。

科学消费还须建设科学的消费制度。实现科学消费要求消费者理性选购，而政府的有效推动是基本前提。科学的消费制度的建立需要政府的支持：一是从政策上鼓励和支持可持续消费，二是进一步发挥政府引领文明消费的职能。具体措施包括：（1）深化收入分配制度改革，实现社会平衡；（2）制定合理的产业政策，扶植环保产业发展；（3）制定适当的税收政策，合理调控生产和消费；（4）加强科学消费的法律制度和管理体系的建立。

---

① 《马克思恩格斯选集》，2版，第3卷，150页，北京，人民出版社，1995。

(四) 努力提高消费者的素质

没有高素质的人，就不可能发展高层次、高质量的科学消费方式，就不可能提高消费质量，提高消费力。马克思早就说过：一个人“……要多方面享受，他就必须有享受的能力，因此他必须是具有高度文明的人”[①]。人的全面发展，首先是人的素质的全面提高，人的能力的全面提高。“全面发展的个人……不是自然的产物，而是历史的产物。要使这种个性成为可能，能力的发展就要达到一定的程度和全面性”[②]。这就要发展文化教育消费，提高消费者的政治思想素质和科学文化素质。我国近年来，很多居民家庭文化教育消费不断增加。2000—2011 年，我国城镇居民人均消费支出增长近 2 倍，其中人均文化消费支出增长 2.5 倍。文化消费呈现出巨大的经济价值和社会价值，是一国重要的经济增长点。近年来，我国城镇居民文化消费支出所占比重逐年提升，对促进文化产业发展、推动产业结构升级以及提高国民素质发挥了重要作用。文化消费的持续增加将进一步拓展居民消费的更大空间。

除了正规的各级学校的教育，还要加强消费教育，包括消费观、消费知识、商品知识、市场经济知识以及生态环境的教育，要逐步建立消费教育的体系，把消费教育纳入各级学校教育之中，作为素质教育的内容。这样就把家庭教育、学校教育和社会教育有机地结合起来，从各方面提高人的素质，为科学消费创造基本条件。

□ 本章小结

消费方式是一定时期和一定社会阶段消费关系与消费力的总和。它要解决的主要问题是：通过选择合理的消费本位，使消费者主体与消费对象在最佳本位上结合，以便消费力在最大限度上得到实现，并达到消费规模效益的优化。消费方式随着社会经济的发展与进步而不断演进的过程，迄今为止，已经历了四种不同的历史形态。消费方式主要受到诸如生产方式、自然地理、社会等因素的影响。

非市场消费方式包括自给性消费和福利性消费。自给性消费是指消费者以自己的劳动产品来直接满足自己消费需要的一种消费方式。随着市场经济的发展，自给性消费的比重趋于下降。福利性消费方式则是指居民的消费品主要来自国家福利发放的形式。

以消费基金的内部结构为标准，可以把消费方式划分为个人消费方式和社会公共消费方式。个体消费具有较大差别性、分散性和灵活性的特点。个体消费与群体消费既包括相互补充、相辅相成的方面，也包括相互矛盾的方面。

科学消费是科学发展观的重要组成部分。科学的消费方式是适度消费、生态

---

① 《马克思恩格斯全集》，中文 1 版，第 46 卷（上），392 页，北京，人民出版社，1979。

② 《马克思恩格斯全集》，中文 1 版，第 46 卷（上），108 页，北京，人民出版社，1979。

（绿色）消费，更注重物质消费与精神消费的和谐发展。科学的消费方式有利于提高消费质量；有利于从根本上提高人的素质；有利于提高消费力和生产力；有利于促进社会文明和社会全面进步，有利于科学发展观的落实。发展科学消费方式，需要树立科学的消费观念和行为，反对不科学的消费行为；提高消费中的科技含量和文化含量；创造、培育良好的消费环境；努力提高消费者的素质。

□ 重要名词

消费方式　自给性消费　市场化消费　个体消费　群体消费　科学消费方式

□ 思考题

1. 什么是消费方式？怎样理解消费方式是不断变化的？
2. 影响消费方式的因素有哪些？
3. 什么是个体消费与群体消费？二者的关系如何？两种消费方式在我国发展的趋势如何，为什么？
4. 为什么说市场化消费方式比重将会超过供给实物型消费方式成为主流？
5. 如何建立科学的消费方式？

□ 推荐阅读

1. 李萍．扩大内需与消费方式的转变．理论界，2013（3）
2. 周国梅，李霞．以可持续消费促进绿色转型．环境保护，2012（11）
3. 尹向东，刘敏．加速构建资源节约型、环境友好型消费方式．消费经济，2012（1）
4. 曾燕波．中国大学生生活方式研究．当代青年研究，2008（9）
5. 何昀．建设节约型社会与消费方式变革研究述评．消费经济，2007（3）
6. 汤跃跃．消费方式变革与经济社会和谐发展．现代经济探讨，2006（3）
7. 赵丽宏．构建可持续生活消费方式的支持体系研究．学术交流，2010（1）

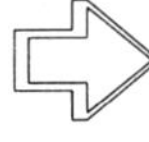

案例分析　高福利陷阱与欧债危机

欧债危机是一系列长期性、制度性缺陷以及外界客观冲击等因素综合作用的结果。透过民生视角，研究发现欧洲国家普遍推行的高福利分配模式和高标准社会保障体系，对长期国家财政赤字负有不可推卸的责任。希腊等国之所以会由于财政负担过重而深陷债务危机，根本原因在于其过高的福利政策和老龄化问题。

高福利超越经济增长承受能力

希腊等国在加入欧元区之后，大幅提高了本国福利和社会保障水平。首先，希腊、葡萄牙等国家在工资、失业救济等方面逐渐向德国、法国等核心国家看齐。2000—2007 年，希腊、爱尔兰、葡萄牙和西班牙四国的工资上涨幅度分别为 29.4%，27.8%，22.6%和 26.8%，而同期德国的单位劳动力成本微降了 1.6%。高标准失业救济、高福利使得希腊人不愿意出去工作，而宁愿在家里等待政府补助。其次，为保障福利开支，不断增发债券向金融市场融资，并催生了超前消费。各国建立了包括儿童津贴、病假补助、医疗教育、住房、失业救济、养老保险、殡葬补助等各类社会福利制度，涵盖社会生活的各个方面。希腊、葡萄牙等国社会福利支出占 GDP 比重普遍达 20%以上。另外，近十年来，欧元区外围国家消费急剧增长，消费需求增速远超实体经济增速，助长了希腊、葡萄牙的消费增长泡沫和爱尔兰、西班牙的房地产泡沫。最后，遭受债务危机国家实行的养老金制度缺陷导致欧元区国家社会保障开支庞大。欧洲主要福利国家养老金替代率平均水平高于 60%，成为欧洲福利国家共同面临的财政风险。根据数据可知，危机发生国的平均公共养老金替代率高达 80%，其中希腊养老金实际替代率达到 95.7%。此外，欧洲国家普遍实行养老金现收现付制度，即缴费人所缴纳费用并未积蓄，而是立即用于支付退休职工的养老金，缴费人年老后的养老金又通过政府向下一代年轻人收费来解决，此举极大增加了养老保障体系的风险性和不稳定性。

在应对全球性金融危机阶段，大部分国家都采用宽松的货币和财政政策刺激经济复苏，这使得本来就债台高筑的希腊等国雪上加霜。其中希腊 2009 年财政赤字与年度 GDP 之比高达 13.6%，公共债务高达年度 GDP 的 124.9%。

老龄化加剧福利支出刚性

20 世纪 80 年开始，欧洲大多数国家的人口结构进入快速老龄化阶段。意大利和德国老龄化率达到 20%，希腊、葡萄牙、法国、西班牙和英国也都超过 16%。2010 年，欧洲老年人口赡养率（65 岁及以上占 15～64 岁劳动适龄人口比例）高达 23.7%，是全球最高的地区，这意味着在欧洲，每 2～3 个劳动者就要供养一个老人。老龄化率较高、赡养率较高是希腊、葡萄牙、意大利等危机国的共同难题。

老龄化趋势增加了欧洲国家的老龄化成本。广义上的老龄化成本指人口老化将导致经济增长减缓、财政收入减少、公共支出增加；狭义上指公共养老金支出、医疗费用支出、长期护理支出、教育支出和失业保险支出 5 个福利项目，其中最主要的则是养老金支出和医疗保障支出等福利支出方面。例如，欧洲国家 1980 年的公共社会支出占经济总量的 15.6%，到 2007 年提高至 19.2%，平均每 10 年提高 1 个百分点；在比利时、丹麦、英国、希腊、瑞典、葡萄牙、西班牙、法国、德国等13个福利国家，1980年的平均社会支出占经济总量的19.4%，至2007年提高到23.8%，同样是平均每10年提高1个百分点。其中，欧盟国家在2005年和2007年老年社会保障支出占总社会保障支出平均比重分别为33.7%和33.5%，在希腊，仅此一项支出就接近总社会保障开支的一半，占比为52.4%和47.0%，在意大利分别为46.3%和47.2%。正是政府在高福利制度与老龄化问题的"纠缠"之下，财政赤字节节攀升，为主权债务危机埋下了隐性诱因。

资料来源：唐任伍、王宏新、果佳：《欧洲债务危机凸显高福利陷阱》，http：//finance.sina.com.cn/review/mspl/20120410/112911786592.shtml，2012-04-10。

讨论分析

1. 欧债国家的高福利型消费方式对我国有何启示？
2. 我国可否实行福利型消费方式？为什么？

第4章 家庭消费

Chapter 4

内容提要

家庭消费方式是现代经济社会中占主导地位的消费方式，个人的消费模式往往与家庭其他成员的消费模式密切相关。本章阐述家庭及其消费的种种特征和对于个人成长与发展的功能，分析家庭消费决策变量、决策类型、决策者类型以及进行决策所应该遵循的基本原则和步骤，并在研究社会、经济、文化、人口以及国际关系等变化的基础上，揭示我国家庭消费未来新的发展趋势。

第1节　家庭概述

一、家庭的含义

家庭是构成社会的细胞。所谓家庭，是指以婚姻关系、血缘关系和收养关系为纽带而结成的共同生活、活动的社会基本单位。与其他社会组织形式或人群共同体相比较，家庭一般具有以下特征。

1. 婚姻关系是家庭的起点、基础和根据

符合法律与道德的婚姻关系是家庭的核心和主干，男女结为夫妻，往往就是一个特定家庭的诞生，并因此而使家庭具有了不断繁衍生息的内在功能。

2. 血缘或收养关系是家庭的重要组成部分

以父母子女关系、兄弟姐妹关系为主要内容的血缘关系，以及依法发生的领养关系是家庭的重要组成部分。基于婚姻的血缘关系是家庭自我扩大、自我完善、自我保障的机能，也是家庭对于社会延续与发展的一种责任。收养关系尽管不是血缘关系，但只要按照法律程序确定下来，则与血缘关系具有完全相同的社会内容，包括辈分称谓以及权利、责任和义务分配。

3. 在数量上通常表现出群体性特征

基于上面的规定性，在通常情况下，家庭是一个由两人或两人以上的成员组成的群体。这是家庭成员在数量上的特征。当然，现实生活中还有一些所谓单身家庭，但这并不影响我们对家庭成员数量特征的概括。

4. 以非市场方式共同拥有和使用资源

强烈的亲情总是使得家庭成员的利益最紧密地联系在一起，彼此之间具有最强烈的责任心和义务感，以非市场的方式共同拥有和使用资源，追求和实现共同的福利目标。

二、家庭类型

人们的生存环境和需要千差万别，这就决定了现实生活中的家庭千差万别、丰富多彩，但不同的家庭也总是具有这样或那样的共性。从不同的角度出发，我们可以把它们划分为许多不同的存在类型。

1. 根据家庭成员的结构关系分类

(1) 联合家庭。联合家庭的特征是两代以上的多对夫妇与他们的子女共同生活，包括祖父母、父母、伯叔父母、兄弟姐妹、堂兄弟姐妹以及他们的配偶和子女。这种三世、四世同堂，且每个层次成员众多、关系复杂的家庭，又称扩大家庭，是漫长的农业社会中最大量、最典型的家庭结构。改革开放以来，随着市场经济的迅速发展、计划生育政策的实行、人员流动性的空前加强以及社会保障程度的不断提高，传统的大家庭为数已经很少，主要存在于一些农村地区。

(2) 直系家庭。一般认为，直系家庭的特征是父母与他们的一对儿媳及其子女共同生活。这种由血脉相承的上下三代人组成，而每一代又都没有兄弟姐妹的配偶和子女的家庭，又称为主干家庭。其实，这样的概括并不科学，因为在现代社会，男女平等，岳父母和女儿、女婿及其子女共同生活的现象大量存在，而且从科学角度来说，他们之间同样是血脉的延续。

(3) 核心家庭。核心家庭是一对夫妻与他们的未婚子女共同生活的家庭形式。有夫妻和子女的家庭是完全核心家庭，那些夫妻发生离异或其中有一人死亡，或夫妻双亡、长兄为父、长姐为母的家庭，则属于缺损或不完全核心家庭。核心家庭在家庭总量中所占比重最大，是一种最为普遍的家庭存在类型。

(4) 夫妻家庭。这是一种只有夫妻二人共同生活的家庭形式。现实生活中，夫妻家庭为数最多的是新婚夫妻和老年夫妻家庭，而前者往往会变为核心家庭，后者通常是由核心家庭演变过来的。

(5) 单身家庭。所谓单身家庭，是指有独立的经济来源，独立的消费场所，独自生活的未婚、离婚，或丧偶的单身成年男女，又称不完整家庭。同样，真正意义上的单身家庭也为数不多。

2. 根据对生活消费目标的追求倾向性分类

美国学者温德尔·贝尔和小安德森把家庭分为三种类型，在此基础上，我国著名经济学家厉以宁教授在其 1984 年出版的《消费经济学》中又补充提出了四种家庭类型。它们是：

(1) 以家庭为中心的家庭。这类家庭的凝聚力很强，上一代人与下一代人之间的隔阂不明显，家庭中一直把孩子作为中心，重视储蓄，重视对孩子素质、能力、专长、爱好等的教育投资。

（2）以事业为中心的家庭。家庭“户主”有很强的事业心，家庭的支出、家庭主人的精力和时间主要投放在事业的发展上，此外，作为家庭地位象征的支出，即家庭社交活动支出也是比较突出的。

（3）以消费为中心的家庭。家庭成员的主要愿望不在事业方面，而是竭力提高目前的生活水平，同时享受有关的商品和劳务支出，如各种奢侈性支出、经常性旅游支出等，构成家庭消费支出的主要内容。

（4）综合型家庭。如家庭与事业并重的家庭，较少注重生活享受；家庭与消费并重的家庭，对事业关心较少，不太注重发展型支出；事业与消费并重的家庭，对家庭本身并不那么关心，大部分支出用于事业方面和生活享受方面。

第 2 节　家庭消费

一、家庭消费的功能

一般来说，个人都在一定的家庭中生活，每个劳动者在社会经济中都不是孤立存在的个人，都要抚育子女，赡养老人，个人的消费在任何情况下都要受家庭经济生活的制约。可以说，家庭是人类基本的消费单位。

所谓家庭消费的功能，就是家庭在与社会的联系和作用中，所具有的满足家庭成员的生存、享受与发展需要，以及适应和改造社会环境的功用和效能，也是家庭消费对于其成员需要满足的功用或作用。

1. 生理满足功能

在人的需要体系中，生理需要始终是最基本的需要。家庭首先必须安排好成员饮食、穿着、居住以及医疗保健等方面的生活。在社会生产力和居民收入水平不高的情况下，物质消费既是基本的，也是主要的消费内容，在整个家庭消费结构中占很大比重。随着经济的发展和居民收入的提高，物质消费比重不可避免地要逐渐下降，退居比较次要的地位。但这绝不意味着满足成员的生理需要的消费不再是家庭基本的消费活动形式。而且，在这时，家庭消费对成员生理需要的满足将不只是生存意义上的，同时要提升档次和品位，使成员在生理需要的满足过程中获得越来越多的享受的价值。

2. 娱乐休闲功能

家庭本身就是一个无拘无束、舒展身心、释放紧张的休闲场所，没有任何东西可以替代。家庭，尤其是在现代社会，每年都要支出相当多的金钱和时间，组织成员练书法、学绘画、搞摄影、看电影电视、欣赏戏剧音乐、进行体育健身以及观光旅游等文化娱乐活动，以此来消除疲劳、活跃生活、增添情趣、培养爱好、愉悦身心。大量资料表明，家庭消费在娱乐休闲中正发挥着越来越大的作用。

3. 文化传播功能

通过家庭消费，可以向新生代潜移默化地传递地区、民族优良的传统文化，例如饮食文化、服饰文化、居住文化等，使之在变异中传递，在创新中继承，不断升华和更新；通过家庭消费，可以使成员了解蕴涵在商品和服务中的科学知识、审美知识，接受正确的消费思想和观念，吸收其他民族、地区和国家的消费文化，促成文化的交流与融合；通过家庭消费，可以在成员之间产生一种尊重科学、崇尚民主的先进思想和文化的相互影响，形成一种积极向上、追求进步的良好风气。

4. 教育培养功能

家庭是其成员接受教育培养的投资者，它支出收入，购买专业书籍、报纸杂志、电脑和打印复印设备等，使成员接受各种不同层次的正规学校教育，以及参加学校教育之外的其他各种文化和技能培训，不断提高思想、知识、智慧和技能等方面的素质。在家庭中，父母不仅在经济上尽其所能，让子女接受良好的社会教育，而且在孩子的成长过程中，也始终扮演着老师的角色，他们要投入大量的时间和精力，选择和运用必要和恰当的教育手段与方法，对子女言传身教，引导其健康成长。

5. 社会交往功能

家庭因为节日、寿辰、婚嫁或其他喜事而请客送礼，这就是我们常说的人情消费。人情消费过度了，的确会对家庭造成负面影响，但它绝对是一种必不可少的消费形式。有档次和品位的物质文化消费和社会交往能显示一个人的社会地位、品质涵养，从而使其赢得他人的肯定、尊重，获得社会需要的满足。正因为消费在社会交往中的这种表现功能，低收入家庭为争得荣誉，取得社会地位，也往往会模仿有档次和品位的消费，以装点门面，提高身份。

6. 情感表达功能

家庭成员之间的情感表达和情感满足的实现，在很大程度上就是通过消费来完成的。比如，夫妻之间在衣、食、用、住、行、娱乐、学习上乐于克己，处处以对方优先，为对方着想；父母节衣缩食，省吃俭用，而在子女养育、成长上却不惜金钱、时间和精力倾心投入；当父母年老体弱时，子女能耐心、周到地照顾老人的饮食起居。在这样的消费中，给予者和接受者在情感上都是满足而快乐的，这就是家庭成员之间的情感能够不断加深和无法阻断的最真实、最牢固的基础。

当然家庭消费的功能都具有外部性，对社会发展都具有一定影响作用，或是正效应，或是负效应。

二、家庭对消费的影响

（一）家庭生命周期对消费的影响

随着家庭生命周期的变化，家庭的需求结构、经济能力和消费水平也相应变化。

1. 单身期

这个时期的青年男女，收入大多不高，目前我国多数单身青年无经济负担，并且还保持与父母共同生活的习惯。因为与父母生活在一起，所以消费需要简单。一份在部分城市的调查资料表明：在青年职工中，将自己的收入部分补贴家庭开支的只占31.11%，自挣自花甚至不交饭钱的占45.83%，父母倒贴的达18.24%。他们的收入一部分用于自己的穿着、娱乐、交往、发展等方面的需要，大部分用于储蓄。因储蓄而紧缩日常消费的情况也很普遍。

2. 新婚期

据调查显示，青年在结婚费用中，耐用消费品支出占第一位，酒席的支出占第二位，穿着支出占第三位，床上用品占第四位。在我国，年轻人结婚费用越来越高，已成为令人注目的社会问题。由于组建新家庭，几乎所有消费品都需要购买，因此，不仅花光了自己多年的积蓄，还花费了父母辛辛苦苦积攒起来的钱，有的甚至还借款。

3. 生育期

这个阶段的家庭特征是：年轻的夫妇由于有了孩子，家庭开支增大，购买频率高，购买心理随孩子的成长而发生变化，重视儿童食品、玩具、服装和教育费用开支。这一时期的消费表现出对家庭和社会的责任感。

4. 满员期

夫妇已到中年，孩子已到少年或青年。家庭收入达到高峰，家庭支出开始稳定。医疗支出下降，日用品、穿着、文化娱乐费用上升，家庭有了储蓄。

5. 离巢期

夫妇已到老年，子女相继成家。购买活动开始更多地投向满足自己需要的商品，营养、保健用品、高档家电支出上升，娱乐费、交通费下降。家庭的收入因退休而减少，储蓄部分用于自己的重点消费，部分用于子女。

6. 鳏寡期

一般已到老年，两老之中有一方先谢世。家庭收入明显减少。老年人渴望健康长寿，其消费支出大部分用于食品和医疗保健方面，穿用部分的比重逐渐下降，尤其是娱乐费、交通费及耐用家电支出下降。在进行购买决策时更缜密、更稳健、更内含。有调查表明：老年男性在烟、酒、洗理费等方面花的钱较多，老年女性在点心、水果和化妆品等方面花的钱较多。

总之，在这些不同阶段里，人们购买和消费的商品也在变化。探索家庭生命周期的规律，有助于工商企业了解各个阶段家庭的消费特点，这是工商企业进行市场细分的一个重要指标。

（二）家庭经济状况对消费的影响

消费者任何消费动机的实现，或是生理、心理需要的满足，都要有经济收入作基础。因此，家庭经济收入制约着家庭与个人的购买能力、购买方式、消费结构和生活习惯等。如果经济收入十分有限，其家庭成员的高层次需要和心理性动机就要受到抑制，就要先让位于低层次需要或生理性动机。家庭经济收入状况的影响体现在不同的方面。

1. 对消费支出结构的影响

由于家庭收入高低的不同，根据消费结构中生存、享受、发展三种属性，家庭消费类型可划分为：(1) 生存消费型家庭。这类家庭用于生存资料的消费占绝大部分。他们所消费的消费品质量不高，以维持正常生活为标准，文化精神方面的消费比重小，家庭消费内容单调。(2) 生活享受型家庭。这类家庭在物质生活方面朝高、精方向发展，享受资料的消费在家庭的消费资金中占相当大的比重；文化精神消费欲望强烈，家庭消费内容比较丰富。(3) 生活发展型家庭。这类家庭的消费内容已达到相当丰富的程度，开始追求高质量、高品位的物质、文化精神方面的消费，发展型消费资料的消费在家庭消费基金中占比较高的比重。

2. 对消费者购买动机的影响

收入高的家庭求新、求美、求名等动机强烈，而收入低的家庭求廉、求实、求利等动机强烈。在市场上还发现，有些消费者对简便或不包装的零售食品，对削价、积压、滞销而处理的商品很感兴趣。由此可见，家庭经济状况对消费者选购商品的出发点及偏好目标有影响。

3. 对耐用品拥有量及更新商品的影响

一般而言，家庭实际人均收入水平越高，耐用品拥有量就越多。我国居民家庭消费素有“三大件”、“五大件”之类的俗称。此外，收入高的家庭，相对来说商品更新快、使用周期短的现象较多。而收入低的家庭商品更新较慢，使用周期长，不仅正常更新的情况较少，而且延迟损耗性消费也多，如家用自行车、电器等，通过维修，延长使用寿命，节省开支。

三、家庭消费的特点

家庭消费是居民消费的基本单位与基本形式，它不同于非家庭的团体消费和社会公共消费，具有以下特点。

1. 消费资料财产权的纯粹私有性

每个家庭用于自身消费的收入和各种消费资料都具有明确的私有产权属性，包括家庭成员的劳动生产产品、工作报酬和生产经营所得以及存款利息、股票红利等收入，个人拥有绝对的占有权、使用权及自由支配权。用货币收入经由市场所购买的各种消费资料，如住宅、耐用消费品等也是个人的私有财产，国家依据法律给予充分保护。

2. 消费活动的完全自主性

家庭既然对于自己的收入和购得的消费资料有绝对支配权，那么，消费决策的进行，吃、穿、用、住、行以及储蓄、信贷等具体经济行为的实施，就只是家庭自己的事情，体现家庭成员的共同意志。消费什么、怎样消费，只要不违背国家法律法规和社会道德规范，任何个人或组织都无权提出这样或那样的要求。家庭消费是人们自主使用经济资源、追求自我满足的消费活动。

3. 消费过程的复杂多样性

家庭消费对于成员需要的满足，小到一颗纽扣，大到一部汽车；小到一套餐具，大到一幢住房；小到教孩子一个音节，大到送孩子出国深造，可谓方方面面，不分巨细，其复杂多样性非任何社会组织的消费活动所能比拟。而且，家庭消费充分尊重每个个体成员的性别、年龄、职业、健康状况、受教育程度、审美能力、消费偏好等特点，因而家庭消费呈现个性化、多样化的特点。

4. 消费行为的随意自在性

爱情和亲情能产生强大的亲和力，营造出亲切、温馨、和谐、舒畅、真挚的心理气氛，使人们对家庭有一种强烈的安全感、归属感，把家庭当作一个无拘无束、随和自在的生活场所。面对自己的亲人，通常情况下，在一些生活小节上不需要有太多的顾忌与担心，休息可以散漫一些，穿着可以随便一点，想吃什么，可以向家人提出，或自己动手就行，至于吃的快慢、坐的姿势，不必处处小心翼翼，讲究规矩。

5. 消费利益的高度相容性

相对于其他社会组织来说，家庭始终是人类情感最密集、最深厚、最纯洁的场所，在这样一个特殊的人际关系群体中，成员之间在相当程度上往往视对方如同己身，把对方的满足视为自己的满足，把对方的痛苦视为自己的痛苦，乐于克制自己和无私地给予其他成员以关心、爱护、照顾和体谅。家庭消费活动中，成员之间的这种利益的高度相容与和谐，非常突出地表现在夫妻之间、父母与子女之间。

6. 消费满足与人力生产的直接统一性

非家庭消费，如政府消费、企事业单位团体消费，相当一部分与作为组织成员的个人满足和人力生产没有关系。个人代表组织陪客人吃饭、娱乐等，是生活消费，但因并非出于自身实际需要，也不一定能获得积极的消费满足，起到恢复和改善人力的作用，即使获得了，也只是组织目标实现过程中的副产物。家庭消费则不然。在这里，消费活动的发生直接都是为了满足家庭成员生理的、心理的和社会的需要，除了天生不能具有或已经丧失劳动能力的成员，消费过程就是家庭成员获得健康、拥有知识、提高能力、改善品格，发展成为合格的、具有市场竞争力的劳动者的过程。

第3节　家庭消费决策

一、家庭消费决策的含义及其类型

（一）家庭消费决策的构成

所谓家庭消费决策，就是家庭在分析各种因素的基础上，对其消费的总体发展过程、水平以及各种重要消费活动的目标、步骤、方式和手段做出的决断与主张。在现实生活中，一个家庭能够作出怎样的消费决策，或者说，消费决策行为怎样，往往是纷繁复杂的主观和客观因素综合作用的结果，家庭消费决策由一系列要素构成，主要有以下几个方面。

（1）决策主体（determining subject）。在决策变量体系中，决策主体是首要的和直接决定消费决策成败的因素。如果缺乏正确的价值观念，缺少有效获取信息的技能，缺乏必要的决策经验和知识，以及胆量与魄力等，面对再容易的消费问题，也一定不能作出正确的决断。

（2）决策对象（determined object）。对同样的消费决策者来说，其决策的速度和正确性要受到所解决问题复杂性程度的制约。一般来说，问题越宏观，涉及的成员和方面越多，涉及的需要与利益越重要、长远，所要决定事件的性质和状况越不确定，决策的难度和失误的概率就越大。

（3）决策信息（information for determining）。信息是消费决策的基础和依据。没有信息就无法决策，没有信息的决策只是胡思乱想；有信息，但不真实、准确、充分、全面，决策必然会因为根据不足而出现疏漏，发生错误。

（4）决策程序（determining process）。消费决策是一个循序渐进的过程，需要遵循一定的规则和要求才能得出正确的结论。如果程序出现紊乱，包括工作环节的缺失、先后顺序的颠倒，决策就不可能达到科学的境界。

（5）决策方式（determining modes）。采用什么样的方式，对于消费决策的成功也是至关重要的。决策是一种高智慧的活动，需要集思广益，但也需要有人提炼和集中。如果家庭不能处理好民主与集中的关系，就难以作出高质量的决策。

（6）决策手段（determining ways）。消费决策信息既有家庭的，也有社会的、市场的；既有国内的，也有国际的。消费决策既包括对消费问题的质的判断，也有各种量的分析和计算。在现代社会，如果缺乏必要的高科技、智能化的工具，决策就会遇到很多困难，甚至陷入失败。

（7）决策时间（determining time）。决策需要时间，要保证决策的质量，人们必须有足够的时间来观察、思考、分析和判断。在很多情况下，过于匆忙总是决策失误的原因所在。但时间也并非越多越好，如果当断不断，错过了机会，决策也就失去了价值和意义。

（二）家庭消费决策的类型

（1）从要解决的问题所处消费层面不同的角度来说，家庭消费决策可以分为整体决策和微观决策。整体决策是着眼于家庭整体和长远的消费利益的一种决策活动，其任务是决定家庭消费发展的大方向，确立家庭消费的总体和重大目标，以及选择与之相关的行为步骤与方式。而微观决策则是关于家庭日常生活消费的决策，只涉及具体的标准和要求，以及具体的作业性和技术性消费方式与方法。

（2）从在决策体系中所处地位和环节不同的角度来说，家庭消费决策可以分为方向决策、目标决策和行为决策。它们具有各自的任务，但又相互联系，构成一个有机的决策过程。

1）方向决策是关于家庭可支配收入及已有资源用在哪些方面，进行何种消费，以使成员获得何种性质满足的行为与主张。在整个决策体系中，方向决策是基础和关键，对其他决策行为或环节具有指导和规定意义。

2）目标决策是指从可能与现实的结合上，分析和决定家庭成员能够和应该达到怎样的消费满足境界和标准的行为与主张。如果说方向决策要决定既定总资源用于各种需要满足的基本分配思路和取向的话，那么，目标决策的任务就是要在此基础上确定在它们之间分配的具体数量规模与比例关系。

3）行为决策是围绕消费目标的实现而进行的步骤、途径与方式的选择。对于特定消费目标来说，并非所有的步骤、途径与方式都是积极、合理的，即使如此，其中也必定只有一种才是最好、最优的。行为决策的使命就是要找到这种东西。

（3）从决策时所处条件存在状况的角度来说，家庭消费决策可以分为确定型决策、相机型决策和风险型决策。

1）确定型决策是指在影响家庭消费选择的未来事件的自然状态已经完全确定的情况下所进行的消费决策，属于程序化或规范化决策的范畴。这种决策经常是反复的，在问题发生时，只要根据既定规范进行安排和处置就行，无须重新作出新的决定。

2）相机型决策。有时，家庭对未来事件的自然状态不能肯定，甚至对这个事件发生的概率也无法估计，或者对其进行决策的结构条件过于复杂且不稳定。在这样的条件下，决策没有程序可循，只能针对具体情况进行具体分析和决定。

3）风险型决策。未来事件出现何种自然状态不能肯定，但其对于消费成败又具有一定的影响概率，家庭在这种情况下只能依据一定的概率值来进行消费决策，这就既可能增进成员的利益和需要满足，也可能带来不利的影响，属于风险型决策。

（4）从问题是否重复出现和解决问题经验的成熟度的角度来说，家庭消费决策可以分为程序化决策和非程序化决策。

1）程序化决策是对消费过程中经常重复出现的问题作出的决定，一般发生在家庭消费的日常管理和生活技术的选择上。这种决策比较简单，只要依照某种既定的程序解决问题就行。

2）非程序化决策。在所要解决的消费问题是家庭在过去尚未遇到过的，人们对其性质和特点一时难以捉摸，也不具有解决它的足够经验的情况下，决策没有程序可循，需要从头做起。这种决策往往是对家庭重大消费问题的决策。

（5）从家庭成员参与决策的状况的角度来说，家庭消费决策可以分为民主型决策和集权型决策。

1）集权型决策是指消费决策权力掌握在一人之手，凡事由一人做主的一种决策形式，在这里，其他成员往往无权表达意见，或者所表达意见很少能够对决策发生作用。

2）民主型决策是指消费决策权力不是由一人，而是由两人或两人以上的家庭成员共同拥有，通过分工、协商和综合的方式来进行的共同决策。这种决策有利于发挥不同成员的智慧和优势。

(6) 从着眼于时点还是时期的角度来说，家庭消费决策可以分为静态决策和动态决策。静态决策是指决策者只从当前时点上的家庭结构、需要、资源，以及市场供给、价格和利率水平出发，选择与安排消费的目标、步骤、方式和手段。而所谓动态决策，则着眼于一个时期，关注家庭结构和需要的变化，关注家庭持久收入以及闲暇时间的变化，关注产品和服务的价格以及储蓄、信贷利率的变化，并根据这些变化来调节当前和将来的收入，兼顾当前和将来的消费，追求一个时期内家庭需要满足的最大化。

(7) 从决策过程是否合理、最终结论是否与客观实际相符的角度来说，家庭消费决策可以分为理性决策和非理性决策。理性决策是最终所作出的消费选择和安排与客观实际相符合，从而能保证既定资源给家庭带来最大满足效益的决策。就其过程来看，这种决策往往从实际出发，尊重事实，尊重规律，注重理性思考，讲究必要的程序与方法。非理性决策是一种仅凭个人感情、偏好和兴趣的决策，这便有可能脱离家庭及其所处环境的实际，致使消费背离正确方向，失去合理目标。

(8) 从由哪些成员、用怎样的方式进行消费决策的角度，可以分为男权型决策与女权型决策。男权型决策，是指由家庭中的男性行使消费决策权力。女权型决策，是指由家庭中的女性主管家庭消费事务。女性可能是祖母或母亲，也可能是女儿或媳妇。与男性相比，在行使家庭决策权力的问题上，女性也有自己的独特的长处和优势。

二、家庭消费决策的原则与步骤

(一) 家庭消费决策的原则

1. 实事求是，从实际出发的原则

消费决策，无论何时何地，都不能以个人主观意志为转移，而必须实事求是，严格从实际出发。这个实际，既包括家庭实际，即家庭结构状况、需要和收入水平、闲暇时间等，又包括环境实际，即经济发展程度、市场供给水平等。坚持从实际出发，才能防止盲目跟风、简单攀比的消费决策。

2. 家庭整体消费利益至上的原则

家庭整体消费利益与成员个人消费利益是统一的，但也常有不一致的时候和地方，这不仅因为整体利益是共性需要的满足，而个性比共性更丰富，还因为受资源有限的制约。这就产生了个人利益与整体利益如何抉择的问题。当面对这种抉择时，个人应该懂得和学会尊重、服从整体利益，为共同需要的满足作出必要的牺牲。这样将有助于改善和提高有限投入的总效用产出水平和消费效益。

3. 家庭成员利益兼顾与协商的原则

在进行消费决策时，家庭整体利益应该放在第一位，同时也要重视成员的独立性，兼顾个人需要与满足。生活中，多数成员有兴趣的消费，个别成员可能没有，而且许多消费品还是由个人直接使用，如果只讲整体和统一，势必导致个人的不满足，从而降低家庭需要满足的总水平。所谓兼顾，还有另一重含义，那就是应同等地尊重、关心不同成员的个性化需要，不能厚此薄彼，更不能顾此失彼。

4. 立足当前，兼顾长远的原则

消费决策应该立足于当前，在资源允许的条件下，尽可能满足家庭成员的生活需要，至于将来，当然也要认真考虑和兼顾。家庭具有自己的生命周期过程，消费需要满足的最大化应该是家庭不同时期所获得的总满足的最大化。每个家庭的收入都是一个变数，即使需要规模不变，也要居安思危，留有余地；需要也是一个变数，将来收入的增加如果跟不上需要变化的话，生活就会陷入困境。科学消费决策应该确保家庭长久的快乐与安宁。

5. 突出重点与全面兼顾的原则

家庭需要纷繁复杂，但在特定时期内，不同成员多方面的需要中必有一种是主要的和亟待满足的，在众多成员中，可能某个成员的需要相对突出和重要一些。哪种需要或哪个成员的需要占据主导地位，家庭就应该优先给予关注和照顾，这能够增加单位资源的投入产出效应，提高家庭消费的总满足水平。在进行消费决策时，应该抓住重点，把有限的资源用在刀刃上，但同时也必须兼顾成员的一般性需要，促进人的全面发展。

6. 消费满足层次逐步提升的原则

生存、享乐和发展需要往往同时存在于家庭消费中，但从长期来看，它们又构成一个由低到高的需要发展序列。因此，家庭在进行消费决策时，应该遵循需要层次逐步提升的原则，当较低层次需要居于需要体系的主导地位时，一定不能人为地超越阶段，把资源大量用于获得高层次需要的满足上；而当需要层次已经提升时，如果不能及时地进行决策重点的转移，就会造成资源浪费，制约消费质量和水平的提高，影响家庭成员的发展与进步。

7. 消费与环境协调的原则

科学的消费决策要求决策者有一种超越家庭的宏大视野，保证消费与社会经济发展的协调同步。家庭消费行为总是在一定的经济社会环境中发生，不可避免要影响到社会和他人，因此，家庭消费行为有道德与非道德之分、合法与非法之别。消费决策必须符合道德和法律的要求，尊重他人的利益，避免与环境的冲突和矛盾，使家庭消费与社会相协调，与自然环境相协调。

8. 量入为出，勤俭节约的原则

家庭消费必须崇俭戒奢，讲究节约。一方面要节俭持家，理性消费，消费水平、消费结构应与家庭收入相适应；另一方面，家庭消费又要注意节能、节水、节约资源，防止浪费性、奢靡性及各种不科学的消费。

（二）家庭消费决策的步骤

家庭进行消费决策还要按照决策的一般步骤，循序渐进和有效地进行。

1. 开展调查，收集信息

收集和掌握信息，是全部消费决策的起点和基础，信息调查搞得越好，进行决策时就越主动。收集信息要求做到全面、详尽、真实，否则，就无法保证决策的科学性。

(1) 家庭资源调查。对于家庭的消费实力，应该从资源的角度来把握，把单纯的经济收入调查变为资源调查。一是进行收入调查。家庭经济收入，从形态上看，有货币形式的，也有非货币形式的；从来源上看，有从市场取得的货币形式的收入，有来自社会福利的收入，也有家庭自身所提供的产品和劳务形式的收入；从时间上看，有当前的收入，也有将来的收入。这些不同形式、不同来源的收入，都是家庭消费所必需的，它们的多少都对消费具有直接的影响。二是进行时间调查。家庭投入时间来创造收入，也需要时间进行消费。如果市场或家务劳动的生产率一定，经济收入与时间成正比，那么，投入生产的时间多，家庭的经济收入就多，从而可以改善家庭消费的经济条件。但这时，用于消费的时间就少了，消费活动就会由于匆匆忙忙而降低质量，一些时间占有量大的消费活动甚至就可能因此而被迫放弃。

(2) 家庭需要调查。进行家庭成员需要信息的调查和收集，是为了确定自己应该进行哪些方面的消费活动。消费需要的调查必须弄清楚家庭整体的需要状况以及各个成员的需要状况，包括需要的方面、需要的主次情况、强烈程度，必须弄清楚家庭以及成员当前的需要和未来需要的变化；此外，还必须弄清楚自己家庭不同于与其他家庭的消费偏好等。

(3) 市场情况调查。市场信息是家庭消费决策的重要元素。为了解市场情况，需要做以下几方面的事：一是进行价格调查。如果货币收入既定，其购买力的大小与商品价格的高低成反比。因此，家庭必须收集有关商品的一般价格水平，以及不同供给者提供同样商品的个别价格水平。不仅要了解某商品的价格，还要了解具有替代关系、互补关系商品的价格。另外，还有价格变动趋势的调查。二是进行商品调查。商品调查具体包括：商品的供给状况调查；商品的特性与功能调查；服务与信誉调查。三是进行储蓄、信贷调查。必须弄清楚存款的期限、不同期限存款的利率、提前支取存款的成本、利率可能的变动，以及利率与其他储蓄方式收益率的比较等。信贷消费已经成为当前一种重要的消费方式，那么，家庭就必须弄清楚当前社会的信贷机构、信贷制度、信贷方式、信贷条件、信贷程序、信贷利率及其可能的变动。四是进行生活环境调查。这是一项关于家庭周边环境情况的调查，包括交通状况调查，商业网点和服务设施调查，社会治安、人际关系、管理机构、管理收费水平以及自然环境等调查。

2. 提出、比较与选择方案

(1) 提出多种消费方案。在开展调查，掌握了大量信息的基础上，决策者就必须对这些信息进行分析、归纳、整理，然后提出有关家庭究竟需要进行何种消费、购买什么商品、动用多少资源、采取哪些步骤、选择何种途径与方式、获得怎样满足的方案。有关消费的方案往往不是一个，而是多个。特别对于装修房屋、购买汽车、送子女去国外上大学等重大消费活动，可供选择的方案较多，这对于最终实现择优决策是非常必要的。

(2) 消费方案评价与抉择。面对多种方案，家庭究竟采用哪一种呢？评价这些方案，并最终抉择，这就进入了科学决策关键的环节。消费方案的评价和抉择，就是对不同消费方案的优劣进行比较，找出其中最好的一种方案的过程。比较消费方案，就是比较哪个方案的可行性更大，在既定满足目标前提下哪个方案对于资源使用的节约程度最高。

3. 统一认识，决定实行

提出消费方案，进行消费方案比较、评价和最终确定的过程，也是家庭成员充分讨论和交流、畅所欲言、各抒己见的过程。经过各个成员的参与，集思广益，一旦选择和确定了某一方案，这个方案此时就不再是个体决策而成为群体决策，成为全部家庭成员利益的代表与意志的体现。这时，家庭成员都要把自己的认识和思想统一到方案的内容和要求上来，并群策群力加以贯彻与实施。

三、家庭消费的预算与决算

（一）家庭消费预算

合理安排和使用家庭货币收入，首先要求切实做好家庭消费预算工作。所谓家庭消费预算，就是家庭根据自己的实际情况对其货币消费行为的计划与安排，包括可消费收入预算和消费支出预算两类。

1. 家庭可消费收入预算

家庭收入预算是指对家庭一定时期可能的收入来源进行预算，即预测一定时期家庭各种收入的可能性，并努力组织收入的实现。

城乡居民家庭收入的来源主要有以下一些项目：(1) 劳动与经营性收入，包括家庭成员经商、办企业等的经营收入，上班的工资收入和其他劳动收入，其中农村居民出售农产品的收入也是劳动收入；(2) 福利性收入，家庭成员从所在单位获得的独生子女费、交通和福利补贴，从国家和社会慈善单位获得的福利，如助学金、救济款、救灾款、贫困及低保补贴等；(3) 财产性收入，包括动产与不动产投资经营带来的现金收入，如住房租金、存款利息、保险收益、股票红利或交易所得等；(4) 馈赠收入，如亲友馈赠的现金等。

上述收入预算是对一定时期内家庭总收入的预算。对于那些没有直接组织生产经营活动的家庭来说，其收入全部用于家庭当前和未来消费；而对于那些直接组织生产经营的家庭来说，可用于消费的收入则只是总收入中的一部分。因此，有理由把家庭可消费收入预算与家庭收入预算区分开来。所谓家庭可消费收入预算，就是预测一定时期家庭用于消费的可能的收入来源与数量，并组织这些收入的实现。

2. 家庭消费支出预算

所谓家庭消费支出预算，就是家庭对用于消费的货币收入在一定时期的使用进行预算，确定家庭在该时期必须和可能发生的消费支出项目以及这些项目的大致数额和在可消费收入中的比例。

3. 消费预算表的编制

家庭可消费收入和消费支出预算常常是通过编制预算表来完成的。编制可消费收入与消费支出预算表，通常有三个步骤：一是确定合理的消费收支预算期。一般来说，预算期应与家庭收入周期相一致，比如工薪家庭，工薪是家庭主要的收入来源，并稳定地按月领取，应以一个月为一个预算期，而对于从事生产经营的家庭来说，由于收入通常以年计算，应以一年为一个预算期。二是掌握信息，正确估算消费收支。参照以往家庭消费过程中收支的一般情况，结合社会、市场以及家庭经济和需要发展变化的基本趋势，对本月、本季、本年家庭消费中可支配收入与必要的消费支出情况进行分析，确定预算期内家庭在各个收支项目上的数量指标。三是编制家庭消费收支预算表。在消费活动中，预算表的作用在于，通过收入和支出的比较，使人们可以一目了然地看出家庭消费中可供支配的收入与消费支出的均衡情况。

（二）家庭消费决算

所谓家庭消费决算，就是对消费预算执行的情况进行总结，及时发现问题，解决问题。

1. 消费决算的内容与方法

（1）消费决算的内容。在消费决算中，进行评价与审核的内容主要包括以下四个方面：是否最大限度地满足了家庭成员的需要；是否增进了家庭整体的消费；是否达到了现时与长远、物质与精神、个体与总体利益的均衡；收支是否平衡，如果不平衡，其原因何在。

（2）消费决算的方法。家庭消费决算包括决算的准备和编制决算表格。决算的准备工作就是要整理家庭收支的原始记录，清查和核实各项收支账目，处理预算期内应收支的各项事务，并把有关账目与家庭财物相对照，做到账物相符。至于编制决算表格，就是按照预算期限内的家庭收支的实际情况，制作相应的表格。

2. 消费监督的必要性与意义

家庭消费监督是非常必要的，具体表现在：（1）由于种种原因，家庭、家庭成员的特定需要以及需要关系是变化的，而且商品种类、规格、档次以及价格等都处在不断变化之中，这样就会出现消费计划与新情况不适应的地方；（2）家庭的收入相对于需要的多样性与可能性来说总是有限的，常常容易导致消费行为突破预算中收入支出的界限；（3）家庭成员都有自己的一些特殊利益和临时变动的要求，常常容易因为强调这一点而超越消费计划的制约，影响消费计划的顺利实行；（4）家庭消费计划能否实现及效果如何，也只有在检查、评估、审核之后才能知道。

家庭消费监督在家庭消费中具有很重要的作用：（1）有利于维护消费支出与收入的平衡，避免收支脱节而给家庭带来困扰；（2）有利于排除一些不合理的消费开支项目，调整好消费的结构以及数量比例关系；（3）有利于及时发现和调节家庭消费关系的失衡，保障家庭整体和各个成员的消费利益；（4）有利于保持消费行为的自觉与理性，避免和及时克服冲动性、突击性等消费行为的发生；（5）有利于培养成员对家庭的关心以及治家的良好意识和能力，并懂得和学会在适当的时候做出必要的牺牲；（6）有利于加强家庭成员之间的沟通、了解、尊重与信任，建立一种融洽和睦的家庭关系；（7）有利于总结经验教训，提高今后家庭制定和执行消费计划的自觉性、合理性。

第4节　我国居民家庭消费趋势

一、影响家庭消费变化的因素

（一）宏观经济因素

1. 社会生产力的迅速发展和进步

首先，随着社会生产力的发展、就业率的上升以及劳动者人均收入的增加，居民家庭收入总水平将有一个全面和大幅的提高；同时，闲暇时间也必然不断增加，在这样的基础上，家庭就能更加自主地根据自身情况，根据成员的爱好和兴趣，在更多的领域、更大的空间范围内，自由地进行享受与发展消费。其次，社会生产力的迅速发展将提供日益丰富、物美价廉的产品，为居民家庭消费质量和水平的提高奠定坚实的物质基础，并创造出越来越多新的消费方式和手段，使家庭在购物、娱乐、交往、学习等方面拥有更多选择的便利与自由，从而获得更大的满足。最后，在我国，经济的增长有助于提高中等收入家庭的比重，提高整个社会的消费倾向。

2. 新经济的发展和经济全球化的深入

新经济时代的来临是20世纪90年代以来世界经济、社会生活中的一个根本性变化。所谓新经济，主要是以美国经济为代表的发达国家经济为基础所产生的概念，即那种持续高增长、低通胀、科技进步快、经济效率高、全球配置资源的一种经济状态。新经济的实质就是信息化、数字化与全球化，新经济的核心是以信息技术为代表的高科技创新及由此带动的一系列其他领域的创新，如3D打印机将信息技术与新材料技术结合，带来制造业的一场革命。新经济正在改变整个世界经济的运行方式，也必然给家庭消费打上深深的烙印。新经济对劳动力素质的要求是全面的，包括文化素质、智力素质、技术素质、艺术素质、心理素质和身体素质，尤其要求综合性的创新素质。这就必然空前强化家庭发展需要，会导致教育培训投资的急剧扩大。其次，随着新经济的发展，整个消费将趋于知识化。知识化消费是一种消费主体知识化、消费客体知识化、消费过程知识化的消费，是充分体现现代、科学与文明的高层次消费类型。最后，新经济是一种创新经济，不断的技术创新必然引起产业和产品的不断创新，随着产品的升级换代以及大量新产品的问世，家庭消费方式、结构和水平就会呈现出日新月异的变化。

经济全球化已成为当今世界经济发展的必然趋势。新经济的发展必然导致全球一体化进程的加快。顺应这种变化，我国加入了世界贸易组织，并正在逐步消除各种未与国际经济接轨的壁垒和障碍，实现资本、人力和产品在国际上的自由流动。经济全球化不断深入，提高了经济发展对人力资源需求的规格，使劳动力市场竞争变得更加激烈，这将使得家庭对教育给予更多的重视，并进行更大量的投入；消费品市场的国际化使产品和服务的供给更加丰富多彩，使越来越多的高档耐用消费品，诸如轿车、录像机、摄影机等的价格不断下降，加快我国居民家庭消费现代化和国际化的进程。

3. 产业结构的不断调整和优化

在整个社会生产力水平一定的情况下，产业结构状况对于居民家庭消费变化有很大的影响。当前，我国第三产业还不够发达，与西方国家相比，家庭劳务消费的社会化程度仍然相当低，医疗保健、交通和通信、教育、休闲娱乐等在家庭消费中的比重也不高。加快第三产业的发展步伐，尤其是以科学技术、文化教育以及信息、咨询服务等为内容的智力性、发展性行业的发展，是我国产业政策的重点。第三产业的迅速发展必将促使家庭劳务消费比重提高，并提升到享受与发展的高层次。第三产业的迅速发展，不仅能优化整个产业结构、增强经济活力，而且有助于扩大就业规模，降低社会失业水平，有助于把越来越多的劳动者吸引到具有更高生产率和工资率的行业、部门中去，从而极大地改善居民的当前收入状况和未来收入预期，增强和激活家庭购买力，保证消费质量和结构的不断优化。

4. 社会主义市场经济体制的完善

我国社会主义市场经济体制正处在完善之中，必将导致家庭消费的深刻变化。(1) 统一的国内市场以及市场的网络化，家庭消费将不再受生产季节性、地域性的限制，生产者之间的竞争更加充分，家庭将能获得质量更优、品位更高、服务更好、价格更廉的产品，提高消费质量和水平。(2) 家庭普遍通过参与市场工作取得收入，因此，他们普遍地将高度关注市场工资率的变化，关心时间经济价值的变化，并根据这种变化来安排时间结构，调整生活节奏。(3) 市场经济的发展使越来越多的劳动者进入“优胜劣汰”的就业市场竞争，家庭将比过去任何时候都更加关心如何提高成员竞争力的问题，从而更加重视教育和教育投资。(4) 市场竞争的加剧、生活节奏的加快，致使居民精神压力越来越大，心理疾病发生率越来越高。据 2000 年世界卫生组织统计，精神障碍占所有疾病总数的 12%。目前患有不同类型和程度精神障碍的人占人群的 10%～15%，1/4 的家庭至少一名成员有心理障碍和行为障碍。这无疑将影响居民家庭对健康的理解和健康消费方式的选择。(5) 市场经济越发展，通货膨胀和利率水平变化对家庭消费影响的面就越宽，程度就越强，这就要求家庭掌握长期和动态的消费理念与方法，懂得理性思考，学会家庭理财。

5. 新型城镇化进程的加快

十八大报告明确指出，坚持走中国特色的新型城镇化道路。我国正进入城镇化快速发展和质量提升阶段，城镇化率每年提升一个百分点，将有 1 000 多万农村人口进入城市，城镇化是未来中国经济持续发展的引擎和主动力。新型城镇化一是更加重视以大城市为中心的大中小城市协调组合的城市群的发展，强调城市带动农村小城镇的协调发展；二是突出以人为本，更加重视人的城镇化，创造人与自然和谐的两型城镇吸纳农民市民化。事实上城镇化不是简单的农村人口转化为城镇人口的变更，实质上是在空间结构优化的趋势下资源调配方式的演进。它包含区域及其周边地区的矿产资源、能源资源、人力资源等诸多资源的流动方式，以及空间资源、土地资源、环境资源等资源的利用方式及其产业结构、就业方式、生态结构、环境布局的深刻改变，是农村诸要素系统化、链条化、结构化的升级和演进。新型城镇化要求高素质的人力资源，这就为家庭文化教育投入提供了巨大的推力和机会，从而在很大程度上改变了家庭的空间布局，提高了城市居民家庭在家庭结构中的比重。与农村相比，新型城镇往往具有更高的劳动生产率和工资收益率，因此，这将从整体上有效促进我国家庭经济收入和购买力的改善，有利于从整体上提高我国家庭消费的科学与文明程度。

6. 社会保障制度的全面建立与完善

目前，我国与市场经济发展相适应的社会保障制度正处在建立的初期，尚未覆盖居民生活的各个方面，而且是低水平的，不足以给所有生活困难的居民家庭提供必要的生活保障。随着城市社会保障制度的进一步完善，尤其是社会保障制度在广大农村的全面推行，在改善家庭消费信心、鼓励家庭积极消费的同时，必将促进我国家庭生活消费的社会化水平迈上一个新的台阶。

（二）微观家庭因素

1. 家庭结构

包括家庭成员的数量、年龄、层次等，这些首先影响家庭的消费需求。在家庭类型结构中，独生子女家庭占很大比重，城市尤其如此，这是我国的国情。随着独生子女家庭生命周期的演进，空巢低龄化现象已开始大量出现，并将长期普遍存在。中年是人生事业与收入的黄金期，空巢低龄化意味家庭拥有更多的人均收入和闲暇时间，这为进一步改善家庭享受与发展消费提供了积极条件。随着独生子女家庭生命周期的演进与交替，老年人口和老年人家庭将不断快速增长，据预测，2030年和2050年，我国老年人口将分别占总人口的22.9%和28.9%。在这种背景下，整个社会家庭消费结构中，老年人家庭对食品、用品、医疗以及护理等的需求将大幅上升；许多年轻的独生子女家庭将因为需要同时照顾、护理多位老人而在经济和时间上不堪重负，迫切要求变革现有养老模式。

2. 家庭收入水平、资产现状和借贷能力

随着我国金融市场的完善和家庭财产的增加，除对家庭消费影响的最大因素收入水平，家庭的资产选择活动和借贷能力同收入水平一样与家庭生活消费越来越紧密，收入、资产成为影响家庭消费的重要因素，资产存量与资产构成、资产增量与资产构成、财产差距和借贷能力等都会对家庭消费产生较大的影响。

3. 家庭所处的环境（相关群体和社会阶层）

相关群体是指单个家庭对群体的认可，并采纳和接受群体成员的价值观念、态度和行为。相关群体对单个家庭来说可以起到参照物和信息来源的作用，顾客的行为可以变得和群体成员的行为和信念一致。例如，单个家庭由于受相关群体成员的影响停止使用某一品牌的食品而使用另一种。相关群体对购买决策的影响程度依赖于单个家庭对相关群体影响的敏感性和个人与相关群体结合的强度。社会阶层是具有相似社会地位的单个家庭组成的一个开放的群体。形成同一个阶层的基础是经济地位与收入状况，还有其他主要因素如宗教、职业、教育、健康、地区、种族、伦理、信仰等。在一定程度上，某个阶层内的单个家庭采取的行为模式差不多，他们具有相似的态度、价值观念、行为方式和财富。由于社会阶层对单个家庭的生活的许多方面都有影响，同样可以影响购买决策。

（三）社会消费观念

1. 社会消费习惯和文化的影响

家庭消费不断融入社会。自然经济的家庭消费大多在家庭中进行，带有封闭性质。而现代市场经济下的家庭消费则具有开放性，逐步走向社会，如过去每逢大年三十，家家户户都在家中张罗年夜饭，现在，不少家庭已改变了这种多年沿袭而成的习惯，把亲人举杯庆贺新年的地点改到了饭店，用外出旅游取代了走亲戚串门喝酒。家务劳动社会化也已经成为越来越多家庭的共识。超前消费过去一直被视作盲目追求高消费的同义词，现在，这种消费观念正逐渐被消费者，特别是年轻人认同。虽然“量入而出”仍不失为家庭消费的一个原则，但“用明天的钱，买今天的货”、信用消费已成为现实。“按揭”、“贷款”已经被许多家庭接受。正是这种新的消费方式，使越来越多的家庭提前改善了生活条件。还有消费国际化的观念，带动了中国居民出国旅游、求学。当然，那种超越自己的实际经济能力的盲目的奢侈消费、攀比消费是不足取的。摆脱旧的、不合理的消费习惯，向现代文明的消费习惯靠拢，将有助于建立科学健康的现代家庭生活方式，提高整个社会的精神文明建设的程度。此外，兴趣爱好也是影响家庭消费的一大重要因素。

2. 可持续发展观念的形成与普及对消费的影响

自 20 世纪 70 年代以来，在全世界范围内绿色消费迅速发展成为新的时尚。据有关民意测验统计，77％的美国人表示，企业和产品的绿色形象会影响他们的购买欲望；94％的德国消费者在购买物品时会考虑环保问题；在瑞典，85％的消费者愿意为环境清洁而付出较高的价格；加拿大 80％的消费者宁愿多付 10％的价格购买对环境有益的产品。绿色消费虽在我国起步较晚，但发展很快。1994 年，根据联合国《21 世纪议程》的精神，我国拟定了《中国 21 世纪议程——中国 21 世纪人口、环境与发展白皮书》，并在当年国务院第 16 次常务会议上获得通过。之后，为了积极实现白皮书提出的目标和任务，国家又推出了一系列配套政策、法令、法规。党的十八大提出了“绿色发展、循环发展、低碳发展”三大发展战略和建设“生态文明”及“美丽中国”的战略目标，在十八大精神和科学发展观指导下，绿色消费观念的普及必将促进我国居民家庭消费的变化。

二、我国家庭消费变化的新趋势

（一）我国居民消费发展新趋势

居民消费结构受多种社会经济因素和自然因素的制约，并随着社会生产发展和科技进步而不断变化，当前呈现出一些新趋势。

1. 服务消费增强趋势

几千年来，人类生活都是以实物消费为主、服务消费为辅。现在达到了一个拐点，在发达国家已经出现以服务消费为主、实物消费为辅的新现象。消费结构变化的这个新趋势在我国的北京、上海、香港也初露端倪。这个新趋势的出现绝不是偶然的，它是社会产业结构演进的必然结果。在 GDP 的实物构成中，由农业（第一产业）和工业、建筑业（第二产业）提供的实物消费品所占的比重已降至 50%以下，而由服务业（第三产业）提供的服务消费品所占比重已上升至 50%以上，在发达国家甚至达到 70%以上。产业结构的这种新特征在居民消费结构上已经反映和体现出来。

2. 绿色消费增强趋势

从本源上考察，人类的生活消费自始就是绿色消费，即人类自始就依靠绿色有机物质生存和发展。可以说，绿色消费是人类的本源消费。然而，化学工业和转基因技术问世后，开始动摇人类绿色消费的原本基础。科学技术进步往往是双刃剑。以转基因食品来说，欧洲人和日本人中反对者大有人在。鉴于人们对“化学化”和“基因化”的怀疑，自然转向重视绿色消费，包括消费物品的低碳、绿色、环保，消费环境的减排、低碳、少污染等。

3. 文化消费增强趋势

人是社会动物。人与其他动物的根本区别除制造和使用工具，就是创造精神文明，并享受一切先进文化成果。我国已进入小康社会，主要任务是建设和实现全面小康。小康型生活不同于饥寒型生活和温饱型生活。后两者主要解决生存问题，而前者则主要解决发展问题和享受问题。发展问题和享受问题的解决固然离不开一定的物质条件，但更要依靠文化事业的发展和居民文化生活的提高。所以，文化消费增强趋势是我们迈向全面小康和富裕道路上必然出现的一种新趋势。

4. 数字消费增强趋势

当今社会已进入数字化的信息时代。在硬件方面，计算机、照相机、电视机、DVD、显示器、网络服务器、信息平台、扫描仪、投影仪、图像处理器、资料处理器等层出不穷、日新月异；在软件方面，移动通信网络、互联网络、卫星通信网络、数据交换网络、财务软件、商务软件、工程软件、物联网等不断创新、迅猛发展。尽管上述众多信息产品外观千奇百怪，功能各异，但有一点是共同的，即它们都依靠数码运行，依靠数码操作，故称为数字产品。这类产品既有生产过程，又有消费过程。数字产品的消费简称为数字消费。在信息化时代，数字消费的地位与作用是很突出的，并呈现日益上升的趋势。

对以上所讲的四种消费新趋势，政府决策部门应采取正确政策加以引导，促使其发展；企业家则应从这些趋势中寻找潜在的和现实的市场。

（二）城镇家庭消费变化的新趋势

1. 城镇家庭消费社会化水平正在全面提升

目前，我国家庭消费社会化水平整体上不高，且城乡之间、不同地区之间还存

在很大差别，但正呈现出一种加速和全面提升的态势。为了尽量争取闲暇时间来掌握新的观念、知识和技能，家务劳动社会化将成为越来越多家庭的选择；随着收入以及闲暇时间的增加，以及对生活质量、个性发展的更高追求，家庭对享受和发展型劳务的需求将出现加速增长；家庭积极参加医疗、养老、失业等社会保险的意识增强，保险范围增加，保险额度增大，从而大大提高生活保障的社会化水平；由于传统组织和居住模式的变化，随着社区建设的进一步完善，社区生活对居民家庭消费的影响越来越大，必将有效扩大和提升家庭的人际交往。

2. 我国城镇家庭消费居民家庭将全面进入享受消费阶段

今后一段时期内，在生产力发展和收入水平提高的基础上，随着全面小康消费质量的提高，城市家庭开始享受消费的全面升级。精细食品消费增加，食品消费营养程度上升，食品精美与方便功能提升，饮食方式越来越科学、卫生、文雅。服装消费越来越注重品牌、质地、档次、款式，注重美化形体，体现身份，展示内涵，获得审美和受人尊重的享受。住房面积大，功能全，洁净卫生，布置得体，自然和人文环境优美，让人居住惬意、舒适。城市居民家庭还会呈现出耐用消费品更新和全面升级的态势，比如，数字电视机代替模拟彩电，轿车代替摩托车等交通工具。产品的电气化、自动化、智能化，特别是信息高速公路网、计算机和多媒体技术的出现，使人们足不出户就可以轻松愉快地获得世界各地的信息，接受远程教育和医疗服务。

3. 教育培训将成为城镇家庭文化教育消费的主体

随着市场竞争的日益加剧，特别是知识经济时代的到来，家庭教育培训投入会发生以下重要变化：城市家庭普遍地不再满足于使其成员获得大中专文凭，而是有了更高的要求，尤其在城市，越来越多的家庭把教育目标定在了送孩子攻读硕士、博士学位上，计划让孩子出国留学深造的比例也在大幅上升。家庭教育培训不再是一次性的行为，而是一种持久消费。为适应建设全面小康社会的要求，建设学习型社会和学习型家庭，人们将终身学习，不断培训。上述种种变化将使今后家庭教育培训投入迅速增长，在整个文化教育支出中的份额大幅提高，成为发展消费的主体。

4. 健康消费具有更加重要的意义

现代社会，工作紧张程度与竞争压力的空前和持续增加，既要求人们有更加健康的身体，又严重影响人们身体的健康。体育健身、音乐欣赏、美容保健等消费热点在城市将进一步升温。经济发展、生活享受与日俱增，强化了人们对未来幸福的憧憬和健康长寿的愿望。城市家庭对健康的理解和追求将呈现从重点关注生理健康到同时关注心理健康的转变。随着工作节奏的加快和市场竞争激烈程度的提高，以及物质富裕水平的提升，人们将更关注内心的安静、从容、气和、神清。加强心理疾病防范与治疗、通过养心来维持高水平的生理健康，将占据日益突出的地位。家庭食物消费将足以满足成员健康所需要的各种营养，家庭将更多地考虑营养平衡，通过适时适量、有规律、合比例摄入食物来保持体形健美，减少疾病，延缓衰老。与以往家庭在成员得病后求医问药不同，今后家庭则会把运动锻炼、减少和预防疾病放在首位。在发达国家，很多人认为缺少了体育运动，生活就不能算完美。这也正在成为我国家庭健康消费的观念和方式。可以预见，积极购买医疗保健书籍、音像制品等，掌握医疗保健知识，平时主动向专业医务人员进行咨询，学会利用仪器自我检测，并服用各种预防性药物，必将逐渐成为健康消费的风气。

5. 家庭消费日趋国际化

在经济全球化深化的大背景下，随着世界各地丰富多彩的商品自由进入我国市场，城市家庭消费的国产化比例在今后一个时期内会下降；人们将更加经常、频繁地到世界各国旅游观光、求学深造，更加主动地学习和使用世界化的语言；利用信息高速公路网等现代化手段，结交五湖四海的朋友，在第一时刻接收发生在世界任何地方的信息；人们将更加关注世界政治、经济形势的变化，以便更好地安排家庭生活消费；家庭必须学会世界通行的规则，并以此来维护自己的消费权益；人们将接受不同国家、民族消费文化中积极、合理的内容，也把本民族文化的精华传播给世界。国际化的消费舞台对我国居民家庭来说，既是一种机会，也是一种新的挑战。

6. 城镇家庭消费价值评价标准的日趋多元化

随着我国从短缺经济到相对过剩经济的演变，家庭消费选择已由社会同质型的浪潮式消费方式向群体同质型的集团式消费方式转变。与浪潮式消费方式相比，集团式消费方式具有多样性、小批量的特点；对于不同家庭来说，消费越来越个性化，越来越多的家庭不再以产品和服务应有尽有为目标，而是真正按照自己的兴趣和爱好来过自己认为最好、最有意义的生活，追求平静、安逸和舒心，不在乎别人怎么看、别人怎么消费。随着价值评价标准的分化，居民家庭消费个性化的时代即将到来。

7. 人与自然和谐的生态消费将成为城镇家家庭消费的时尚和潮流

随着科学发展观的普及，随着人们对生活质量和长远发展关注程度的提高，生态需要将越来越突出，生态消费必然成为时尚和潮流。那些带来过短暂的消费便利，却使我们付出了牺牲生态环境高昂代价的一次性筷子、一次性包装、一次性牙刷、一次性餐具等，在家庭中将逐渐成为历史；拒绝消费以濒危动物、植物为原料的产品，拒绝消费高污染、高能耗的产品，抛弃使用化学、农药、添加剂的产品，与此同时，愿意为天然产品、保护环境和生态的绿色产品多付费，将逐渐成为越来越多家庭的自觉选择；在市政基础建设日趋完善和环保教育不断深入的条件下，垃圾分类，循环回收，不乱倒垃圾、不乱排污水，将逐渐成为城市居民家庭的一种要求和生活习惯；与自然接近，享受阳光清风，野餐郊游、森林旅游，居住由城市中心向近郊，甚至山清水秀的远郊转移，房屋生态化的装修与布置将成为新的家庭生活方式。

1990 年以来我国城镇居民消费结构构成如表 4—1 所示。

表4—1　　1990年以来我国城镇居民消费结构构成（%）

年份	生活消费结构							
	食品	服装	居住	家庭设备及服务	交通和通信	文教娱乐用品及服务	医疗保健	其他商品
1990	54.25	13.36	6.98	10.14	1.20	11.12	2.01	0.94
1995	50.09	13.55	8.02	7.44	5.18	9.36	3.11	3.25
2000	39.44	10.01	11.31	7.49	8.54	13.40	6.36	3.44
2010	35.67	10.72	9.89	6.74	14.73	12.08	6.47	3.71
2011	36.32	11.05	9.27	6.75	14.18	12.21	6.39	3.83

（三）我国农村家庭消费变化的新趋势

1. 农村家庭消费特点

（1）农村家庭生活持续改善，消费水平不断提高。农村家庭消费人均可支配收入从2001年的2 366.4元上升到2011年6 977.3元，这期间人均生活消费支出也从3 368元上升到5 221元。

（2）食物结构趋向合理。2001年农村家庭消费家庭人均粮食消耗236.49千克，2011年下降为146.16千克，减少了40%。而奶制品、肉禽及其制品、水产品等消费量大幅增加。

（3）工业耐用商品消费比重增加。20世纪90年代初，家用空调、吸油烟机、微波炉、吸尘器、热水淋浴器、移动电话、家用电脑等产品在农村消费市场较少出现，现在都已走入农村家庭，呈现爆发式增长。

（4）主要消费热点升级。长期以来，农村家庭消费主要集中在基本工业品消费的温饱型需求。近5年，住房、娱乐、教育卫生等消费品支出大幅增加。其中住房增长了3.86倍；文教娱乐增加了14.86倍；医疗保健增长了16倍。

2. 农村居民家庭消费结构变化趋势

改革开放以来，我国农村居民家庭消费结构发生了很大的变化，如表4—2所示。

表4—2　　2001—2011年我国农村居民消费结构构成（%）

年份	生活消费结构							
	食品	服装	居住	家庭设备及服务	交通和通信	文教娱乐用品及服务	医疗保健	其他商品
2001	47.71	5.67	16.03	4.42	5.55	6.32	11.06	3.24
2002	46.25	5.72	16.36	4.38	5.67	7.01	11.47	3.14
2003	45.59	5.67	15.87	4.20	5.96	8.36	12.13	2.21
2004	35.90	6.81	16.94	5.07	7.44	10.98	14.11	2.74
2005	45.48	5.81	14.49	4.36	9.59	11.56	6.58	2.13
2006	34.59	6.93	18.15	5.22	11.95	12.63	7.93	2.60
2007	34.97	6.96	19.52	5.37	11.87	11.05	7.60	2.67
2008	35.93	6.68	20.33	5.49	11.40	9.96	7.79	2.43
2009	33.69	6.62	22.04	5.83	11.50	9.72	8.20	2.40
2010	34.03	6.82	20.76	6.05	11.95	9.50	8.45	2.44
2011	34.90	7.20	19.70	6.50	11.60	8.40	9.20	2.60

随着大量农村人口向城市的转移、农村消费市场的进一步发展，以及农村居民收入水平的提高，家庭消费自给性比重高的状况将发生根本性的改变。

（1）由数量型向质量型转变。消费结构更加合理，由原来注重温饱为特征的数量型消费，转变为更加注重以安全、卫生、营养、方便等为特征的质量型消费。

（2）由传统型向现代转变。农村居民家庭耐用消费品开始升级换代，现代化的家电产品，已成为农民家庭必不可少的配置。文教娱乐支出所占消费支出比重在2006年以前呈上升趋势，主要是因为随着农民生活水平的不断提高，农民对于文化和娱乐的需求不再受到压抑，需求得到释放。另外，随着教育成本的增加，农村家庭增加了用于子女教育的费用，而在2007年以后文教娱乐支出比重在下降，主要是政府减免了九年义务教育学杂费等方面的原因所导致。医疗保健消费支出所占比重逐渐上升，2010年已经达到了8.45%。近年来，我国加快新型农村合作医疗制度建设，改善农村医疗状况，农民医药费用负担有所减轻。另外，在2001—2010年间我国用于农村的卫生支出占整个卫生支出的比例达到了70%以上，农村医疗机构服务条件和服务质量有所提高。

（3）由生存需求向发展需求和享受需求转变。排在农村居民消费结构中首位的仍然是食品消费，但是农村居民恩格尔系数不断地下降。恩格尔系数由2001年的47.71%下降到2012年的40.4%，我国农村居民恩格尔系数从贫困标准达到了小康标准。

□ 本章小结

家庭是构成社会的细胞。所谓家庭，是指以婚姻关系、血缘关系和收养关系为纽带而结成的共同生活、活动的社会基本单位，按不同标准家庭可分为各种不同类型。家庭消费方式是现代经济社会中占主导地位的消费方式。家庭消费的功能就是家庭在与社会的联系和作用中，所具有的满足家庭成员的生存、享受与发展需要的功能，以及适应和改造社会环境的功用和效能，家庭消费具有以下特点：消费资料财产权的纯粹私有性、消费活动的完全自主性、消费过程的复杂多样性、消费行为的随意自在性、消费利益的高度相容性、消费满足与人力生产的直接统一性。

家庭消费决策，就是家庭在分析各种因素的基础上，对其消费的总体发展过程、水平以及各种重要消费活动的目标、步骤、方式和手段做出的决断与主张。家庭消费决策由一系列要素构成，按照不同内容分类家庭消费决策有多种，家庭消费决策应遵循一定原则，包括实事求是、从实际出发的原则等。家庭进行消费决策还要按照决策的一般步骤，循序渐进和有效地进行，在收集和掌握信息的基础上比较分析，制定方案，择优而定。要做好家庭消费预算工作和家庭消费决算工作，注意家庭消费监督。

居民家庭消费发展趋势受到宏观经济因素、微观家庭因素、社会消费观念等的影响。目前我国居民消费发展新趋势有服务消费增强、绿色消费增强、文化消费增强、数字消费增强等；其中城镇家庭和农村家庭消费都出现了新的变化趋势。

重要名词

家庭消费　家庭消费功能　消费决策　消费决策模式　消费决策类型　消费决策者　消费决策原则　消费决策步骤　消费预算　消费决算　家庭消费影响因素　消费趋势

思考题

1. 与非家庭消费相比，家庭消费具有怎样的特征和功能？
2. 家庭消费决策变量有哪些？从不同角度，可以分为哪些类型？
3. 消费决策者有哪些类型？家庭应该怎样选择？
4. 家庭消费决策应该遵循哪些原则，按照怎样的步骤进行？
5. 什么是家庭消费预算和决算？
6. 我国城镇家庭消费将会出现怎样的变化趋势？为什么？

推荐阅读

1. 李振明．经济转型与居民消费结构演进．北京：经济科学出版社，2001
2. 肖经建．现代家庭经济学．上海：上海人民出版社，1993
3. 熊汉富．我国居民家庭消费发展趋势探析．消费经济，2005（10）
4. 范剑平．我国城乡居民消费结构的变化趋势．宏观经济研究，2000（6）
5. 耿莉萍．居民家庭服务消费的特征、制约因素与发展趋势分析．商业研究，2007（3）
6. 陈启杰．居民消费结构升级的理论研究．市场营销导刊，2005（2）

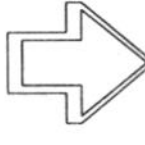

案例分析　城镇家庭教育消费支出占总支出的比重高

2011 年 12 月 10 日，新浪教育频道联合全球领先的研究机构拓索（中国）重磅推出《中国家庭教育消费白皮书》，全面深入分析城镇家庭对于教育消费的行为和态度。本次调查的时间是 2011 年 11 月，调查了 30 多个省市的 3 万多户家庭的教育消费状况，调查对象重点是具有一定经济实力及消费意识的中坚阶层，其教育消费理念与行为一定程度上反映出我国家庭关于教育投资的整体趋势与期许。调查采用网络调查和电话调查两种方式相结合，收到的有效样本将近 3 万份，其中不少数据对于教育机构的资源配置和投入具有重要参考价值，也有助于加深社会对于我国家庭教育消费需求的认知与了解。调查发现，仅有不到20%的家庭在教育消费方面有详细的计划，52.5%的家庭没有详细的计划，或者根本没有任何计划。78.2%的家庭没有为孩子留有教育储备基金或者只规划一个大概金额。

“家庭每月用于孩子消费的平均金额为1 370元，其中用于教育消费的平均金额为599元，占44%。教育支出比重日益增大。大学教育和学前期是教育支出最多的两个阶段。学前教育市场潜力更为巨大”。“再穷不能穷教育”观念趋向理性化，60%以上家庭认为教育消费支出应量力而行。调查数据显示，40%的被访者表示缴纳过择校费，在家庭教育消费支出中占有较大比重。50%以上的家庭认为，缴纳“择校费”是家庭必须承担的代价，是家长不得不做出的选择。30%的家庭认为，学校“应该优化资源配置”，不让家庭教育支出负担过大。大多数被访者认为，家庭教育消费应按“应试教育和素质教育并行发展”的原则进行投资。

在本次调研中，43.7%的家庭重点关注孩子在应试科目的学习并适当考虑孩子的兴趣培养；有超过一半的家长更加注重孩子在综合素质方面的培养或将素质培养与应试教育放在同等重要的位置。同时，调查显示，各种兴趣特长的培训班已经成为家长支出最多的项目，有71.4%的家长曾经为孩子支出过相关费用。据调查，73%的小学生和62%的初中生家长关注孩子课外辅导/兴趣培训。46.6%的家庭在课外教育科目的选择上，“妈妈说了算”，但大多数家庭还是会考虑孩子自己的兴趣，孩子自主选择性提高。家庭中女性更加关心孩子的教育，这反映在选择培训学校时，有将近一半的家庭由妻子决定，占到46.6%的比例，但大多数家庭也会给孩子相对自由的发展空间，在选择培训课程时，超过3/1的家庭都是孩子具有最终的决定权。

调查结果显示，70%以上的家庭在关注留学资讯，专业教育网站是其主要的信息获取渠道。三成以上的大学生家庭已有出国留学的计划，出国留学的消费观念意识强劲。有大学生的家庭中有出国留学打算的为27.5%，正准备出国留学相关手续的为3.5%；8.3%的家长其孩子正在准备出国留学的手续或者已经出国留学。近10%的中学生家庭有安排孩子出国留学的计划，出国留学向低龄化发展。

报告显示，被调查家庭每月用于教育消费支出的平均金额为1 370元，占家庭总支出的44%。学前教育阶段消费成为除大学教育消费以外最大的支出项；小学生成为参加培训班最主要的人员，超过80%的家长希望孩子在小学阶段参加培训班。

资料来源：《2011年中国家庭教育消费白皮书发布：留学低龄化》，新浪网，http：//edu.sina.com.cn/1/2011-12-12/1439210363.shtml，2011-12-12。

讨论分析

为什么中国城镇居民家庭重视对子女教育支出？教育消费支出比重上升对家庭其他消费有什么影响？

第5章 Chapter 5 非家庭消费

内容提要

社会化的生产和生活方式必然导致各种形式的非家庭消费，凡不以家庭为主体的消费方式都可称为非家庭消费。本章介绍非家庭消费的含义、类型及特点，分析非家庭消费存在的必要性及发展趋势；结合我国现实情况，研究政府消费问题及规范政府消费的对策；探讨企业、事业单位等集团消费的特征。

第1节 非家庭消费

一、非家庭消费概述

（一）非家庭消费的含义及类型

消费方式按其社会组织形式可以划分成两类，一是个人或家庭消费，二是非家庭消费。前者是指在消费者个人及其家庭范围内安排的满足自身物质和文化生活需要的消费活动；后者是指在社会和集体范围内满足社会成员共同需要的消费活动。在相当长的历史时期内，虽然以个人及家庭为主的消费都将是主导的消费方式，但随着社会经济发展水平和消费水平的提高，各种非家庭消费所占的比重将呈上升趋势。非家庭消费方式包括政府消费、社会集团消费等。

非家庭消费按不同的标准，可以分为不同的类型。

（1）按消费的主体不同，可分为政府消费、企业团体消费、事业单位团体消费以及其他社会团体消费。

（2）按消费的客体不同，可分为文化教育消费、旅游消费、医疗保健消费、交通通信消费、体育消费等。

（3）按消费设施的特性不同，可分为图书馆、文化馆、博物馆、影剧院、学校等文化教育设施的消费；医院、疗养院等卫生保健设施的消费；大型客车、列车、客运飞机等大型交通工具的消费等。

（4）按消费的付费方式不同，可分为免费、价格优惠、等价付费等。

（二）非家庭消费的特点

非家庭消费是满足社会和集体范围内消费者共同需要的消费活动，它是以消费资料公共所有为基础的。非家庭消费资料主要依靠社会公共消费基金支付。非家庭消费与个人消费相比，具有以下几个特点：

（1）非家庭消费是与履行国家职能和公共职能相关联的。国家要存在，就需要有实现国家职能的各个部门，这些部门所从事的各种活动与国家的利益密切相关。军队要保卫国家的安全和领土完整，使国土和公民免受外来者的入侵和骚扰。国家的权力要由各职能部门来执行，否则，天下会大乱，人民生活将不得安宁。随着人类社会的进步与经济的发展，社会公共服务活动也在不断发展。由于国家是由全体公民组成的，因此，社会公共服务部门所提供的消费必然为全体公民所享受或消费。同时，非家庭消费也是全体公民所必需的。如果没有军队、警察、公安部门提供的服务，整个社会将会缺乏安全感，在没有安全感的环境中生活，其质量也会大打折扣。现代经济发展表明，在缺乏政府对经济进行宏观管理和调控的背景下，经济不可能持续稳定地发展。而这些活动是任何个人或单位难以组织进行的，必须依靠各级政府来组织完成。

（2）消费的非排他性。政府提供的公共物品和服务的消费不具有排他性，一个人对公共物品和服务的消费并不影响其他人对该物品和服务消费的多寡。如人们在欣赏一些广播电视节目时，彼此之间并不相互影响，警察、公安部门提供的治安服务为每个居民所享受。

（3）消费场所及设施的公共性。非家庭消费的场所主要在社会上，绝大部分社会公共消费基金的使用和消费活动的实现，都是在社会的公共场所进行的，如学校，医院，公共文娱、体育设施等。

（4）消费内容的集中性。非家庭消费的内容主要集中在文化教育、卫生、精神生活等方面。

（5）非家庭消费表面上由政府付费公民享受，但实质上也是由公民付费的。社会公共消费品的购买资金源于政府的各种税收及各项收费，这些税费本身都是从企业单位和居民那里征集而来的。

（6）非家庭消费对居民来说具有一定的强制性。居民在购买商品与服务时，可以根据个人和家庭的消费偏好来进行选择。但是非家庭消费并不是以个人或家庭的消费偏好来决定的，它是由政府代表社会公众进行选择的结果。居民的消费偏好对政府的决策有一定的影响。但是，政府在社会公共消费品的选择上与居民的偏好不完全一致。一旦政府购买某种物品与服务供社会公众享受，即使某些居民并不赞成这种选择也必须接受。因此，非家庭消费对公民来说具有一定的强制性。

二、非家庭消费的必要性及发展趋势

（一）非家庭消费的必要性

现代社会的发展使得人们的许多消费需要单靠个人或家庭难以满足，必须依赖于社会公共服务部门提供公共产品和劳务才能满足。其必要性在于：

（1）发展非家庭消费是社会化大生产的客观要求。社会化的大生产是以广泛发展的社会分工和协作为基础的。分工协作决定了劳动的社会化，要求每个劳动者必须具备专门的劳动技能，才能适应社会分工和劳动专门化的要求。同时，社会化大生产是以现代科学技术为物质条件的，科学技术的发展对劳动者的智能要求越来越高，要求劳动者加快进行知识和技术的更新。相反，过去的个体小生产对劳动者的劳动技能及专业知识要求不高，从事个体小生产的劳动力可以在家庭及作坊等较小范围内，通过"父教子学"和个体消费的方式培育和生产出来，很显然，这种小生产个人消费方式的劳动力再生产已无法适应社会化大生产对劳动力的要求。随着科学技术的进步和生产社会化的发展，不但维持劳动力再生产的体力消耗的需要在逐步增长，而且由历史的、道德的要素决定的那部分社会公共需要也日益扩大，一些必须在社会范围内依靠各种社会公共力量的消费形式如文化教育、职业培训、公共卫生保健、体育文娱等将不断进入劳动力的再生产领域。因此，非家庭消费的发展是生产社会化的客观需要。

（2）发展非家庭消费有利于满足人们日益增长的发展性消费需要。人们日益增长的享受与发展需要，一部分可以通过个人以及家庭的消费方式得到满足，但相当一部分消费需要，特别是发展性的消费服务的需要，则要通过发展非家庭消费才能实现。比如，人们为使自己的智力、体力得到全面提高，才能和个性得到充分发挥，就需要经常有文化教育的消费，包括接受继续教育、终身教育。但这些发展性的消费，在相当大的程度上要依靠非家庭消费。例如学习文化科学知识，要利用学校教育和科研机构的图书资料，要利用图书馆、科学馆、博物馆等文化设施；从事体育活动要利用公共体育场所等。这也反映出非家庭消费的发展符合提高国民素质的要求。

（3）发展非家庭消费是因为个人与家庭消费的扩大受到客观条件的限制。从客观情况来看，并不是所有消费资料都适合个人在家庭消费。有些消费项目、消费资料是个人或家庭无力进行消费的。例如，大型客运飞机、火车、轮船等大型现代交通工具，城市的市政建设项目和公用事业，现代文化教育、体育、卫生、保健等设施，都是人们不可缺少的消费需要，但只宜采取非家庭消费的方式来满足。同时，现代社会中，人们的消费是开放型而不是封闭型的，频繁的人际交往也需要借助于公共消费来满足。

（二）非家庭消费的发展趋势

我国的非家庭消费经历了一个曲折的变化、发展过程。我国的传统经济体制是在生产力水平低下的历史条件下，参照苏联经济体制模式、受战时供给制的影响而建立起来的，全能政府、纯粹公有和高度计划是其主要特征。国家为了积累重工业发展所需要的资金，在城镇实行低工资政策；作为补偿，政府又向城镇居民提供了全面的福利，不仅向居民提供纯粹的公共消费品，也将准公共物品性质的医疗、教育，甚至纯粹个人物品的住房纳入非家庭消费领域。这一人为的制度安排在特殊的历史条件下具有某种合理性，但脱离了我国较低生产力水平的实际，既造成了经济效率的损失，也制约了居民消费质量的提高。

改革开放以来，尤其是1992年社会主义市场经济体制目标确立以来，随着市场机制的引入、市场调节和引导生产活动范围的扩大，政府和企事业单位逐步从许多非家庭消费领域退出，通过体制改革取消了许多生活福利，并把能够由市场发挥作用的私人物品、准公共物品越来越多地交给市场来提供。同时，无论是城镇还是农村，个人货币收入水平的提高，使长期不得温饱，或处在低水平温饱的消费者对满足偏好的差别化、个性化的消费对象提出了越来越多、越来越高的要求，也为满足广大消费者的个性化、差别化需要提供了必要的支付保障。与过去相比，当前通过社会实现的满足人们共同需要的非家庭消费相对减少了，而通过个人或家庭实现的差别化需要的个人消费却不断增加。这是经济体制转型的必然结果。

目前，我国所达到的小康虽然“还是低水平的、不全面的、发展很不平衡的小康”，但我国正以稳健的步伐开始迈入全面建设小康社会和加快推进社会主义现代化的新的发展阶段。在这样的基础上，一方面，居民具有公共性的享受与发展消费需求大幅增加；另一方面，在市场公共消费品供给能力不断增强的同时，政府随着经济实力的日益雄厚，将为居民提供更多、更好的免费或近似免费的公共消费品，拓展非家庭消费领域，增加非家庭消费内容，提升非家庭消费层次。可以预见，随着社会经济的发展和社会主义精神文明建设的深入，非家庭消费将向以下趋势发展。

（1）文化精神方面的非家庭消费增长将快于物质生活方面的非家庭消费。居民物质消费水平的提高主要借助于家庭消费，即吃、穿、住、用等方面的消费。但文化精神生活方面的消费主要依靠非家庭消费，这是各国普遍的、长期的发展趋势。由于人们的物质消费主要靠劳动者的工资收入和其他劳动收入在家庭内进行，国家也难以开辟更多的社会公共的物质消费项目来缓解某些家庭的困难，需要补助的也只占少数。相反，全体社会成员的精神文化生活关系到整个公民的素质，提高公民的思想道德素质与文化素质，必然要大力发展文化精神生活方面的非家庭消费，国家将增加这方面的资金投入。因此，文化精神生活方面的非家庭消费必然快于物质生活方面的非家庭消费。

（2）在文化精神生活的非家庭消费中，教育和科研方面的消费增长比例必然高于其他方面。教育和科研作为现代化建设的关键已越来越受到人们的重视，科教兴国战略正在执行，党的十八大报告明确指出：“努力办好人民满意的教育。教育是民族振兴和社会进步的基石。要坚持教育优先发展，全面贯彻党的教育方针，坚持教育为社会主义现代化建设服务、为人民服务，把立德树人作为教育的根本任务，培养德智体美全面发展的社会主义建设者和接班人。全面实施素质教育，深化教育领域综合改革，着力提高教育质量，培养学生社会责任感、创新精神、实践能力。办好学前教育，均衡发展九年义务教育，基本普及高中阶段教育，加快发展现代职业教育，推动高等教育内涵式发展，积极发展继续教育，完善终身教育体系，建设学习型社会。大力促进教育公平，合理配置教育资源，重点向农村、边远、贫困、民族地区倾斜，支持特殊教育，提高家庭经济困难学生资助水平，积极推动农民工子女平等接受教育，让每个孩子都能成为有用之才。鼓励引导社会力量兴办教育。”① 在社会化大生产中，教育和科研已在越来越大的程度上制约社会生产力发展的总体水平和结构。生产力越发展，对教育科研的要求就越迫切，依赖程度也越高。因此，教育、科研的优先发展是现代社会化生产的客观趋势。随着教育、科研事业的较快发展，这方面的非家庭消费在整个精神文化生活方面的非家庭消费中的比例也会较快提高。

（3）从城市与乡村非家庭消费发展来看，今后一段时期，城市与乡村非家庭消费水平的差距将逐步缩小。一方面是由于国家实施强农惠农富农的政策，促进农村经济和现代农业的发展，农村社会公共福利文化服务事业的发展速度加快，如近几年来乡村文化、体育、电影、电视等非家庭消费设施有了较大的发展，在珠三角、长三角地区以及大城市郊区，这种趋势尤为明显。另一方面是我国城市化水平正迅速提高，一批小城市正发展为中等城市，一批农村集镇正发展为小城市，还有一批新型的重点小城镇正在兴起。城镇化的发展以及城乡一体化经济圈的形成，将使城市的一些非家庭消费活动迅速扩散到乡村，有助于较快改变乡村非家庭消费落后的局面。当然，从发展水平的绝对指标来看，城市非家庭消费水平高于农村的局面还将长期存在。

（4）从非家庭消费的对象构成来看，实物性消费所占比重将呈下降趋势，劳务性消费所占的比重将会上升。这是因为随着人们收入水平和消费水平的逐步上升，在消费需求上升规律的作用下，人们以分散个体家庭为主的生存型消费比重将逐步下降，而享受性、发展性消费的比重将上升。享受性、发展性消费中大多是劳务消费，是非家庭消费。这样，劳务性非家庭消费所占比重将会上升。同时，随着社会分工与市场经济的发展，家务劳动的社会化也会促使劳务性非家庭消费获得较快发展。随着劳务性非家庭消费的发展，第三产业在国民经济结构中所占比重会有所上升。

此外，随着越来越多的科技革命成果广泛而迅速地运用于消费和商业领域，也会大大推进和加快非家庭消费的发展。

三、非家庭消费的实现途径

这个问题所涉及的实际是非家庭消费资料的提供者及消费者在非家庭消费领域所进行的消费的付费方式。付费方式有免费、价格优惠和等价付费。不同的付费方式体现了不同的原则。

传统观点认为，非家庭消费资料应当由政府提供，实行免费或低价消费，体现非家庭消费的福利性原则。其理由是：（1）非家庭消费具有公共产品或混合产品的特点，在消费中应当体现公平原则（人人有份），低价或免费才能体现公平原则。

---

① 胡锦涛：《坚定不移沿着中国特色社会主义道路前进　为全面建成小康社会而奋斗——在中国共产党第十八次全国代表大会上的报告》，35 页，北京，人民出版社，2012。

(2) 提供公共产品（包括消费资料和生产资料）是政府应当承担的职责。

第二次世界大战后，发展经济学的兴起对上述观点提出了质疑。西方发展经济学家认为，在资金紧张的发展中国家，政府往往为其他经济目标所引诱而忽视福利目标。另外，福利性的消费往往使这些产业本身因资金不足而难以正常运转，甚至逐渐萎缩，从而降低了非家庭消费水平，使其无法随经济的发展和个人消费水平的提高而提高。因此，有些经济学家认为发展中国家的非家庭消费产业应当允许私人商业化经营（比如私人医院、私立学校等）。非家庭消费的商业化经营，对消费者实行等价付费，虽然不能完全体现公平的原则，但对发展中国家非家庭消费产业的发展具有一定的促进作用。这对我国也有一定的借鉴意义。

第 2 节　政府消费

一、政府消费的内涵与类型

（一）政府消费的内涵

理解政府消费的内涵，需要先从两个方面界定：一是广义的政府和狭义的政府；二是广义的政府消费和狭义的政府消费。广义的政府即按照孟德斯鸠的三权分立原则组建而成的国家机关，它包括国家的立法、司法和行政三个部分，因而，它与国家属同一范畴。狭义的政府按照一般的社会学和法学的意义，特指国家权力机关的执行机构，即国家行政机关。应当指出，上述关于政府划分的理论是西方资本主义国家和政府理论的基本观点，其划分过程中对一些现实因素如政党因素、经济因素、阶级因素等进行了抽象。

我国有自己特殊的国情，在政府理论与实践中，西方学者眼中（狭义政府）应当抽象掉的因素，却是构成我国政府的重要因素。这是因为：第一，从广义的角度看，我国的政府不但应包括西方广义政府的三个组成部分，而且应该包括执政党——中国共产党的中央委员会以及全国各个层级的党的组织机构。第二，由于我国是以工人阶级为领导的人民民主专政的国家，因此，工会、妇联、共青团等群众组织在事实上也具有了政府的某种职能，因而也应该包括在广义的政府范畴之内。第三，由于我国实行的是中国共产党领导的多党合作和政治协商制度，不存在在野党，因此，各个民主党派也处于参政议政的地位，它们的组织活动经费也是由政府财政拨付的。第四，经济因素也是我国与西方各国政府范畴差别甚大的内容之一。因为一般而言，西方市场经济国家实行的是以私有制为基础的经济组织运行方式，因此，资本主义国家一般不具备管理国有企业的庞大的组织指挥机构，也不具备与行政平行的对国有企业干部的控制管理机构，而这些机构设置及其数额巨大的成本支出，显然要计入我国行政费用支出的范围。

上述分析表明，从广义的政府来看，与资本主义国家的政府相比，我国的政府

规模更大，相应地，政府消费范围也更广，呈现出“大政府、小社会”的特点。但是，过多的政府消费支出易造成许多不必要的社会财富的消耗，还会产生巨大的交易费用，阻碍生产力的发展，最终影响人民生活水平的提高。

政府消费基金源于财政收入，主要由纳税人提供。政府消费是我国消费领域的一大主力军，政府消费和居民消费的数据如表 5—1 所示。虽然政府部门的财务制度日益完善，监督工作成效显著，但是，如何克服个别地方政府部门的消费行为却越来越偏离“科学”轨道的怪现状，是我国下一步社会经济体制改革，尤其是政府与行政体制改革必须认真研究解决的一个重大理论问题与实际问题。

表 5—1　　居民消费支出与政府消费支出

年份	最终消费支出							
	绝对数（亿元）				构成			
					最终消费支出＝100		居民消费支出＝100	
	居民消费支出	农村居民	城镇居民	政府消费支出	居民消费支出	政府消费支出	农村居民	城镇居民
1978	1 759.1	1 092.4	666.7	480.0	78.6	21.4	62.1	37.9
1979	2 011.5	1 252.9	758.6	622.2	76.4	23.6	62.3	37.7
1980	2 331.2	1 411.0	920.2	676.7	77.5	22.5	60.5	39.5
1981	2 627.9	1 603.8	1 024.1	733.6	78.2	21.8	61.0	39.0
1982	2 902.9	1 787.5	1 115.4	811.9	78.1	21.9	61.6	38.4
1983	3 231.1	2 010.5	1 220.6	895.3	78.3	21.7	62.2	37.8
1984	3 742.0	2 312.1	1 429.9	1 104.3	77.2	22.8	61.8	38.2
1985	4 687.4	2 809.6	1 877.8	1 298.9	78.3	21.7	59.9	40.1
1986	5 302.1	3 059.2	2 242.9	1 519.7	77.7	22.3	57.7	42.3
1987	6 126.1	3 428.9	2 697.2	1 678.5	78.5	21.5	56.0	44.0
1988	7 868.1	4 174.0	3 694.1	1 971.4	80.0	20.0	53.0	47.0
1989	8 812.6	4 545.7	4 266.9	2 351.6	78.9	21.1	51.6	48.4
1990	9 450.9	4 683.1	4 767.8	2 639.6	78.2	21.8	49.6	50.4
1991	10 730.6	5 082.0	5 648.6	3 361.3	76.1	23.9	47.4	52.6
1992	13 000.1	5 833.5	7 166.6	4 203.2	75.6	24.4	44.9	55.1
1993	16 412.1	6 858.0	9 554.1	5 487.8	74.9	25.1	41.8	58.2
1994	21 844.2	8 875.3	12 968.9	7 398.0	74.7	25.3	40.6	59.4
1995	28 369.7	11 271.6	17 098.1	8 378.5	77.2	22.8	39.7	60.3
1996	33 955.9	13 907.1	20 048.8	9 963.6	77.3	22.7	41.0	59.0
1997	36 921.5	14 575.8	22 345.7	11 219.1	76.7	23.3	39.5	60.5
1998	39 229.3	14 472.0	24 757.3	12 358.9	76.0	24.0	36.9	63.1
1999	41 920.4	14 584.1	27 336.3	13 716.5	75.3	24.7	34.8	65.2
2000	45 854.6	15 147.4	30 707.2	15 661.4	74.5	25.5	33.0	67.0
2001	49 435.9	15 791.0	33 644.9	17 498.0	73.9	26.1	31.9	68.1
2002	53 056.6	16 271.7	36 784.9	18 759.9	73.9	26.1	30.7	69.3
2003	57 649.8	16 305.7	41 344.1	20 035.7	74.2	25.8	28.3	71.7
2004	65 218.5	17 689.9	47 528.6	22 334.1	74.5	25.5	27.1	72.9
2005	72 958.7	19 958.4	53 000.3	26 398.8	73.4	26.6	27.4	72.6
2006	82 575.5	21 786.0	60 789.5	30 528.4	73.0	27.0	26.4	73.6

续前表

<table>
<tr><th rowspan="4">年份</th><th colspan="8">最终消费支出</th></tr>
<tr><th colspan="4" rowspan="2">绝对数（亿元）</th><th colspan="4">构成</th></tr>
<tr><th colspan="2">最终消费支出＝100</th><th colspan="2">居民消费支出＝100</th></tr>
<tr><th>居民消费支出</th><th>农村居民</th><th>城镇居民</th><th>政府消费支出</th><th>居民消费支出</th><th>政府消费支出</th><th>农村居民</th><th>城镇居民</th></tr>
<tr><td>2007</td><td>96 332.5</td><td>24 205.6</td><td>72 126.9</td><td>35 900.4</td><td>72.9</td><td>27.1</td><td>25.1</td><td>74.9</td></tr>
<tr><td>2008</td><td>111 670.4</td><td>27 677.3</td><td>83 993.1</td><td>41 752.1</td><td>72.8</td><td>27.2</td><td>24.8</td><td>75.2</td></tr>
<tr><td>2009</td><td>123 584.6</td><td>29 005.3</td><td>94 579.3</td><td>45 690.2</td><td>73.0</td><td>27.0</td><td>23.5</td><td>76.5</td></tr>
<tr><td>2010</td><td>140 758.6</td><td>31 974.6</td><td>108 784.0</td><td>53 356.3</td><td>72.5</td><td>27.5</td><td>22.7</td><td>77.3</td></tr>
<tr><td>2011</td><td>164 945.2</td><td>37 394.6</td><td>127 550.6</td><td>63 616.1</td><td>72.2</td><td>27.8</td><td>22.7</td><td>77.3</td></tr>
</table>

资料来源：《中国统计年鉴（2012）》，http：//www.stats.gov.cn/tjsj/ndsj/2012/indexch.htm。

区分了广义政府与狭义政府的含义及其范围之后，还应当对广义的政府消费与狭义的政府消费进行界定。按照古典经济学的传统，政府是调节国民收入均衡的一个重要变量。政府消费的目的在于为公众提供公共产品。对公共产品提供的数量和条件及其效率的研究，构成了公共经济学的基本内容。

可将政府支出从总量上划分为两部分，一部分用于社会公共产品的生产，这部分支出形成社会公共效益；另一部分则用于政府部门自身的消费性支出，这部分支出可视为维持社会正常运转的必要消耗，即管理成本。与此种划分相对应，我们在分析中将第一、第二两部分之和形成的总支出称为广义的政府消费，而将第二部分支出称为狭义的政府消费。

（二）政府消费的类型

按照西方发达国家的支出分类，政府支出主要有四个方面：一是政府消费，即国家作为公共服务的提供者所支付的工资和其他投入；二是公共投资，即由政府出面组织和进行的投资；三是转移支付和补贴，即作为社会福利部分从纳税人那里取得收入再以补贴或救济方式支付的部分；四是债务的利息支出。事实表明，20 世纪 60—90 年代，在西方主要发达国家，除了公共投资，其他的支出均出现较大幅增长。由于西方主要发达国家公共投资仅占 GDP 的 2%～3%，全部政府支出中的主要部分是消费性支出和转移性支出，我们统称为政府消费支出。

1. 政府消费支出

它既包括政府公共消费支出（即政府为提供公共产品和准公共产品而进行的支出），也包括政府部门自身的消费性支出。政府消费支出与公共投资支出的最大区别在于前者的使用不形成任何资产。

政府公共消费支出的项目很多，比较重要的支出项目包括：

（1）国防支出。国防支出是政府用于国防建设和军队建设方面的费用支出。国防是一种典型的纯公共产品，国防产品具有非排他性和非竞争性。

（2）公共教育支出。由于教育是一种准公共产品，因此，教育支出的资金应由政府和受益者个人共同承担，但政府承担的程度和资金的配置方式却没有统一的模式。政府提供教育的资助方式有两类：一是直接开设公立学校，对学生免费或收取较低的学费；二是在鼓励私人部门兴办教育的同时，提供各种形式的间接补贴，如对向私立学校的赠与免税，对助学贷款的利息免税，以及对助学贷款给予担保或财政贴息等，有的国家称这一消费为职务消费。

(3) 公共保健支出。它是指政府对公共医疗保健给予的必要的财政支持。当前世界各国的公共保健支出的形式主要有：直接向病人或医院提供医疗补助；对私人企业提供医疗保险给予税收优惠；对个人超过一定水平的医疗费用允许从个人所得税税基中扣除。

政府部门自身的消费性支出主要包括以下几个方面：

(1) 个人工资支出。主要是指发放给为政府部门工作的员工的工资，包括基本工资、奖金、津贴等。

(2) 公务消费。包括办公用品支出、文教用品支出、交通工具及所需油料支出、正常业务往来的招待费支出等。

(3) 福利性支出。包括各级政府部门的各种福利设施（比如食堂、浴池、理发室、文化教育设施、体育设施）以及职工药品、劳保用品的支出。

(4) 非正常的公务性消费。比如超标准招待、公费吃喝、公费娱乐、公费旅游、滥用公共资源来为私人及亲属服务等。

(5) 个人消费性支出。主要指政府各部门以公共基金购买，以各种名义免费发放或以优惠价格出售给职工的实物。

2. 政府转移性支出

又称为无偿支出、补助支出，它是政府无偿的、单方面的资金支付，即政府把通过税收从个人和企业取得的收入又以公共支出的形式转移给个人和企业的那部分支出。这种支出包括各种财政补贴、补助、养老金、失业救济金、捐赠、债务利息支出等。政府转移性支出的主要内容有：

(1) 社会保障支出。社会保障支出是政府通过一系列公共措施，在全社会范围内组织的，对因遭遇疾病、生育、工伤、失业、残疾、年老、死亡或其他事故而导致收入锐减或丧失的社会成员提供的基本生活保障。社会保障支出是社会进步和文明的重要标志，它通过国家财政的再分配活动促进社会经济的稳定与发展。社会保障的内容可以分为三大类：社会保险、社会救济和其他社会保障。稳定的资金来源是社会保障制度顺利实行的必要前提。在各国政府的实践中，用于社会保障支出的资金主要来自两个渠道：一是社会保障税；二是一般政府税收。

(2) 财政补贴。财政补贴是指国家为了实现特定的政治、经济和社会目标，在一定时期内向生产者或消费者提供一定的补助或津贴。它不要求接受者支付对等的代价，因此，与社会保障支出一样，属于政府转移性支出范畴。它是国家财政通过对分配的干预，调节国民经济和社会生活的一种手段，目的是支持生产发展，调节供求关系，稳定市场物价，维护生产经营者或消费者的利益。财政补贴的内容多种多样，包括政府在各个领域对不同社会成员的补贴，主要有价格补贴、企业亏损补贴、财政贴息、职工和居民生活补贴、税收支出和税前还贷等。

二、政府消费的特征与功能

（一）政府消费的特征

与个人消费或企业团体消费相比，政府消费行为的特征主要表现在以下方面。

1. 政府消费行为的软约束

收入是形成消费的前提。个人的消费要受其收入的制约，不论是现行收入、以前的收入，还是未来的收入，或者消费信贷，个人的消费不可能长期超出收入，因此，个人消费受其收入的硬约束。政府消费虽然以其收入为最高界限，但是收入中消费与非消费支出的比例却是可以突破的。因为这种比例的确定以行政规定作为约束条件，而行政规定由于各种人为的因素，具有很大的伸缩性。现代市场经济条件给政府消费支出提供了更多的方式，如果收入不足，消费本应是受限的，但在政府消费的实际运作中并非如此。政府可以通过市场出售的方式，放弃一些政府支出项目或活动，如卖掉国有的机构等，以减少支出；也可以通过市场的方式取得债务收入，从而使支出的规模安排超过直接的税收收入量。因此，现代政府消费支出行为呈现出收入约束软化的特征。

2. 政府消费对价格反应不敏感

对个人消费而言，由于收入对消费的硬约束，因此，消费者对价格的变动很敏感。一般情况下，个人消费需求与价格呈反方向变化，价格上涨，会对消费需求起抑制作用。而政府消费对价格的变动则不敏感，甚至呈相反的变化。因为价格的上涨一方面可以成为各级地方政府或政府部门向上级要求增加总经费数量或提高消费基金比例的借口；另一方面，价格上涨减少的个人消费需求转移到政府消费，使政府的消费需求相对扩大。政府消费对价格下降的反应也不敏感，其道理正好相反。

3. 政府消费的随意性

个人消费由于受收入约束的硬约束，因而消费决策需要在需求与收入以及收入的分配之间进行权衡。特别是在收入水平较低和购买价格较高、在消费预算中占比重较大的商品时，消费决策往往非常慎重，以达到效用最大化或减少遗憾（遗憾最小原则）的目标。而政府消费由于收入约束的软化以及消费决策目标的模糊，因而易造成政府消费决策的随意性。

4. 政府消费中更强的示范攀比效应

消费过程中的示范效应是客观存在的。但在个人消费中，由他人消费的示范作用而引起的消费攀比，是有一定限度的，最后总要受到自己收入的约束。同时随着消费水平的提高、市场商品的丰富以及消费者个性意识的加强，消费的攀比效应会有所减弱，并且攀比的形式会有所变化。然而，政府消费则不一样，受收入的软约束及其对价格不敏感的影响，政府消费作为一种社会集团消费，并不存在对某一产品是否消费得起的问题，只有对这种商品消费多少的考虑。所以，政府消费相对于个人消费而言，总是处于消费的前沿，实际上起了一种示范效应。政府消费中也易产生攀比现象。由于各地经济发展水平不同，各级政府的收入差别很大，不仅表现为不同地区政府之间财力悬殊，即使同一行政区内的上下级政府之间、同级政府部门之间的财力差别也很大，这就容易出现政府之间在消费上的攀比。

（二）政府消费的功能

个人消费的目的是满足消费者自身的消费需要。而政府消费的功能是双重的，即消费功能与调节经济的功能。

1. 拉动经济增长的消费功能

政府消费支出的基本内涵是消费性的，即作为非家庭消费服务的提供者和保障者，为满足政府活动的基本需要而进行的支付。作为消费的主体，其消费支出直接的目的是消费，而不是对于经济的调节和干预。从这一点上看，由政府消费支出所产生的对于经济增长的作用，应当与个人主体消费支出的作用没有本质上的差别，支出的总量大小能够拉动经济运行，并非主动的设计与安排。政府消费支出原本并没有调节经济的功能，这是对于政府消费的一个直观和基本的认识。

2. 调节经济运行的功能

现代市场经济制度给政府消费支出提供了多种方式发生的环境与条件。事实上，现代国家中政府支出的方式是多样的：政府可以以"量入为出，有所节余"的方式安排支出；也可以有确定收入规模之下的足额支出，不留节余，但也不出现亏空的方式；还可以采用支出超过收入规模的"透支型"或"债务型"方式。正是这种支出在量上的可变化性，决定了政府对于经济运行管理的一定的"主动性"，即政府可以主动地安排某种支出量，以对经济产生影响，进而实现某种经济目标。从这一点上看，本原上并没有调节功能的政府支出，由于市场经济制度的运行，附加上了对于经济的调节功能，使得现代国家中政府支出的功能有了明确的"双重性"——消费功能和调节经济的功能。

在现代市场经济制度下，政府消费支出的双重功能的突出表现是政府消费保障与刺激经济目标的一致性。两种不同目标之间的矛盾要求注重政府消费支出的本原性消费功能，但在可能的情况下，还是应当借鉴当今发达国家的一些历史经验，在政府消费支出问题上发挥双重功能，为我国宏观经济运行的稳定增长提供来自政府的支持。

三、政府消费现状

西方国家将公共开支（主要是政府消费支出）占 GDP 超过 50%的国家称为大政府国家，而低于 35%左右的称为小政府国家，介于两者之间的为中等政府国家。但不论处于何种"政府位置"的国家，从 20 世纪 30 年代的大萧条，到 90 年代的全球化，西方国家的政府支出一直在增长，1990—1996 年增长尤为强劲，表现为政府活动量的扩大和债务负担的加重（债务利息支出增长也相当快）。

政府支出在西方国家数十年的历史进程中一直在增加，并在 GDP 中所占比重较高（大多在 1/3 以上），显示它有着相当重要的地位。特别是不论在经济稳定发展时期，还是在经济危机与衰退时期，它都不变初衷，至少表明其支出和支出增长的刚性特点。作为发展中国家，我国政府机构庞大，各类公共事业需求强烈，加上计划经济体制形成的社会福利方面的大量欠账，以及经济体制改革以来多年相当规模的国债发行的利息支出，时下“吃财政饭”的负担相当严重。据有关资料，我国历史上需要财政供养的人与普通百姓之比，两汉为 1∶945，唐朝为 1∶500，清朝康熙时期为 1∶91，新中国成立之初为 1∶600，1978 年约为 1∶50。截至 2009 年我国的“吃公粮”人口就已超过 5 700 万，这个数字已经逼近英国的人口规模，并且还以每年超过 100 万人的速度递增。以官民比例来看，平均 23.5 个中国人就要供养 1 名公职人员，我国虽然还是发展中国家，官民供养比例已经跨入发达国家行列，然而我们的纳税人并没有享受到发达国家的公共服务，这同样是不争的事实。按照 2009 年的数据计算，中国每百万美元 GDP 的财政供养人口为 10.8 人，而美、日、德、英每百万美元供养的财政人口分别为 1.56 人、0.95 人、1.33 人、2.8 人。我国财政供养的负担和规模相当于日本的 10 倍多、美国的 7 倍、德国的 8 倍以及英国的 4 倍。30 多年来我国政府进行了七轮机构改革，试图把庞大的财政供养人员精减下来，但每一次努力都遭遇了强力反弹。[①]

《人力资源管理》杂志 2011 年 1 月 19 日发表的《行政管理费用的国际比较》一文认为，我国的财政支出结构呈现一种趋势：五大支出的费用都在逐年递增，行政管理费用占总支出的比重逐渐上升。1996 年财政支出 7 937.55 亿元，2006 年增至 40 422.73 亿元，1996—2006 年 10 年间增长了 5 倍，这一定程度上可以反映出我国的经济在持续地发展，政府积极投入大量的城市建设、民生工程等，在为我国经济的腾飞不懈努力。但是 1996 年行政管理费用 1 185.28 亿元，2006 年增至 7 571.05亿元，1996—2006 年 10 年间增长了 6 倍，行政支出占财政支出的比重从 1996 年的 14.93%升至 2005 年的 19.19%，2006 年小幅回落到 18.73%。目前世界各国的行政管理支出占财政总支出的比重平均为 15.6%，高收入国家为 9.5%，中上等收入国家为 12.3%，中下等收入国家为 14.9%，低收入国家为 18.1%。近年来我国的行政管理费用增长还在大幅上升，平均每年增长 23%。我国行政管理费用增长之快、行政成本之高，已经达到了世界少有的程度。此文的数据与财政部综合司研究报告的结论是相吻合的。《中国证券报》2011 年 11 月 15 日报道，1978 年以来，中国行政管理费增速总体快于财政支出的增速，占财政支出的比重总体呈上升趋势。1978—2006 年，我国行政管理费支出年均增长 19.3%，明显高于同期财政支出 13.7%和 GDP（现价）15.6%的年均增速；行政管理费支出占财政支出的比重由 1978 年的 4.7%提高到 2006 年的 18.3%。

许多发达国家行政管理费用支出占财政支出的比重大多低于 10%，如日本是 2.38%，英国是 4.19%，加拿大是 7.1%，美国是 9.9%。与此相比，我国行政管理费支出占财政支出的比重显得太高，其主要原因是，我中国政府机构及准政府机构庞大，财政供养人员管理失控，增长迅猛。财政支出的大部分被“人头费”吃掉

① 参见《中国财政到底养了多少人》，http://bbs.tianya.cn/post-free-3241958-1.shtml。

了，其中不乏吃空饷者。行政事业单位人员的增加，导致需要财政供养的人员增加。在行政管理体制不科学、内部职责分工不明确、办事效率低下的情况下，必然导致行政管理支出超速增长。另外奢靡享乐之风侵袭公务员队伍，“三公消费”[①]互相攀比，在办公楼新建改建装修、公车配备、办公用品添置、会议标准、公务接待、国内外公差旅游、官员休闲娱乐等方面搞特权、讲豪华、比阔气、求享乐，标准就高不就低，也导致行政管理支出增加。此外随着社会经济的发展，经济活动日趋复杂，公共事务也日益增多，行政管理支出的增长就有一定的必然性。2011 年行政管理支出达到 10 987.78 亿元，其中国家中央支出 903.01 亿元，地方政府支出 10 084.77亿元。如果行政管理体制和运行机制改革没有大的突破，行政管理支出很难减少。党的十八大后，中共中央政治局制定了转变作风的八项规定，中央政府也采取压缩行政经费的举措，主要集中在出国（境）、会议、公车购置及运行和公务接待费用。但上有政策，下有对策，对此要求，许多政府部门采取了转嫁费用的办法，比如，一些中央机关官员借用地方驻京办车辆，一些政府会议和公共接待、出国考察、赠送礼品由企业买单等；尽管在五星级宾馆公款吃喝减少，但却转移到档次更高的名流会所和内部招待所，这样的结果是政府实际的行政费并没有降低。全国所有省市驻京办事处没有一个按中央要求整顿或撤掉，都以变相的形式保留，驻京办的活动主要就是三公消费。

行政性管理经费支出膨胀，其直接危害是大量挤占急需的公共支出项目，一是挤占经济建设支出，包括建设投资支出；二是挤占公共和社会服务支出，使公共物品和公共服务的供给不足，严重影响了经济和社会的发展，同时也不利于我国市场经济体制的建立；三是挤占了国防支出，一直到近几年我国国防支出比重才有所增长。其深层危害是易助长腐败之风，为公权力腐败留下了空间和土壤，损害了党和政府的公信力和形象。

四、健全完善政府采购制度

（一）推行政府采购制度的意义

政府采购也叫公共采购，是指各级政府为了开展日常政务活动的需要或者为了给公众提供公共服务，在财政的监督下，按照法定的程序和方式，从国内外市场上通过公开招标、公平竞争的形式，为政府部门及所属单位购买商品和劳务的行为。政府采购制度则是指一个国家就政府采购政策、采购实体、采购范围、采购方法、采购程序、采购管理等所作出的各种规定的总称。政府采购制度具有公开性、公正性、竞争性，其中公平竞争是政府采购制度的基石。这种政府采购制度在西方发达的市场经济国家已实行了多年，取得了很好的效果。

过去在计划经济体制下我国政府对所需物品和劳务采取分散采购的方式，在市场经济条件下分散采购的弊端越来越明显，它容易造成公共开支的浪费和资金使用

① “三公消费”指政府部门人员因公出国（境）经费、公务车购置及运行费、公务招待费产生的消费，是当前公共行政领域亟待解决的问题之一。

效益的低下，容易滋生各种腐败现象，容易造成政府机构重叠。为克服分散采购所带来的上述弊端，我国于 1995 年率先在深圳市试行了政府采购招标制度的改革，随后又在河北、重庆、上海、安徽、山东、辽宁、江苏、北京等十几个省市进行了政府采购制度的试点工作，取得了比较显著的经济效益和社会效益。目前，政府采购制度正在全国全面铺开。推行政府采购制度的意义主要有：

（1）政府采购制度是公共支出管理的有效手段。在政府消费行为中，物品与劳务的采购占有相当大的比重。要想使政府消费行为形成合理而明晰的制度规范，实行公开招标、统一购买的政府采购制度是行之有效的手段。招投标方式把市场范围设定为宽广的国内市场甚至国际市场，通过来自多方面的生产者公平而充分的竞争，使政府取得价廉、物美、质高的商品与劳务供给，从而“少花钱多办事”。这不仅有利于缓解财政的困难和压力，也有利于加强财政监督，强化财政预算的约束，改变现行的公共支出管理方式，使之由价值形态向实物形态延伸，扭转目前财政监督形同虚设、财政支出管理弱化的状况。

（2）有利于提高政府的调控能力，落实政府的一些重大政策目标。政府作为国内最大的一个消费者，其采购商品的数量、品种和采购时机的选择，对整个社会和国民经济的发展都有着很大的影响。建立政府采购制度，一方面可以贯彻政府在经济总量调控方面的意图，即政府可以根据整个经济的发展态势，在可利用的弹性区间内，适时、适量地安排政府采购行为，运用政府支出来达到调节经济总量的目标；另一方面可以保护和刺激某些产业的发展，促进经济的增长，政府可以通过不同的采购计划或在采购招标方案中适当考虑向那些新兴产业或技术含量高的产品，以及有利于环境保护的产品倾斜，鼓励其发展，从而达到调整产业结构的目标。此外，建立政府采购制度，还可以运用招标竞争的方式，压低供给价格，进而平抑同类商品的价格乃至价格总水平，起到稳定物价的调控作用。

（3）有利于加强政府的廉政建设，从源头上堵塞产生腐败的漏洞。在不够成熟和完善的市场经济中，由于法制不健全和整个商品交易过程的“暗箱操作”，很容易产生权力寻租行为，滋生各种腐败现象。而建立政府采购制度，采用公开招标的方式，将竞争机制引入政府的消费活动中，能做到公开、公正、公平，并借助法制的手段提高政府采购过程的透明度，有利于克服现行公共支出审批制所带来的种种弊端，有效地遏制政府采购活动中的各种腐败行为。

（4）有利于加快行政管理与国际接轨的步伐，促进机关后勤服务的改革。为了提高我国行政管理的水平，建立办事高效、运转协调、行为规范的行政管理体系，必须按国际惯例办事，广泛地参与国际竞争。而建立政府采购制度正是按国际惯例办事的一项重要内容，也符合世界贸易组织对各成员国的要求，我国在这方面与国际惯例接轨，是必然趋势。同时，建立政府采购制度，既可以运用制度的力量来规范政府的消费行为，也可以将政府机关内部的各种服务实体推向社会、推向市场，建立起机关与服务实体之间的商业关系，推动政府消费行为的市场化，进而达到优化资源配置的目标，尤其有利于精简政府机构和人员，符合行政改革的方向。

（5）有利于促进产业结构调整和升级。2013 年 7 月国务院又出台新政策，推进政府向社会力量购买公共服务。此举无疑将有利于改善民生、深化社会领域改革，有利于加快服务业发展、引导有效需求。

（二）完善中国政府采购制度

我国的社会主义市场经济体制已基本建立，政府机构改革也在顺利进行，政府采购已在各地实现，但从各地开展的情况看，问题却不少：政府人员、广大纳税人对政府采购制度认识不清，从而造成自身角色不明；部门利益是影响政府采购进一步发展的关键因素；政府采购管理的制约机制还不健全，整个采购过程缺乏有效的仲裁和监督，信息披露不规范，不公平交易、腐败现象依然存在；政府采购工作人员的素质影响到政府采购制度的经济目标和效益目标的实现；政府采购行为的作用仅仅处在节约资金、消除腐败等较低层面上，未起到调整总量平衡、优化经济结构、参与国际竞争等高层次的作用。① 根据我国经济建设和廉政建设的需要，应该尽快建立适合我国国情的政府采购制度，使我国的政府采购工作步入一个新的发展阶段。为此，应做好以下几方面的工作。

（1）界定政府采购制度的适用范围。从采购的主体来看，我国政府采购制度的适用范围应当确定为使用政府性资金的各类行政事业单位。从采购资金的性质看，所有用政府性资金安排并达到规定金额的采购项目，除涉及国家安全和另有规定，均应纳入政府采购的范围。政府采购资金包括各级财政预算安排的资金，需要购买商品或者接受服务的单位预算外资金、自有资金和其他收入，国内外贷款、捐赠款，各级政府规定的其他资金。

（2）健全政府采购的管理机制。首先，应健全政府采购的主管机构、仲裁机构和监督机构，明确各自的职责范围，实行权力制衡，确保政府采购正常有序地发展。其次，要选择合适的政府采购模式。就我国目前的情况而言，适宜选择以集中为主、分散为辅的半集中半分散的采购模式。最后，要明确采购方式。我国适宜以公开招标采购方式为主、其他方式为补充的政府采购方式，即超过一定金额的采购必须“公开招标、统一购买”，同时，允许有关部门进行紧急采购和少量的现金采购。

（3）完善政府采购法律体系。为了使政府采购工作从一个比较高的层次和比较规范的起点上健康发展，必须加快立法工作。除了要制定全国性的《政府采购法》，中央政府还要尽快制定统一、规范的《政府采购条例》，对政府采购的原则、采购的程序、采购的方式、采购过程的监督和采购纠纷的处理等都要进行详细的规定，使整个政府采购工作规范化、法制化。

（4）完善政府采购制度的保障措施。主要包括改善政府支出预算管理方式，加强财政监督；完善国家金库制度，建立与政府采购制度要求相一致的直接拨款方式；协调财政部门与有关部门的关系，避免财政部门与其他相关部门（如国家发改

---

① http：//baike. baidu. com/view/141653. htm.

委、商务部等）各自为政的现象；加强政府采购队伍建设，提高政府采购人员的素质，建立一支专业化的政府采购队伍等。

第3节 社会团体消费

一、企业团体消费

（一）生产消费

企业团体的生产消费主要用于购买原材料、工具、设备、房地产等的消费支出。这部分生产消费可分为：（1）补偿简单再生产的物资消耗部分，具体又分为补偿劳动手段的部分，主要用来购买生产工具、设备、房地产等；补偿劳动对象的部分，主要用来购买原材料、燃料等。（2）用于扩大再生产的追加投资部分，主要用于为扩大企业生产规模而追加购买的机器设备、工具以及原材料等生产资料。

企业生产消费的资金来源主要包括企业的自有资金和企业的借入资金两部分。企业的自有资金包括原始投资者的投资与追加投资、新加入投资者的投资（包括股份制企业招募的股金和发行股票的收入）。企业的借入资金包括银行贷款、信托金融机构融资、发行债券的收入等。

企业生产消费的资金来源形成企业生产消费的购买力。企业生产消费购买力形成后，能否维持简单再生产和保证扩大再生产的需要，要受一系列因素的影响。首先是生产资料的价格。在生产和经营规模既定的情况下，价格上涨，所需购买力要相应增大，反之则缩小。在价格问题上，还要考虑汇率。对外依赖程度越高，产品的国产化程度越低，外汇汇率的影响就越大。汇率越上升，形成购买力所需的投资就越大，反之就越小。其次是生产周期。生产的产品周转越快，在既定时期内所需的生产消费购买力就相应增大，反之则减少。当然，如果生产消费企业的产品积压，生产消费购买力会削弱；相反，销售越顺畅，生产消费购买力就越大。

（二）生活消费

企业团体的生活消费主要包括企业为生产和经营服务的消费品（包括办公用房、装饰、家具、办公用品、文教用品、书刊报纸、生活用车、取暖器材、空调、零星维修用的建筑材料、药品和医疗器材等公用消费品）的开支和生活劳务的开支。此外，企业组织大型的团队集体消费活动的开支，如集体外出观光旅游等，也属于生活消费。生活服务行业和消费品修理行业为开展正常营业和修理所需的各种设备、原材料及辅助材料的开支不应包括在内。

企业团体用于生活消费开支的资金来源为企业的管理费和企业集体消费的福利基金。

二、事业单位团体消费

（一）事业单位团体消费的含义和特点

事业单位团体消费支出主要是指事业单位为满足劳动力再生产和劳动能力提高的需求以及精神文化消费需求等而安排的用于科学、教育、文化、卫生等事业方面的支出。

事业单位的性质是介于行政单位和企业单位之间的，它们的区别如表5—2所示。

表5—2　　事业单位与行政单位、企业单位的区别

项目	行政单位	事业单位	企业单位
生产对象	公共商品	混合商品	私人商品
生产目的	非营利	非营利兼营利	营利
交易方式	非市场交易	半市场交易	市场交易
资金来源	税收（财政）	税收＋财政（财政＋市场）	价格（市场）

事业单位的上述性质决定了事业单位团体消费支出具有以下特点：

（1）它是对混合商品中的公共商品部分（或混合商品收益中的外溢部分）的成本补偿。尽管从总体上说，事业单位生产的是混合商品，但财政的事业支出在性质上是对混合商品中的公共商品部分的成本补偿。

（2）需求的收入弹性较高。与行政支出满足的基本需求不同，事业单位支出满足的是一种发展需求，这种需求的增长速度一般快于人们收入的增长速度。

（3）具有部分的投资性质。部分事业单位的支出与人力资本投资有关，它们不仅仅是消费。因此，在宏观层面，财政对待这类支出应与行政国防支出有所不同，不应控制其增长。

（二）事业单位团体消费支出的分类管理

事业单位团体消费支出的内容和企业生活消费开支的内容相同。其消费支出的资金来源主要是根据事业单位提供的商品性质不同确定的。总体上说，事业单位提供的是混合商品，但不同单位提供的商品性质的属性有区别，有的更近似于公共商品，有的更近似于私人商品（见表5—3）。

表5—3　　事业单位提供的商品分类

项目	公共商品	私人商品
科学研究	基础性研究	应用性研究
教育	普及教育（义务教育）	专业教育（高等教育和职业教育）
文化	大众文化（大众宣传）	个人消费性娱乐
医疗卫生	公共卫生防疫	个人医疗卫生
体育	群众体育	竞技体育

依据上述事业单位提供的不同商品的属性，其资金来源的具体途径与管理方式

各不相同，具体情况如下：

（1）财政拨款。适合这种管理方式的，一是基础性研究；二是普及教育；三是外部性受益的大众宣传教育；四是外部性受益的公共卫生防疫。

（2）财政拨款与市场化相结合。适合这种管理方式的，一是应用性科研成果，可以运用市场原则有偿转让，财政对社会效益较为显著的应用科研经费给予必要的补助；二是对专业教育的受教育者收取一定的费用，其差额部分由财政拨款。

（3）企业化管理。对其他提供的商品近似于私人商品的事业单位，则实行企业化管理，把它们完全推向市场。这不仅有利于节约财政支出，更重要的是有利于其事业的发展，更好地满足消费者的需求。

三、规范集团消费

（一）集团消费中存在的问题及原因

集团消费也就是集体消费。从其含义讲，是指在一定的消费者集合内实现的消费，广义的集团消费包括政府消费。具体来说，是指国家（政府）、集体、企事业单位等社会各主要集团参加的消费。它是一种以消费资料、消费设施公共所有为基础，由公共基金来提供或支付的一种低价付费或免费的消费，由消费的等级性和特权性所致。集团消费方式存在的必要性在于：首先，集团作为社会组织的一个基本单位，具有自己独立的物质利益，特别是营利性组织，具有更强的物质利益；其次，集团内部的各个成员之间具有一定的利益共同性。集团的物质利益一般是在集体范围内最终实现的。

长期以来我国的集团消费一直超越消费水平，增长迅速，表现为：政府行政开支迅速增长；社会集团的购买力迅速增长；政府消费层次过高；会议伙食费大大超过正常标准，不少会议还巧立名目，给代表发放各种纪念品；公款旅游；公款超标购置小轿车等。就我国目前情况来看，集团消费的规模很大，并且增长速度很快，已经大大超过了集团消费的正常内容，使集团消费在消费方式和社会经济运行中发挥着不正常的作用，表现为一种缺乏约束的消费行为特征，从而导致集团消费膨胀。造成这一状况的主要原因是：

（1）集团消费的膨胀与正常公务性消费的增长过快有关。根据我国现行的政府预算科目设置，行政管理费支出主要包括行政支出、外交外事支出、公检法司支出、武装警察部队支出四大类。统计表明，1978—2006年我国的财政支出增长了36倍，而行政管理费则增长了143倍。另外行政管理费占财政支出的比重越来越大，在1978年仅为4.71%，2006年上升到18.73%，2007年接近20%。如果按国际货币基金组织15.6%的标准，我国是世界上行政成本最高的国家之一。2006年同期日本的行政管理费所占比重是2.38%，英国为4.19%，韩国为5.06%，法国为6.5%，最高的美国也只有9.9%。[①] 行政管理费支出的大幅上涨与改革过程中行

① http://www.ordos.gov.cn/pub/qq_hjzc/zq/hjqczj/czjzt/201209/t20120913_680979.html.

政机构增加、机关及企业内部管理人员增加有关。每次机构改革的结果，不是机构减少了、效率提高了，而是机构越来越多，重复管理的现象越来越严重。

（2）集团消费的膨胀与非正常公务性消费的膨胀性增加有关。受集团消费收入软约束、示范攀比效应特点的影响，集团消费往往追求消费的高档化，违控购置小轿车、通信器材，违规建造高档楼堂馆所，追求办公场所装修的豪华、气派，利用公款请客送礼、进娱乐场所消费等现象屡禁不止。据统计，全国范围内公款吃喝开支 1989 年为 370 亿元，1990 年达到 400 亿元，1992 年超过 800 亿元，1994 年突破 1 000 亿元大关①，目前已突破 2 000 亿元大关。

（3）集团消费向个人消费倾斜，是造成集团消费居高不下的重要原因。在集团消费中，大量适合个人消费的商品以实物分发的形式进入个人消费。这些实物从食品到日用品，从小商品到高档耐用消费品，五花八门，应有尽有。“公款过年”、“公款过节”在我国已经成为十分普遍的现象。另外，进入 20 世纪 90 年代以后，集团消费的形式也在发生变化，变得更加隐蔽，在社会集团购买力中不能完全得到反映，其中重要的形式是公款“报销”。大量的公款消费通过“报销”的形式表现为居民个人的消费，因而在集团消费中反映不出来。“报销”在一定程度上实现了实物收入的货币化，因而克服了集团消费不能满足差异性需求的缺点，使消费者有了更大的选择。另一方面则使职工的收入更加模糊，“报销”的费用往往以各种形式进入企事业单位的成本、费用，或通过“小金库”开支，真实的收入水平很难通过正常的统计反映出来。目前，通过“报销”实现的公款消费已经由一些热点商品如手机、空调、居屋装修等，转向包括日用消费品在内的所有家庭消费品。越来越多的职工在超市等单位购买的蔬菜等，也用“办公用品”等方式通过“报销”进入了公款消费的范畴。

（4）集团消费的增长也与集团承担的某些非家庭消费功能有关。特别是在一些大的企事业、行政单位中，本来应该由社会承担的公共消费设施建设变为由单位承担，比如一些生活服务设施、文化教育机构、公共交通工具等。企事业单位“办社会”的现象十分普遍。这种状况不仅造成消费效益的低下（比如单位的班车除上下班以外就处于闲置状态，造成大量浪费，而且单位班车的增加会使交通拥挤状况更加恶化），并形成各单位的巨大社会负担。

（二）集团（公款）消费膨胀所产生的不良影响

（1）公款消费对居民个人消费产生了一系列不良影响。早在 1987 年 10 月，国家财政部就和审计署经国务院授权联合发布《违反财政法规处罚的暂行规定实施细则》，对“违反国家财务开支规定，挥霍浪费国家资财”的行为列举中的第一条为：“用公款请客、送礼，提高规定的招待标准”；公款消费的实质是对社会财富的掠夺与侵占，表现为将公共资源转作个人资源、社会财富转为个人财富。以公款吃喝为

---

① http://xujingchun.com/shxx/gkchhsl.html.

例，官员公款吃喝现象严重，“舌尖腐败”① 导致浪费的粮食等社会资源，绝对是一个十分惊人的数据，餐桌上的腐败引发了新的社会不良风气、不良习惯。这种影响具体表现在：

1）对真实消费水平的扭曲。公款消费多以实物形式出现，形成居民货币收入水平反映不出来的灰色收入和灰色消费，是造成实际消费水平高于名义收入水平的重要原因。

2）对消费结构的扭曲。公款消费在居民消费结构中得不到反映或得不到真实反映，使居民实际消费结构与统计数字出现扭曲。当大部分需求在公款消费中得到满足后，居民会将个人收入集中投向非公款消费的支出项目。

3）对居民个人消费的示范作用。公款消费的扩张受收入增长约束软化的影响，使公款消费往往成为新的消费浪潮的带头人。20 世纪 80 年代的“居室装修热”、“高档食品热”，90 年代以来的“高档轿车热”等都呈现出这一特点。因此，公款消费对个人消费的示范作用及对消费方式的影响都不可低估。

（2）集团消费的膨胀增加了财政支出的数额，加重了财政的负担。改革开放以来，行政管理费开支大幅增加，占财政支出的比重也上升很快。改革开放前的“一五”至“五五”时期，行政管理费占财政支出的比重大体维持在 5%左右（“一五”时期较高，为 7.5%）。1981 年上升到 6.4%，1982 年上升到 7.1%，1987 年上升到 8.1%，1988 年达到 9.0%，1992 年达到 10.6%，2002 年上升到 18.6%。进入 21 世纪以来仍居高不下，维持在 20%左右。行政支出的上升既带有一定的必然趋势（政府社会职能的增加、公共事务的增加），又有改革过程中政府职能转变缓慢、机构精简目标实现不理想的原因。

（3）集团消费膨胀也在一定程度上助长了公共权力腐败现象的滋生，腐蚀公务员队伍，败坏了党风和社会风气。

（三）集团消费的控制

集团消费的过快增长对社会经济生活和社会风气产生了一系列的消极影响，因此，采取有效措施控制集团消费的过快增长，一直是政府所追求的目标。从根本上治理集团消费膨胀，需要从以下几个方面着手。

（1）按照市场经济管理和政府的财政管理职能，科学、合理地确定预算外资金的范围，严格控制预算外资金。采取行政的、法律的、经济的手段坚决制止乱收费、乱罚款和各种摊派现象，坚决取缔“小金库”。尽快将预算外资金和各种非税收收入纳入预算内，“还钱于财政，还权于政府”，堵住集团消费的资金来源。

（2）通过政治体制改革，形成对事业单位、行政单位消费膨胀的有效约束机制。这主要表现在两个方面：第一，通过政治体制改革，加快政府职能的转变，减少行政机构和行政人员的数量。在政府职能真正实现了适应市场经济体制要求的转

---

① “舌尖腐败”是在官员公款吃喝现象愈加严重的大背景下，由浙江桐乡官员吃阳澄湖螃蟹公款报账 16 万元的事件作为导火索，网友用来调侃此类事件的一个新鲜名词。

变后，随着经济的发展、公共事务的增加而增加的行政管理费应当处于正常的范围之内。第二，通过政治体制的改革、社会主义民主制度的完善，对社会上各种非经济组织（特别是政府机关）的消费性支出形成有效的社会监控体系，这样，制度性的监督机制将比行政性的监督更有效。

（3）通过改革的深化，形成集团特别是国有企业的自我约束机制。国有企业消费性支出过度增加，最根本的原因是企业行为的短期化，使企业的生产性目标、发展性目标服从于短期消费性目标。在国有企业缺乏有效的自我约束机制的条件下，外部的行政约束难以奏效，往往是“上有政策，下有对策”。国有企业有效的自我约束机制的形成、企业行为长期化的前提是：使国有企业成为一个“产权明晰、权责明确”的经济实体。在现代企业制度的范围内，无论是独资企业、合伙企业还是公司制企业，都能达到上述目标，因而能够进行有效的自我约束。因此，治理企业消费性支出的过快增长，根本出路在于加快国有企业改革的步伐。

（4）加强监督检查力度，建立和完善相应的法律体系。要按照十八大后中共中央政治局制定并颁布的改进党的工作作风的八项规定，规范公务消费，把用公款购买的超标准小轿车、公款修建或购买的私房、公款娱乐、超标准接待等作为对党政干部进行监督检查的必要项目。把制止“三乱”作为纠正行风、不良风气的重点工作，把清理预算外资金作为财务管理的专项检查等，这是控制社会集团消费膨胀的有效做法。要把各项公款消费内容纳入法制轨道，尽快制定适合社会主义市场经济发展要求的社会集团消费特征的法律，包括专门针对社会集团消费的法规，从宏观上把社会集团消费与经济运行的目标和实效联系起来，在微观上把各微观经济主体的消费与其发挥的社会经济职能和成效联系起来，使资金分配无序、管理混乱、消费自作主张等现象得到有效制止。

□ 本章小结

非家庭消费方式是与家庭消费方式相对应的一种社会单位消费方式，包括政府消费、企事业单位及各种社会集团消费等。非家庭消费具有与履行国家职能和公共职能相关联、消费的非排他性、消费场所及设施的公共性、消费内容的集中性、一定的强制性等特点。发展非家庭消费是社会化大生产的客观要求，有利于满足人们日益增长的发展性消费需要，弥补家庭消费局限的需要。随着社会主义市场经济的发展，非家庭消费呈现出新的发展趋势：文化精神方面的非家庭消费比重上升；教育和科研方面的增长比例必然高于其他方面；城市与乡村非家庭消费水平的差距将逐步缩小；实物性消费所占比重将下降，劳务性消费所占比重将上升。

政府消费是我国非家庭消费域的主力。政府消费基金源于财政收入，主要由纳税人提供。政府消费的目的在于为公众提供公共产品，政府消费又可分为广义性政府消费和狭义性政府消费。政府消费支出既包括政府公共消费支出，也包括政府部门自身的消费性支出。政府消费支出与公共投资支出的最大区别在于，前者的使用不形成任何资产。政府消费行为的特征主要表现在行为的软约束、对价格反应不敏感、随意性、更强的示范攀比效应；政府消费的功能是双重的，即消费功能与调节经济运行的功能。建设节约型、廉政型、服务型政府，应建立和完善政府采购制度，规范政府消费行为，抑制“三公消费”，以防范和惩治公款消费腐败。

企业团体消费可分为生产消费和生活消费。企业团体的生活消费主要包括企业为生产和经营服务的消费品（包括办公用房、装饰、家具、办公用品、文教用品、书刊报纸、生活用车、取暖器材、空调、零星维修用的建筑材料、药品和医疗器材等公用消费品）的开支和生活劳务的开支，开支的资金来源为企业的管理费和企业集体消费的福利基金。事业单位团体消费支出主要是指事业单位为满足劳动力再生产和劳动能力提高的需求以及精神文化消费需求等而安排的用于科学、教育、文化、卫生等事业方面的支出。广义的集团消费包括政府消费，具体来说是指以国家（政府）、集体、企事业单位等社会各主要集团参加的消费。它是一种以消费资料、消费设施公共所有为基础，由公共基金来提供或支付的一种低价付费或免费的消费，由消费的等级性和特权性所致。集团消费的过快增长对社会经济生活和社会风气产生了一系列的消极影响，因此要防止集团（公款）消费膨胀，控制社会集团消费。

□ 重要名词

非家庭消费　政府消费　政府采购制度　企业团体消费　事业团体消费　集团消费

□ 思考题

1. 什么是非家庭消费？其特征是什么？
2. 为什么会出现非家庭消费？其发展趋势如何？
3. 什么是政府消费？其行为特征是什么？
4. 如何理解政府消费与腐败之间的关系？
5. 如何建立有中国特色的政府采购制度？
6. 团体消费有哪些类型？为什么要抑制集团消费膨胀？

□ 推荐阅读

1. 周阳敏．政府投资、政府消费与世界经济周期：以中国为例．经济学（季

刊)，2006 (2)

2. 张东刚．近代中国与日本政府消费支出变动的宏观分析．厦门大学学报（哲学社会科学版)，2007 (4)

3. 杜焱，柳思维．国家规模、经济增长阶段与需求动力机制结构演变．经济与管理研究，2012 (6)

4. 罗伯特·B·登哈特．公共组织理论（第三版)．北京：中国人民大学出版社，2003

5. 潘彬，罗新星，徐选华．政府购买与居民消费的实证研究．中国社会科学，2006 (5)

6. 廖海青．摸底职务消费：为企业反腐立新规．瞭望，2009 (10)

7. 陈威．行政管理费用的国际比较．人力资源管理，2011 (1)

8. 胡永刚，郭新强．内生增长、政府生产性支出与中国居民消费．经济研究，2012 (9)

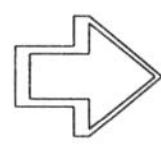

案例分析 国外对公款消费的软硬控制

公款消费在世界各国都有。在多数西方国家，由于有严格的制度规定、舆论监督，政府官员在公款消费问题上如履薄冰，稍有不慎，就面临下台的危险。

公差乘机及报销规定

美国各个联邦部门对公款出差的规定非常严格，公款出差必须遵循两个基本标准：确实出于公务；花费最少。公务员出行，旅途时间在 14 小时以内的，一般只乘坐经济舱（不包括部长等特殊人物)，只有在特殊情况下才可乘坐商务舱，且需事先申请并得到上级批准。对于坐头等舱，条件更为苛刻：出差者是残疾人；或者重要会议需在 24 小时内赶到，在此时间段内无法订到经济舱；随身携带重要机密文件，或有特工随从等。美国政府规定出差只报销签约公司机票，由于严格的出行规范，各部门会提前为员工提供“省钱绝招”。例如美国政府会跟航空公司或租车公司合作，签订长期的优惠合同，以最大限度地降低政府的开支。美国财政部和国务院都规定自己的雇员必须选择与政府签有合同的航空公司，否则不能报销。商务部会建议租车的员工在长途旅行前在租车公司处加满油，因为租车公司为长途旅行的客户提供优惠油价。俄罗斯政府规定，因公出国 14 小时内旅程只能坐经济舱。

公差的住宿标准

美国各驻外使领馆每年根据当地情况制定国际出差标准，经过联邦总务管理局的批准后成为正式标准，并根据每年的物价指数调整。该标准极其详细，在中国的住宿标准分为 29 类，每个城市之间的差异很大。如在北京出差，每日住宿标准为 257 美元（1 644 元人民币)，在重庆出差，则只有 99 美元。

公款吃喝

政府预算没有招待费。在美国，国会和地方议会为了控制公款吃喝，不仅严格监管，还制定了很多相关法律，其中以《牙签法案》最为著名。根据这项法律，企业不得摆宴席请官员吃饭，只可以请他们参加酒会。酒会上所有的食品都只能用牙签或者手指头拿着吃（是以也有人称作《指头食品立法》），不得有正式的饭菜。请客吃饭还要汇报请客效果。在俄罗斯严格而繁杂的报销手续会让官员在公款吃喝上望而却步，官员几乎都没有公款吃喝的经历，最主要原因是俄罗斯单位的财务制度卡得很严，报销手续太复杂，政府官员请人吃饭需要完成五步手续，至少三个领导签字才能顺利报销，整个过程耗时数个月。首先，要在请客之前填写一张“请客计划”，详细汇报吃饭地点和菜单、请客的目的，之后再经领导审批。吃完饭后，要保留饭店提供的发票，发票上需详细注明所吃菜的名称和价格，还需汇报请客效果如何等。有时为了省事，有的员工干脆自掏腰包请客。

公车使用

在日本，许多政府官员都使用公共交通上下班。局长级别的公务员就算有公务车接送上下班，也只接送到地铁站、公交站等公共交通枢纽。日本国会众参两院的公务车辆有200多辆，除正副议长、各委员长的专属车，其他600多名众议院议员和参议员共同使用100多辆公务车。按照规定，这些公务车的每次使用时间都被要求限制在3小时以内。为打击公车私用，各国都想了不少办法。几年前，瑞典财政部请专家设计了一套由电脑控制的“公务车监控系统”，即在每辆公务车上安装了带双按钮的计程器和代码发射器，一个按钮上刻着“公务”，另一个按钮上刻着“私用”。任何人用车时，必须先按下两个按钮中的一个，车辆才能启动。按钮按下后，代码器就将该车的特定代码发往监控卫星，卫星再把代码及汽车所在的方位信息传向中央监控台。如果中央监控人员发现按下“公务”按钮的汽车驶向别墅区、钓鱼区、百货区、菜市区或娱乐场所，就会用无线电询问开车者“为何用公车办私事”。这样，私用公车者便无机可乘。

监督公款消费招数

一是信息公开有法律保障。美国的《信息自由法案》规定，不涉及国家机密或者安全的政府信息都应该向公众公开。这为媒体和社会的监督提供了法律保障。美国的公款消费，特别是公车支出相当庞大，美国政府部门公开的公车信息，不但包括公车的数量、支出等总体情况，还包括具体的费用明细、哪些人在用车等细节。联邦总务管理局会在其网站上公布各类相关数据和报表。二是舆论严格监督。在欧洲，滥用公款一旦被媒体披露出来就会成为一件大丑闻，甚至可能引咎辞职。2002年，德国前央行行长威尔特克带着老婆、孩子在柏林一家超豪华酒店住宿4天，花费7 661欧元。经媒体披露后轰动全国，威尔特克不得不离开年薪35万欧元的德国央行行长之职。三是软硬结合严控腐败。用软培训和硬制度、硬法规把住公务员的口袋是德国严控公务员腐败的一大特色。每次过节之前，政府都提醒公务员不收礼。而且，德国坚决执行轮岗制。政府规定：公务员任职第 5 年必须轮岗。对于容易滋生腐败的部门，则规定 3 年必轮岗。此外，德国特别注重普通民众的监督举报。2011 年 7 月，德国女卫生部长乌拉·施密特就因公车私用被民众批得体无完肤。

资料来源：《公款消费“步步惊心”》，载《广州日报》，2012-03-15。

讨论分析

国外控制政府官员公款消费的做法对中国有何启示？为什么？

第 6 章 Chapter 6 消费结构

内容提要

消费结构是消费经济学的重要范畴，是经济结构的重要组成部分。它反映人们的消费水平、消费质量和消费需求的满足状况。消费结构的变化对社会经济的发展起着举足轻重的作用。合理的消费结构可以促进国民经济运行进入良性循环，从而不断满足人们日益增长的物质和文化需要。本章研究消费结构的内涵及其影响因素、消费结构的变化及升级的趋势、消费结构合理化的标准与实现的途径，以及全面小康消费结构的含义、要求和实现途径等问题。

第 1 节　消费结构及其影响因素

一、消费结构的内涵及分类

人们的消费总要以一定的消费资料（包括劳务，下同）为对象，人们要满足自身存在和发展的需要，满足物质和文化生活的需要，就要消费各种不同类型的消费资料。在一定的社会经济条件下，人们（包括各种不同类型的消费者和社会集团）在消费过程中所消费的各种不同类型的消费资料（包括物质资料和劳务）的比例关系，就是消费结构。譬如，在居民家庭消费总额中，由食品、服装、住房、水电、燃料、交通、教育及文化等各项支出所占份额构成的比例状态，就是家庭消费结构。

在市场经济条件下，社会总产品和整个国民收入的运作都要采取实物形式和价值形式，因此，消费结构也有实物和价值两种表现形式，反映了消费结构的两个基本方面。消费结构的实物形式是针对被消费的物品而言的，是指人们消费的一系列消费资料和消费服务的实物名称以及它们各自的数量，因而是消费结构最基本和最原始的形式。研究实物消费结构可以从不同角度和不同层次进行。比如，对于吃、穿、用，可以从满足基本需要方面，也可以从满足享受需要和发展需要方面来研究。研究实物形式的消费结构有利于我们制定各种不同类型的消费资料生产计划和政策，为消费品的开发、生产和发展提供依据。消费结构的价值形式是针对消费品的价值而言的。它以货币额表示人们在消费过程中消费的各种不同类型消费资料的比例关系，在现实生活中具体表现为各项生活支出。在市场经济条件下，研究消费结构的价值形式可以计量不同类型消费资料和劳务在消费总量中的支出比重，有利于组织消费品的生产和流通，实现国民经济的实物与价值的平衡。一般来说，实物形式的消费结构决定价值形式的消费结构，而价值形式的消费结构反映（或近似反映）实物形式的消费结构，而且可在一定程度上弥补实物消费结构中某些消费品不可比的缺陷。例如，粮食以公斤计算，衣服以件计算，住房以平方米计算，它们之间不直接可比。而运用价值形式，它们之间就具有了可比性。但是，二者之间也存在一定程度的差异，即价值形式的消费结构并不一定能准确反映实物形式的消费结构。这主要是由于价格、分配方式的变化及商品化程度各自的差异使消费结构在实物形式和价值形式之间产生误差造成的。

消费结构可以从不同的角度，依据不同的标准和目的来进行划分，从而出现了多种类型的消费结构，构成一个消费结构体系。

（1）按人们实际消费支出的不同方面或消费的具体形式，可以分为吃、穿、住、用、行等不同形式的消费结构。这种形式的划分比较具体和直观，也便于经济统计和计算，适用于不同历史时期、不同国家、不同区域经济结构的比较。目前，我国和世界大多数国家主要采取这种分类方法。按这种方法，还可以把吃、穿、用等进一步细分。例如，在吃的内部，可细分为主食和副食，还可以列出具体的食品，如水果、蔬菜、肉、蛋、禽、奶等。

（2）按满足消费需要的不同层次，可以分为生存资料、享受资料和发展资料的消费结构。生存资料一般是指维持劳动力简单再生产、保持劳动者体力和脑力以及抚育子女所必需的生活资料；享受资料是满足人们享受需要的生活资料，它是人们在满足了基本生活需要以后，能带来舒适、安逸、愉快和幸福的生活资料；发展资料的消费能使人们增长知识、陶冶情操、提高素质，使人们的日常生活向较高的层次递进。生存资料是人们最基本的消费资料，而享受资料和发展资料是较高层次的消费资料。人们在满足了生存需要后，会逐步要求满足享受需要和发展需要。在实际生活中，这三种资料往往是相互交错的。例如，有的消费资料既可作为享受资料，也可作为发展资料；有的消费资料，在一定时期内是享受资料，但在另一时期内又成为生存资料。消费结构的这种划分对分析人们消费水平的提高，描述不同阶段、阶层和社会集团的消费状况起着重要作用。

（3）按消费品能够提供的消费形态，可以形成实物消费、劳务消费和精神消费的消费结构。实物消费是有形产品的消费；劳务消费一般是指通过接受活劳动进行的消费，已成为人们日常生活消费的一个重要方面；精神消费是人们为满足心理需要、陶冶情操、提高身心健康而接受精神产品的消费形式，如知识、信息、理念、心理体验与审美情趣等的获得。高层次的精神消费不仅对人的发展，而且对促进社会经济的发展、生产方式的改进起着十分重要的作用。对消费结构的这种划分有利于全面分析人们的消费状况，有利于根据实物消费、劳务消费和精神消费的发展变化趋势，促进第三产业的发展。

消费结构还可分为其他类型，如从消费的社会性质区分为：公共或共同消费与私人或个人消费；自给性消费和商品性消费；家庭消费与非家庭消费等。

二、影响消费结构的主要因素

影响消费结构的因素有很多，既包括收入、价格、产业结构等经济因素，也包括社会（阶层、家庭、关系集团）、文化、政策制度、自然环境、地理气候条件、民族宗教差异等非经济因素，其中，经济因素是影响其变动的最主要因素。这里只对一些主要因素做分析。

（一）居民收入

居民收入是影响消费结构最重要、最基本的因素。在国民收入的分配中，积累和消费的比例、消费基金的增长速度、消费基金中个人消费基金的增长速度都直接影响全社会居民的消费结构和居民家庭消费结构。其中，居民收入水平的高低意味着居民购买力的大小，进而影响消费结构。收入对消费结构的影响集中表现在消费需求层次上。随着购买力的提高，消费需求层次也会提高，由此必然导致消费结构向较高层次跃迁。这种跃迁表明，消费结构在内涵上和外延上都扩大了。其内涵性跃迁体现了消费水平和消费质量的提高。譬如，随着收入的提高，人们在吃的方面，由吃饱向吃好转化，越来越讲究营养、味美和方便；在穿的方面，由单调向多样化转化，越来越讲究花色、品种和式样；在用的方面，由一般日用品向高档耐用消费品转化，越来越讲究方便、多功能和精美；在住的方面，由满足基本住的需要向居住舒适化方面转化，越来越讲究宽敞和室内外环境优美等。其外延性跃迁体现了消费领域的扩大和结构升级。

收入对消费结构的影响还表现在消费品的需求弹性方面。收入水平变化后，某些消费品的需求弹性变化大，而有些消费品的需求弹性变化可能不大，通过分析收入水平变化对不同消费者需求弹性的影响作用，可以看出消费结构的变化情况。

（二）产业结构

国际经验和产业结构演进的规律表明产业结构决定居民消费结构的质量和水平，产业结构的变动决定了消费结构变动的方向。产业结构对消费结构的影响主要表现在：

（1）产业结构的内部比例（即第一、第二、第三产业占总产出的比重）影响消费结构。由于满足人们生存、享受和发展的消费资料主要来自农业、轻工业和第三产业，因此，三大产业的结构合理与否直接影响到消费品的生产供给，从而影响到消费品的生产结构和消费结构。我国过去曾在一个时期忽视发展农业和轻工业，第三产业的发展更是几乎为零，结果对提高消费水平带来不利影响，导致城乡消费结构呈现严重畸形。十一届三中全会以后，我国调整了三大产业的比例，加快了农业和轻工业尤其是以服务业为标志的第三次产业的发展，使人们的消费水平有了较大提高，不仅基本解决了温饱问题，而且不少城乡居民开始或已经步入了小康生活，享受资料、发展资料大大增加，消费结构有了较大变化，且逐步向更高层次发展。另外，现在正经历以新兴的信息产业为标志的第四次产业结构的分化过程。随着科学技术的发展，知识和信息产业脱颖而出，导致新的消费品不断出现，人们的消费领域不断拓宽，将使消费结构进一步产生重大变化。

（2）三大产业的内部结构影响消费结构。譬如，农业内部种植业、畜牧业、水产业的构成对人们消费结构中的粮食、水果、肉、蛋、奶等的消费会产生直接影响。轻纺工业、食品加工业、家用电器制造业的发展会使人们的衣着、食品和日用品的消费比重增加。但是，如果纺织工业所占比重过大，而食品工业的发展又不能适应农业发展和人们生活水平的提高，就会使基本生活的消费结构比例失调。第三产业中的生活服务业与人们生活息息相关，其不断发展，提高了人们消费结构中劳务支出的比例，从而使消费结构产生变化。

（3）不同的产业结构具有不同的就业和收入效应，从而影响消费结构。产业结构演进变化与就业结构变化有密切关系，能引起劳动者报酬占比发生变化。通常，第三产业吸纳就业的能力远高于第一、第二产业，但若第三产业发展滞后会导致三个产业的就业结构发生扭曲，阻碍农村剩余劳动力向第二、第三产业的顺利转移。另外，一般而言，第一、第三产业劳动者报酬占比较高，第二产业劳动者报酬占比较低。产业结构变化中，随着第二产业产值份额上升和第一产业产值份额下降，劳动者报酬份额相应下降，当第三产业在经济中占据主导地位时，劳动者报酬份额大幅上升。因此，产业结构影响就业结构和国民收入分配结构，而收入是消费的基础，由产业结构决定的就业和收入分配结构必然影响居民消费结构升级。①

（三）价格水平

价格的变化对消费结构也有重要影响。在其他条件不变的情况下，消费品价格总水平的高低影响消费水平，进而影响消费品的供求和消费结构。不同消费品的价格会发生不同的变化。比如，有的价格上涨，有的价格下降。价格的高低影响消费品的供求，因而必然影响消费结构。在收入水平一定的条件下，消费者购买力的大小就直接取决于价格的高低，也就是说，消费者以同样的货币能购买多少不同类型的消费品，取决于这些消费品的价格状况。一般而言，某种消费品的价格上升，其需求会减少，同样，消费也会减少，反之则相反。特别是需求价格弹性大的消费品（如高档耐用消费品）更是如此。当然，在某些消费者中也有逆反的心理，买涨不买跌。但从总体来说，价格的变化对消费结构的影响是非常直接的。

（四）人口总量及人口结构

人口总量是指一国或一地区在一定时期内全部人口的数量，它对消费结构具有

---

① 参见郭春丽、相伟：《以产业结构升级促进消费结构升级》，中国改革论坛，http：//www.chinareform.org.cn/Economy/industry/Practice/201305/t20130529_168107_1.htm，2013-05-29。

重大影响。在国民收入一定的条件下，一定的人口数量影响人均消费额，从而影响消费结构。在各种消费品总量一定的条件下，人口数量会影响人均消费品数量。如果人口多，人均消费品数量就少，消费结构中的“瓶颈”商品就多，因而必需品所占比重就大；如果人口少，人均消费品数量多，消费结构中的“瓶颈”商品就少，且奢侈品或精神消费品所占比重就大。

此外，人口结构还对消费结构有很大影响。人口结构主要包括人口的年龄结构、城乡结构、社会结构、职业结构、区域和性别结构等。人口结构的不同导致消费偏好的差异，从而使消费结构也有较大差异。现在我国农村人口多，由于农村自来水、电力等条件的制约，对家用电器的消费就受很大的影响，虽然广大农村居民迫切需要这些消费品，一些地区的农民也有购买力，但就其整体条件来说，仍然制约着家用电器的消费。在人口结构中，不同的人口素质及不同年龄、职业群体也影响消费结构。如工人、知识分子、儿童、青少年、老年人以及不同性别的人，其消费结构也有较大差异。当人口结构发生变化时，消费结构也会发生变化。

（五）文化

文化是使消费者产生消费偏好的最重要的背景和直接动力，是导致消费行为和其他各种行为的根源之一，会对消费结构产生极大影响。文化有广义和狭义之分。广义的文化泛指人类在社会实践过程中创造的物质财富和精神财富的总和，包括文化产品、生活方式、价值观念、风俗习惯、道德规范、宗教信仰、人类社会创造的精神产品等。随着提供给消费者的文化产品和文化服务的种类不断增多和丰富、质量不断提高，人们用于文化消费的支出在其消费支出总额中的比例不断增大，消费结构逐渐得以优化。狭义的文化主要指消费文化，是人们的消费观念、消费习惯、消费偏好等的总称，它更能直接影响人们的消费结构。

（六）环境

消费环境包括自然生态环境、人工物质环境和社会经济文化等环境。自然生态环境和人工物质环境为消费活动提供了有形的空间和场所，而社会经济文化等环境为消费活动提供了无形的空间和场所。与此同时，也为有形物质消费品以及精神文化娱乐等无形消费品的生产与形成提供和创造了条件，从而影响消费结构的变动。可以说消费环境影响着消费结构，是消费结构优化、消费质量和消费水平提高的前提和保障。良好的自然环境能提供结构合理、优质的消费品；良好的人工物质消费环境能使人们消费活动方便、舒适、安全、更加健康、更能陶冶情操；良好的社会经济文化环境有利于人们在消费过程中建立平等、友爱、文明、公正的关系，形成有利于消费质量和消费水平提高的经济制度、经济政策、市场环境和经济法规，形成正确的消费价值观念、消费习俗和消费道德规范，这些因素都有力地影响着消费结构的进一步改善与升级。环境因素对消费结构变动的影响在近几年来日渐突出，比如环境恶化使人们的生存条件遭到威胁，消费资料遭到污染，对人们的身心健康造成危害，势必迫使人们用于医疗卫生的支出不断增加。

第 2 节　消费结构的变化及趋势

一、消费结构的动态变化

人们在消费过程中所消费的各种消费资料（包括劳务）的构成和量的比例，是随着社会、经济、文化的发展而不断变化与完善的。可以说，消费结构是一种与国情国力、社会经济发展水平和自然资源供给变动状况相适应的动态的、不断发展的比例关系，在消费水平不断提高的前提下，消费资料（包括劳务）的结构逐步实现向高层次、高水平的转变。消费结构还随着需求与供给的矛盾运动而不断变动。改革开放以来，我国消费结构的变化总体从“吃—穿—用”模式演变为“吃—穿—娱乐文教服务—住—用—行”，大体经历了两个阶段，第一阶段由供给式消费向温饱型消费转变，第二阶段由温饱型消费向小康型消费发展。目前我国正处于向全面小康型消费发展变化阶段，“住—行”上升为首位，房子、车子正成为首位的消费支出，具体出现了一系列新变化。

(1) 食品类消费质量不断提高，恩格尔系数持续下降。结合表 6—1 和表 6—2 的数据可以看出，我国居民的食品消费支出虽然一直在我国人均消费支出中占据最大比例份额，但随着人均收入以及生活消费支出的不断增加，食品消费支出的比重在逐年下降，尤其是城镇居民食品消费支出的变化最为明显，由改革开放之初的占据总支出的半壁江山，下降至 2011 年的 36.32%。理论上我们将食品类消费所占的比重称为恩格尔系数。根据联合国粮农组织的标准，依据恩格尔系数的数值，可将居民生活水平分为 5 个等级：60%以上为贫困，50%～59%为温饱，40%～49%为小康，30%～39%为富裕，30%以下为最富裕。最能反映食品消费变动情况的居民恩格尔系数更是清晰地表明我国城乡居民的食品消费逐年下降，城镇已步入富裕生活水平，而农村也属于小康生活水平。食品消费水平不断提高，由过去简单的吃饱吃好，以谷物主食消费、油脂调味料支出为主，向品种更为丰富、营养更加全面转变。

表 6—1　人均收入以及居民恩格尔系数变动

年份	人均可支配收入/纯收入（绝对数）（元）		家庭平均每人生活消费现金支出（元）		居民恩格尔系数	
	城镇	农村	城镇	农村	城镇	农村
1978	343.40	133.60			57.50	67.70
1980	477.60	191.30			56.90	61.80
1985	739.10	397.60	673.20		53.31	57.80
1990	1 510.20	686.30	1 278.89		54.24	58.80
1995	4 283.00	1 577.70	3 537.57	859.43	50.09	58.60

续前表

年份	人均可支配收入/纯收入（绝对数）（元）		家庭平均每人生活消费现金支出（元）		居民恩格尔系数	
	城镇	农村	城镇	农村	城镇	农村
2000	6 280.00	2 253.40	4 998.00	1 670.13	39.44	49.10
2005	10 493.00	3 254.90	7 942.88	2 134.58	36.70	45.50
2006	11 759.50	3 587.00	8 696.55	2 415.47	35.80	43.00
2007	13 785.80	4 140.40	9 997.47	2 767.12	36.29	43.10
2008	15 780.76	4 760.62	11 242.85	3 159.40	37.89	43.67
2009	17 174.65	5 153.17	12 264.55	3 504.84	36.52	40.97
2010	19 109.44	5 919.01	13 471.45	3 859.33	35.70	41.09
2011	21 809.78	6 977.29	15 160.89	4 733.35	36.30	40.36

资料来源：《中国统计年鉴（2012）》，北京，中国统计出版社，2012。

表 6—2　　居民消费结构变化

年份	居民消费结构（人均现金消费支出＝100）															
	食品		衣着		居住		家庭设备及用品		交通通信		文教娱乐		医疗保健		其他	
	城镇	农村	城镇	农村	城镇	农村	城镇	农村	城镇	农村	城镇	农村	城镇	农村	城镇	农村
1985	52.25	39.33	14.56	15.48	4.79	22.00	8.60	8.25	2.14	2.87	8.17	6.34	2.48	3.93	7.01	1.81
1990	54.25	41.59	13.36	11.75	6.98	21.66	10.14	8.20	1.20	2.24	11.12	8.36	2.01	5.06	0.94	1.13
1995	50.09	41.10	13.55	10.32	8.02	17.20	7.44	7.92	5.18	3.92	9.36	11.91	3.11	4.94	3.25	2.68
2000	39.44	36.14	10.01	7.41	11.31	17.98	7.49	5.79	8.54	7.25	13.40	14.53	6.36	6.82	3.44	4.08
2001	38.20	35.52	10.05	7.18	11.50	18.32	7.09	5.58	9.30	8.06	13.88	14.12	6.47	7.08	3.51	4.14
2002	37.68	34.82	9.80	7.12	10.35	18.50	6.45	5.46	10.38	8.76	14.96	14.33	7.13	7.08	3.25	3.93
2003	37.12	34.96	9.79	6.95	10.74	17.64	6.30	5.16	11.08	10.31	14.35	14.95	7.31	7.34	3.30	2.70
2004	37.73	35.90	9.56	6.81	10.21	16.94	5.67	5.07	11.75	10.98	14.38	14.11	7.35	7.44	3.34	2.74
2005	36.69	36.11	10.08	6.93	10.18	16.04	5.62	5.20	12.55	11.48	13.82	13.84	7.56	7.87	3.50	2.54
2006	35.78	34.59	10.37	6.93	10.40	18.15	5.73	5.22	13.19	11.95	13.83	12.63	7.14	7.93	3.56	2.60
2007	36.29	34.97	10.42	6.96	9.83	19.52	6.02	5.37	13.58	11.87	13.29	11.05	6.99	7.60	3.58	2.67
2008	37.89	35.93	10.37	6.68	10.19	20.33	6.15	5.49	12.60	11.40	12.08	9.96	6.99	7.79	3.72	2.43
2009	36.52	33.69	10.47	6.62	10.02	22.04	6.42	5.83	13.72	11.50	12.01	9.72	6.98	8.20	3.87	2.40
2010	35.67	34.03	10.72	6.82	9.89	20.76	6.74	6.05	14.73	11.95	12.08	9.50	6.47	8.45	3.71	2.44
2011	36.32	34.90	11.05	7.20	9.27	19.70	6.75	6.50	14.18	11.60	12.21	8.40	6.39	9.20	3.83	2.60

资料来源：《中国统计年鉴（2012）》，北京，中国统计出版社，2012。

（2）衣着消费比重有升有降，目前趋于较稳定状态。在我国解决温饱的过程中，消费结构另一明显的变化特征是衣着消费支出总量在不断增加，但无论是城镇还是农村居民，衣着支出占消费总支出的比重总体趋于下降；温饱问题解决后，向小康社会进军的过程中，居民尤其是城镇居民的衣着消费支出又有逐渐略微上升的趋势。这表明人们已改变对衣服只需满足保暖、遮体、区分性别的基本功能的观念，逐步转向对衣服功能的认识，讲究穿着的质量、档次、花色、品种，要求能带来美感、使人舒适、突出个性、体现身份和地位。

（3）城乡住房消费支出比重变化不一。从表 6—2 中可以看出，随着我国城镇住房制度改革的全面开展、住房商品化的普遍推行，城镇居民住房消费支出大大增加，大大提高了居住水平、改善了住房条件，我国城镇居民人均居住住房建筑面积已经由1978年的6.7平方米提高到2012年的36平方米。住房消费支出比重的增加大大促进了住宅产业的发展和房地产业的发展，房地产业在国民经济中的比重大幅提高，成为支柱性产业，并带动了相关产业的发展。但由于住房是市场的投资性和投机性产品，加之土地财政政策推行，城市房价出现非理性增长，政府相继出台了一些调控政策。另一方面，由于城镇化进程推进使得大批农民进城务工，因此农村住房消费支出初期有所下降，但随着农民收入的增加，受城镇居民消费影响，农村住房消费支出比重近年又有所增加，且建房、修房的规格和质量也在不断提高。

（4）家庭设备及耐用品消费支出比重有所下降，汽车消费比重明显上升。城镇居民最初随着收入的增加，对彩电、空调、洗衣机、冰箱等基本传统家用耐用品消费的需求不断增加，且支出比重也不断上升，但20世纪90年代后期开始，这些基本传统家用耐用品消费的需求已基本饱和，支出比重逐年下降。人们对家用电脑、移动电话、家用汽车等较高消费层次、现代化创新产品的需求不断增加，同时，许多原有耐用品也进入了更新周期，近几年国家又出台了家电下乡、家电节能补贴政策，对家电用品消费支出也有所刺激。而农村居民由于消费环境的改善、农村基础设施建设的完善，各类家庭基本耐用电器品消费需求变化不如城镇居民大，而且，随着农民受教育程度的提高以及机会的增多，其接受新鲜事物、新型消费产品、新消费方式的能力增强，对大件耐用消费品、高科技含量产品需求增加。

（5）服务消费比重大幅提高。我国居民消费结构变化的另一重要特点就是服务消费（包括医疗保健、交通通信、文教娱乐）的比重大大提高。1980年前，我国服务消费比重极低，仅5%左右，而随着生活水平的提高，这一比重逐年提高，2006年达到最高值，城镇居民服务消费比重为34.16%。近几年，服务消费比重除农村医疗保健消费比重外均有所下降（见表6—2）。总体看，城镇居民用于交通通信等缩短时空位置距离的信息消费、文教娱乐、医疗健康保健、旅游休闲等发展性和享受性消费、带来人们生活便捷的服务性消费等支出逐年增加，而近几年，医疗保健比重略有所下降，关键原因就在于生活水平的提高、生态文明理念和原则的全面融入，使疾病的发生率降低或者疾病的严重程度得到缓解。农民尤其是进城务工农民，为了提高生活质量、增强就业竞争能力、增强融入社会的自信心和能力，不得不增加自身以及子女的教育和培训投入，并逐渐重视身体健康。因此，文化教育和医疗保健支出成为其消费支出的重要内容。

二、消费结构升级的趋势

消费结构升级，或称“消费革命”，是一个社会的消费需求由代表低一级消费时代的主流商品转变到代表较高一级消费时代的主流商品的变革过程。消费结构升级是消费结构的优化和扩展。根据20世纪世界上许多国家的消费结构变化状况，一般来讲，消费结构的演进经历温饱、家用电器、住行、教育等典型消费品依次递进的消费革命，如图 6—1 所示。图中，Cg_i（$i=1$，2，3，4）为主流商品的成长过程。Cd 为主流商品的消费升级过程。我们设定 X_i（$i=1$，2，3，4），即 X_1，X_2，X_3 和 X_4 依次表示消费结构升级的鼎盛时期。此时 i 主流商品的边际消费成长等于 i 主流商品的边际消费升级，即 $MCg_i=MCd$；$X_i \to X_{i+1}$ 分别是以上相应消费结构升级的变革时期。在这些时期，$MCg_i>MCd$，因此，消费力强劲，消费需求扩大，表现为消费需求旺盛；$X_i \to X_i'$（$i=1$，2，3，4）分别是相应的消费结构升级的后期，也是它们各自下一次的消费结构升级的积蓄时期。在这些时期，$MCg_i<MCd$。因此，消费力疲弱，消费需求缩小，表现为消费需求不足。

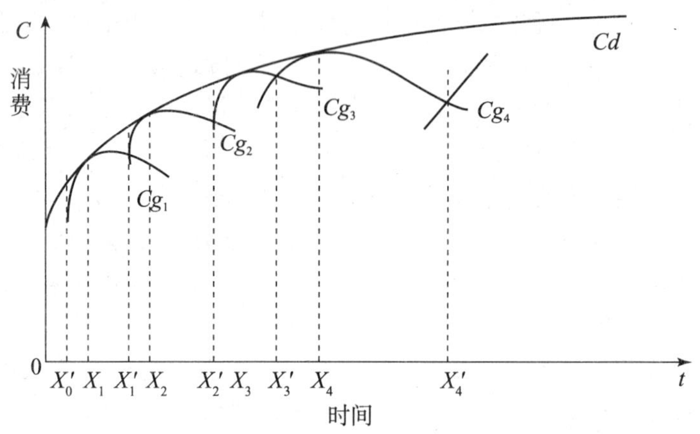

图 6—1　消费结构的演进历程

说明：图中，Cd 表示长期需求成长曲线；Cg_i（$i=1$，2，3，4）表示短期需求成长曲线。

值得注意的是，无论是消费结构升级的前期（潮流的初期），还是其后期（潮流的后期，也即下一次消费革命的积蓄时期），时间间隔一轮比一轮长。温饱消费需求形成历时最短，家用电器消费升级并形成潮流历时稍长，而住行消费升级过程则需积蓄多年。积蓄时间间隔越来越长，是因为每次消费结构升级中的消费投入越来越大。积蓄时期的拉长给消费结构升级带来了更为复杂的因素。

一般来讲，随着收入的提高，消费结构升级大体呈以下趋势。

（1）生存资料、享受资料、发展资料的消费结构升级。从发展趋势来看，生存资料的消费总量虽会有所增长，但它在消费结构中的相对比重却会呈下降趋势，而享受资料和发展资料不仅总量会上升，而且在消费结构中的比重也会逐步上升。其主要原因是，生存资料的需求弹性小，而享受资料、发展资料的需求弹性较大。收入提高引起消费水平提高后，享受资料和发展资料的需求弹性会很明显地反映出来。

（2）实物消费、劳务消费、精神消费的消费结构升级。尽管从总体看实物消费的绝对量有一定的增加趋势，但在人们的消费支出中，实物消费的比重呈下降趋势，而劳务消费和精神消费的比重会逐步上升。例如，与人们日常基本生活相关的劳务，将会随着人们追求生活的方便、舒适而增加，诸如维修服务、购物服务、洗涤及整理室内服务等。另外，耐用品普及后，知识密集型商品进入家庭，如 VCD，

DVD 及电脑等，要求消费者掌握更多的消费知识。随着人们自身素质的提高，消费者对知识、文化、科技、信息在社会发展和自身全面发展中的作用越来越重视，对精神文化服务、科技信息服务的需求越来越多。这样，人们在教育、科技、文化、信息方面以及增加技能、提高技术熟练程度方面的投入会增多，因而人们对高层次的精神消费需求会大大增加。

（3）吃、穿、用、住、行、教育的消费结构升级。根据前面对消费结构升级的分析，从长期看，吃、穿、用、住、行、教育等消费依次作为主流商品形成消费潮流。首先，随着人们收入的增加，食物消费普遍遵循恩格尔定律，即在消费总量中的比重会逐步下降。在人们的生活消费中，吃的方面总要受到生理界限的限制，因而食物支出在消费总支出中的比重会逐步下降。这是消费结构变化的必然趋势。其次，继食物消费满足后，穿的比重会上升，然后趋于稳定，甚至略有下降。这是因为衣着方面虽日益丰富多彩，但一般有其数量限制，即增加不是无限的。当衣着需求基本满足后，其支出比重就会呈稳定或下降趋势。再次，随着人们吃和穿的满足，用的支出比重会有所上升，然后趋于相对稳定。这是因为用的范围很广，产品种类不断增多，档次不断提高，而人们对用的需求是无限的。随着科技发展，一些高档用品、耐用品的种类越来越多，而其价格一般较高，因此支出比重会有所提高。最后，在满足或基本满足了以上消费后，住、行和接受良好教育等需求会在一个较长时期内呈上升趋势。就我国来说，随着市场经济的发展、市场体系的健全和科技发展水平的提高，住房分配逐步走向了商品化和货币化，私人轿车将进入家庭，教育将成为长期的消费热点。住、行、旅游、教育都是支出较大的消费，因而会导致其在消费支出中的比重大幅上升。

第 3 节　消费结构合理化

一、消费结构合理化的含义与标准

（一）消费结构合理化的含义

消费结构合理化，就是消费结构由不合理状态逐步向合理状态调整或变迁的过程。现实生活中的消费结构并不一定合理。由于消费结构的变化要受一系列社会经济因素的影响，当这些因素变化时，消费结构也会发生变化，有意识地改变不合理的消费结构就是消费结构的合理化。合理的消费结构具有如下内容：

（1）消费结构应能较好地满足人们多层次的需求，保证人的智力、体力充分而自由地发展。它不仅能满足人的物质需要，而且能满足劳务、精神需要；不仅能满足生存资料的需要，而且能较好地满足享受资料和发展资料的需要，促进人的身心健康和全面发展。

（2）消费结构应能较好地满足人们每天正常所需营养，并使营养平衡，促进人们健康水平的提高。

（3）消费结构应能体现较高的消费质量。其中，不仅消费品的质量较高，而且有较好的消费环境和消费条件，使消费结构与经济、社会和环境协调发展，人与自然和谐发展。

（4）消费结构应能体现利用经济资源的合理性，能从国家的资源实际出发，充分利用优势资源，节约短缺资源产品消费，使消费结构、产业结构与自然资源的结构相适应。

（5）消费结构必须体现社会物质文明、精神文明、政治文明建设的要求，有利于促进文明、健康和科学的生活方式的形成与发展。它要求不仅物质需要能得到较好的满足，而且精神文化需要也能得到较好的满足，反映社会主义生产关系和生活方式的本质需要，反映社会主义物质文明、精神文明和政治文明的最佳结合。

（二）合理消费结构的主要标准

合理消费结构的主要标准是指消费结构符合生理标准、经济标准和社会标准等要求的衡量准则，其主要标准应包括三个方面。

1. 生理标准

消费结构合理的生理标准是指消费结构满足人们生理的基本需要的标准。它是在一定的历史时期内社会对消费者的生理需要确定的标准。只有达到了这些标准，才能保证劳动力按社会要求进行再生产。

首先，在吃的方面，应保证一个健康人每天所需要的蛋白质、热量、脂肪以及其他营养，达到合理的营养标准和营养平衡。根据我国的具体情况，我国不能像西方一些国家那样以动物性食物为主，也不能采取动物性食物与植物性食物并重的方案，而必须把我国的资源状况、传统消费习惯和科学营养要求三者结合起来，逐步提高动物性食物的比重，以保障人们的基本食物消费需要和营养需要，预防疾病，促进身体健康。

其次，在穿和用的方面，人们对衣着方面的消费是有客观标准的。因此，应满足人们对不同季节的基本穿着需要，满足对居住和在室内进行其他消费活动的需要。根据我国的具体情况，最初规定人均居住面积的生理标准最低为 7 平方米，在此基础上可有条件地扩大；而至 2012 年，我国人均住房面积已达 36 平方米。

合理消费结构的生理标准可以根据消费者的各种消费需要求出，但有些消费的生理标准，如一些涉及生理消费的劳务消费和用品消费则很难精确计算，需要经验推测。

2. 经济标准

合理消费结构的经济标准是指消费结构应与生产力水平、生产能力、资源承载能力和经济承受能力相适应。具体说，它应该是：

（1）消费结构要与生产力发展水平条件下的生产能力相适应。合理的消费结构应建立在相应的生产力水平与生产能力上。从社会再生产过程的角度看，不合理的消费结构常常是超越生产能力发展的消费结构。它势必造成盲目追求高消费而导致社会经济失调。消费结构不合理会导致产业结构不合理，从而有可能造成分配结构、流通结构不合理。因此，消费结构合理与否的标志之一就是看它是否适应生产结构、分配结构和流通结构状况，是否有利于形成合理的国民经济结构。

（2）消费结构要适应经济资源的特点。合理的消费结构有利于发展优势资源产品的消费，限制短缺资源产品的消费，综合开发和合理利用各种经济资源。在一国中，经济资源有优有劣。在经济资源中，有些丰富，有些匮乏；有些可再生，有些不可再生，而人们的消费需要却具有再生性和无限性，因而在人对自然进行物质变换并取得消费资料时，就有可能对自然资源造成破坏。当破坏因素超过一定限度时，自然资源的恢复与调节能力的补偿就难以甚至不能实现。因此，合理的消费结构应该有利于一国或一地区经济资源的合理配置和资源的节约，并对短缺资源产品的消费进行限制，充分考虑自然资源的承载能力。

（3）消费结构要体现经济实惠的原则，有利于节约社会劳动和资源。应该说，社会经济效率背后所支撑的是合理的消费结构，同时，合理的消费结构可以导致相应的消费效率。高效率的消费就是经济实惠，即节约社会劳动，节约和有效使用消费资料，使消费活动既丰富多彩，又不奢侈豪华；消费效率还体现消费质量。高效率的消费体现出一种质量优化观念，能促使劳动者身心健康和素质的提高，促进人的全面发展。

3. 社会标准

合理消费结构的社会标准是指消费结构体现社会价值与精神文明的标准。人的消费过程是物质满足和精神满足程度的统一，即以物质满足为基础，并体现出人的风貌和精神文明状态。

（1）在我国社会主义市场经济条件下，消费结构的社会标准首先就是要体现新的价值追求、伦理观念和道德情操，也就是提倡积极向上的消费，反对颓废腐朽的消费；提倡勤俭节约，反对奢侈浪费；提倡廉洁勤政，反对公款吃喝；提倡公德意识，反对危害他人的消费；提倡健康文明消费，反对暴饮暴食、攀比畸形消费等。

（2）消费结构及其变动趋势应体现社会公平与经济效率的有机统一。一方面，为调动劳动者的积极性与创造性，应体现合理的消费差别；另一方面，应注重对消费结构的引导和调节，尽量做到社会公平。

（3）消费结构应符合人们追求消费质量的要求，注重生态平衡与人类自身及社会的可持续发展，有利于人们的身心健康，有利于中华民族科学文化素质和消费质量的提高。

消费结构的这三个主要标准是客观存在的，具有规律性。当然，合理的消费结构也具有一定的相对性，它随时间、地点和其他条件变化而变化。在一定时期、一定地点合理的消费结构，在另一时期、另一地点可能不一定合理。对我国来说，经济政策的制定应以合理消费结构的标准为依据，根据不同时期、不同地区、不同民族的实际情况，确定科学和合理的消费定额，合理组织消费品的生产和流通，逐步形成合理的消费结构。

二、实现消费结构合理化的主要途径

（一）改革分配制度，提高收入水平，促进消费结构升级

消费结构的合理化相当程度上取决于收入分配的合理化。在消费倾向既定的情况下，居民实际收入水平直接决定其消费支出水平，而广大居民的消费支出水平又直接决定消费结构。人们有支付能力的需求是不能超越其收入总额界限的。只有当收入水平提高时，才能突破原来的界限，提高消费水平，实现消费结构升级和消费结构的合理化。我国应调整收入分配结构，改革分配体制，提高广大居民的收入水平，尤其是提高农民和城镇低收入阶层的收入。对劳动者的报酬分配，应坚持多劳多得、少劳少得、不劳动者不得食的原则。在适当拉开收入差距的同时，应尽量减少行业、区域、城乡间收入分配不公的现象，对收入过高的行业和人群采取多种措施加以遏制，避免居民收入差距的扩大对消费结构运动的逆向效应。同时，由于高收入阶层能对其他收入阶层产生较强的示范效应，因此，应引导高收入阶层的消费结构合理化，使他们能更文明、科学地消费，更好地调整消费结构，更多地消费发展型消费资料和知识密集型消费资料。他们的示范性消费有利于促进消费结构的良性运动，尽快实现合理化。

（二）加大供给创新，增加有效供给

有效供给是消费结构合理化的基本保证。首先应按城乡、收入等不同标准进行市场细分，优化供给结构。调查并预测不同群体的现实需要和潜在需求，以此组织生产和经营，创造出有效的供给，逐步改变目前产品的结构性过剩与结构性短缺并存的现状。而且，重点还应紧紧抓住农村消费市场这一容易被忽视的关键点，增加供给结构中适合农村居民消费的商品的比例，提高供给的针对性。

其次应积极调整产业结构，依靠科技进步，创新供给，以引导消费合理化。不断开发和创新产品品种，尤其是差异化、个性化的产品，使低水平、低档次的消费品逐渐淡出市场，引导并激活居民的消费向个性化、合理化发展。产业结构合理化是消费结构合理化的物质基础，一是不断推进农业产业化、现代化，加大农业等基础产业的科技含量，为居民消费结构的合理化起到支撑作用。二是根据消费需求变化、适时调整消费品工业的内部结构，大力发展食品工业、服装工业，继续发展日用品工业、耐用消费品工业，而且要通过科技进步而非依靠自然资源，提高工业经济的劳动生产率，提高产品的加工精度和深度，提高产品附加值。三是从城乡居民发展资料和享受资料需求不断上升的要求出发，大力发展第三产业，重点发展服务业和教育、文化、娱乐、卫生保健、旅游、通信等产业，满足城乡居民的消费需求。尤其居民服务消费数量的增加和规模的扩大，是消费结构不断改善和日趋合理、居民生活质量不断提高的重要依据，除加快对传统服务业的改造，提高其技术水平，增加服务品种，改善服务手段，还应积极开拓保险、信息、咨询等新兴服务产业，拓宽服务领域。

最后应提高供给质量，规范供给价格。全球化市场竞争日益激烈，商品的高质低价和优质服务成为各国竞争的焦点，增强质量观念、严格质量标准变得尤为重要。我们应抓紧改变目前的供给状况，否则因质量而造成的产品过剩将更加严重。[①]

（三）加大消费的文化含量，提高文化消费力

文化消费属于满足发展资料和享受资料的高层次的消费，文化消费的不断增加是消费结构合理化的重要标志。改革开放以来，我国城乡居民用于精神文明消费方面的支出不断提高，但目前我国文化消费领域仍存在文化消费结构不合理、文化消费质量参差不齐等诸多不尽如人意之处。因此，不断增加文化消费的数量，提高文化消费的质量，是优化消费结构的需要。为此，一是应增加教育消费，努力提高消费者的消费能力。教育消费支出的增加不仅使消费者的知识文化水平得到提高，而且使消费者消费能力得到提高，进而增加对文化消费的更高层次需求，增加消费结构中文化消费的含量。二是应加快文化消费，特别是公益性文化消费硬件建设，主要包括博物馆、科技馆、文化广场等面向广大消费者的文化娱乐设施和场馆的建设。三是应加快推进文化产业发展，增加文化产品的品种和数量，提高文化产品的档次和质量，不断优化文化产品的供给结构，满足消费者多层次、多样化的文化消费需求。四是强化文化市场管理，建立一套自上而下的文化发展和消费调控的监督机制，改善文化市场环境。良好的文化市场环境是提高文化消费质量，增加文化消费总量的必要条件。应进行经常性的检查、监督和指导，避免盲目性和短期行为，坚决禁止制造和传播文化垃圾的行为。

（四）转变消费观念，树立科学合理的消费观

居民消费结构合理化还与人的消费习惯和消费风俗相关，因此应教育和帮助人们树立科学合理的消费观。通过教育体制改革，倡导全面终身消费观教育，进一步提高全民消费素质，不仅要在全国范围的义务文化教育中进行灌输，而且要开展多种形式的培训与普及活动，激发人们树立科学合理的消费观的自觉性和积极性。树立科学合理的消费观主要表现为：一是确立尚俭戒奢、适度消费、合理消费的观念。改革开放后，一些人的消费观念没有随着收入增加的实现相应提高，文化消费、发展消费等精神性消费层次、质量不高，致使“黄赌毒”等丑恶性消费时有发生。一些人的超前消费、不良消费对社会产生了不良影响，致使盲目过度消费风气有所抬头，而俭朴的美德被冷落。尤其是一些炫富攀比性消费，容易使人产生仇富心理，造成社会的不稳定。同时，城乡居民的消费行为仍受一些陈旧落后的消费观念和消费习惯支配，吃喝消费、结婚消费、丧葬消费、人情消费支出过多，使得居民消费结构长期处于失衡的低层次状态。因此，需要各级政府、新闻媒体、教育机构及相关社会团体承担起引导居民确立适度消费、合理消费的消费观念的责任，倡导可持续的消费习惯和文明、健康的消费方式，摒弃不良的消费观念和落后的消费

① 参见赵明辉：《消费结构合理化及其实现途径》，载《发展论坛》，2002（12）。

方式，倡俭戒奢以促进社会和谐发展。二是树立绿色消费、生态消费观念。倡导和发展绿色消费是促进消费结构合理化的重要举措，应广泛开展绿色消费的宣传活动，增强全社会的绿色消费和环境保护意识。绿色生态消费观念要求人与自然环境的和谐统一，消费方式符合生态系统的要求，有利于生态平衡与环境保护，有益于人的身心健康，促进经济社会可持续发展地消费。

第4节 全面小康消费结构

一、全面小康消费结构的含义

全面建成小康社会是一个长期性的总体目标，1979年邓小平同志针对相当部分中国居民未解决温饱问题的现状，提出到2000年人民生活从总体上达到小康水平的中国经济社会发展战略目标构想。随着中国特色社会主义建设事业的深入，其内涵和意义不断地得到丰富和发展。在20世纪末基本实现小康的情况下，党的十六大报告明确提出了“全面建设小康社会”。2012年党的十八大报告根据我国经济社会发展实际和新的阶段性特征，在党的十六大、十七大确立的全面建设小康社会目标的基础上，提出了为确保到2020年实现全面建成小康社会宏伟目标的一些更具明确政策导向、更加针对发展难题、更好顺应人民意愿的新标准和新要求，指出全面小康应是发展改革成果真正惠及十几亿人口的小康社会，是经济、政治、文化、社会、生态文明全面发展的小康社会，是为实现社会主义现代化建设宏伟目标和中华民族伟大复兴奠定坚实基础的小康社会。

全面小康消费结构是指在全面小康社会阶段，人们（包括不同类型的消费者和社会集团）在消费过程中所消费的各种不同的消费资料（包括劳务）的比例关系及其构成状态。全面小康消费结构可以从不同角度进行分类。第一，按人们日常生活中实际消费支出的不同方面或消费的具体形式，可以形成吃、穿、用、住、行等形式不同的消费结构。第二，按满足消费需要的层次分类，可以形成生存资料、享受资料和发展资料的消费结构。第三，按消费品能够提供的消费形态，可以形成实物消费、劳务消费和精神消费的消费结构。

全面小康消费结构的无论哪种分类，都应体现四方面的内涵：一是全面小康消费结构应有较高的消费质量，这不仅包括较高质量的消费品和消费服务，还包括较好的消费环境和生活条件。二是全面小康消费结构应能体现人们的各种消费需要（如物资需要与文化需要、实物需要与服务需要、生存需要与享受、发展需要等）得到较好的满足，以保证人的智力、体力能够得到充分自由的发展。三是全面小康消费结构应与产业结构间相互促进彼此的优化和升级，实现良性循环；还应与自然资源结构相适应，合理利用经济资源和优势资源，节约短期资源的消费。四是全面小康消费结构不仅应体现较高的物质文明，而且应反映较高的精神文明以及生态文明。

二、全面小康对消费结构的具体要求

党的十八大报告从五个方面充实和完善了全面建成小康社会的目标：经济持续健康发展，人民民主不断扩大，文化软实力显著增强，人民生活水平全面提高，资源节约型、环境友好型社会建设取得重大进展。全面小康社会建设的五大目标对消费结构提出了更高的优化要求，因为居民消费结构优化是全面建设小康社会的本质要求，全面建设小康社会和居民消费结构优化都是为了使人们的消费需要得到较好的满足，提高人们的消费水平和消费质量。全面小康对消费结构优化的要求主要表现在：

1. 关于食物支出

在全面小康消费阶段，随着人们收入水平的提高，食物支出比重不断降低，恩格尔系数应降到30%左右为宜。在食物消费结构中，主食的消费支出比重会有所下降，副食的消费支出比重会逐步上升；保健、营养食品的消费支出比重迅速上升，绿色食品消费占主导。具体来讲，全面小康社会合理的消费结构应有如下标准：(1) 全国平均每人日膳食中热能供应量为2 400千卡，蛋白质为70克；(2) 谷类食物热能比达到60%，动物性热能比达到14%；(3) 动物性食物与豆类蛋白质总摄入量比达到30%～40%；(4) 适量油脂、脂肪热能比为25%～30%；(5) 减少食盐摄入量，每日以不超过10克为宜。

2. 关于衣着支出

在全面小康消费阶段，衣着消费比重基本趋于稳定，甚至略有下降。消费者的衣着消费呈现以下特征：(1) 高档化。随着消费水平的提高，许多消费者追求质地好、做工精细、穿得舒适。(2) 艺术化。许多消费者对服装的选择包含对美和艺术的追求，希望从衣着上获得美的享受，体现仪表、风度、修养等，注意服装的艺术性。(3) 名牌化。目前，在中青年消费者的衣着消费中追求名牌效应，即使价格贵许多，也要穿名牌服装来体现地位和气派。(4) 个性化。全面小康消费模式的一个重要特征是消费个性化，服装是最能表现消费者个性的消费品，人们喜欢穿着新颖、美观、潇洒、新奇的服装，以展现个性。

3. 关于日用品支出

在日用品消费内部，日常生活必需消费品的需求趋于稳定，用于它们的开支在消费支出中的比重减少；耐用消费品、文化用品、保健用品的消费增加；单一功能用品的消费比重减少，多功能用品的消费比重增加，家庭主要耐用消费品的拥有量急剧增加。

4. 关于住房支出

小康社会解决居民“有所居”，达到至少户均一套住房的问题，而且功能分割更加合理，品味更高。住房消费越来越讲究室内装饰，讲究住宅的功能和设施的配套，讲究居住的室内环境和居住区的环境。一般而言，在全面小康消费阶段，住房消费应达到每户有一套住房，每人有一个房间，人均住房建筑面积达 35 平方米以上。

5. 关于劳务消费和精神文化消费支出

另外，全面小康消费结构对实物消费、劳务消费和精神消费的比例和结构也有新的要求。在全面小康消费阶段，实物消费比重呈下降趋势；劳务消费和精神文化消费比重逐步上升。全面小康社会是一个学习型社会，公民的学习是终身学习，随着人们自身素质的提高，消费者对知识、文化、科技、信息在社会发展和自身全面发展中的作用越来越重视，对精神文化服务、科技信息服务的需求越来越多。这样，人们在教育、科技、文化、信息方面以及增加技能、提高技术熟练程度方面的投入会增多，因而人们对高层次的精神消费需求会大大增加。具体来讲，教育、娱乐、通信、旅游等消费支出比重将大幅提高。

6. 关于医疗消费支出

医疗消费增幅趋于平缓，比重可能不会加大。小康社会，人们文化程度提高，生活水平改善，更注重科学合理地工作、生活和养生。社会保障和服务体系完善，人口患病比例减少，人均预期寿命延长。人们将改变有病再治的观念而热衷无病预防，保健消费将多于治病消费，并且随着医疗保障制度的健全，更多的人被纳入医疗统筹范围内，这种挤占家庭其他方面消费的比例可能将有降低趋势。

7. 关于交通、通信消费支出

交通、通信消费快速发展。在小康社会里，人们生活质量的标志之一就是家用轿车的拥有比例将大幅提高。小康时代即进入真正的网络、信息时代，交通、通信服务消费将是一个刚性支出领域，因此交通、通信消费仍保持快速增长势头，在消费性支出中比重将加大。

三、实现全面小康消费结构的途径

（一）提高人的素质，加强对消费结构的正确引导

消费者具有现代的科学文化知识和艺术修养，才能享受现代科学文化和艺术的丰硕成果，因此，需不断提高人的政治思想和科学文化素质，促进人的全面发展，这是提高消费质量、促进消费文明、发展社会经济文化的前提条件。消费结构优化了，有利于提高人的素质；人的素质提高了，提高了消费力特别是精神消费力，反过来又有利于促进消费结构的优化，最终形成优化消费结构与提高人的素质之间的良性循环。这种良性循环对于实现全面建设小康社会的本质要求具有重要的作用。人们的消费活动应得到科学社会主义价值观、消费观的引导，使人们自觉提高精神文化消费，尤其是智力性、发展性消费比重；在消费生活中追求高层次的精神价值，建立文明、健康、科学的消费方式；加大文化中的文化含量和科技含量，提高消费层次和消费质量。

要提高人的素质，还需要加强消费教育，并把它作为素质教育的重要内容。除了加强价值观、消费观的教育、端正价值导向，还要加强市场经济知识、商品知识、消费知识、生态环境知识和全民健身等方面的教育，提高消费者的综合素质，

提高消费力，使人们不仅放心消费，而且善于消费。只有这样，才更有利优化消费结构，提高消费质量，促进人的身心健康和全面发展，促进经济增长，促进社会文明和社会全面进步，并最终实现全面建设小康社会的宏伟目标。

（二）提高居民特别是农村居民收入水平，形成实现全面小康消费结构的前提条件

（1）增加农民收入，缩小城乡差距。如果没有农民的小康，就不能叫全面的小康。全面建设小康社会，实现全面小康的消费结构，最大的难点就在于如何提高农民的收入以促进农村消费结构升级。较大的城乡收入差距导致了城乡居民之间消费的巨大断层，造成了两大消费板块的分离、高档消费与低档消费的错位。因此，为优化消费结构，就要切实提高农民收入，为开拓农村消费市场提供购买力基础。国家首先要建立对农业的支持保护体系：一是坚持和完善主要农副产品的保护价收购政策，并将粮食收购补贴直接发给农民，增加农民的现金收入；二是建立和健全主要农副产品风险基金制度和储备调节制度，制定合理的农产品进出口政策，降低主要农副产品的市场风险。其次要大力推进工业化，为农业劳动力的转移创造机会，从根本上提高农业劳动生产率，提高农民收入。要增加农民收入，还必须走农村城镇化建设的道路。最后要花大力气减轻农民负担。从制度保障上看，最根本的是要精减乡村行政机构人员，实行农村税费改革，使农民的收入有实质性的增长。

（2）提高城镇中低收入者的收入，防止不同收入阶层收入差距的扩大。应注重提高广大低收入者的收入水平，逐步扩大中等收入者的比重，适当提高并落实职工基本工资和最低工资标准，使计划经济体制下形成的福利分配工资化、货币化；除了从宏观上刺激经济增长的恢复，还要不断开拓新的就业领域，如高新技术产业领域和第三产业领域，以创造更多的就业机会，帮助更多的下岗职工重新就业。政府可采取的政策措施有：在短期，注重提高对低收入贫困阶层的补贴水平，督促落实最低标准工资；在长期，完善收入政策体系，加强收入方面的立法，保证工资随着劳动生产率的提高以合理的速度增长；同时应运用税收政策，在收入分配的调节过程中注重公平。

（3）统筹区域经济协调发展，缩小地区差距。根据多种因素预测，未来经济发展将更加区域化。从静态的观点看，经济发展呈现出区域性的特征，区域之间的经济各有特点，且差距较明显。从动态而言，经济发展将出现从沿海到内地区域性整体推进的轨迹。随着地区间经济发展不平衡的加剧，东部地区与中西部地区的收入差距将会继续扩大。收入差距的存在决定了地区间居民消费水平和消费结构的差距将会相应存在，如果完全依靠地区经济的自身发展，这种差距只能越来越大。因此，在东部率先发展的同时，要加快西部的开发和中部地区的崛起，振兴东北老工业基地，使各区域经济协调发展，缩小地区间的收入与消费差距。

（三）进一步调整产业结构和产品结构，形成实现全面小康消费结构的供给基础

（1）合理调整农业结构。消费品的很大部分直接或间接来自农业。要加大科技投入、调整种植业结构，继续保持粮食稳定增产，发展其他作物的生产；调整畜牧种植业结构，要大力发展畜牧业，发展草食动物饲养业，发展牛、羊、禽的生产；

加快发展水产业，利用各种水域，如江河、水库、池塘和近海水面发展水产养殖。按照社会需求的方向来发展农业生产、合理调整农业内部结构，以符合全面小康社会的食物消费结构需求。

（2）合理调整轻重工业结构。要发展食品加工工业，特别是要发展深度加工，继续开发营养品、保健食品、疗效食品和方便食品；调整纺织工业结构，发展毛纺、麻纺、丝织、呢绒、化纤等行业，发展中高档服装加工，并在花色、品种、式样、质量方面下工夫，以满足消费需求多样化；合理调整日用品的生产结构，要稳定发展一般日用品的生产，稳定发展中低档家电用品、保健用品和文化用品的生产，促进耐用品的新产品开发和更新换代。另外，还要发展装饰材料和装饰用品等行业。此外，还应调整重工业及其基础工业结构，加强基础设施建设，如交通、能源、电力等设施，特别要加大农村公共基础设施建设，优化农民的消费环境，加快发展农村商贸服务业。

（3）加速发展第三产业。在全面建设小康社会阶段，应重点改变第三产业内部水平不高，即第三产业内部过多地向传统生活服务业（如商业、餐饮业）倾斜，现代新型服务业（如金融、保险、信息技术服务等）比例过低的状况。不论是城市还是农村，这些行业的发展都仍落后于我国人均收入水平所决定的经济发展阶段的需要。因此，大力发展信息服务业，有利于农业生产的发展和农民收入水平的提高。各级政府应加强对农村经济结构调整的组织指导，帮助农民分析、把握市场走势，选好适用品种，获得资金和技术、管理支持，找好销路等。在全面建设小康社会阶段，还应重点发展教育业。实现全面小康消费结构，教育娱乐支出比重应在20%以上。目前，我国居民这一消费支出的比例较低，教育状况还不理想，这对全面建设小康社会、实现全面小康消费结构极为不利。因此，在全面建设小康社会阶段，必须加大教育投入，完善多层次教育体系，要加强中小学基础教育，扩大城乡青少年儿童免费义务教育的范围，积极发展职业教育和高等教育，倡导国民终身教育，努力实现教育公平，全面落实居民受教育的权利，以全面建设小康社会和实现全面小康的消费结构。此外，还应以推动流通现代化为重点进一步完善城乡消费品市场体系，形成四通八达、物畅其流、货真价实的消费品流通网络，方便城乡居民消费，同时进一步优化消费环境。

（4）制定合理的消费政策，进一步改善消费环境。政府应科学地调整消费政策，并主要突出以下政策导向：首先是稳定居民心理预期的政策。要积极慎重地推进社会保障制度的改革，注意把握居民的承受力，引导居民树立对未来收入、生活福利水平增长的正常预期；要解决好城市下岗职工的生活保障和再就业工作。其次是增加农民实际收入的政策。要制定合理的收购价格政策和价格补贴政策，稳定农业生产。要进一步发展现代农业，引导农民进行产业化经营，鼓励农村剩余劳动力进城务工，增加非农业收入。要切实减轻农民负担，制止乱收费和乱摊派。通过各种政策的实施，使农民的收入能够稳定增加，逐步弥合城乡的消费结构断层。最后是引导消费的政策。要按照消费结构升级的状况，对不同地区的不同消费者群体进行不同程度的引导，通过改变消费观念、进行消费示范和实施消费信贷等办法，对不同的消费品消费进行引导。还要制定扩展农村消费市场的政策，制定调节社会集团购买力的政策，实施消费可持续性增长的环境保护政策等。另外，应彻底清理和废除一些限制消费的政策、措施，打破行业垄断，培育平等竞争的市场环境，还要进一步整顿市场经济秩序，营造放心的消费环境。对生产经营者，除了要不断提高商品和服务质量，还要强调公平竞争，诚实守信，强调商业道德。要营造良好的社会文化环境，文明生产，文明经商，文明消费，这正是优化消费结构、提高消费质量、全面建设小康社会的重要条件。

□ 本章小结

消费结构指的是在一定的社会经济条件下，人们（包括各种不同类型的消费者和社会集团）在消费过程中所消费的各种不同类型的消费资料（包括物质资料和劳务）的比例关系。消费结构是一个多层次、多角度规定的经济范畴，从不同的层次或角度，可以划分出不同类型的消费结构。影响消费结构的因素有很多，既包括经济因素，也包括非经济因素，其中主要有居民收入、产业结构、价格水平、人口总量及人口结构、文化、环境等因素。

消费结构是一种与国情国力、社会经济发展水平和自然资源供给变动状况相适应的动态的、不断发展的比例关系，在消费水平不断提高的前提下，消费结构逐步实现向高层次、高水平升级转变。

消费结构的合理化由生理、经济、社会三重标准来衡量，主要通过改革分配制度，提高收入水平，促进消费结构升级；加大供给创新，增加有效供给；加大消费的文化含量，提高文化消费力；转变消费观念，树立科学合理的消费观等途径实现消费结构合理化。

建设全面小康社会对消费结构提出了更高的优化要求，食品、衣着增长相对有限，增幅将低于总消费的增幅，构成比重将降低。医疗消费比重降低趋势可能性较大。家庭耐用消费品消费保持平稳增长，比重略有加大。住房、文化教育和娱乐、交通与通信的消费比重和增幅都将大幅提高。实现全面小康消费结构的途径主要包括：提高人的素质，加强对消费结构的正确引导；提高居民特别是农村居民收入水平，形成实现全面小康消费结构的前提条件；进一步调整产业结构和产品结构，形成实现全面小康消费结构的供给基础。

□ 重要名词

消费结构　产业结构　消费结构升级　消费结构合理化　基本小康与全面小康　全面小康消费结构

□ 思考题

1. 什么是消费结构？影响消费结构的主要因素有哪些？
2. 怎样理解消费结构的升级？
3. 消费结构升级的主要趋势是什么？
4. 全面小康的消费结构有什么特点？
5. 实现全面小康消费结构的基本途径有哪些？

□ 推荐阅读

1. 尹世杰．中国消费结构合理化研究．长沙：湖南大学出版社，2001
2. 李光，韩立岩．北京市居民消费结构研究．北京：北京大学出版社，2012
3. 陈启杰，曹泽洲，孟慧霞，王平．中国后工业社会消费结构研究．上海：上海财经大学出版社，2011
4. 刁永祚．消费结构与生活质量．北京：首都师范大学出版社，2012
5. 尹世杰．优化消费结构与全面建设小康社会．贵州财经学院学报，2004（1）
6. 刘方棫．消费结构及其合理化的考察．财贸经济，1982（12）

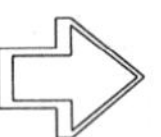

案例分析　不同时期居民家庭“四大件”的变化

缝纫机、自行车、手表、收音机——20世纪50—70年代的“四大件”：“三响一转”

新中国成立后，人们在实现了人人有饭吃的理想之后，开始把注意力转到要用几年的积蓄才能买到的耐用消费品上。旧社会只有那些有身份的人才能佩戴一块怀表。新社会的多数人找到了就业的机会，有了稳定的工资收入，上下班哪能没有表呢？于是，手表成了人们的追求，年轻人更是如此。同样的原因，上下班没有自行车会很不方便。在公共汽车、电车线路有限的情况下，蹬着自己的自行车去上班，快捷、方便，连常备的饭盒也有地方放了。于是，自行车成了最热门的代步工具。收音机则是学习、工作的人听新闻离不了它，节假日听相声、晚会离不了它，国产的收音机成为各家的新宠，有条件的人会购买进口的收音机。缝纫机成为居家大件是因为做衣服、补衣服、做鞋垫都能用得上，虽然当时布票很少，但较之从前人们还是有了一种满足。在孩子较多的家庭，改制、翻新衣物更是常事，许多家庭主妇或新婚夫妇都想拥有一架缝纫机。

缝纫机工作时发出的“嗒嗒”响声，手表、闹钟、座钟也能发出“嘀嘀嗒嗒”的声音，收音机更是响彻街头巷尾，于是就有了三响，加上自行车运动时的前后轮旋转，便凑成了“三响一转”四大件。于是“永久”、“飞鸽”自行车，“上海”表、“蝴蝶”、“华南”缝纫机，“春雷”、“红灯”收音机成为那个年代的消费代名词。

电视机、摩托车、电子表、洗衣机——80 年代“四大件”的电子化

时间进入 80 年代，情况又有了新的变化。这种变化与前 20 年的最大不同是离开了实用类型的用途性追求。收音机开始被电视机（尽管是黑白的）取代，并由 9 英寸、12 英寸，很快普及到 14 英寸、17 英寸。机械手表迅速被石英电子表取代。虽仍有少量机械表爱好者，但已开始向高档转化。轻型摩托车已迅速被城乡青年选购，几十年自行车无动力状况有所改变，自行车真的能够“自行”了。作为 80 年代“四大件”的补充，洗衣机开始进入家庭。短短几年之后，单缸洗衣机已不受欢迎，大多数家庭又添置了甩干机，而双缸洗衣机已成为大多数新婚家庭的首选。这样，电视机、摩托车、电子表、洗衣机可称为 80 年代的“四大件”，同时有少数家庭还添购了录音机。

冰箱、空调、电话、电脑——90 年代“四大件”的现代化

到了 90 年代，老百姓的消费方式发生了根本性的转折，消费结构逐步优化，整体上已由量的满足阶段转向质的提高阶段。这是 90 年代“四大件”发展的显著特征。先是完成了黑白电视机到彩色电视机的替代过程，接着录放机代替了录音机，影碟机代替了录放像机。空调、家用电脑、抽油烟机、热水器进入寻常百姓家庭。简而言之，家庭用品电器化已经成为一种时尚。这时如果非要说还有什么能代表当家庭的“四大件”，恐怕应该是冰箱、空调、电话和家用电脑了。

21 世纪有几大件

崭新的 21 世纪，是人们追求安乐业、全面小康消费的年代，买房是刚性需求，而且要求房子越来越大，住房环境越来越好；同时外出走亲访友、购物、旅游需要车，小轿车迅速进入家庭，小轿车成为新娘的嫁妆。21 世纪，是一个信息、网络时代，它给人们的居家生活注入了更多的活力和乐趣。许多需要我们劳心费神的事情都可以通过网络来实现，手机、电脑已成为家庭必备。网络给了我们更多的时间去做我们想做的事情。

讨论分析

1. 根据以上材料说明消费结构升级转化的一般趋势，并分析消费结构与产业结构的关系。

2. 今后我国居民家庭消费结构中还会有“四大件”这个称谓存在吗？为什么？

第7章 Chapter 7 消费水平

内容提要

消费是整个国民经济活动的直接成果和最终目的，消费水平的高低体现这种直接成果的大小和这种最终目的的实现程度。本章研究消费水平的内涵，分析影响消费水平的各种因素，探讨全面小康消费水平的内容及实现途径。

第1节 消费水平的内涵

一、消费水平的含义及层次

（一）消费水平的含义

消费水平可以从多个角度来进行考察，从宏观的角度考察，消费水平就是一定时期内整个社会用于生活消费的产品和服务的规模与水平；或者说，一定时期内，社会提供给所有消费者用于生活消费的各种产品和服务的数量和质量。从微观的角度考察，消费水平就是单个消费者一定时期内消费的产品和服务所达到的规模与水平；或者说，一定时期内，消费者及其家庭所消费的产品和服务的数量和质量以及金融资产的状况。另外，消费水平还可以从消费结构方面来考察，并且从消费结构来考察消费水平是研究消费的重要内容。

消费水平的高低既可以用实物量指标来反映，如一定时期（日、月、季、年）内人均消费的粮食、食油、蔬菜、水果、肉类，也可以用价值量指标来反映，如人均粮食消费支出额等。其中，用价值量指标来反映消费水平高低具有一定的优越性，它可以综合反映所消费的全部商品和服务的规模。因为同类商品的规格、型号、质量不同，给人们带来的满足感（效用水平）也不相同，其价格水平也不一样。所以用价值量指标反映的消费水平，本身就是商品和服务的数量与质量的内在统一。消费水平的高低不仅体现了消费数量的差别，而且体现了消费质量的差别。

一般，价值量指标用人均消费水平来表示。所谓人均消费水平，是指一定时期（月、年）内平均每人占有和享受的物质生活资料和服务的数量，它是一个国家或地区整个经济活动成果的最终体现，也反映人民物质和文化生活需要的满足程度。用计算公式表示就是：人均消费水平（年）＝居民消费总额/年均人口总数。需要注意的是，人均消费水平指标不能反映各阶层居民之间消费水平的差别状况，因此，在从整体上考察居民消费水平时，有必要对不同收入阶层的居民消费水平进行分析。

（二）反映消费水平的主要指标

反映消费水平的指标有很多，各个指标从不同的视角反映消费水平的状况。根据经济发展水平的不同阶段和研究分析问题的需要，可以选取不同的指标。

1. 居民消费水平

它是指按人口平均计算的一定时期内的居民消费支出，表明居民的物质文化生活需要的满足程度，是反映一个国家（或地区）的经济发展水平和人民物质文化生活水平的综合指标。国家统计局的数据显示，2011 年我国居民整体的消费水平是 12 272 元，其中，城镇居民消费水平是 18 750 元，农村居民消费水平是 5 633 元，比 2010 年分别上升了 10.66%和 11.17%。① 居民消费水平可以按国民收入口径，即居民物质产品消费进行计算，也可以按国内生产总值口径，即包括物质产品和劳务消费进行计算。为了观察居民消费的实物构成，还可以进一步计算各种消费品的平均消费数量和金额，以反映居民在取得基本生存资料的基础上逐步朝需要享受资料和发展资料的方向发展的趋势。

2. 居民家庭平均每人全年消费性支出

它是指居民平均每人全年用于生活消费的全部支出，可以分为农村居民家庭平均每人全年消费性支出和城镇居民家庭平均每人全年消费性支出。居民消费性支出一般包括八大类商品和服务，即食品、衣着、家庭设备用品及服务、医疗保健、交通通信、娱乐教育文化服务、居住、其他商品与服务。这八大类消费支出可以反映居民的物质生活消费与精神生活消费支出的水平。例如，国家统计局的数据显示，在城镇居民和农村居民平均每人全年的消费支出中，食品支出的比重由 1990 年的 54.25%和 58.8%分别下降到 2011 年的 36.32%和 40.4%；而同时期文教娱乐支出的比重由 11.12%和 5.37%上升分别到 12.21%和 7.60%。

3. 居民家庭平均每人全年购买的主要商品数量

它是指居民全年人均购买的各种主要生活用品（非耐用品）的数量，反映居民对各种商品的消费情况。例如，国家统计局的数据显示，城镇居民家庭和农村居民家庭平均每人全年购买主要商品数量中，粮食购买数量从 1990 年的 130.72 千克和 262.08 千克分别下降到 2011 年 80.71 千克和 170.74 千克；而同一时期的肉禽购买数量从 25.16 千克和 12.59 千克上升为 31.22 千克和 23.30 千克。

4. 居民家庭年底平均每百户主要耐用消费品的拥有量

它主要反映居民年末所拥有的主要耐用品的数量，耐用品的拥有量是反映消费水平变化的重要指标，耐用品拥有量越高说明消费水平越高。例如，城镇居民家庭平均每百户年底拥有家用汽车量从 2000 年的 0.5 辆增加到 2011 年 18.58 辆。④

①②③　参见国家统计局：《中国统计年鉴（2012）》，http：//www.stats.gov.cn/tjsj/ndsj/2012/indexch.htm。

④　参见国家统计局：《中国统计年鉴（2012）》，http：//www.stats.gov.cn/tjsj/ndsj/2012/indexch.htm。

5. 农村居民家庭年平均每人生活消费现金支出

它反映农村居民通过交易活动从市场购买的消费品和服务的规模与水平。由于农村居民的生活消费中许多内容是自给性消费，这些消费活动不需要现金支出。从经济发展的规律和水平来看，经济发展水平越高，农村居民的自给性消费比重就越低。因此，用农村居民家庭平均每人生活消费现金支出这个指标可以反映农村居民消费水平的提高程度。

此外，还可以用其他指标来反映消费水平，如人均居住面积、每百户拥有的交通工具（摩托车、汽车）、自来水普及率、天然气普及率、每万人拥有的绿地、每百户拥有的电视机（或彩色电视机）、广播（电视）综合人口覆盖率、学龄儿童入学率、每万人口中在校大学生数、恩格尔系数等。总之，根据需要可以从不同的角度选择一定的指标来反映消费水平和消费质量状况。

（三）消费水平的层次

消费费水平层次的形成和变化受经济、社会等诸多因素的影响，因而，消费水平呈现多样性和多层次性。例如，目前我国的东、中、西三大经济地带，由于历史、自然资源以及政策的影响，经济发展极不平衡，东部经济发展比较快，中部和西部经济发展相对较慢，反映在消费者身上就形成不同层次的收入水平和不同的购买力，于是出现不同层次的消费水平。

消费水平的层次可以从多个角度来考察。从人的需求发展视角看，人们的需求是一个从低级到高级不断发展的过程。也就是说，在一定的生产力水平下，人们总是先满足生活的基本需要，再满足享受、发展等其他需要。因此，消费水平可划分为生理消费需要、享受消费需要、发展消费需要。从消费者购买行为看，可划分为冲动型、理智型、习惯型、仿效型等。一般，根据消费水平演变提高的过程中所呈现的不同状况，当前我国居民消费水平大体可分为五种层次：贫困型、温饱型、小康型、富裕型、豪华型。

1. 贫困型层次

顾名思义就是生活有困难，尚未摆脱贫困状态，缺吃少穿。这一层次的居民经济收入相当有限，除了一定量的生存资料，有少量发展资料和享受资料，即包括吃、穿、用、住、行等最基本的生活需要以及起码的教育、娱乐等方面的需要。实际上，这就是最低消费水平，即贫困线。最低消费水平是随着生产力水平、生产发展情况而变化的。[①] 确定最低消费水平时应考虑：一是国民收入的增长情况；二是工资水平，特别是平均工资水平，一般来说，最低工资为平均工资的50%左右；三是城乡之间、不同地区之间，最低工资应有区别。[②] 中国科学院《2012中国可持续发展战略报告》提出，按2011年提高后的贫困标准（农村居民家庭人均纯收入

① 参见尹世杰：《消费经济学》（第二版），60页，北京，高等教育出版社，2007。

② 参见文启湘：《消费经济学》，59页，西安，西安交通大学出版社，2005。

2 300元/年），我国有1.28亿的贫困人口。[①]

2. 温饱型层次

其收入来源能维持一般生活水平略有结余，表明已脱离贫困。其消费特点是节吃俭用，注重价廉，实用，是中低档商品的惠顾者。例如，城镇中的一般工薪阶层、农村中已脱贫的大多数农民，他们靠企业经营状况的良好，或努力提高农业劳动生产率增产增收。

3. 小康型层次

其收入较高且比较稳定，除维持一般生活水平外还有一定财力用于享受资料，注重消费质量的提高。也就是说，其消费既讲实惠，也赶“新潮”，是高档消费品的潜在购买者。例如，企业的中层管理人员、技术人员、经济发达地区的大多数农民，以及部分知识分子等。

4. 富裕型层次

其收入较高而稳定，其消费基本属于享受型消费。其消费特点以喜好为尚，不计较商品价格，在追求名贵精品的消费中显示出个性化特征。例如，中外合资企业中的高级管理人员和高级工程技术人员，出场费很高的影星、歌星、舞星，部分收入很高的个体工商户等。

5. 豪华型层次

又称贵族层次，其消费特点是追求高档商品的占有和享用，并以商品的高、精、尖、名、豪的档次性来显示自己的身份。例如，私营企业主中的千万、亿万富翁，中外合资企业的经理，股票和房地产经营中的高利获得者等。据《2012胡润财富报告》，截至2011年年底，中国大陆千万富豪人数突破102万人，比上一年增加了64 260人，涨幅6.3%；其中亿万富豪人数已达63 500人，比上一年增加了3 683人，涨幅5.8%。目前，全国每1 300人中有1人是千万富豪。[②]

二、消费水平与经济增长的相互关系

需求与供给是决定生产水平和经济增长的基本因素。消费是生产的目的，也是构成总需求最主要的因素。生产的发展或供给的增长就是为了满足需求的增加。因此，发展生产是手段，提高消费水平是目标，消费水平的提高不能脱离经济的发展，经济的可持续增长又依赖于消费水平的不断提高。所以说，消费水平与经济增长之间存在相互促进、相互依赖的关系。

1. 经济增长的程度决定消费水平的高低

生产决定消费，消费的需要决定生产。消费水平的高低最终取决于经济增长的水平，因为消费是对生产成果（一般以GDP来表示）的使用，在某种意义上（核算国民收入时）也可以看做生产成果的一部分。因此，只有人均生产成果（GDP）

---

① 参见《我国还有1.28亿贫困人口》，载《南方日报》，2012-03-13。

② 参见《2012胡润财富报告：全国千万富豪人数破百万》，和讯网，http://news.hexun.com/2012-08-07/144440091.html，2012-08-07。

增加了，生产成果中用于消费的部分才能增长，人均GDP水平是决定消费水平的基本因素。人均消费水平与经济增长的关系可以用以下公式来表述：人均消费水平=人均GDP×消费率。假设消费率不变，则人均消费水平取决于人均GDP，人均消费水平提高的程度也取决于人均GDP增长的速度，而人均GDP其实就是人均生产成果。

反映消费水平与经济增长关系的价值指标是消费倾向。消费倾向是消费支出在收入中所占的比重，是影响消费总量的一个因素。消费倾向有平均消费倾向（APC）和边际消费倾向（MPC）之分。随着经济的增长，GDP上升，消费倾向呈下降趋势。一般，如果消费倾向上升，消费总量的增长会快于GDP总量的增长；如果消费倾向下降，消费总量的增长会慢于GDP总量的增长。[①]

2. 消费水平的高低在一定条件下决定经济增长的水平

消费是对最终生产成果的使用，消费作为总需求的重要组成部分，对经济增长起着拉动作用。这种拉动作用体现在两个方面：直接拉动和间接拉动。

消费直接拉动经济增长是指消费通过自身而不是其他变量对经济产生拉动作用。从需求的角度来分析，消费是GDP的组成部分，在生产能力的范围内，消费的增长就是经济的增长（其他需求的增长如投资、政府购买、净出口和消费增长对经济的拉动作用也一样），消费增长多少，GDP就增加多少。消费水平对经济增长的推动作用是借助乘数原理实现的，具体表现为：$\Delta Y=\Delta C\times[1/1-\mathrm{MPC}]$。消费间接拉动经济增长是指消费作为初始变量拉动其他变量增长，通过其他变量的增长拉动经济增长。例如，消费增长必然要拉动投资的增长，投资的增长又必然拉动经济的增长。也就是说，消费对投资的拉动是通过加速原理进行的。所谓加速原理，是指 $\Delta I=U\times\Delta Y$。其中，I 是指投资，U 是指资本存量与它所能生产的产量（国民收入 Y）之间的倍数关系。当消费需求或整个产品需求所要求的资本存量超过现有的实际资本存量时，就会按产品增量的倍数来拉动投资的增长。

可见，消费对经济增长的拉动作用是十分重要。并且，由于居民的消费需求是总需求的主要内容，消费水平偏低必然影响总需求的增长，如果总需求不能与总供给的增长相适应，经济增长就不能持续，甚至还有可能出现下降。此时，政府可以通过积极的财政政策或货币政策来扩大总需求，但这种政策不能长期化，必须依靠居民消费需求的增长才能促进经济的持续增长和良性循环。居民消费需求的增长就是消费水平的提高。因此，经济增长反过来又依靠消费水平的增长，特别是在总供给大于总需求的背景下，消费水平的提高是促进经济增长的重要因素。

3. 经济增长中的收入分配状况对消费水平有着重要影响

收入分配状况是影响消费水平的重要因素。如果财富主要集中在少数人的手中，那么大多数人就缺乏购买力，无法进行必要的消费活动。因此，在经济增长的同时，要关注经济增长中的收入分配状况对消费水平的影响，也就是说，仅仅关注经济增长是不够的，还要关注经济发展。经济增长和经济发展是两个不同的概念。

---

① 参见文启湘：《消费经济学》，50页，西安，西安交通大学出版社，2005。

经济增长说的是一个国家和地区的人均收入和产出的增长。如果商品和服务增加了，不管在什么意义上，都可以把这一提高看做经济增长。经济发展的含义则更为广泛，其中就包含居民的收入分配状况。如果在经济增长的同时，居民收入分配差距在扩大，经济增长只是使少数人获益，那就不是经济发展。因此，在经济增长中，收入分配状况也是影响消费水平的重要因素。只有居民的收入分配状况在经济增长中得到不断的改善，消费水平才会有普遍的提高。

反映居民收入分配状况的指标是基尼系数。基尼系数越小，说明收入分配越公平；基尼系数越大，说明居民收入分配差距越大。我国由于农村和城市的差别明显，反映农村居民和城市居民收入差别的指标也经常使用。一直以来，农村消费市场不兴旺，重要的原因就是农村居民收入水平太低，农村居民消费需求不旺已经成为制约经济增长的重要因素。因此，国家出台了一系列增加农民收入的政策措施，如提高粮食收购价格、减免税收，其根本目的就是要提高农民的收入水平，缩小农村与城市的差距，扩大农村居民的消费需求，提高消费水平，促进经济增长和经济发展。国家也出台了一系列扶持城市弱势群体居民的政策措施，如实行失业保险、城市居民最低生活保障制度等，以确保城市居民的生活消费水平。这些政策措施都是促进经济增长的重要举措，其根本目的就是要改善收入分配状况，提高农民的收入水平，缩小农村与城市及城市居民内部的收入差距，扩大城乡居民消费需求，提高消费水平。

三、合理消费水平

满足人们日益增长的物质和文化消费的需要是社会主义生产的目的，但是，消费水平的高低又受到客观经济条件的制约。因此，一定时期的消费水平的高低应该有一个客观的与经济发展相适应的合理水平，这个消费水平应该适应经济增长和经济发展的要求。确定一定时期的合理消费水平时应该掌握以下几个原则。

（1）合理消费水平应该与本国或本地区的生产水平相适应。这是因为生产决定消费，没有生产的发展，消费水平的提高就缺少物质基础。所以，合理的消费水平首先应着重于本国或本地区的生产和市场所提供的物质基础；其次，合理消费水平的提高应与本国或本地区的生产发展水平相适应。这是保证社会再生产实现良性循环的重要条件。超越生产发展的高消费，往往会造成消费的膨胀，激化供求矛盾；而离开生产限制消费，则会出现消费不足，使投资和生产缺乏动力。因此任何超出本国或本地区生产力发展水平的消费水平都不可能是持续的，也会给国民经济的发展带来一系列问题。

（2）合理消费水平应该具有可持续性。资源和环境是人类生存与发展的基础和条件。世界环境与发展委员会早就在1987年《我们共同的未来》的报告中指出，人类社会发展应可持续发展，也就是“既满足当代人的需要又不对后代人满足其需要的能力构成危害的发展”。因此，合理消费水平应该有利于资源的合理开发与利用，有利于充分利用优势资源，节约短缺资源，保护自然资源，使消费水平的提高建立在充分、合理利用自然资源的物质基础上，从而促进人与自然的和谐发展。

（3）合理消费水平既要保证物质生活的丰裕又要保证精神文化生活的富足。物质生活的丰裕就是要保证人们生理上所需要的各种营养，促进人们的生理健康。合理消费水平首先要有利于提高人们的身体素质，提高人们的健康水平。因此，物质生活的合理水平要求既能提供身体所需要的营养物质，又不能提供多余过剩的物质消费。不是消费的营养越多越好，而是要保证人们身体正常的恢复和发展所需要的各种营养，且营养要合理平衡。丰富的精神文化消费是满足人们享受需要和发展需要的消费内容。健康的精神文化消费能够提高人们的道德水平、政治思想素质和科学文化素质，培养良好的思想道德情操，提高劳动者的素质，促进人的全面发展和社会的全面进步，促进生产力的进步与发展。因此，合理消费水平既要有合理的物质生活消费，又要有丰富的精神文化消费。

（4）合理消费水平应该有利于经济增长和经济发展。生产的目的就是为了消费，这是经济发展的基本原则。因此，在生产发展的基础上，应该促进消费需求的合理增长和消费水平的不断提高，并通过消费水平的提高来促进经济的增长。如果消费需求受到压抑，消费水平不能得到适当的提高，社会再生产过程和经济运行的循环过程就会受阻，经济增长不可能持续，经济的潜在生产水平也不能有效发挥，经济资源不能充分利用，而且会形成浪费。改革开放以来，我国居民的消费水平有了很大的提高，消费水平的提高对经济增长发挥了积极的作用。但从总体来看，我国居民的消费需求和消费与经济增长还不是很适应，这主要表现在积累率偏高，消费率偏低，经济增长过多地靠投资拉动。从保证经济可持续增长的要求来看，消费水平还应进一步提高，并逐步扩大消费需求增长对经济增长的拉动作用。

（5）合理消费水平的确定还必须从质的方面和量的方面进行考察分析。从质的方面来分析，合理消费水平应该符合科学的标准和要求，与人的全面发展所需要的生活环境和条件相适应，能够确保劳动者的体力和智力的提高，特别是精神文化产品的消费内容还要符合社会主义精神文明和道德的规范与要求。从量的方面来分析，合理消费水平就是要确定消费水平的数量界限，确定各种消费品和服务的合理消费水平，而不是越多越好。当然，合理消费水平的确定是一个复杂的过程，经济在发展，社会在进步，合理消费水平的标准也必然是不断变化的。

第2节 消费水平的影响因素

一、影响消费水平的自然因素

任何消费活动都是在一定的自然环境中进行的，因此，一切消费活动都与自然环境有密切的关系。一定的自然环境影响人们的消费行为、消费方式、消费结构，而消费行为、消费方式、消费结构又影响消费水平，所以，自然环境是影响消费水平的重要因素。

（1）自然环境对生产水平有重要的影响，而生产水平又直接影响消费水平。恶劣的自然环境影响生产水平的发挥和提高，使得人们的消费水平难以提高。例如，我国西部的一些地区山地面积大，特别是25度以上的坡地比重大，加之土壤自然肥力低，不利于耕作，所以西部土地垦殖系数低，供养能力小，农业生产能力远低于全国平均水平，严重制约了生产水平的提高。相反，优良的自然环境能够促进生产力水平的提高，并促进消费水平的不断提高，促进人与自然的良性循环。例如，我国中东部的一些地区由于自然环境优良，土地肥沃，雨水充沛，适宜耕作，农业生产水平得到了极大的提高，人们的消费水平也不断提升。此外，自然环境对消费水平的影响还包括矿产资源的富裕程度。有些地区虽然自然环境恶劣，但矿产资源丰富，而矿产资源的开采对提高人们的消费水平发挥了积极的作用。因此，自然环境对生产既可能发挥积极作用从而促进消费水平的提高，也可能对生产起到消极作用从而抑制消费水平的提高。关键是要做到人与自然的和谐发展，保护自然环境，促进生产力的发展，提高消费水平。

（2）不同的自然环境会对人们的消费行为、消费结构、消费方式产生影响。自然环境不同对人们的衣、食、住、行等行为影响很大，而不同的消费行为、消费结构又直接影响人们的消费水平。不同地区因为气候、环境的差异，居民的消费行为、消费方式、消费结构存在明显的差异。例如，就居民的消费行为、消费方式和消费结构而言，南方居民和北方居民、沿海居民和内地居民、城市居民与农村居民都有很大的差别。

二、影响消费水平的社会经济因素

人是生活在社会经济之中的，因而消费者的消费行为及消费水平受到诸多社会经济因素的影响，其中主要有以下因素。

1. 社会文化因素

社会文化因素对消费水平有很大的影响。文化通常是指人类在长期生活实践中建立起来的价值观念、道德观念以及其他行为准则和生活习俗。同时，任何文化都包含着一些较小的群体或所谓的亚文化群，它们以特定的认同感和影响力将各成员联系在一起，使之持有特定的价值观念、生活格调与行为方式。这种亚文化群有许多不同类型，其中对消费行为和消费水平影响最显著的主要有：一是民族亚文化群。例如，我国除了占人口多数的汉族，还有几十个少数民族，他们在食品、服饰、娱乐等方面仍保留着各自民族的许多传统情趣和喜好。二是宗教亚文化群。例如，我国同时存在着伊斯兰教、佛教、天主教等宗教文化。特有的信仰、偏好和禁忌使他们在购买行为和购买种类上表现出许多特征。三是地理亚文化群。例如，我国华南地区与西北地区、沿海地区与内地偏远地区，都有不同的生活方式和时尚。不同的文化群体由于受不同文化的影响，其消费水平也有较大的差异。

2. 社会相关群体

相关群体是指对消费者的态度和购买行为具有直接或间接影响的组织、团体和人群等。消费者作为社会的一员，在日常生活中要经常与家庭、学校、工作单位、左邻右舍、社会团体等发生各种各样的联系。家庭是消费者最基本的相关群体，因而家庭成员对消费者购买行为的影响最强烈。家庭主妇通常是一家的采购者，特别是食物、家常衣着和日用品的购买，传统上主要由妻子承担。但随着知识女性事业心的增强，男性参与家务劳动的风气将逐步兴起。此外，亲朋好友、同学、同事、邻居等也是影响消费者购买行为的重要相关群体。消费者在购买商品时，往往受到这些人对商品评价的影响，有时甚至是决定性的影响，进而影响消费水平。

3. 各种社会保障制度与收入分配状况

各种社会保障制度与收入分配状况对消费水平也有直接影响。各种社会保障制度，如医疗保险、失业保险、养老保险、社会救助、社会福利等越完善，人们的消费倾向就越高，消费水平也就越高；反之，人们的消费倾向就越低，消费水平也越低。目前，我国居民的储蓄水平高，一个重要的原因就是各种社会保障制度还很不完善，覆盖面还不广泛，特别是农村绝大部分居民还没有纳入到各种保障制度的覆盖范围，因此，农村居民的消费需求不旺，消费水平偏低。收入分配差距也是影响消费水平的重要因素，一般来说，收入分配差距越大，总体消费水平就越低；收入分配差距越小，总体消费水平就越高。

4. 人口总量及其增长速度

人口总量及其增长速度制约消费水平的提高。在生产水平一定且积累率一定的情况下，人口数量与消费水平成反比。人口总量越大，增长速度越快，人均消费水平就越低；人口总量越小，增长速度越慢，消费水平就越高。长期以来，我国居民消费水平提高不快的重要原因之一就是人口总量庞大，增长速度过快。因此，我国每年新增加的GDP大部分要用于新增人口的消费，而用于提高消费水平的部分十分有限。人口总量大也造成就业压力大，影响就业水平，而就业水平低又影响收入和消费水平的提高。因此，控制人口增长、提高就业水平，是提高消费水平的有效途径。

5. 社会劳动生产率及其增长速度

任何社会，社会劳动生产率的高低总是决定其消费水平的高低。假定其他一切因素不变的情况下，一国或某一地区消费水平的高低及其增长速度，与该国或该地区的社会劳动生产率高低及其增长速度正相关。当然，消费水平的增长速度应低于社会劳动生产率的增长速度，否则，社会劳动生产率的提高部分可能全部转化为消费，出现消费膨胀，即消费需求严重地超过消费供给，抑制国民经济的持续发展，进而不利于消费水平的持续提高。

6. 物价水平

一般来说，假设其他条件不变，价格水平越高，居民的购买力就越低；价格水平越低，居民的购买力就越高。购买力的高低直接影响居民的消费水平。当物价上涨速度高于居民收入的提高速度时，居民的购买力就会下降，消费水平也将趋于下降。因此，要提高消费水平就必须稳定物价水平。但是，由于预期和心理作用，有些时候也会发生居民买涨不买跌的现象，即在物价上升时，居民消费支出规模加快，而在物价下跌时，居民却持币待购。但从长期来看，物价水平的上升必然要降低居民的购买力，从而影响居民消费水平的提高。

7. 产品和服务质量及市场状况

产品和服务质量好，物美价廉，能够促进消费水平的提高；反之，人们的消费行为就会受到影响，消费水平难以提高。同时，如果市场上假冒伪劣产品横行，使人们不能放心消费，也会影响人们的消费行为与消费水平。

8. 积累率

一定时期一个国家或地区的生产成果是一定的。生产成果中用于积累的部分越多，则用于居民消费的部分就越少。积累率是国家可以调控的重要经济变量，一定时期中国家为了实现一定的经济和社会发展目标，可以操纵积累率的高低，或提高积累率，压低消费水平；或压低积累率，提高消费水平。因此，积累率是影响消费水平的重要因素。

三、影响消费水平的消费者个人因素

消费者个人的消费水平受消费者的多种因素制约和影响，如收入相同的两个消费者或家庭，却可能在消费水平上出现明显的高低差异，因为收入因素不是制约消费者消费水平高低的唯一因素，还有其他一系列因素。

1. 消费者的经济状况

消费者的个人因素对消费水平有重要的影响。首先是消费者的经济状况，即消费者的收入、存款与资产、借贷能力等，会强烈影响消费者的消费水平和消费范围，并决定着消费者的需求层次和购买能力。消费者的经济状况较好，就可能产生较高层次的需求，购买较高档的商品，享受较高级的消费。相反，消费者的经济状况较差，通常只能优先满足衣、食、住、行等基本生活需求。

2. 消费者的职业和地位

不同职业的消费者对于商品的需求与爱好往往不尽一致。一个从事教师职业的消费者，一般会较多地购买书报杂志等文化商品；而对于时装模特来说，漂亮的服饰和高档的化妆品则更为需要。消费者的地位不同也影响着其对商品的购买。身在高位的消费者将会购买能够显示其身份与地位的较高级的商品。

3. 消费者的年龄与性别

消费者对产品的需求会随着年龄的增长而变化，在生命周期的不同阶段，相应需要各种不同的商品。如在幼年期，需要婴儿食品、玩具等；而在老年期，则更多需要保健和延年益寿的产品。不同性别的消费者，其购买行为也有很大差异。烟酒类产品较多为男性消费者所购买，而女性消费者则喜欢购买时装、首饰和化妆品等。

4. 消费者的性格与消费观念

性格是指一个人特有的心理素质，通常用刚强或懦弱、热情或孤僻、外向或内向、创意或保守等来描述。不同性格的消费者具有不同的购买行为。刚强的消费者在购买中表现出大胆自信，而懦弱的消费者在挑选商品时往往犹豫不决。消费观念是指消费者关于消费行为的指导思想、理念意识、偏好与习惯，消费观念不同会影响消费者的消费行为和消费水平。

第3节 全面小康消费水平

一、全面小康消费水平的内涵

（一）小康消费水平的基本标准

1991年，国家统计局与计划、财政、卫生、教育等12个部门的研究人员组成了课题组，按照党中央、国务院提出的小康社会的内涵确定了小康社会的16个基本监测指标和小康临界值，它们分别是：(1) 人均GDP 2 500元（按1980年的价格和汇率计算，2 500元相当于900美元）；(2) 城镇人均可支配收入2 400元；(3) 农民人均纯收入1 200元；(4) 城镇住房人均使用面积12平方米；(5) 农村钢木结构住房人均使用面积15平方米；(6) 人均蛋白质日摄入量75克；(7) 城市每人拥有铺路面积8平方米；(8) 农村通公路行政村比重85%；(9) 恩格尔系数50%；(10) 成人识字率85%；(11) 人均预期寿命70岁；(12) 婴儿死亡率3.1%；(13) 教育娱乐支出比重11%；(14) 电视机普及率100%；(15) 森林覆盖率15%；(16) 农村初级卫生保健基本合格县比重100%。

用综合评分方法对这16个指标进行测算，2000年全国小康实现程度为96%。分地区来看，东部基本实现，中部实现78%，西部实现56%。但是，农民人均纯收入为1 066元，实现85%；人均蛋白质日摄入量为68克，实现90%；农村初级卫生保健基本合格县比重实现80%。可见，在解决温饱的基础上的小康消费水平，既包括人民物质和精神生活水平的提高，也包括社会经济发展水平的提高以及社会福利和生活环境的改善。其显著特征是居民消费以数量扩张为主转变为以质量提高为主，以生存消费资料为主转变为不断提高享受、发展消费资料的比重。

（二）全面小康消费水平与总体小康消费水平

小康社会目标是邓小平同志在改革开放之初最早提出来的，根据当时许多地方还没有解决温饱的实际情况，他提出2000年GDP增长比1980年翻两番，人民生活从总体上达到小康水平。进入新世纪以来，我国已经在总体上进入了小康社会。2002年，党的十六大又确定了全面建设小康社会的奋斗目标。2012年，党的十八根据我国经济社会发展实际，在十六大、十七大确立的全面建设小康社会目标的基础上，提出“到二〇二〇年实现全面建成小康社会宏伟目标”，并对全面小康社会的消费提出了总体要求：“人民生活水平全面提高。基本公共服务均等化总体实现。全民受教育程度和创新人才培养水平明显提高，进入人才强国和人力资源强国行列，教育现代化基本实现。就业更加充分。收入分配差距缩小，中等收入群体持续扩大，扶贫对象大幅减少。社会保障全民覆盖，人人享有基本医疗卫生服务，住房保障体系基本形成，社会和谐稳定。”① 因此，全面小康与总体小康是不同的。

（1）范围不同。总体小康重点是解决温饱问题，提高物质文明水平。全面小康体现在经济持续健康发展，人民民主不断扩大，文化软实力显著增强，以及资源节约型、环境友好型社会建设取得重大进展的基础上，人民生活水平全面提高。②

（2）标准不同。总体小康是低水平的、不全面的、发展很不平衡的小康。全面小康可概括为三个“更”，即“更高水平”、“更全面”和“更平衡”。

所谓更高水平，是指到 2020 年使我国的经济总量和人均收入达到一个更高的水平，使我国的小康社会建立在一个更加雄厚的物质基础之上。具体而言，就是要在转变经济发展方式上取得重大进展，在发展平衡性、协调性、可持续性明显增强的基础上，实现 GDP 和城乡居民人均收入比 2010 年翻一番。③

所谓更全面，是指到 2020 年使我国居民在解决温饱的基础上，获得发展资料和享受资料更为充分的满足，获得政治、精神文化生活更为充分的满足，获得优美生态环境和个性自由方面更为充分的满足等。这个“更全面”，体现在物质文明方面，就是使经济更加发展、人民生活更加殷实；体现在政治文明方面，就是使民主更加健全、法治更加完善；体现在精神文明方面，就是使科教更加进步、文化更加繁荣、社会更加和谐。从定量指标来看，到 2020 年，要力争在我国城镇化水平不断提高的前提下，城镇居民的恩格尔系数降至 0.35 左右，农村居民的恩格尔系数降至 0.45 左右；从人类发展指数来看，要使人口平均预期寿命、总入学率和人口平均受教育年限、人均绿地面积、空气质量状况等反映人类生活质量的卫生指数、教育指数和环境指数大幅提高，使人类发展指数超过 0.8（2000 年，我国的人类发展指数为 0.726，在 174 个国家中列第 96 位，如果到 2020 年我国的人类发展指数达到 0.8，则可进入前 60 位的行列），进入中等发达国家行列。

所谓更平衡，是指到 2020 年使我国目前明显存在的工农差别、城乡差别、地区差别和社会阶层差别等不断扩大的趋势得到扭转并逐步缩小，使中等收入者的比重大幅提高，逐步实现共同富裕。具体而言，一是要不断推进我国的城镇化进程，力争 2020 年城镇化率由 2001 年的 37.7%上升到 60%以上；二是大力发展第三产业和技术密集型产业，使第三产业在 GDP 中的比重由 2001 年的 33.6%提高到 50%以上，使以高新技术为核心的技术密集型产业的产出在工业总产出中占据主导

① 胡锦涛：《坚定不移沿着中国特色社会主义道路前进　为全面建成小康社会而奋斗——在中国共产党第十八次全国代表大会上的报告》，18 页，北京，人民出版社，2012。

② 参见若英：《什么叫全面建成小康社会?》，载《中国日报》，2013-01-11。

③ 参见胡锦涛：《坚定不移沿着中国特色社会主义道路前进　为全面建成小康社会而奋斗——在中国共产党第十八次全国代表大会上的报告》，17 页，北京，人民出版社，2012。

地位；三是采取有力措施抑制和缩小城乡差距、地区差距和居民收入分配差距；四是积极推进社会保障体系建设，采取有力措施减少贫困人口，到2020年使我国的人类贫困指数由14.9%下降到10%以下。

二、全面小康消费水平的主要指标体系

（一）全面小康消费水平的特征

全面小康消费水平的标准可以从宏观层面即全社会的角度和城乡居民微观层面来考察。宏观层面的指标包括经济、科技、社会、民主、法制等方面的变化情况。微观层面可以划分为农村居民全面小康消费水平标准和城镇居民全面小康消费水平标准。综合来看，全面小康消费水平指标应该包括经济发展、社会进步、生活质量、生活环境、居民素质等方面的内容。全面小康消费水平应该具有以下特征。

1. 劳动者充分就业

就业是民生之本。从微观层次上看，实现劳动者充分就业应该是全面小康首先要解决的问题，也只有实现了充分就业才能实现全面小康的其他目标。现阶段我国农村虽已总体上实现了小康目标，但“三农”问题中的一个核心问题——劳动力隐性失业没有得到根本解决，而且随着人口的增加和资本替代劳动的趋势的快速呈现，劳动力就业问题日益凸显。随着全面小康社会的实现，这一问题应该且必须得到较彻底的解决。

2. 居民生活水平成倍提高

农村居民收入的快速增长是建设全面小康的基础，也是生活水平成倍提高的关键。在21世纪头20年，要完成全面建设小康社会的目标，必须从制度、体制上彻底解决农民增收问题，推动农民收入的提高。在速度上，农村居民收入提高既要高于GDP增长的速度，也要高于改革开放前20年建设基本小康时农民收入的增长速度，同时更应该高于城市居民收入的增长速度，逐步达到中等发达国家农村居民的收入水平，从根本上扭转基本小康阶段农村居民收入的增长速度始终慢于GDP、城市居民收入增长速度的状况。

3. 生活质量极大提高

与低水平的基本小康相比，全面小康在突出收入、强化就业的基础上，更强调了生活质量的极大提高。居民特别是农村居民生活在衣、食、住、行等方面全面升级，逐步由基本小康向共同富裕迈进，全体农村居民的生活质量逐步赶上城市居民的生活质量。另一方面，农村贫富差距更小，东、中、西部地区居民生活水平差异较为适度。

4. 生活环境明显改善

当人们生活水平、生活质量都有了极大提高以后，人们就会自觉追求环境的改善。基本小康仅仅实现了居民生活水平和质量的一定改善，而严格意义上的生活环境基本上没有大的变化，特别是以西部为代表的广大农村生产环境、交通环境等还处于基本小康建设初级阶段，一些地方甚至连基本的生存条件都不具备。全

面小康除了要极大改善农村生产条件，更注重在发展经济的基础上，全面优化城乡居民的生活环境和工作环境，除了蓝天、碧水、净土、绿树、空气清新的自然环境，还有安全、舒适、愉悦、和谐的经济与社会环境，实现人与自然、经济、社会的全面协调发展。

5. 居民素质全面提高

居民素质全面提高是全面小康的又一个明显特征。随着全面小康的逐步推进，广大居民的文化、政治、民主、法制、道德等各方面素质都将会有极大的提高，学习型社会的形成使学习成为居民的第一要求。

（二）全面建成小康消费水平的指标体系

2003 年年初，国家统计局统计科学研究所研究制定了全面建设小康社会统计监测指标体系，2007 年又根据党的十七大提出的新要求对指标体系做了重要修订。2008 年 6 月由国家统计局正式印发了《全面建设小康社会统计监测方案》，方案中的指标体系由经济发展、社会和谐、生活质量、民主法制、文化教育、资源环境等 6 个方面 23 项指标构成。全面建成小康社会即实现以下指标：

（1）经济发展：人均 GDP 达 31 400 元，研究与试验发展（R&D）经费支出占 GDP 比重为 2.5%，第三产业增加值占 GDP 比重超过 50%，城镇人口比重 60%，失业率（城镇）在 3%～6%之间。

（2）社会和谐：基尼系数低于 0.4，城乡居民收入比低于 2.8：1，地区经济发展差异系数低于 60%，基本社会保险覆盖率不低于 90%，高中阶段毕业生性别差异系数为 100%。

（3）生活质量：居民人均可支配收入 15 000 元以上，恩格尔系数低于 40%，人均住房使用面积 27 平方米，5 岁以下儿童死亡率低于 20‰，平均预期寿命 75 岁以上。

（4）民主法制：公民自身民主权利满意度高于 90%，社会安全指数达到 100%。

（5）文化教育：文化产业增加值占 GDP 比重高于 5%，居民文教娱乐服务支出占家庭消费支出比重高于 16%，平均受教育年限 10.5 年以上，单位 GDP 能耗低于 0.84 吨标准煤/万元。

（6）资源环境：常用耕地面积指数大于或等于 94%，环境质量指数等于 100%。

根据以上全面建成小康社会的目标和全面小康消费水平的基本特征，我们可以初步确立反映全面小康消费水平的主要指标体系，它应该包含经济发展、社会和谐、生活质量、生活环境、居民素质 5 个方面的内容，共计 20 个指标。

经济发展方面包括以下 4 个主要指标：人均 GDP、第三产业比重、城镇人口比重、失业率。社会和谐方面包括以下 4 个主要指标：基尼系数、城乡居民收入差距、基本社会保障覆盖率、高中阶段毕业生性别比。生活质量方面包括以下 6 个主要指标：人均可支配收入、恩格尔系数、人均住房使用面积、非正常死亡率、平均预期寿命、公民自身民主权利满意度。居民素质方面包括以下 3 个主要指标：平均受教育年限、文化产业增加值、文教娱乐服务支出占家庭消费支出比重。生活环境方面包括以下 3 个主要指标：森林覆盖率、环境质量指数、社会安全指数。

三、实现全面小康消费水平的途径

（一）促进经济又好又快地发展

实现全面小康消费水平，经济发展是基础。为此应着力推进经济发展方式的转变，调整需求结构，改善供给结构和提高生产要素质量，优化生产要素结构。具体地，着力构建以现代农业为基础、高新技术产业为先导、基础产业和制造业为支撑、服务业全面发展的现代产业体系，走能源消耗低、环境污染少、经济效益好的新型工业化道路，形成第二产业优化发展、第三产业加快发展、产业结构进一步趋向合理化的良好局面，促进经济又好又快地发展。

（二）着力提高消费率

经济发展的根本目的是提高消费水平，而消费水平提高本身也是促进经济增长的重要手段。从经济增长的需求因素来看，消费、投资、出口是拉动经济增长的三大重要因素，其中消费占比最高，扩大消费需求对拉动经济增长的作用十分重要。多年来，在我国的经济运行中，投资率一直偏高，消费率偏低。消费率过低带来高储蓄、高投资等矛盾，从而制约着我国经济健康发展、居民消费水平的提高。因此，要有效扩大居民的消费，重点是扩大消费性投资（是指为形成消费对象和消费条件所进行的投资）[①]，增加有效消费供给，从而实现经济结构、生活水平和社会发展的“质”的飞跃。

（三）全面提高农村居民及中低收入者的消费水平

实现全面小康消费水平的重点和难点是提高农村居民的消费水平。改革开放以来，我国农村居民的消费水平有了很大的提高，但与城市居民相比，我国农村居民的消费水平还有很大的差距，主要表现在以下方面：一是农村居民收入水平低、收入增长缓慢，与城市居民收入之间的差距呈现扩大的趋势，并存在一定的贫困人口；二是农村居民的生产生活环境及基础实施条件不能适应生产发展的要求；三是农村剩余劳动力数量庞大，农业生产的相对效益较低。因此，要按十八大关于“强农惠农富农”的要求，加大各级政府对农业和农村增加投入的力度，扩大公共财政覆盖农村的范围，强化政府对农村的公共服务，建立以工促农、以城带乡的长效机制，加快新农村建设，加快集中连片地区贫困农民的脱贫致富步伐，积极推进农村的城市化、农业的现代化和农民的市民化，不断增加农民收入，减轻农民负担，改

① 参见王国刚：《城镇化：中国经济发展方式转变的重心所在》，载《经济研究》，2012（12）。

善农村的生活环境和条件，促进农村劳动力的转移。在全面提高农村居民消费水平的同时，要关注城镇中低收入者消费水平的提高，加大对城市贫困者的扶持与救济，尽可能缩小城市居民之间的贫富差距。

（四）优化消费环境

消费环境是影响消费质量、消费水平的一个重要因素。随着消费水平的提高，人们越来越注重消费环境，对环境质量的要求越来越高。如果环境遭受污染，生态平衡遭受破坏，将直接危害人们的身体健康，直接影响人们的消费，从而会大大降低消费水平。因此，要采取有效措施，防止环境污染，保护生态平衡，培育优美的生态环境，切实提高居民消费质量和消费水平。

（五）不断满足人们精神文化消费的需要

随着经济的发展和人们生活水平的进一步提高，精神文化产品的消费已经成为重要的消费内容。当今世界，文化与经济和政治相互交融，在综合国力竞争中的地位和作用越来越突出。新制度经济学的研究表明，文化、道德作为一种持久的力量，对于减少社会交易费用、促进经济的良好运行具有重要的作用，被称为市场调节和政府调节之外的第三种调节。因此，大力发展文化事业和文化产业，不仅能满足人民日益增长的精神文化需求，促进消费水平的提高，而且是顺利推进全面小康的强大动力。

□ 本章小结

消费水平是消费经济的基本问题。消费水平的形成和变化受自然、经济、社会等诸多因素的影响，因而，消费水平可以从多个角度来进行考察。本章从宏观和微观角度对消费水平的含义进行阐释，通过居民消费水平、居民家庭平均每人全年消费性支出、居民家庭平均每人全年购买的主要商品数量、居民家庭年底平均每百户主要耐用消费品的拥有量、农村居民家庭年平均每人生活消费现金支出等指标，可以从不同侧面来反映居民消费水平状况。划分消费水平的层次是多样的，根据当前我国居民消费水平大体可分为五种层次：贫困型、温饱型、小康型、富裕型、豪华型，各层次均有各自的消费特点。

消费是生产的目的，也是构成总需求的最主要要素。消费水平与经济增长之间存在相互促进、相互依赖的关系。当然，一定时期的消费水平的高低应该有一个客观的与经济发展相适应的合理水平，同时，这个消费水平应该适应经济增长和经济发展的要求。小康社会是邓小平同志在改革开放之初提出的。进入新世纪以来，我国已经在总体上进入了小康社会。2012 年，党的十八大提出“到二〇二〇年实现全面建成小康社会宏伟目标”。全面小康与总体小康无论从覆盖的范围还是从内涵的标准都是显著不同的。根据全面建成小康社会的目标和全面小康消费水平的基本特征，初步确立反映全面小康消费水平的主要指标体系，包含经济发展、社会和谐、生活质量、生活环境、居民素质5个方面的内容，共计20个指标。

□ 重要名词

消费水平　恩格尔定律　恩格尔系数　基尼系数　合理消费水平　全面小康消费水平

□ 思考题

1. 什么是消费水平？反映消费水平的主要指标有哪些？
2. 如何理解消费水平层次？恩格尔系数高低为什么能反映消费水平层次？
3. 合理消费水平的合理性表现在哪些方面？
4. 影响消费水平的主要因素有哪些？
5. 你认为全面小康消费水平应具有哪些特征？
6. 怎样建成全面小康消费水平？

□ 推荐阅读

1. 尹世杰．消费经济学．北京：高等教育出版社，2007
2. 文启湘等．消费经济学．西安：西安交通大学出版社，2005
3. 凌霄．我国居民人均消费水平影响因素分析．财经界（学术版），2012（8）
4. 柳思维．全面小康消费水平与完善消费市场体系．消费经济，2004（4）
5. 中国全面小康研究中心．2011～2012年度中国消费小康指数．小康，2012（2）
6. 王小广．2020年的全面小康社会到底啥样？．时事报告，2013-01-18
7. 张书云．中国农村居民消费水平与消费结构研究．北京：经济科学出版社，2010

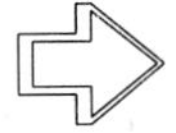

案例分析　我国居民消费水平变化过程①

新中国成立以来我国居民消费水平发展大体可划分三个阶段：第一阶段是1949—1957年居民的消费水平有较大提高。如第一个五年计划时期，国民收入增长了45.2%，职工年平均工资增加了42.8%，农民收入增

① 参见汤跃跃：《当前我国居民消费公平问题研究》，95～127页，广州，暨南大学出版社，2011。

加了 27.9%，消费水平增长了 17.1%。第二阶段是 1958—1965 年，居民消费水平陡然下滑。据统计[①]，1961 年城镇居民的主要食品年消费量与 1957 年相比，粮食减少 8.4%，猪肉减少 80.6%，每人平均只有 10 多市尺布（包括买鞋、买线等折合布票在内），纸张、锅、碗、盆等基本生活日用品都缺乏。第三阶段是 1966—1976 年全国人均消费水平几乎没有什么变化。1977—1978 年，我国的经济取得了一些进展，人民生活有了恢复性的改善。据统计[②]，1977 年居民的消费水平比上年增长 2.5%，1978 年比上年增长 6.1%。

1978 年年底以来，我国实行改革开放，国民经济进入了高速发展阶段，城乡居民的消费水平不断提高（见表 7—1）。表 7—1 显示，1979—2011 年，除 1989 年全国居民消费水平负增长（比上一年下降 0.2%），其余各年均有所上升。平均上升约 6.5%，增长较高的是 1985 年（增长 13.5%）和 1992 年（增长 13.3%）。总体来说，居民消费水平呈现在波动中逐渐上升的趋势。

表 7—1　　1978—2011 年我国 GDP 和居民消费水平变化情况

年份	1978	1980	1985	1990	1995	2000
GDP 年均增长率（%）	11.7	7.8	13.5	3.8	10.9	8.4
居民消费水平年均增长率（%）	4.1	0.9	13.5	3.7	7.8	8.6
年份	2006	2007	2008	2009	2010	2011
GDP 年均增长率（%）	12.7	14.2	9.6	9.2	10.4	9.3
居民消费水平年均增长率（%）	9.6	10.2	9	10.3	8.2	9.5

虽然我国居民消费水平大幅提高，但消费水平却存在显著的差异，如城乡居民消费水平存在差距（见表 7—2）。

表 7—2　　城乡居民恩格尔系数与消费水平的消费差距系数

年份	恩格尔系数（%）		消费水平（元/人年）		消费差距系数	
	城镇	农村	城镇	农村	恩格尔系数	消费水平
1978	57.5	67.7	405	138	1.18	2.93
1985	53.3	57.8	765	349	1.08	2.19
1990	54.2	58.8	1596	560	1.08	2.85
2000	39.4	49.1	6850	1860	1.25	3.68
2005	36.7	45.5	9644	2579	1.24	3.74
2010	35.7	41.1	16546	4700	1.15	3.52
2011	36.3	40.4	18750	5633	1.11	3.33

说明：消费差距系数即为城乡消费的倍数关系，其中恩格尔系数差距系数是用农村除以城镇，消费水平则用城镇除以农村，该系数越大说明城乡消费差距越大。

资料来源：根据历年《中国统计年鉴》的相关数据整理。

① 参见柳随年：《六十年代国民经济调整的回顾》，163～170 页，北京，中国财政经济出版社，1982。

② 参见李成瑞等：《中国经济的发展》，9 页，北京，人民出版社，1982。

讨论分析

1. 与改革开放前相比，改革开放以来我国居民消费水平发生了哪些主要变化？为什么会出现这些变化？

2. 计算我国城乡居民人均消费水平差距绝对额的变化。为什么城乡居民人均消费水平差距如此大？

第 8 章

Chapter 8 消费市场

内容提要

消费经济学研究消费市场，是以消费为主体，从消费角度来讲市场。本章研究消费市场的含义与特点、消费市场的功能。消费市场是一个极其广阔的市场，只有不断开拓和完善消费市场，才能促进整个市场体系的完善。为此，要不断培育和发展消费热点；要促进城乡消费市场的协调发展、国内外市场协调发展以及网络市场与传统市场的协调发展，尤其要大力发展农村消费市场；要采取多种措施大力发展信用消费。

第 1 节 消费市场的内涵与功能

一、消费市场的含义与特点

（一）消费市场的含义

消费市场也称为消费者市场，是指消费者个人和家庭为了生活消费而购买（包括租用）消费资料（包括劳务）的市场，是消费品交换的场所和领域、消费品交换关系的总和。构成消费市场的要素，一是消费市场主体，即购买消费品的消费者个人、家庭或社会团体，以及向市场提供消费品的生产者和经营者；二是消费市场客体，即被交换、被买卖和流通的各种消费品；三是消费市场需求，即消费主体购买消费品的货币支付能力；四是消费市场载体，即一定形态的市场载体[①]，以方便消费品交换与流通。

随着生产力水平的提高，社会分工不断演化，生产部门不断增多，一方面提高了人们的购买力，刺激了人们对商品的需求，另一方面又促进了消费品供给数量和种类的丰富多样。这样，要满足人们各种各样的消费需要，就必须进行交换，发展市场，通过市场来满足消费。消费与生产，二者是相互促进、相互影响的关系，发展市场经济，必须发展消费市场。

---

① 作为消费市场载体的市场形态不一定都是有形市场，也可通过电话、传真、经纪人、网络等方式进行消费品交易。

（二）消费市场的特点

1. 广泛性

每个人都是消费者，每个家庭也都可称为消费者，消费需求多种多样，不同的人有不同的消费需求。消费需求的广泛性决定了消费市场网点空间分布的广泛性。

2. 复杂性

消费者的消费需求是不断变化的，消费者在不同的年龄阶段、不同的购买力阶段、不同的消费时期消费需求都会改变，消费市场的购买力在不同的地区和不同的商品之间流动，在全球化背景下甚至在全球范围内流动，因此，商品和劳务的供应也受多种因素的影响。

3. 分散性

由于消费市场的广泛性和复杂性，以及消费需求的主体遍及城乡各地，消费者购买行为都是自主决定，这就决定了消费市场交易行为的分散性。但是，消费市场与广大消费者息息相关，市场供求的变化、价格的涨落直接影响着消费者的利益。

4. 层次性

就像消费需要具有层次性一样，消费市场也具有层次性。消费者的收入不同、购买力不同、文化素质不同、消费心理不同，对同一种消费品也有不同的档次、规格、质量的要求，对不同消费品（如必需品、一般用品、高档奢侈品等）的需求结构也不一。同时，随着消费水平的提高、科学技术的发展，消费品更新换代的周期缩短，使得消费市场层次结构也处于经常性的变动之中。

二、消费市场的分类

按消费客体存在的形态，消费市场主要分为两大类，即以物质实体形态体现的消费品市场和以服务形态体现的消费服务市场。

（一）消费品市场

消费品市场是整个商品市场的主体，是消费品交换的场所、消费品的流通领域、消费品交换关系的总和。消费品又称生活资料或消费资料，是直接用于满足消费者个人与家庭消费需求或社会集团消费的各种生活资料的统称。消费品市场是整个市场体系的最终点，是整个社会再生产过程最终的市场实现过程。至于有的商品既可作生产资料也可作生活资料，既可在消费市场流通也可在生产资料市场流通，则最终取决于最后的用途[①]，“**谷物市场**及其各种细目，例如种子市场：稻谷、西米、马铃薯等。这种市场在经济上非常重要；它既是为生产服务的市场，又是为直接消费服务的市场”[②]。最终用于人们生活消费的，应归于消费市场；最终用于生产的，则归于生产资料市场。

---

① 参见柳思维：《中国市场经济发展研究》，139～143页，长沙，湖南出版社，2003。

② 《马克思恩格斯全集》，中文1版，第46卷（上），239页，北京，人民出版社，1979。

消费品市场按消费品的用途还可细分为：满足食物需要的食品市场；满足穿着需要的服装市场；满足居住需要的住宅市场；满足各种日用需要的日用品市场；满足文化、教育、体育需要的文教体育用品市场等。上述市场还可再细分为某一类某一种消费品市场，如食品市场还可分为粮油市场、肉制品市场、乳制品市场、水产品市场、蔬菜市场、水果市场、调味品市场等。

消费品市场按商品属性，可分为纺织品及针织品市场、医药保健品市场、文化体育用品市场、食品饮料市场、日用百货市场、五金产品市场、家用电器市场、汽车市场、IT 产品市场等。

消费市场按消费品来源的不同可分为工业消费品市场、农业消费品市场。

（二）消费服务市场

经济学上的“服务”是一种特殊形式的劳动产品，是指劳动或者活劳动本身，而不是劳动创造的物品。马克思指出：“服务这个名词，一般地说，不过是指这种劳动所提供的特殊使用价值，就像其他一切商品也提供自己的特殊使用价值一样；但是，这种劳动的特殊使用价值在这里取得了‘服务’这个特殊名称，是因为劳动不是作为**物**，而是作为**活动**提供服务的……”①

消费服务市场可按劳务的性质和特点分为金融市场、保险市场、运输市场、通信市场、旅游市场、保健休闲市场等。随着社会经济的发展，服务市场发展迅速，一些新的服务市场领域相继出现，比如家政服务市场、网络服务市场等。以网络服务市场为例，在电子商务市场上，互联网服务市场规模已超过 2 000 亿元。2012 年前三季度，电子商务整体市场（含批发、零售及进出口贸易）规模达到 5 万亿元，其中网络零售市场交易规模达到 7 609 亿元，增幅达到 34.5%，超过社会消费品零售总额的增速 1.4 倍。②

三、消费市场的功能

消费是社会再生产的终点环节，既是劳动力再生产的实现，又是人类生存和社会发展的需要，也是社会经济发展的目的和动力。消费市场在社会经济生活中的作用也越来越大，具体表现为如下几个方面。

（一）满足消费需要

市场是联系生产和消费的桥梁，在市场经济条件下，消费者主要通过消费市场来实现自己的消费需要。消费市场涉及每个消费者的生存、发展和享受需要的满足，涉及所有居民的吃、穿、用、住、行、劳务消费等各个方面的满足，其关系重大。在当前“人们生活总体上实现了由温饱到小康的历史性跨越”阶段，人们的消费需求越丰富，消费的层次和结构越多元化，要求满足消费需求的消费品和劳务

---

① 《马克思恩格斯全集》，中文 1 版，第 26 卷（Ⅰ），435 页，北京，人民出版社，1972。

② http：//finance.qq.com/a/20121228/005848.html.

也就越丰富,从而对消费市场的依赖程度不断加大，消费市场的发展也更快。必须根据消费者的需要，有针对性地组织消费品和劳务的供应。只有市场上的消费品丰富多彩，适销对路，才能满足不同地域、不同年龄、不同性别、不同阶层的消费者的消费需要。消费者从市场上购买的是生活资料和劳务，是用来维持其生活，满足其生理、心理、精神上的多种需要的物品，是劳动力再生产的重要条件。没有消费市场或者消费市场不完备，生产者提供的商品和劳务就无法完成交换，无法实现其价值，消费者的消费需要也无法得到满足。因此，消费市场对满足消费需要起着极其重要的作用。

（二）促进生产发展

消费对社会生产具有强烈的促进、带动或制约作用。消费是经济活动的起点，也是经济活动的终点。消费需求、投资需求和出口需求被称为拉动经济增长的三驾马车，消费需求对 GDP 的拉动或贡献率一般在 60%以上。就大致反映一国的消费状况的消费率指标来看，国际水平在 70%左右，东南亚国家维持在 65%以上。在三者之中，消费需求是拉动经济增长的真正持久的和根本的动力。就我国而言，消费需求促进生产发展的作用更加明显。我国最终消费率多年来一直在下降，已由 1986 年的 67.15%下降至 2003 年的 55.4%。早在 1998 年，我国就提出扩大消费支出，但是最终消费率却一直在下降，已经由 2000 年的 62.3%下降到 2011 年的 48.2%，下降了 14.1 个百分点。而根据国际货币基金组织和世界银行的估计，世界平均消费率为 80%左右。美国、英国的消费率都在 80%以上，印度、巴西也达到了 80%，由此可见，我国消费率水平明显低于世界平均水平。[①] 一般认为，当一国人均 GDP 接近 1 000 美元时，居民消费率一般为 61%。2011 年，我国人均 GDP 为 5 431.8 美元，但最终消费率却下降至 48.2%。显然，扩大消费需求对拉动我国经济增长的潜力很大。

从社会再生产过程看，生产者生产的商品或提供的劳务，必须通过消费市场出售，最终进入消费领域，实现其价值，社会再生产才能继续进行，生产才能不断发展。在这个过程中，消费市场起着重要的导向与动力作用。消费市场不仅帮助生产者出售其商品和劳务，而且通过市场信息反馈能指导生产过程。因为消费市场对消费者需要变化的信息反应极为灵敏，消费市场集中消费信息，并将消费信息反馈给生产者和经营者，使产品适销对路，从而大大促进了商品生产的发展。

（三）引导和拓展消费

市场一方面联系生产，一方面联系消费，商品只有通过市场销售出去，才能进入消费领域。市场不仅可以引导生产，也可以引导消费。人是社会动物，受周边环境影响大，在进入消费市场的过程中，会经常受到消费市场环境和消费文化的影响，消费市场可以通过广告、价格、信息、展销、市场管理和各种营销手段来影响

---

① 参见李丹：《中国最终消费率过低之谜》，载《上海财经大学学报》，2013（2）。

消费者，或鼓励某些消费品的消费，或限制某些消费品的消费；引导文明、建康和有利于居民自身素质提高的物质和劳务消费，抵制“灰色消费”、“黄色消费”和“黑色消费”，把人们的消费活动引向正确的方向，使消费更有益于人的身心健康，有利于国民经济又好又快和可持续发展。同时完善消费市场体系，畅通消费品流通渠道，加强市场促销活动，还可引领消费，开拓新的消费领域，创造新的消费。

第 2 节　消费市场的协调发展

一、城乡消费市场协调发展

（一）城乡消费市场协调发展的必要性

坚持城乡消费市场协调发展首先是转变经济发展方式、扩大内需战略的内在要求。启动消费、扩大内需既是转方式、调结构的主要内容，也是拉动国民经济稳定增长的根本途径。而在我国，由于城乡二元经济结构的存在，城乡居民收入差距大，因此城乡消费市场差距很大，城乡割裂严重。农村消费市场的滞后发展使消费总需求难以有效激活，严重影响了经济的发展。因此，必须坚持城乡消费市场的协调发展。

党的十八大报告也把推动城乡发展一体化作为加快完善社会主义市场经济体制和加快转变经济发展方式的五个重点之一，强调要“加大统筹城乡发展力度……加快完善城乡发展一体化体制机制，着力在城乡规划、基础设施、公共服务等方面推进一体化，促进城乡要素平等交换和公共资源均衡配置，形成以工促农、以城带乡、工农互惠、城乡一体的新型工农、城乡关系”。这一论断抓住了影响我国现代化建设中的最大问题，指明了推进现代化进程中解决好这一问题的方向目标，具有重大的现实意义和历史意义。市场需求是拉动经济增长的主动力，而占市场需求份额 60%以上的消费需求，其规模、结构和增长速度是制约经济均衡与经济增长的主要条件之一；同时，消费需求作为最终需求，其规模变动不仅直接制约着消费品生产的增长，而且在长期也制约着投资需求的增长。尽管随着城镇化推进，我国农村人口占总人口比重在不断下重，但农村区域广，人均消费水平低，消费需求潜力大。坚持城乡消费市场协调发展，就可通过扩大农村居民的消费需求，特别是提高农村人均购买力，改善农村居民的消费结构，提高农村居民的消费层次，促进农村经济的发展和对国民经济的拉动，这正是调整我国经济增长动力结构的内在要求。

坚持城乡消费市场协调发展是改变城乡二元经济结构、缩小城乡发展差距的现实需要。我国城乡二元经济结构的形成有深刻的历史因素和制度背景，目前仍然在延续。进入 21 世纪以来，我国城乡居民收入差距呈现扩大之势。城镇居民家庭人均可支配收入由 2000 年的 6 280 元增加到 2011 年的 21 810 元，同期农村居民家庭人均纯收入由 2 253 元增加到 6 977 元，农村居民与城镇居民的收入差距绝对额越来越大。而且，农村居民不仅消费结构不合理，消费层次也很低。城乡之间居民消费结构、消费质量方面的差距更大。

坚持城乡消费市场协调发展不仅可以拉动农村消费总量稳步增长以及农民消费水平和消费层次的提高，使农民日益增长的消费需求得到满足，而且可以使农产品在适应市场需求的过程中延长农业的产业链，增加农民收入；促使农业沿着健康的轨道发展，增强农业的综合竞争力；使农村市场对服务业的发展形成强大的吸引力，增加就业岗位，拓宽农业剩余劳动力的就业渠道，也将为小城镇建设和农民市民化形成支撑，从而促使小城镇建设步入良性循环的轨道；促进用工业文明成果去改造农业生产方式，用城市生活方式影响农村生活方式，这对于逐步缩小城乡差距、改变我国二元经济结构有着深远的意义。

（二）大力开拓和繁荣农村消费市场的途径

要实现城乡消费市场协调发展，最根本的是要加快农村经济发展，努力做到强农惠农富农，大力开拓和繁荣农村消费市场，为此要做好以下几点。

（1）努力增加农民收入，增强农民的购买力，为繁荣农村消费市场奠定现实基础。[①] 要较快提高农民收入，重点是努力增加农民的非农就业岗位，提高农民在非农工作岗位上的就业比重，这样既能加快农村剩余劳动力的转化，又能有效提高农民的现金收入比重，扩大农村居民消费需求。这需要我们从如下方面入手：

1）充分吸纳农村剩余劳动力参与基础设施建设。基础设施建设不仅具有较强的产业关联性，而且具有很强的吸纳农村剩余劳动力的功能。我们不仅要认识到基础设施建设具有增加消费、扩大内需的作用，更应该重视在基础设施建设中扩大吸纳农村剩余劳动力。

2）在加快工业化的进程中，要注意在劳动密集型制造业中吸纳更多的农村剩余劳动力。随着我国工业化进程的加快，工业尤其是制造业、建筑业等对劳动力的需求将会越来越多，充分发挥比较优势，将会大量吸纳劳动力，包括农村剩余劳动力转向劳动密集型产业和资本密集型产业、技术密集型产业和资本技术密集型产业。资本有机构成的提高会降低劳动力的比重，但劳动力需求的总量将会增加。要充分利用我国劳动力成本低的比较优势，在工业制造业中增加对农村劳动力的吸纳。

3）在加快发展城乡生态产业中扩大吸纳农村剩余劳动力。21 世纪，生态产业是一个充满生机和活力的产业。生态产业的发展不仅对于环境保护和人类可持续发展具有非同寻常的重要意义，更重要的是生态产业本身能够创造价值和财富，为我国经济持续增长和发展作出贡献。目前我国的生态产业正处于方兴未艾的发展初期，其产业增长率和产业利润率将长期保持上升势头。生态产业对劳动力的需求必然增加，将会成为吸收容纳农村剩余劳动力的新渠道。尤其要注重加快农村生态产业的发展。

---

① 参见柳思维：《关于农村消费品市场比重下降趋势及开拓消费品市场战略重点的思考》，载《消费经济》，2003（3）。

4）积极发展城乡劳动密集型服务产业，吸纳农民就业。一是要进一步消除对进城农民从事服务业的歧视与限制，大力引导和支持农民参与发展城市服务业。城市的许多劳动密集型服务业还有很大的发展空间，如城市的绿化服务、环卫服务、商贸服务、餐饮服务、修理服务、物流服务、仓储服务、家政服务、再生资源回收服务、休闲保健服务、安保服务、推销服务、文化娱乐服务等，均可吸收农村剩余劳动力参与。二是全国各地县城和农村小城镇产业结构的调整也要注重以发展各类劳动密集型产业为主，着力发展小城镇和农村中的商贸流通业、餐饮业、修理业、物流运输业、休闲业、中介服务业，发展农产品加工业，解决农村富余劳动力的转移和就业问题。三是大力发展民营经济，让乡镇企业、三资企业和个体私营企业为农村劳动力提供大量的就业岗位。

当然，增加农民收入还要减轻农民负担。我国已经取消农业税，在为农民减负方面迈出了很好的一步。应继续采取有力措施减轻农民负担，防止变相增加农民负担。

(2) 加强农村市场建设，畅通农村流通渠道，提供启动农村消费市场的载体与动力。首先，加强农村市场硬件建设，为农村消费需求创造条件。面对当前我国农村基础设施落后、农产品流通渠道不畅的现状，应着重加强农村基础设施建设，加大农村电力、公路、通信网络等基本建设投资；加强农村商业网点建设，培育发展流通中介组织，使农民的农副产品出得去，所需生产资料、生活资料以及其他服务进得来。其次，创新农村商品流通渠道和流通业态，应继续完善“万村千乡”市场工程，将连锁经营等先进业态向农村延伸和扩散，并发展及提升质量和服务功能。可以建立城乡一体经营的商业集团或专业公司，同时在农村建立销售网点、服务网点，以信誉好、售后服务好、品种齐全、价格合理等吸引农民；要注重依托农村原有的供销系统的渠道和设施，完善农村市场“新网工程”，疏通城乡商品流通渠道；要建设好一批重点农村小城镇市场，并不断完善重点市场的功能，发挥其辐射、带动、扩散效应，并融入城市市场体系中。

(3) 加强市场供给创新，为繁荣农村消费市场提供适销对路的商品。生产厂家应根据农村消费市场的特点，开发出适合农村需求的产品，如针对山区电视信号弱的特点，开发高灵敏度的电视机；针对农村电压不稳的特点，开发宽电源的家用电器等。在提供适宜产品的同时，配套服务要跟上。很多家电产品需要使用者掌握相应的操作技能，而农民掌握这些技能相对困难。对于家电这一类技术性较强的商品，消费者购买的不仅仅是产品本身，还有与之配套的服务。工业产品下乡活动如果不能把相应的服务也送下乡，农户对工业产品的购买与使用就会始终处于担惊受怕之中。因此，家电商品在农村的配套服务能否做好是其能否在农村广泛推广的关键所在。

(4) 推广农村消费信贷，为繁荣农村消费市场提供资金支持。农民的消费需求潜力是巨大的，但农民暂时的经济收入相对较低，仅仅依靠目前的积累水平，潜在的需求还不能变成现实的需求。消费信贷可以缩短农民收入积累的时间，使远期的消费支出变为即期的消费支出，促进需求提前实现。要做好这项工作，一方面要求银行积极努力，大胆创新，开发出适合农村特点的消费信贷品种，以扩大农村的消费信贷业务量；另一方面需要大力宣传，改变农民的消费观念，接受消费信贷，并正确地运用消费信贷方式。

（5）扩大精神文化消费，推动农村消费市场多样化发展。精神文化消费在社会经济系统中具有特殊的、重要的地位，精神文化消费的满足对促进经济增长有着不可忽视的作用。在传统体制下，消费领域只注重物质消费，忽视了精神文化消费，从而使我国的精神文化消费一直处于落后状态，特别是在广大农村，居民用于教育、娱乐、文化、服务的费用支出不到整个消费支出的8%。这种情况不利于我国人口素质的提高，也不利于我国社会生产的发展；同时，这也说明农村的精神文化消费有着广阔的消费空间，大有潜力可挖。

二、区域消费市场之间的协调发展

（一）区域市场协调发展的作用

在发展消费市场中，区域市场如何与全国统一市场协调发展，是深化市场取向改革、完善我国消费市场体系亟须解决的一个现实问题。这是因为没有区域市场与全国统一市场的协调，区域市场的发展就会受到削弱，而且也会失去赖以发展的依托。同样，全国统一市场没有发育良好的区域市场作基础，也难以发挥整体功能。如果区域市场发展中地方保护主义盛行，互相分割与封锁，就会人为抑制、阻碍商品的自由流通，从而影响和损害消费者的合法权益，影响消费需求的实现。

区域市场协调发展是指消除区域间贸易封锁、市场分割，实现生产要素和商品跨区域自由流动，使区域之间的商品流通互相配合、互相促进、互相协调。区域之间经济发展一般是非均衡状态，区域之间市场协调发展及区际贸易的产生是由不同区域的自然地理状况差异、资源差异、经济发展水平与产业结构差异、市场差异、区域分工差异、消费差异等客观因素决定的，凡有上述差异必定会产生区际贸易。当然区际贸易发展的基本动因在于贸易主体谋求更多的利益，对此，贸易当事人的意识惯常是比较自觉的，然而对不同行政区的政府而言，在不同的历史时期，容忍甚至鼓励区际贸易的动机则可能要复杂得多。当然，随着生产力不断进步和经济市场化程度不断提高，区际贸易带来的利益和其他好处越来越彰显，国家对区际贸易都采取积极的引导和鼓励政策。

（1）合理调节区域内的产需矛盾。由于各区域的自然条件与地理环境的制约，各地的资源及产品均存在一定局限性与差异性，而人们的需求却是多样化的，解决这一产需矛盾的途径就是发展区际间的贸易。自古至今我国各区域间盐、铁、茶及马匹等重要物产的贸易就从未中断，即使战争时期也很少中断，原因就在于对那些本地无法生产的必需品，或者因丰歉年成需要调剂的产品，人们只能通过区际贸易才能获得或者缓解。

（2）促进区域分工，更好发挥区域比较优势。区域分工是区际贸易的基础，区际贸易则是区域分工的条件及联系形式。在现代市场经济条件下，国民经济通过市场连接为一个有机运行的整体。在全国统一市场上，区域之间相互提供产品和市场需求，彼此也存在激烈的竞争。为了提高区域经济的竞争力，就必须顺应区域分工的客观趋势，立足于全国市场来确定区域经济产业发展格局。由于各区域的资源禀赋存在差异，竞争中各地自然会倾向于密集利用其相对丰裕要素的产品生产，以期形成最具比较优势和竞争力的产业与产品。人们对资源与资源禀赋的认识有一个逐渐深化的过程，从最初的自然资源、空间区位、历史遗产，过渡到劳动、资本与技术的丰裕程度及其相对价格，再深化到制度环境、社会氛围、行政效率等深层次因素。发展区际贸易，可以更好地促进区域间的分工与协作，从整体上提高资源的利用效率。

（3）实现资本扩张的市场要求。盈利是资本的本性要求，而盈利又往往与产销规模相关，一般产销规模越大，经济效益也越显著，即存在所谓“规模经济优势”。区域内某些具有竞争优势的产品或产品，在本地市场充分满足后，就必然提出进入相邻区域市场乃至更远市场的要求。现代社会，经营活动是由厂商进行的，厂商的市场扩张推动着区际贸易的不断深化发展。从制造商的角度认识，企业发展区际贸易通常有两种方式：一是利用社会流通管道或自己组建营销体系将产品运销至别的区域市场；二是直接到外地投资设厂，当地生产当地供应或者运销至更远的市场。根据美国经济学家克鲁格曼的理论，除了谋求规模经济的竞争优势，所谓“产品异质性”与“需求偏好相似”也是现代区际贸易不断扩张的内在成因。

（4）促进一国经济的均衡发展。由于种种原因，一国内部各区域间经济发展是不平衡的，这种不平衡可以通过各地间的贸易交往加以改善。贸易过程也是相互学习共同提高的过程，并可于此过程中逐步实现各地经济的均衡发展，提高社会经济的运行效率与效益。区域之间经济发展，有的基本处于同一水平，有的则发展水平高低悬殊，而相同经济发展水平的也有低度与高度的层次之分。水平相近的区域之间，可以在区际贸易中互相补充、互相支持、共同发展。高低水平之间的区际贸易，经济互补性往往更强，能起到先进地区带动落后地区经济发展的特殊功能。如珠江三角洲地区、长江三角洲地区、京津唐地区等就能以经济发达地区的市场需要、雄厚的资金、先进的技术、敏捷的信息，推动落后地区进步，并借助市场力量的推动加速其发展进程。

（二）我国区域市场协调发展中的主要问题①

从总体上看，我国区域市场在改革开放以后都得到了较快的发展。但是，我国区域市场的发育仍然严重不均衡。归纳起来，主要表现在以下几个方面。

（1）市场建设分布极不合理。例如，2011 年全国商品交易市场总数为 5 075 个。其中，东部地区商品交易市场数量为 3 072 个，占到总数的 60.53%，中部地区商品交易市场数量为 937 个，占比为 18.46%，西部地区商品交易市场数量为

① 参见曾坤生：《论我国区域市场发育与全国统一市场的协调发展》，载《北京商学院学报》，1998（3）。

682 个，占比 13.44%，东北地区商品交易市场数量为 384 个，占比为 7.57%。①

（2）要素市场发展极不平衡。东部地区各种要素市场已基本建成，市场体系相对完善，而中西部地区要素市场发育不全，市场体系极不完善。如金融证券和期货交易场所大多集中在东部地区。

（3）区域市场的中介机构和组织化程度也有明显的差异，各地组织的企业资产相差很大。在我国区域市场发育过程中，大多缺乏水准较高的从事市场策划、业务代理、自我规范、中介服务的中介组织。尤其是中西部地区，经纪人量少质差，市场服务功能不健全，严重制约了市场的健康发展。在市场的组织程度上，我国市场发育也存在着明显的不平衡，中西部地区贸易业的组织化程度普遍比东部地区低。

（三）区域市场不平衡发展的原因

（1）各区域所处工业化阶段不同及产业结构的差异性，制约了市场流通的结构。目前东西部地区处在工业化不同阶段，因此非农产业结构的组成不同，产业间关联机制的发展程度也不同。东部地区消费品制造业产值位居前列的都是附加值高而能够获得高额利润的现代加工工业，如家电工业、IT 产业、纺织服装、五金交电和金属制成品业，它们的投入产出转换率或经济扩张乘数很高，因而该地区商品流通的内容较宽、规模较大。而西部地区制造业以传统的原材料和初加工工业为主，附加值和利润低，再加上该区域经济发展的激励机制不健全，资源配置的灵活性和有效性不如东部地区，因此西部地区市场流通的内容较窄，规模也较小。

（2）生产力发展水平及基础设施的差距制约了商品流通的发展规模。商品流通规模可以大体上反映一个地区的市场活跃程度。从商品流通量来看，由于东部地区生产力发展水平高，基础设施完善，交通网络发达，因此以占全国 41%的人口拥有商品流通量的 60%左右；而西部区域则幅员辽阔，交通设施密度稀、通达深度差、公路网等级低，虽然拥有全国 24%的人口，但商品流通量仅占 10%左右。

（3）消费者收入水平的差距制约了商品需求的数量和结构。我国低收入人口大多集中在西部地区，高收入人口中则大多集中在东部地区。收入上的差距势必反映出一定时期内市场购买力的大小，从而影响商品需求的数量。此外，我国居民收入水平高低按东中西部顺序排列，而居民食品支出比重（即恩格尔系数）却呈西中东部顺序排列，这反映出我国东西部区域间商品需求的扩张程度有强弱之分，区域间商品需求结构不一致。

（4）贸易壁垒严重存在，阻碍市场范围的扩大。区域贸易壁垒主要有两类：一是价格壁垒；二是非价格壁垒。东西部各地方政府往往会以保护地方利益为依据，设置各种贸易壁垒。贸易壁垒的持续增加将导致资源配置失效和浪费，流通领域交易费用剧增，地方政府机会主义倾向泛滥，最终导致市场失灵。

① 数据源于各年《中国商品市场交易年鉴》。

(四) 推动区域市场协调发展

十一届三中全会后我国启动了市场取向的经济改革，经过30多年发展，我国经济发展创造了世界奇迹，总体经济实力有了根本性改观，已位居世界第二，但国内统一市场尚未完全建成，市场机制对经济的调节还存在一些着力有限的弱点乃至盲区，各地区市场发展差距很大，局部的利益摩擦和冲突时有发生，为此我们应坚持科学发展观，在加快我国国内统一市场的培育中使各地区域市场形成合理分工、互相支撑、优势互补、货畅其流、协调发展的格局，真正消除地区封锁和行业垄断。要促进区域市场协调发展，应进一步扶持和促进中西部地区经济和流通业的发展，正如党的十八大报告指出的："继续实施区域发展总体战略，充分发挥各地区比较优势，优先推进西部大开发，全面振兴东北地区等老工业基地，大力促进中部地区崛起，积极支持东部地区率先发展。采取对口支援等多种形式，加大对革命老区、民族地区、边疆地区、贫困地区扶持力度"。要加大国家对落后地区经济和产业发展的政策支持力度，推进新型工业化现代农业城镇化及生态经济的发展，促进地区经济合作，推动国民经济均衡发展；要以事权与财权相匹配，加大财税体制改革，理顺各级政府财税关系，进一步清除地方保护主义存在土壤，弱化地方政府贸易保护的利益动机，消除行业垄断壁垒和地区封锁，通过减少费用，降低商品运销成本，促使消费品资源和商品在全国范围的自由流动；要加强区域消费品市场的信息化管理，使地区之间产销信息一体化，防止出现地区之间消费品产销脱节、甲囤乙缺的现象；要加快国内统一市场建设，撤掉一切有形和无形的市场关卡，消除各种制约自由流通的障碍，在现代要素市场普遍建立的基础上形成有机统一的市场体系，实现资源和商品在全国范围的自由流通。

三、网络市场与传统市场的协调发展

(一) 网络市场优势及发展现状

网络市场是基于互联网电子商务技术，生产者、中间商和消费者等市场主体聚集并进行交易的场所，是现实市场的虚拟形态。网络市场是电子商务发展的必然结果，跨越时空限制，在最高程度上体现了电子商务技术的先进性与有效性。

最近十年来，电子商务呈几何级数增长，已经从最初的信息流管理和控制发展到目前的全供应链全方位管理和控制，利用互联网信息技术的独特优势，将信息流、资金流和物流整合到一个高效的系统内，达到了传统商务模式所无法企及的效率和成本优势。具体来说，电子商务网络市场相比实体市场有以下优势。

1. 提高商业交易的效率

在网络市场上，卖方可以面向全球众多潜在买家方便地发布其产品、服务信息，并通过互联网与众多潜在的购买者进行交易，降低了交易过程的复杂程度，有效地提高了交易过程的效率；对于买方来说，在虚拟市场中可以更大程度地接触不同的供应商，通过互联网进行及时有效的比较、沟通，提高采购产品及服务的选择余地，获得更好的价格和更高的质量，同时简化了原本复杂的采购流程，极大地提高了采购效率。

2. 拓宽市场

网络市场基于全球互联网，整合全球市场动态信息，地域、空间、国界的障碍在虚拟市场淡化，而快捷便利的互联网即时通信又大大增进了买卖双方的联系，使得买卖双方交流更为频繁，并进一步促进商业活动的进展。电子商务虚拟市场使得实体市场经营主体站在信息化的顶峰，“一览众山小”，把握市场脉搏，不断寻求和拓宽市场。

3. 降低成本

网络市场下，企业利用网络营销节省了传统营销模式下的大量交易成本。小到通信费用，大到管理费用、产品积压带来的费用等经营成本，都可以在虚拟市场得到进一步节省。尤其是传统的商务活动是由多个中间环节组成的供应链完成的，这些中间环节必然要耗费大量的物质资源，而电子商务可以缩短供应链的长度，减少中间环节与周转时间，节省物质资源的损耗。

正由于网络市场具有实体市场所没有的优势，因此近几年来我国网络市场发展很快（见图 8—1）。

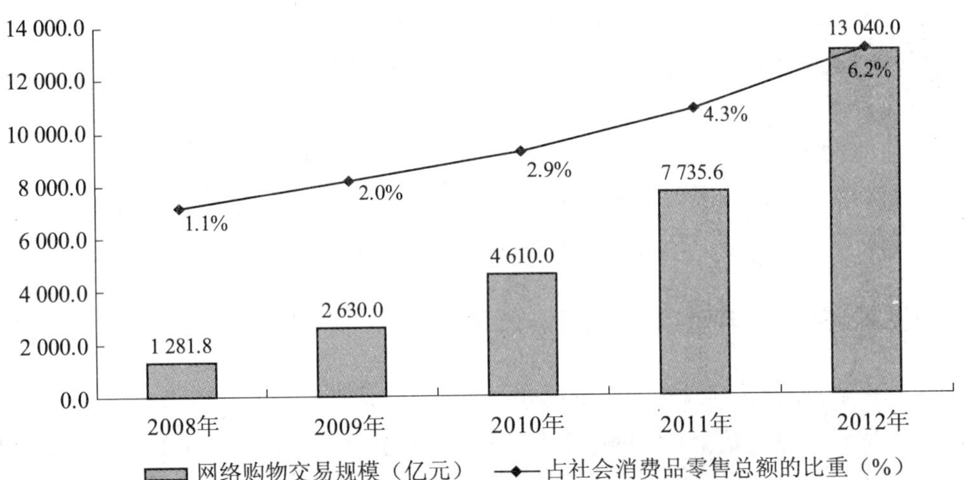

图 8—1 2008—2012 年中国网络市场发展规模

资料来源：艾瑞咨询。

从图 8—1 中可以发现网络市场的发展速度大大超过了传统市场，艾瑞报告显示，在 2008 年我国网络购物市场交易规模仅为 1 281.8 亿元，这一数字到 2011 年变为 7 735.6 亿，而 2012 年我国网络购物市场继续快速发展，交易规模首次突破 10 000 亿元大关，达到 13 040 亿元。从网络市场占社会消费品总零售额的比重（这一比例反映了网络市场相对于传统市场的重要性）来看，网络市场占比日益提高，从 2008 年的 1.1%一直直线上升到 2012 年的 6.2%，并且仍然呈现出不断加速的趋势，反映了网络市场日益成为人们消费生活中的重要组成部分。

（二）网络市场发展亟须解决的问题

实体市场发展过程中常常受制于成本和效率，信息传输的效率太低。虚拟市场恰恰成本较低并且信息量大、传播迅速，有利于买卖双方把握稍纵即逝的商机。但是，网络市场在发展的过程中需要解决一系列的问题。

1. 商品品质保障问题

网络市场上，买方并不能接触到卖方产品实物。不少企业就是利用这一点，不讲信誉，制造假冒伪劣产品，以牟取暴利。这使消费者在进行购买时，对网络市场中的商店和商品产生不信任。许多消费者直接去商店买物品，也往往会买到假货，造成很多纠纷。网络市场由于其虚拟的特点，这一问题就更为严重。有人称之为“网络广告满天飞，货送上门面目非”，足见消费者的无奈。

2. 信用与支付手段问题

由于电子商务的“无纸化”，网络市场对参加交易的各方提出了更高的信用要求。目前国内网络市场所进行的电子商务交易，其支付手段可以说是网络银行和传统方式的结合，信用卡、借记卡、储蓄卡、邮局汇款和货到付款等多种支付方式混合使用，有的甚至使用网上查询、网下交易的方法。虽然现在商业银行逐渐完善在线支付和普及网上银行业务等方面的工作，但在我国信用制度还很不完善的情况下，单靠银行的力量也很难解决这一问题。

3. 物流配送问题

物流配送是网络市场电子交易的一个重要环节。在物流配送这一环节中，技术因素是一个方面的问题，而是否具有良好的商业伦理，对消费者实行一种真正负责的态度，也是物流配送当中一个非常重要的因素。它在某种程度上保证了物流配送的及时和准确。利用快递公司和一些物流公司，物流的及时和准确程度往往不能得到有效的保障。有网络购物经验的人还会发现，物流环节定价的不规范也是困扰消费的一个重要因素。

（三）传统实体市场与网络市场的协调发展

显而易见，网络市场会对传统实体市场造成冲击，但更应看到网络市场和实体市场是两个相对体，而不是此消彼长、水火不容的关系。尽管电子商务的崛起必然会对实体市场带来挑战，但如果将二者的优势有效地结合在一起，就能够创造共生的巨大优势和潜能。网络市场和传统实体市场可以有机融合、相得益彰。一方面随着电子商务的普及，虚拟市场对实体市场的影响日益显著，将引起实体市场革命性的变更。电子商务成为刺激实体市场发展的新引擎、新杠杆，苏宁、国美等企业的实践说明，传统市场一旦触电上网，网络市场能快速提供更多的客户，使市场呈几何式增长，使传统实体市场如虎添翼。另一方面传统实体市场是网络市场电子商务迅速发展的保障，网络市场面临的一系列问题的解决在很大程度上需要依赖传统实体市场的支持，它能够增加网购客户的信心，打消很多消费者的疑虑，在传统实体市场的支持下促进网络市场更持续、更健康地发展。

要促进传统实体市场与网络市场的协调发展，首先是要加快我国电子商务的发展，提高电子商务在现代流通产业中的比重。各地要通过新一轮信息化发展规划，制定本地电子商务发展战略规划，营造最具竞争力的电子商务发展环境及政策支持体系，建设公平、公正、平等竞争的网络市场秩序，进一步调动广大电商主体网上经营的积极性、主动性，以充分发挥电子商务的网络优势；同时引导现有的电子商务企业做大做强，创新交易模式，加快商品流通，降低交易成本，提高物流速度和信息化水平，实现与实体市场的有机对接；鼓励网络市场通过建设电子商务园区、物流体系等多种途径，强化与地方经济的联系，实现网络市场与各地产业、企业、实体市场的融合创新，充分发挥网络市场对拓展区域产品市场、提升区域产企业品牌、创造就业机会、推动区域产业乃至经济社会转型升级等方面的战略性功能，从而实现区域经济新的竞争优势。

其次要大力推进实体市场与网络市场的有机对接；要鼓励传统商品交易市场特别是小商品、轻纺产品、五金电子、皮革服装等集散型消费品专业市场，不断提升信息化水平，积极发展网上交易平台，建立网上公共交易和服务平台；要大力促进绿色农产品专业市场和农业产业化龙头企业、农产品生产专业合作社、农业专业户建立绿色农产品网络市场，搞活农产品流通，更好地满足广大消费者对绿色食品消费的需要；各级政府要帮助广大市场经营户设立网上商铺，发布信息、展示商品、洽谈交易，促进网下店铺与网上店铺的有机结合，利用两种业态拓展国内外市场。总之，通过网络市场与实体市场的合作开发、错位发展，促进实体市场和网上市场相互合作、强强联手，以努力实现我国网络市场与实体市场的发展优势互补，实现两者的融合协调发展，加快形成市场形态多元化、交易方式多样化的现代商品交易市场体系。

第3节 开拓和完善消费市场

一、开拓消费市场

消费市场是一个极其广阔的市场，只有不断开拓和完善消费市场，才能促进整个市场体系的完善。早在2002年，党的十六大报告就指出："发展经济的根本目的是提高全国人民的生活水平和质量。要随着经济发展不断增加城乡居民收入，拓宽消费领域，优化消费结构，满足人们多样化的物质文化需求。"[①] 要促进我国经济平稳较快发展，就必须不断开拓消费市场，增强消费对经济增长的拉动作用。2012年党的十八大报告更明确指出："要牢牢把握扩大内需这一战略基点，加快建立扩

---

① 江泽民：《全面建设小康社会 开创中国特色社会主义事业新局面——在中国共产党第十六次全国代表大会上的报告》，30页，北京，人民出版社，2002。

大消费需求长效机制，释放居民消费潜力，保持投资合理增长，扩大国内市场规模。”① 在新形势在新阶段要“建立扩大消费需求长效机制”和“扩大国内市场规模”，使我国国内市场规模和经济总量相适应，实现我国从经贸大国向经贸强国的转化，必须始终把开拓和完善国内消费市场放在首位。为此应采取以下措施：

（1）开拓、完善消费市场，首先要拓宽消费品市场领域。拓宽消费品市场领域，要从两方面入手。首先是努力增加新兴消费品的有效供给，扩大消费品的供应范围，拉长消费品供给的链条。要在扩大农产品生产品种、提高农产品商品率的基础上，进一步发展农产品加工工业，进行农产品深加工，努力增加消费品市场上各种主副食品的供给数量和品种，使消费者在购买鲜活食品、加工食品、调味品、替代食品、绿色食品时有更多选择。同时，要依靠科技创新，努力增加服装市场、汽车及交通用品市场、日用品市场、建材装饰品市场、五金交通用品市场、电信产品市场方面的有效供给，并引导和刺激消费者使用和购买新的消费品。

（2）开拓、完善消费市场，还必须拓宽消费服务市场领域，扩大居民服务消费的范围。随着居民消费由温饱型向小康型转变，并向全面小康消费水平迈进，恩格尔系数逐步下降，服务消费在家庭支出中的比重日益扩大。发展消费服务市场，不仅有利于发挥我国劳动力资源的优势，而且有利于满足人们的享受性、发展性的消费，提高消费层次和质量，提高劳动力素质；有利于优化产业结构，促进经济增长；有利于提高社会文明程度，促进两个文明协调发展。要在扩大传统消费服务业的同时，积极发展和拓宽新兴服务领域，如智力训练、教育培训、法律咨询、信托服务、投资服务、健康服务、家政服务等，不断增加消费服务供给。

（3）要有效地开拓消费市场，必须重视市场化改革，通过制度创新，进一步完善消费市场体系。《中共中央关于完善社会主义市场经济体制若干问题的决定》明确指出：“加快建设全国统一市场，强化市场的统一性是建设现代市场体系的重要任务。”《中共中央关于制定十一五规划的建议》也再次强调：“进一步打破行政性垄断和地区封锁，健全全国统一开放市场，推行现代流通方式。”因此，在拓宽消费市场领域的同时，必须加快完善全国统一的消费品市场体系。全国统一市场是在市场经济体系完善的基础上，消费品在全国范围内自由流通，消费品交易公平公正，货畅其流，竞争有序的市场，为此应从以下几方面努力：

1）要打破对消费品市场的垄断、封锁与分割，使消费品在全国范围内冲破各种区域分割、体制障碍，实现货畅其流。要深化体制改革，打破地方保护主义和部门保护主义，打破行业垄断和地区封锁，废止妨碍公平竞争、任意设置行政壁垒、排斥外地产品和服务的各种分割市场的规定，使消费品货畅其流，让消费者充分自主择优购物。

2）要加快消费品市场流通业态的现代化进程，提高流通效率。要大力发展电子商务、连锁经营、物流配送等现代流通业态和流通方式，加速商品周转，降低流

① 胡锦涛：《坚定不移沿着中国特色社会主义道路前进　为全面建成小康社会而奋斗——在中国共产党第十八次全国代表大会上的报告》，22页，北京，人民出版社，2012。

通成本，向消费者提供更多价廉物美质优的消费品。

3）要进一步健全消费市场秩序。一方面要按市场化原则规范和发展各类消费市场的行业协会、商会，加强行业自律；另一方面要完善行政执法、舆论监督和消费者参与的市场监督体系。此外，还要严厉打击制假售假、商业欺诈等违法行为，加强市场诚信建设，净化消费市场。

二、培育消费市场热点

（一）消费热点的含义和特点

在市场经济条件下，消费需求的作用越来越大。消费需求对经济发展的作用往往通过一定时期的消费热点表现得极为充分。因此，研究市场与经济增长，必须研究消费热点。

所谓消费热点，是指一定时期内消费需求或者购买力投放比较集中于某种或某类消费品（包括劳务），人们对某种消费品或消费行为的追求出现一种热潮的现象。消费热点一般有五个特点：第一是集中性，在一定时间内消费者的购买力集中于某种消费品或劳务，对某种消费品或劳务的消费倾向、需求倾向很集中；第二是广泛性，即某种消费品或劳务消费的需求面较广，参与的人数众多；第三是示范性，即对某种消费品或劳务的需求一般从上层社会和高收入群体开始产生，代表消费潮流和消费趋向，然后逐步向中低层次和低收入群体辐射；第四是主导性，即具有较高的产业关联度，对经济生活和产业结构有较大影响的消费需求；第五是阶段性，消费热点与所有其他事物一样，有产生、发展和消失的过程，不同社会发展阶段有不同的消费热点。

消费热点反映需求倾向、消费倾向，反映购买力的投向，它不仅关系到需求结构、消费结构的合理化，也关系到产业结构、产品结构的合理化；不仅关系到消费市场的健康发展，也关系到整个市场经济的运行；不仅关系到消费水平、消费质量的提高，也关系到社会文明和社会全面进步。特别是我国当前在经济体制转换和经济结构调整的过程中，研究消费热点，培育和正确引导消费热点，具有重要的意义。

（二）我国现阶段的消费热点

1. 住房消费

住房是人们生活消费的重要方面。它既是生存资料，也是享受和发展资料，人们的许多活动都需要住房提供空间和场所。人们在温饱问题解决后，在向小康水平和比较舒适的生活过渡的进程中，首先要解决的就是住房问题。进入 21 世纪后我国居民消费结构顺序由“吃、住、行”主导逐步转到“住、行、吃”，住房消费迅速升温为第一位的消费热点。

2000 年我国城镇居民人均住房面积仅为 10.12 平方米，远低于发达国家的 20～30平方米的标准。中国社会事务调查所的一项调查显示，90％以上的人有扩大住房面积、提高住房标准的愿望。随着住房分配制度改革的推进，特别是银行商品房抵押贷款规模的扩大、商品房成本价的降低，以及商品房二级市场的形成，商品住房（包括装饰业）必然成为消费热点与新的经济增长点。自 1998 年国家取消福利分房政策以来，随着居民住房消费支出的上涨，住房消费水平也在一步步提高，城镇居民人均住房建筑面积及住房质量都得到了很大改善。城镇居民人均住房建筑面积由 1997 年的 17.8 平方米增加到 2005 年的 26.1 平方米，2011 年已经达到了 32.7 平方米。① 发展住房消费，可以带动一个较长的产业链条，不仅会使民用建筑业成为一大支柱产业，而且会带动建材、冶金、机械、化工、林业以及室内装饰业和家用电器业的发展。

2. 家用汽车消费

随着我国经济的增长和居民收入水平的提高，汽车已经成为大多数居民所认知的高档耐用消费品。2012 年销量创新高，达到了 1 930.62 万辆之多，但同比增幅已经回落到 4.3%。2012 年，乘用车销量为 1 468.22 万辆，同比增长 7.2%。随着汽车行业的发展，国内消费者增购、换购的比例也日益增高。从汽车每千人保有量来看，我国目前只有 50 辆左右，而全球平均水平为 130 辆。我国私家车总数只有五六千万辆，随着居民收入的增加和汽车价格不断下降，上亿中国家庭将拥有汽车消费的需求和能力。截至 2012 年年底，全国有将近 30%的购车用户属于购买自己的第二辆车。这意味着越来越多的消费者有着更为丰富的用车经验，对于车辆的需求也更为成熟、更为实际。② 显然，汽车消费仍将是现在以及未来相当长一段时期的消费热点。

3. 旅游消费

旅游是一种精神文化消费。它的消费对象是一种特殊的商品，即旅游产品。借助这种产品，人们可以获得感官上、精神上的满足和享受。随着收入水平的提高，人们越来越追求情操的陶冶和消费质量，追求旅游和生态消费，这是今后长久的发展趋势。根据国际经验，当人均国民收入达到 300～400 美元时，旅游消费开始兴起，主要是国内近距离旅游；当人均国民收入达到 1 000 美元时，开始到周边国家和地区旅游；当人均国民收入达到 3 000 美元时，开始出现中程距离的国际旅游；当人均国民收入达到 6 000 美元时，就会发生远程的洲际旅游。但按照国际惯例，人均 GDP 达到 3 000 美元就可以形成旅游消费期，2012 年我国人均 GDP 超过 5 400美元，这足以支撑我国进入旅游消费井喷期。世界旅游组织就曾预测，2015 年我国将成为世界上第一大入境旅游接待国和第四大入境旅游客源国，总收入将达到 2 万亿元左右。这说明，随着社会经济的进一步发展，我国国民的休闲时间还有较大的提升空间，旅游市场的发展潜力巨大。

国家统计局相关统计数据显示，2012 年我国国内出游人数高达 29.6 亿人次，同比增长 12.1%；旅游总收入为 2.27 万亿元，同比增长 17.6%。从在线旅游行业

---

① 数据源于各年《中国统计年鉴》。

② 数据源于益普索（Ipsos）发布的《2012—2013 年中国汽车年度消费趋势调查报告》。

来看，据艾瑞统计数据显示，2012 年中国在线旅游行业市场交易规模超 1 700 亿元，年增速达三成，预计 2013 年市场交易规模将增至 2 200 亿～2 300 亿元。[①]

发展旅游消费，不仅能吸纳大量劳动力，增加劳动者的收入，而且能促进产业结构的升级和优化。此外，发展旅游消费，有利于促进地区经济与文化的协调发展。一些贫困地区、山区经济、文化长期落后，但往往具有丰富的旅游资源。发展旅游业，把资源优势转化为经济优势，能最大限度地促进这些地区经济与文化的发展，促使其改变贫困落后的面貌。

4. 信息消费

信息消费是近几年来我国新出现的消费热点。以信息技术为核心的电子信息产业是新兴的高科技产业，具有很高的产业关联度和附加价值，既能带动机械、电器、新型材料等十几个产业，又能适应消费的时代潮流，提高消费层次和质量。信息消费成为消费热点，是社会发展的必然趋势。据中国互联网络信息中心统计，截至 2012 年 12 月底，我国网民规模达到 5.64 亿，全年共计新增网民 5 090 万人。互联网普及率为 42.1%，较 2011 年年底提升 3.8%。与此同时，我国手机网民数量快速增长。2012 年我国手机网民数量为 4.2 亿人，年增长率达 18.1%，远超网民整体增幅。此外，网民中使用手机上网的比例也继续提升，由 69.3%上升至 74.5%。信息消费具有巨大的潜在市场需求。

5. 文化教育消费

在知识经济时代，知识和智力已成为决定性因素。而要获得知识、发展智力，必须发展文化教育事业，提高全民族的科学文化水平。这是提高国民素质、提高生产力、发展社会经济的基础工程。从消费领域来说，发展文化教育消费，也是提高消费力、提高消费层次和质量、促进人的全面发展的关键。在科教兴国战略的指引下，我国居民文化教育消费得到了很大的发展。据统计，1990—2011 年，高等教育毛入学率从 3.4% 提高到 30%。高等教育正由精英教育向大众化教育转变。目前我国城市消费中增长最快的是教育，增速为年均 20%。居民储蓄的 10% 是为教育消费预留的。随着建设全面小康社会的推进，广大群众对文化教育重要性的认识不断提高，各种类型和方式的教育都会不断发展，文化教育消费在消费结构中的比重将不断提高，成为人们消费的热点，这是社会发展的必然趋势。

（三）消费热点的培育和引导

消费不是自发的，而是人们有意识的行为，要根据不断满足人们消费需要的客观要求，根据经济发展的战略目标，对消费进行正确引导。我国近期出现的消费热点主要是住房消费、旅游消费、信息消费、文化教育消费、汽车消费等。今后还有可能出现新的消费热点，如保健消费、体育消费等。对已出现和可能形成的消费热点要加以培育和引导，培育、引导消费热点的主要途径有：

（1）站在可持续发展的战略高度，坚持用科学发展观来培育、引导消费热点。

---

① http://www.people.com.cn/24hour/n/2013/0524/c25408-21594596.html.

任何消费热点的形成及发展，必须有利于满足人们的物质文化需要和生态需要，有利于保护环境和节约资源，有利于人的全面发展。消费热点的出现绝不能以牺牲环境、浪费资源为代价。必须坚持可持续发展的生产方式和消费方式。例如，旅游消费是一种能促进人们身心健康的文化活动，必须坚持旅游消费的可持续发展，培育优美的旅游环境，否则就会影响旅游消费的发展。如果在旅游区大搞“开发”，大办宾馆，甚至办工厂，就会污染环境，破坏自然风光和人文景观，造成不可弥补的损失。

(2) 提高居民收入，并合理分配收入。要尽可能提高居民的购买力，并使潜在购买力变为现实购买力。当前，不少居民特别是农村居民收入水平还较低。因此，要千方百计缩小城乡收入差距，提高广大居民的收入水平，特别是发展农村经济，提高广大农民的收入水平，这是形成消费热点的基础。为了扩大有效需求，政府需要利用各种经济杠杆加以扶持。特别是采取消费信贷、分期付款、抵押贷款等方式，增加有效需求，增强现实购买力。与此同时，对某些热点消费品的价格加以调控，使其逐步降低，以利于扩大消费需求，形成消费热点。

(3) 创造优良的消费环境，促进消费热点的升温。消费热点的形成和发展与消费环境有极密切的联系。如旅游业的软硬件设施欠佳会大大影响旅游消费的发展；住房条件太差，就给家用电器、高档家具的消费造成障碍；基础设施差，水、电、交通、通信等条件差，特别是农村基础设施很差，更会大大地影响消费热点的发展。因此，要努力为各种消费热点的形成和持续创造良好的消费环境与消费条件。

(4) 优化调整产业结构，增加对消费热点的有效供给。要把消费热点作为产业结构调整和升级的动力，使消费热点转化为产业结构的新的经济增长点。要综合运用各种经济杠杆引导适应消费热点的支柱产业健康发展，努力增加消费热点的有效供给，使其既能满足消费发展需要，又能带动产业发展。

三、发展信用消费

(一) 信用消费的含义和类型

信用消费通常也称消费信贷，即商业银行对消费者个人发放的、用于购买耐用消费品或支付其他消费费用的贷款方式，它以刺激消费、扩大商品销售和加速资金周转为目的。信用消费是开拓消费市场的一条重要途径，也是增加即期有效消费需求的有效方式。从各国信用消费的构成来看，住房信用消费、汽车信用消费和信用卡消费所占比例达 90%以上，是信用消费的主体部分。

(1) 住房消费信贷。通常称为居民住宅抵押贷款，是消费信贷的一个主要品种，在促进住宅消费发展方面发挥了重要作用。在一些发达国家，房地产贷款占银行全部贷款余额的 30%～50%，对个人发放的住宅贷款占房地产贷款的 60%左右。

(2) 汽车消费信贷。汽车消费信贷即对申请购买轿车的借款人发放的人民币担保贷款，是银行与汽车销售商向购车者一次性支付车款所需的资金提供担保贷款，并联合保险、公证机构为购车者提供保险和公证。

（3）信用卡贷款。通过信用卡获得的贷款是当今最流行的消费信贷方式之一。当前，全世界消费的信用卡的数量已超过 10 万亿张。信用卡由银行或非银行信用卡公司发行，持卡人因各自资信状况不同而获得不同资信级别的授信额度。在此授信额度内，持卡人可以通过信用卡所代表的账户在任何接受此卡的零售商处购买商品或劳务及进行转账支付等。

（4）其他类型。消费信贷还可从不同的角度来分类。按照资金的用途来分类，除了包括上面提到的住房消费信贷、汽车消费信贷，还包括教育贷款、旅游贷款、家用电器贷款、房屋修缮贷款、小额消费贷款等。按照贷款的方式可分为直接贷款和间接贷款。按贷款的偿还方式可分为到期一次性还款和分期付款，前者多为短期贷款，后者多为长期贷款。

（二）发展信用消费的途径

（1）全面推进和重点突破相结合，丰富信用消费的品种体系。住房信用消费、汽车信用消费和信用卡消费符合我国居民实现消费结构升级和消费手续便利的需求，应当作为我国发展信用消费的主要方向。在大力发展住房、汽车和信用卡消费的同时，还应当根据居民消费个性化、多元化、多层次的特点，在教育、旅游、信息、服务业等领域开发形式多样的信用消费品种，并针对不同的消费信贷品种和贷款对象，在利率、期限、还款方式等方面向消费者提供多种选择，以满足消费者的多元化、个性化的信用消费需求，形成品种齐全、内容丰富的信用消费品种体系，推动信用消费市场的全面发展。

（2）建立和完善个人信用制度。第一，规范个人资信调查和登记制度。个人资信调查通常由专门的资信调查机构来做，它们专门收集、加工、整理和对外提供消费者信息，从银行、企业、法院、税务等各个部门获得个人记录，通过加工整理后形成完整的消费者资信报告，再出售给需要这些信息的银行和企业。同时，充分运用电子化、网络化技术，为个人资信档案的登记、使用和管理提供了极大的方便。由每个成员的经济活动、资信情况等信息构成的电子信息系统可随时为各金融机构或职能部门提供有关消费者资信的全面资料。第二，规范个人资信评估制度。国外银行一般采取两种方法对个人资信进行评定，即主观判断法和信用评分的数量分析法。前者主要是信贷员按照银行的贷款准则，凭经验对借款者的资料进行分析，并据此作出贷或不贷的决定；数量分析法是通过标准化的信用评分模式对贷款申请者划分等级、进行评分。信用评分系统具有能以最少的人力处理大量信用申请的优点，在充分掌握和控制风险的同时，减少了操作成本，提高了审批效率，使资信评估通过标准化程序得以实现。我国目前个人信用制度还是一片空白，需要分步骤、有重点、循序渐进地建立。

（3）建立和完善信用消费的法律体系。信用消费的健康发展需要有完善的信用消费法律体系作为保障。信用消费发展的基本原则和总体规划，信用消费涉及的银行、消费者、商家以及担保和保险机构等的权利和义务、债权和债务，信用消费的市场规则、运行机制和利益关系等，均需要以法律形式予以规范和调节。西方发达国家经过长期发展，已经形成了比较完善的信用消费法律体系。这些法律的颁布和实施为信用消费的规范、健康发展提供了重要的法律保障，成为信用消费得以迅速发展的重要基础。目前，我国还没有颁布专门的信用消费法律法规，信用消费的发展缺乏规范的法制环境。因此，应尽快制定和健全与信用消费相关的法律、法规，如《消费信贷法》、《住宅抵押贷款法》、个人信用制度、担保和保险制度、个人破产制度等，以规范银行和消费者的行为，保护银行和消费者的合法权益，使消费信贷在业务种类、范围、操作程序、个人资信评估、担保、保险等方面的措施和办法有法可依，有序运作。

（4）建立信用消费的担保和保险制度。从国外信用消费发展的经验来看，政府担保机构和保险公司对于分散消费者的信贷风险、推动信用消费发展起到了重要作用。在我国信用消费发展的初期，信用消费的担保和保险制度是非常必要的。而信用消费与担保和保险相结合，用政府和保险公司的信用取代难掌握、易变化的消费者信用，使得消费信贷可以在相对稳定和安全的环境下运作，降低了贷款风险，银行也因此可以向消费者提供更有吸引力的条件，包括降低首付款比例、较低的利率、更长的还款期限等，使信用消费的代价或负担能够更加适应消费者的需求，从而获得迅速发展的基础和动力。

（5）培育多类型、多层次的消费信贷机构体系。在西方发达国家，提供消费信贷的机构很多，主要有商业银行、商家、信用合作社、销售财务公司、保险公司等，使消费者能够非常方便地以信用消费的方式获得商品、服务等。而我国目前提供消费信贷的机构十分有限，基本上以商业银行为主，主要资金来源、贷款方式、品种和利率也基本相似，不能根据多种消费主体的不同需求提供差别化服务。因此，有必要根据我国的消费结构和消费群体的特点，培育多元化的消费信用供给主体，以适应不同消费群体的需求。根据我国目前的信用消费发展现状，在以商业银行为主体提供消费信贷的同时，应积极支持一些具备条件的非银行金融机构参与消费信贷业务，开拓多种融资渠道，提供多种信用方式和贷款品种。

（6）完善配套的消费体制和市场环境。这需要从以下几方面努力：

1）建立市场化的生产、分配和消费体制。加快改革福利型、供给型、集团型消费体制，提高收入货币化程度，加快住房分配制度改革，缩小公车配给范围，推动住房、汽车的商品化，非义务教育和医疗保健的产业化、市场化，逐步建立起以个人商品化消费为主体的消费制度。

2）规范对房地产市场和汽车市场的调控和管理。采取有效措施理顺价格体系，调整、降低住房、汽车等商品过高的价格和价外税费，使之与普通居民的现实购买能力和预期偿债能力基本适应，同时应建立规范、透明的生产和流通管理体制，减少中间环节的分利行为。积极稳妥地推进费改税，彻底清理消费市场上名目繁多的各种价外不合理收费，将一部分行政事业性收费转化为规范的国家税收，提高透明度和公平性。

3）采取鼓励消费的政策与措施。废止与短缺经济相适应的过时政策，取消各种限制居民消费的行政规定，变限制消费为鼓励消费，努力拓宽消费领域，培育新的消费热点。简化住房、汽车等耐用消费品的流通和再流通手续，缩短办证时间、登记时间和评估时间。明确个人房屋产权，放开住房二级市场，推进公有住房和经济适用房的上市流通，激活房地产市场，鼓励和规范房地产交易咨询、评估等各类房地产中介机构的发展，形成统一开放、竞争有序的房地产交易市场网络；改革公车配给制，降低养路、维护、年检等相关费用，积极推进燃油税改革，刺激汽车消费私人化。

4）大力发展有利于消费信贷的配套服务行业。发展与住房、汽车、家用电器等商品消费相关的服务行业，完善售后的配套管理、维修、保养等服务，为消费者提供便利的、低成本的良好服务，提高消费者的消费质量。完善配套的基础设施建设，如交通、通信、供电、供水等，加大农村电网改造投入，逐步实现城乡同网同价，为消费者提供良好的消费硬件环境。加快建设消费品二级市场，完善相关的交易法规，规范贷款抵押物的拍卖和转让市场，减少抵押财产和担保物品变现的障碍和风险，提高流动性，充分保障债权人的合法权益。

此外，发展信用消费，需要信用消费政策与财政政策、货币政策、投资政策、产业政策、进出口政策等宏观经济政策的协调配套。特别是在我国经济对外依存度较高的情况下，扩大国内需求，开拓国内市场，是我国国民经济发展的基本立足点和长期战略方针。因此，各项宏观经济政策均应围绕这一中心目标来制定和实施，应相互配套，而不能彼此冲突和抵消。

□ 本章小结

消费市场也称为消费者市场，是指消费者为满足生活消费需而购买消费品的市场，是消费品交换的场所和领域、消费品交换关系的总和。构成消费市场的要素，一是消费市场主体；二是消费市场客体，即被交换、被买卖和流通的各种消费品；三是消费市场需求；四是消费市场载体。消费市场可按不同标准行分类，它具有广泛性、复杂性、分散性、多层次性特点，具有满足消费需要、促进生产发展、引导和拓展消费的功能。

坚持城乡消费市场协调发展是转变经济发展方式、扩大内需战略的内在要求，是改变城乡二元经济结构、缩小城乡发展差距的需要。要实现城乡消费市场协调发展，必须大力开拓和繁荣农村消费市场，为此要努力增加农民收入，增强农民的购买力，为繁荣农村消费市场奠定现实基础；加强农村市场建设，畅通农村流通渠道，提供启动农村消费市场的载体与动力；加强市场供给创新，为繁荣农村消费市场提供适销对路的商品；推广农村消费信贷，为繁荣农村消费市场提供资金支持；扩大精神文化消费，推动农村消费市场多样化发展。要坚持区域市场协调发展，区域市场协调发展是指消除区域间贸易封锁、市场分割，实现生产要素和商品跨区域自由流动，使区域之间的商品流通互相配合、互相促进、互相协调。要采取多种措施推动区域市场协调发展；要采取措施实行虚实结合，推动网络市场与传统市场的

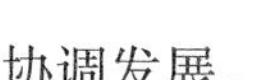

协调发展。

□ 重要名词

消费市场　消费品市场　区域市场　全国统一市场　农村消费市场　消费热点　信用消费　网络市场

□ 思考题

1. 消费市场有哪些特点和功能？
2. 城乡消费市场协调发展的必要性及途径是什么？
3. 区域消费市场怎样协调发展？
4. 网络市场与传统市场相比有哪些特色？两者怎样协调发展？
5. 消费热点有哪些主要特点？如何培育消费热点？
6. 信用消费的特点及功能是什么？怎样发展信用消费？

□ 推荐阅读

1. 柳思维，唐红涛．关于加强农村商贸市场创新与拉动农村消费的思考．消费经济，2005（6）
2. 胡永铨，谢云蕾．基于国际比较的中国网络零售市场特征研究．商业研究，2012（3）
3. 易开刚．城乡商贸统筹发展的模型设计与博弈分析——以浙江省“千万工程”实施绩效为例．经济地理，2011（12）
4. 高煜．以农产品流通组织的创新推动城乡商贸统筹．西北大学学报，2011（5）
5. 刘群．消费需求、消费热点与经济增长关系分析．深圳大学学报，2006（4）
6. 黄卫挺．发展信用消费的宏观经济效应．宏观经济管理，2012（10）
7. 李朝林．城乡消费市场一体化发展与扩大农民消费——以安徽省为例．经济体制改革，2010（1）

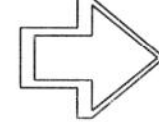

案例分析　商品市场空军与陆军的结合

网上市场和专业市场，这两者正在互相跑向对方的领空。2012 年第三季度“中国小商品城网”改名“义乌购”。如今义乌商城集团不仅建立了自己的网上交易平台——义乌购，而且专门吸引全国各地的网商、平台商、平台服务商入驻面积近10万平方米的北苑电子商务园。在义乌中国小商品城市场周边，如今聚集着约5万家网商。小商品城里琳琅满目且物美价廉的商品，正成为越来越多网商理想的货品来源。每天，源源不断的网络订单抵达这里，一批批的货品随后被发往全国各地。在义乌购网站上，记者看到，目前，义乌国际商贸城五区和篁园共6万多家商铺已经上线并在陆续进行商品发布。将来不仅消费者可以直接上“义乌购”网购，参与“巨便宜”团购活动，批发商、采购商也可以迅速找到所需要的商铺进行批发，这使得“义乌购”的模式介于阿里巴巴、淘宝和聚划算之间。

义乌小伙楼志桥的生意做大了。2011年年底，他从义乌小商品城挑了一批色彩、设计都很新颖的便携式折叠椅，在阿里巴巴上开了自己的网店。没想到开业才三四个月，英国最大的超市Dunelm就一口气采购了价值250余万元的折叠椅，大部分用于2012年的伦敦奥运会。“义乌小商品城的货源太丰富了，围巾、皮带、玩具这些我都打算陆续丰富到自己的网店产品里去。”从线下的专业市场进货，再通过线上的采购平台销售，这样两相结合的经营模式让楼志桥尝到了甜头。

楼志桥的故事并不是个例。事实上，线上、线下两种业态早已自然相融：在义乌小商品城16万商户中，有数千家是阿里巴巴外贸平台的付费会员，有2万多家是阿里巴巴诚信通会员，而在整个义乌市，有50万左右的商户在淘宝开设了网上零售店铺。

2012年7月，杭州，省人民大会堂，义乌中国小商品城集团与阿里巴巴集团签订战略合作协议。这被外界认为是一次意义深远的携手。“这是一种非常好的‘化学反应’，可能会得到意想不到的效果!”在阿里巴巴集团秘书长邵晓锋的眼里，阿里巴巴与义乌小商品城都是各自领域的佼佼者，这两种市场之间的合作刚好是一种互补。“传统市场的交易模式更多地依赖于等订单，一些中小商家一年能做两三个集装箱就很好了；而电子商务的长处就在于信息流的整合，但线上交易达成后最终还是需要依赖传统的物流、仓储、供应链等。”

在义乌商城董事长金方平看来，两种业态的合作也是一种必然。“只有有形、无形市场合作，才能共同营造一种有利的生态环境，在这种生态环境中，实体市场和电子商务各有一方天地又相互融合，也只有在这种生态中，义乌市场和阿里巴巴才会有更广阔的未来。”浙江省工商局局长郑宇民为此提供了更详细的注解：“空军必须跟陆军结合在一起，才是网上市场和地上市场复合的最佳业态，才是我们超越沃尔玛的新业态。”

资料来源：《期许两个2万亿：网上市场与实体市场相互辉映》，中金在线，http://news.cnfol.com/121009/10112811337072800.shtml，2012-10-09。

讨论分析

从以上材料来看，义乌市场的发展有什么创新？为什么要创新？

第9章 Chapter 9 服务消费

内容提要

在我国全面建成小康社会的新的历史时期，服务消费必将在满足人们的消费需要、促进国民经济发展等方面发挥更为重要的作用。本章将对服务消费的内涵、特点、作用、发展趋势，以及服务消费的主要形式如闲暇消费、信息消费、文化消费、教育消费、旅游消费等进行重点考察。

第1节 服务消费的含义及作用

一、服务消费的内涵及特点

（一）服务消费的内涵

服务通常是指为人们的生产、生活所提供的某种具有特殊使用价值的活动。在市场经济条件下，作为商品的服务，具有商品的一般属性，也具有价值和使用价值。服务的价值同样是凝结在服务中的无差别的人类劳动，其使用价值仅仅对服务的需求者具有意义，服务的交换也要遵循价值规律的要求，按照等价交换的原则参与市场流通。但需要指出的是，消费经济学研究的服务仅指提供与人们生活消费相关的特殊使用价值的活动，对其更全面的表述应该是消费（性）服务。因此，所谓服务消费，是指消费者为了满足特定的消费需要而对消费（性）服务的消费。

（二）服务消费的特点

（1）服务消费在内容上呈现出活动性。服务消费的对象即服务是一种“软商品”，通常作为一种活动体现出来，一般不具有实物形态。服务消费是对提供的活动的消费，尽管这种活动的提供可能要借助一定的实物工具才能实现，例如，进行信息消费需要借助图书报刊、计算机或者其他相关的物质载体，但服务消费品本身一般并不具备实物形态，绝大部分服务在购买、消费前是看不见、摸不着的。

（2）服务消费与服务生产在过程上往往具有同一性。在大多数情况下，服务消费的过程同时就是服务生产的过程，生产过程与消费过程合二为一，服务的生产过程一旦结束，服务的消费过程也随之终结。例如，美容美发、旅游服务就是这样。

但是如前所述，服务本身不具有实物形态，由于借助了有效载体，有时也就与实物消费品一样可以取得独立形式；同理，借助于有效载体，有时服务消费过程也能够同服务生产过程分离，例如，我们平时欣赏流行歌曲，常常通过听磁带、放 CD 与光盘唱片、听 MP3 等方式，极少到现场观摩歌手的表演。

（3）服务消费对服务提供者具有很强的依赖性。无论是实物消费品的生产还是服务消费品的生产，都离不开劳动力和生产资料的结合。但在两种不同性质消费品的生产过程中，它们对于劳动力与生产资料的依赖性却不一样，服务的提供对于劳动者个人能力和素质的依赖程度更高。虽然生产技术条件等的改善可以为服务的生产提供更多便利，但是它们毕竟不能代替劳动者本身的技艺和创造能力。换句话说，服务的生产主要依靠的是劳动力本身的作用；依靠活劳动的作用，尤其在精神生产领域，例如科学、文化、艺术、信息服务等方面，需要极为复杂的脑力劳动，更加依赖于劳动者个人的创造性活动。

（4）消费者对于服务消费效用的评价一般具有差异性。服务消费品的质量评价和检验，很难采用统一的标准，这也就意味着同样质量的服务效用在不同消费者的评价中可能千差万别。一方面，由于服务提供者的主观因素，如心理状态、精神面貌等的影响，即使由同一服务人员提供的服务，其质量也可能不同；另一方面，由于直接参与服务的生产和消费过程，消费者自身的因素，如知识水平、兴趣、消费偏好及消费力等也直接影响服务的质量和效果。

二、服务消费的作用及发展趋势

（一）发展服务消费的作用

（1）发展服务消费，能提高人们的消费水平，更好地满足人们的消费需要。纵观人类消费史，人们的消费需要层次总是不断递进的，这是一个普遍规律。在这一规律的作用下，人们消费需要的满足，不仅体现在物质方面，而且体现在精神文化方面；不仅体现在数量方面，而且体现在质量方面；不仅体现在生存方面，而且体现在享受和发展方面。随着社会生产力水平的不断提高，服务消费能够适应这一要求，不断优化人们的消费结构，提高消费水平、消费质量，满足人们的物质尤其是精神文化需要，真正实现社会生产的根本目的。

（2）发展服务消费，有利于提高劳动力素质，促进社会生产力的发展。在科学技术突飞猛进的今天，大力发展文化教育，积极倡导发展性、智力性的精神文化消费，能够拓宽劳动者的知识面，提高其多方面的修养，培养其较高的综合素质。而服务消费的发展有利于促进家务劳动社会化，增加消费者的闲暇时间，以便开展多种多样的闲暇消费活动，还能促进消费者消费质量与自身素质的提高。从结果上看，由于服务消费的发展，不仅使消费者提高了自己的竞争力，而且在客观上使整个社会的劳动者素质越来越高，整个社会的生产力也越来越高，从而创造了越来越多的社会福利，促进了社会文明。

（3）发展服务消费，有利于促进就业。服务业一般是劳动密集型产业，能够吸纳大量的劳动力就业，是个就业“蓄水池”。目前，第三产业的从业人员占全部从业人员的比例，发达国家已经达到 70%～80%，就连大多数低收入和中等收入国家都在 45%左右，但我国服务消费的总体水平不高，第三产业吸纳劳动力就业的情况并不好。2011 年和 2012 年，我国第三产业的就业人数只分别占总就业人数的 34.6%和 35.7%。[①] 因此，扩大服务消费，拓展服务产业，能较好地解决就业问题。

(4) 发展服务消费，有利于产业结构的优化。发达国家和新兴工业国家产业发展的历程和趋势证明，各国产业结构的调整和升级一般沿着“三二一”的序列变化，即第一、第二产业的比重不断缩小，第三产业的比重不断扩大。近年来，一些发达国家第一产业在 GDP 中所占比重已从若干年前的 20%～30%下降到了 3%～4%或以下，而第三产业所占比重却一路飙升到了 60%，甚至更高。例如，美国第一产业占 GDP 的比重由 1980 年的 2.5%下降到了 1997 年的 1.7%，2008 年的 1.2%；而第三产业占 GDP 的比重则由 1980 年的 64.1%上升到了 1997 年的 72.0%，2008 年的 77.4%。日本第一产业占 GDP 的比重由 1980 年的 3.7%下降到了 1998 年的 1.8%，2008 年的 1.5%；而第三产业占 GDP 的比重则由 1980 年的 54.4%上升到了 1998 年的 62.3%，2008 年的 70.5%。英国第一产业占 GDP 的比重由 1990 年的 1.7%下降到了 2009 年的 0.7%，而第三产业占 GDP 的比重则由 1990 年的 66.9%上升到了 2009 年的 78.2%。[②] 我国的第三产业一直比较落后，占 GDP 的比重也较低，1985 年为 28.7%，1990 年为 31.5%，2000 年为 39.0%，2005 年为 40.5%，2010 年为 43.2%，2011 年为 43.4%[③]，这表明我国经济发展水平整体上还比较落后，大力发展服务消费的空间及潜力很大。

(二) 服务消费的发展趋势

(1) 服务消费增长的速度将快于实物消费，服务消费在居民消费结构中的比重将不断提高。世界上一些发达国家、新兴工业国家以及发展中国家服务消费发展的历程无不证明了这一点。例如，在美国居民的消费结构中，1980 年服务消费的比重为 35.52%，实物消费的比重为 56.24%；2010 年前者增至 50.72%，后者降为 35.46%。[④] 除了美国，日本、新加坡等发达国家和其他发展中国家的服务消费增长也快于实物消费增长。

国外的情况如此，我国也不例外。我国居民服务消费的整体水平虽然偏低，但是近年来一直呈不断递增的良好发展态势。统计资料显示，占我国城市居民服务消费极大部分的医疗保健、交通通信、文教娱乐用品及服务三项支出在人均消费支出

① 参见《中国统计年鉴（2012）》，http：//www.stats.gov.cn/tjsj/ndsj/2012/indexch.htm。

② 参见《国际统计年鉴（2001）》，http：//www.stats.gov.cn/tjsj/qtsj/gjsj/2001/；《国际统计年鉴（2011）》，http：//www.stats.gov.cn/tjsj/qtsj/gjsj/2011。

③ 参见《中国统计年鉴（2012）》，http：//www.stats.gov.cn/tjsj/ndsj/2012/indexch.htm。

④ 参见《国际统计年鉴（2001）》，http：//www.stats.gov.cn/tjsj/qtsj/gjsj/2001/；《国际统计年鉴（2011）》，http：//www.stats.gov.cn/tjsj/qtsj/gjsj/2011。

构成中的比重由1990年的14.33%增加到2011年的32.78%；同期，占农村居民服务消费极大部分的医疗保健、交通通信、文教娱乐用品及服务三项支出在人均消费支出构成中的比重由15.66%增加到29.20%，总体上都是不断递增的。① 随着我国经济的持续、稳定、健康发展和全面小康社会战略目标的逐步推进，服务消费呈加速增长的趋势，将在消费结构变动中体现得越来越明显。

（2）服务消费社会化和市场化的程度将会越来越高。服务消费自产生以来，不仅呈现出在消费结构中所占比例越来越大的趋势，而且从供给方式的角度考察，自给性服务的比例越来越小，商品性服务的比例越来越大。随着服务消费社会化的程度日益提高，通过市场解决服务的供求问题成为人们提高服务消费水平和消费质量的重要途径。在当今的西方发达国家，社会化服务消费的比重迅速增长，社会服务业的巨大发展使得这些国家已全面进入服务消费社会化的时代。

我国市场经济正深入发展，服务消费的社会化、市场化程度也将紧跟世界服务消费发展的潮流而越来越高。诚然，我国现实生活中服务消费的社会化程度还比较低，社会化服务消费的数量还不多，比重不高，与世界上一些服务消费社会化程度较高国家的差距还很大。但是，随着经济的持续发展以及收入水平的日益提高，我国居民的服务消费需求呈现出蓬勃发展的势头，服务消费社会化、市场化的程度也在逐步提高。为了促进服务消费社会化、市场化，我们应不断提高居民收入水平，提高居民的支付能力；加快第三产业的发展，拓宽服务消费领域，重点优先发展一些现实消费生活急需的、新兴的服务业，解决供给瓶颈问题；还要加大宣传教育，引导人们摒弃传统观念，重视服务消费，积极发展服务消费尤其是精神文化方面的服务消费，不断提高自身的服务消费力。

（3）服务消费内部结构中高层次部分的比重将不断增加。随着人们消费生活水平的日益提高，服务消费正向着多层次化发展。服务消费也可分为生存性消费、享受性消费和发展性消费三个层次。当人们的收入水平和消费水平有了较大的提高后，不仅服务消费在消费结构中所占的比例会越来越大，而且在服务消费的内部结构中生存性服务所占比重逐步下降，享受性服务和发展性服务在消费结构中的比重不断上升，特别是发展性服务所占比重增长更快，这是服务消费发展的历程业已证明和仍将继续证明的一种趋势。一些发达国家和新兴工业国家，除了医疗保健、交通和通信支出在消费结构中的比重较大，教育、休闲与娱乐支出在消费结构中的比重也较大。发达国家如美国，2010年医疗保健支出为20.57%，交通和通信支出为12.07%，教育、休闲与娱乐支出为11.69%；德国2010年医疗保健支出为5.14%，交通和通信支出为16.16%，教育、休闲与娱乐支出为10.15%。新兴工业化国家如韩国，2010年医疗保健支出为6.51%，交通和通信支出为16.3%，教育、休闲与娱乐支出为15.08%。② 总之，随着当代科学技术的飞速发展、经济的

① 参见《中国统计年鉴（2012）》，http：//www.stats.gov.cn/tjsj/ndsj/2012/indexch.htm。

② 参见《国际统计年鉴（2011）》，http：//www.stats.gov.cn/tjsj/qtsj/gjsj/2011。

持续稳定发展、社会文明的不断进步，人们的收入日益增加，生活水平与消费质量的提高会愈益得到重视，人们的服务消费结构不断改善、层次不断递升的趋势将更加明显。

第2节　闲暇消费与信息消费

一、闲暇消费

（一）闲暇消费的特点及作用

1. 闲暇消费的特点

闲暇消费（或称休闲消费），通常是指人们在闲暇时间里自由和有目的地进行的各种享受性和发展性消费活动。而闲暇时间则是人们在工作时间之外，除去满足生理需要和家庭劳动等生活必要时间支出后，剩余的个人可以自由支配的时间。闲暇消费是一个包容性很强的概念，可以把人们在闲暇、休假、业余时间内的各种消费活动包括进去，是一个特定的消费概念。

闲暇消费在世界范围内的日益普及，得益于社会进步、经济发展和人民生活水平的不断提高。随着我国总体上实现小康并步入全面建成小康社会的新的发展阶段，闲暇消费正开始受到人们前所未有的重视。我国当前闲暇消费活动的开展主要呈现出如下几方面的特点。

（1）大众化。21世纪人们已经进入闲暇消费时代。如今，闲暇消费的主体已遍及各个年龄层次、各类职业和各种收入层次的人群。总体上，新颖消费观念的树立、收入水平的不断提高、消费者自由支配的节假日时间的不断增多、各种休闲活动场所的开辟和设施的完善等，为我国闲暇消费的扩张创造了极为有利的条件。

（2）多样化。目前，闲暇消费的内容和形式都变得越来越丰富多彩，有旅游度假、信息消费、文化艺术修养、娱乐消遣、运动健身等，包罗万象。一些主题休闲项目，如文化休闲、科技休闲、运动休闲、环保休闲等，更是备受欢迎。从方兴未艾的旅游消费看，生态旅游、文化旅游、探险旅游、度假村和农家游、专题参观和访问等，吸引了千千万万的消费者。

（3）个性化。消费者开始根据各自的个性、爱好和兴趣，有选择地进行消费，以满足自己特定的消费需求。闲暇消费作为个性化消费的重要领域，为消费者开展个性化消费提供了极大便利。在闲暇消费活动中，一些立足于个性、兴趣等得到自由发展的消费者，对体育、音乐、园艺、艺术、旅游甚至饮食文化等方面情有独钟。

（4）品位化。闲暇消费的全面拓展建立在人们的收入水平和消费水平大大提高的基础之上，以恢复体力、发展智力、追求享受性、追求发展性为目的，因此更多地是一种积极主动的精神文化需求，本身包含科学、文化的内涵，是一种高质量、高品位的消费活动。而且，随着社会文明的全面进步，闲暇消费的品位化特点还将更为凸显。

2. 闲暇消费的作用

（1）闲暇消费可以促进消费结构合理化，提高消费水平与质量，更好地满足消费需求。国内外有关研究成果表明，闲暇时间长短以及闲暇活动的质量与人们的生活水平存在正相关关系。因此，在人均收入水平提高以后，人们对闲暇的选择倾向增强，宁可放弃一些增加收入的工作机会而选择闲暇消费。通过开展旅游休闲、体育健身、读书“充电”、艺术欣赏等闲暇消费活动，使得消费结构更加优化，自己的精神生活更加充实、丰富，消费质量进一步提高，从而逐步迈上新的消费层次，获得更大的满足。

（2）闲暇消费有利于扩大内需，促进国民经济又好又快发展。要实现我国经济平稳较快发展，就必须逐步摆脱出口依赖，增加国内消费需求。而闲暇消费大大有利于拓展消费领域，激发消费潜力，创造巨大消费需求，在相当程度上缓解市场疲软，活跃国民经济。近年来市场上出现的“3 个 50%”现象，即 115 天的节假日消费占全年销售额的 50%、周末消费占每周销售额的 50%、每晚 6 点以后的消费占全天销售额的 50%，就很好地说明了在闲暇时间里，人们的闲暇消费活动已经显示出了不容忽视的消费能量。

（3）闲暇消费能够带动第三产业发展，促进产业结构调整和优化。闲暇消费的迅速发展能带动一系列相关产业的发展，例如旅游服务产业、工艺品产业、文化体育产业、交通运输产业、酒店餐饮产业等，从而要求第三产业相应地进行适应性调整，使得第三产业在国民经济中的比重迅速提高，产业整体规模、结构和效益空前提升，逐步成为就业的主要领域和国民经济收入的重要来源。

（4）闲暇消费有利于促进人的全面发展，提高消费者素质，提高生产力、消费力。闲暇消费是人们回归自然状态、消除紧张疲劳、恢复和发展体力等机能的必要活动，闲暇消费也有利于人们学习和增长知识、发展个性与创造性思维。在知识经济时代，闲暇消费尤为重要。只有广泛开展闲暇消费，充分休息、娱乐、学习和创造，人们才能发掘潜能、发展个性、提高素质、提升竞争力。而人的综合素质的提高，又意味着生产力、消费力的提高，必然能够创造更多的社会财富，实现更高的消费质量，周而复始，又将持续推动社会文明和整个社会的进步。

（二）发展闲暇消费的途径

（1）坚持用先进文化引导闲暇消费，不断提高高层次精神文化消费的比重。目前，由于宏观上缺乏引导，微观上一些消费者缺乏辨别力、自制力，一些层次不高甚至低级庸俗的闲暇消费项目很有市场。因此，在闲暇消费日益普及的今天，端正人们的闲暇消费价值观，用先进文化引导人们的闲暇消费，显得非常必要。文明、健康的闲暇消费活动有利于培养人们远大的理想、高尚的情操，全面提高人的素质，促进人的身心健康。要重视先进文化在闲暇消费中的导向作用，以科学发展观引导人们逐步提高闲暇消费中高层次精神文化消费的比重，以使它向我们放射出“崇高精神之光”，开拓心智，提高精神境界，满足文明需求。

（2）加快经济发展，改革分配制度，切实增加中低收入者的收入。闲暇消费的兴起需要以可支配收入和自由时间等为基本条件，即所谓“要有钱、要有闲”。从有钱的角度看，我国人民生活总体上达到了小康，人均收入水平已经大大提高，因此闲暇消费兴起的经济条件已经初步具备。但是，我们要迎来真正的闲暇消费时代，还有待于加快全面建成小康社会的步伐，保持经济又好又快发展，使国民收入增长如期实现预期目标。与此同时，必须加快收入分配制度改革，努力缓解居民之间收入差距扩大的趋势，抑制贫富分化，使广大中低收入者的收入普遍增加，充分享受改革的成果与收益，才会迎来大众闲暇消费阶段。

（3）创造更多的闲暇时间。开展闲暇消费，“有钱还得有闲”。目前，全世界大多数国家实行了5天工作周制，发达国家和地区还在进一步缩短工时，人们的闲暇时间大大增加。1995年我国实行了5天工作制，2007年12月国务院正式公布了《全国年节及纪念日放假办法》和《职工带薪年休假条例》，使得法定假日达到了115天，并且能带薪休年假。在法律程序上，国家已经给人们提供了较为充分的闲暇时间。为了进一步给广大民众创造更多的闲暇时间，还需要在两个方向上继续努力：一是有关部门必须严格执行《劳动法》等法律法规，切实保障现行休假制度得到遵照实行；二是在有条件的地方和行业，提倡进一步增加员工闲暇时间，跟上国际范围内缩短工时的趋势。

（4）加强对闲暇消费和闲暇产业的规划、管理。当前，由于我国还没有一个专门对闲暇消费和闲暇产业进行对口管理的机构，相关的管理职能分属于不同的部门，导致闲暇产业缺乏规划，各管理部门间协调性差，严重抑制了闲暇消费和闲暇产业的发展。在闲暇消费蓬勃兴起的情况下，可以考虑设立一个类似美国国家休闲协会（National Recreation Association）的组织，对全社会的闲暇活动场所和项目进行规划、引导、管理和监督，实现闲暇产业经济效益与社会效益的统一，实现人们闲暇消费效用的充分发挥。

二、信息消费

（一）信息消费的特点与功能

1. 信息消费的特点

信息消费是社会信息生产和交流过程的延续，是由消费者为满足个人生活消费需要获取信息、认知信息和再生信息等基本环节构成的消费活动。信息消费有广义和狭义之分，广义的信息消费是指对净信息产品以及信息含量较大的产品的消费，狭义的信息消费仅指对净信息产品的消费。信息产品的生产、交换、分配不同于一般商品，这就决定了信息产品消费的特殊性。归纳起来，信息消费具有如下特点。

（1）共享性。信息消费的共享性表现为：信息产品在消费中信息内容从一种物质载体转移到另一种物质载体，但无论怎样转移，一般并不会失去使用价值。信息产品的消费具有非消耗性，因而它是可以反复交换和消费的，信息产品在其有效的时间范围内，被更多的消费者共同消费是可能的。信息产品的这一特征显然与物质产品不同，后者在消费中都是以自身的消耗、磨损为代价的。

(2) 增值性。由于信息产品的消费是非消耗性的、可以累积的，因此信息本身在消费过程中往往不是越用越少，而是越用越多。同时，信息消费过程中，消费者要将已有的信息投入其中作为消费的基础，把已有的信息与从消费过程中获取的信息进行有机结合与相互撞击，亦即进行信息处理与信息再生。可见，信息消费的过程，实质上是一个信息不断创新和增值的过程。

(3) 高层次性。一方面，作为一种精神文化消费活动，信息消费能给消费者带来巨大的精神享受；另一方面，由于信息商品是智能化的商品，因此信息商品的消费对消费者素质的要求要高于对物质商品消费的素质要求。信息消费就其行为过程来看，一般包括信息需求、信息占有、信息处理和信息再生四个基本环节，是消费者与信息相互作用的过程，需要消费者通过主观的知识结构和思维方式理解信息内容，并将信息内容作用于自身的思维和行动。总之，信息消费的高层次性是由信息商品的精神文化特性决定的。

2. 信息消费的功能

消费者个人的信息消费具有一系列功能，主要可归纳为以下两个方面。

(1) 信息消费的效益功能。信息消费的效益功能，是指信息的消费具有提高消费效率及促进信息产业发展的作用。一方面可使同量劳动耗费和资金占用量的投入产出更多有用的消费资料，使同量消费资料的消费获得更大的消费效果。信息作为最重要的生产力软要素，可以通过强化和提高其他各种要素的功能或禀赋，以及通过对其他一切要素的有序组织和总体协调提高劳动生产率，提高消费和劳动生产的效益。另一方面，信息消费可促进信息产业发展，可使厂商对消费者需求反应敏捷、交货迅速、售后服务周到，同时及时适应消费变化，加大信息产品的市场供给创新，更好地满足多样化、个性化的消费需求。

(2) 信息消费的福利功能。信息消费的福利功能，是指信息商品的消费具有满足人的生活需要，提高生活质量，增进人的快乐、健康和幸福的作用。一方面，信息已经成为人类消费的重要组成部分，信息消费品直接扩大了消费的规模。而信息消费能够促进物质和能量的有效利用，使人们创造出更多的物质财富，从而又间接地促进了消费规模的扩大。另一方面，信息作为生产活动的一种基本资源，能提高产品的美观、轻巧、质量等软指标，以生产消费的形式间接地促进消费质量的提高。而且，信息又是人类重要的精神消费品，它促进了消费层次的提高，从而直接提高了消费质量。

三、我国信息消费的现状及发展对策

（一）我国信息消费的现状

我国居民信息消费增长很快，信息消费领域不断拓宽，信息消费方式日渐多样化、个性化。仅从信息消费的增长看，我国的传统信息消费已由过去极为有限的国内书籍、报刊扩展到目前成千上万种中外文图书报刊和网络电子读物等。电子信息产品消费增长较快，以城镇居民家庭平均每百户年底拥有计算机和移动电话量为例，2000年分别为9.7台和19.5部，2005年分别为41.5台和137部，2011年分别为81.9台和205.3部。[①] 新兴的网络消费发展非常迅猛，中国互联网络信息中心（CNNIC）发布的第30次《中国互联网络发展状况统计报告》称，截至2012年6月30日，中国网民数量达到5.38亿，手机网民规模达到3.88亿。但是，我国当前信息消费领域依然问题较多。

（1）信息消费的总体水平偏低、层次不高。统计数据显示，无论是传统的信息消费还是新兴的信息消费，我国的水平都远远低于西方发达国家。例如，我国目前每千人日报拥有量约为90份，而日本是650份，发达国家平均为250份。2011年，我国城乡居民按医疗保健、交通通信、文教娱乐用品及服务等项目统计的广义信息消费支出占总消费的比重分别为32.78%，29.20%，但类似的支出，美国在2010年为44.33%，韩国在2010年为37.89%。[②] 与此同时，我国信息消费的层次偏低，不少消费者重视物质消费、轻视精神消费，重视享受性消费、轻视发展性消费，如有些人拥有计算机却很少使用，一旦使用大多时候都沉迷于玩游戏、聊天。

（2）信息消费的发展很不平衡。这种不平衡存在于城乡之间、地区之间、不同收入水平或不同受教育程度的人群之间等。仅以地区之间的情况为例，根据CNNIC的统计结果计算，浙江2012年1万人口域名数是全国平均水平的6.31倍，北京为6.25倍；域名数排在前5名的浙江、广东、北京、上海、福建占全国总数的68.4%，而其人口比例仅为17.85%，其平均1万人口域名数是全国平均水平的3.83倍。地区之间信息消费的差距由此可见一斑。

（3）信息消费市场鱼龙混杂，质量低劣的信息产品随处可见。近年来，信息消费发展很快，一些新的情况层出不穷，相关的管理一时没能跟上或没有适应，给了信息产品和服务的不法经营者以可乘之机，质次价高甚至内容不文明、不健康的信息产品与服务开始充斥市场，严重损害了信息消费者的权益，抑制了信息消费效用的实现。与美国等发达国家相比，我国电子内容产品还是比较贫乏，同质化严重，不能完全满足消费者需求。

（4）信息垃圾、信息污染和信息犯罪现象的存在使信息消费者面临着潜在风险。这是广泛存在于网络消费中的消费风险，是网络消费时代世界范围的灾难。信息垃圾的泛滥使得网络资料的精品含量日益稀薄，势必增加消费者的“提炼”成本，有时甚至使收集信息的成本超过信息本身的价值。信息污染正越来越多地通过虚假信息、错误信息、色情信息、暴力和恐怖信息、过量过滥的商业广告、网上恶作剧和其他恶行损害信息消费者的精神和意识心理。信息犯罪主要是指具有高专业信息技术和熟练信息操作技能的犯罪嫌疑人运用极为复杂与隐蔽的手法实施的偷窃

---

① 参见《中国统计年鉴（2012）》，http：//www.stats.gov.cn/tjsj/ndsj/2012/indexch.htm。

② 参见《国际统计年鉴（2011）》，http：//www.stats.gov.cn/tjsj/qtsj/gjsj/2011。

机密、调投资金、剽窃软件、盗码并机、私自解密入侵网络资源、编制计算机病毒攻击网络系统等犯罪活动。它常常给网络消费者带来巨大经济损失，或威胁个人隐私，造成极为严重的后果。

（二）加快发展我国信息消费的对策

加快发展我国的信息消费是全面建成小康社会进程中的必然举措，也是适应信息化社会生产信息化、消费信息化要求的重要战略。我们的对策是：

（1）加快信息产业的发展。发展我国的信息产业，应当以信息消费需求为导向，优先发展消费类电子信息产品和面向大众消费的信息服务业。必须尽快破除信息产业发展的瓶颈，加快完善信息产业、信息消费的基础设施，加快网络建设。在产业政策上，既要重视培育、扶持新型信息产业发展，进一步拓宽与居民生活密切相关的信息服务领域，也要加大对具有公益性的传统信息服务业如科教文卫、体育、图书情报等部门的投入，实行一定的倾斜政策。

（2）加强信息市场管理。信息市场管理当前还是一个薄弱环节，一定意义上它直接造成了信息市场经营秩序混乱、价格机制扭曲、质量监督体系缺失等后果。因此，当务之急是要让管理者“归位”，加快制定规范信息市场如主体资格、经营范围、收费标准、质量监督、纠纷仲裁等方面的政策法规，统一规划，协调管理，避免重复建设，打破垄断，营造竞争氛围。此外，应该建立信息市场管理、监督预警机制，防患于前，治理在后，尽量避免事后采取行动可能带来的一些损失。

（3）开展信息消费教育，提高居民信息消费力。强烈的信息意识和良好的信息能力是形成信息需求、进行信息消费的重要条件。通过开展信息消费教育，重点在于使广大消费者树立正确的信息消费观念，强化信息消费意识，培养获取、加工处理、吸收并创造新信息的能力，熟练掌握信息工具的操作方法，从而能够做到重视信息消费和科学、合理地进行信息消费。

（4）给信息消费落后地区、弱势人群提供必要的帮助。目前，世界范围内信息与技术的“殖民主义”扩张将可能成为一种现实的危险，就国内而言，“数字鸿沟”也是一种现实的存在，如果放任信息贫富分化的趋势发展，信息消费的落后地区和弱势人群便永远难以“翻身”。因此，在我国全面建成小康社会的进程中，务必重视信息脱贫的问题，有必要通过财政转移支付、加大公共投入等手段对信息消费的落后地区和弱势人群进行扶助。

（5）提供形式多样的信息内容服务。在美国，iTunes 和 Pandora 等提供付费网络音乐服务，彻底颠覆了以往音乐爱好者购买实体唱片的消费方式；读者利用亚马逊的 Kindle 阅读器，可以很方便地购买大量最新电子书籍，下载影视资料。与之相比，我国电子内容产品还是比较贫乏，同质化严重，不能完全满足消费者需求。因此，政府与行业协会应加大知识产权保护力度，改善原创环境，为提供形式多样的信息内容服务创造条件。

第 3 节 文化教育服务消费

一、文化消费

（一）文化消费的含义与特点

1. 文化消费的含义

文化消费是指人们为了满足精神生活的需要，对精神文化产品与精神文化性劳务的占有、使用、欣赏与享受等过程。按照国家统计局 2012 年制定的《文化及相关产业分类》标准，文化消费具体包括新闻出版发行服务、广播电视电影服务、文化艺术服务、文化信息传输服务、文化创意和设计服务、文化休闲娱乐服务、工艺美术品、文化产品生产的辅助生产品、文化用品、文化专用设备等的消费。

文化消费自古有之，并一直与物质消费相伴随。西方发达国家消费者重视文化消费的历史可以追溯到 20 世纪的 50 年代末 60 年代初，在这个时期，美国和欧洲一些国家开始出现相对富裕的劳动大众，这些首先富裕起来的普通民众不再满足于一般的物质需要，也开始关注精神生活，文化消费逐步成为普通民众的消费需求。

2. 文化消费的特点

人作为有意识的社会动物，在一般的物质需要得到满足之后，对精神生活的需求就会更加重视。文化消费相对于物质消费而言，是人类更高层次的消费需求，它具有以下几个方面的特点。

（1）同一性。文化消费中的许多文化产品是特殊精神劳动的产物，是知识创新的成果，因而是不能大量复制或者在流水线上进行大量生产的。文化消费与物质消费不同的是，文化消费本身就是知识生产或者再生产的过程，所以文化消费与生产往往具有同一性。尽管文化消费也要借助报纸书籍、广播电视、MP3 和 MP4 等，但是这些物质产品不过是人们进行文化消费的工具与手段而已，人们通过它们获取知识、享受乐趣、增长知识。

（2）娱乐性。虽然文化消费对于消费者来说具有多种功用，但是娱乐身心应该是大多数文化消费的主要特点，这在观看文艺表演、演唱会和影视剧等过程中表现得尤为明显。消费者在紧张之余，如果能够听听音乐、看看表演，就可以放松心情，达到劳逸结合的目的。同时，文化消费也能够起到丰富生活情趣、提高生活品位等积极作用。

（3）层次性。随着社会生产力的提高、国民经济的发展，人们在物质消费上的支出会越来越少、时间越来越短，而文化消费则与此相反。人们在文化消费上的支出会越来越多、时间越来越长。这与文化消费需求的满足会受到知识水平、经济收入、闲暇时间、兴趣爱好等多种因素的影响相一致，因而文化消费是人类消费层次提高的表现。文化消费需要相应的消费能力，也就是消费者要有一定的知识、经验与水平。一个想得到艺术享受的人，本身必须具有一定的艺术修养与享受技巧。所以，文化消费中消费需求与消费能力的差异，以及二者的结合程度，形成了人们不同的消费层次。①

（二）我国文化消费的现状及发展对策

1. 我国文化消费的现状

我国居民文化消费支出随着居民收入的快速增长而增长很快。由于在《中国统计年鉴》中没有农村居民的严格文化消费的统计数据，这里就以城镇居民家庭平均每人全年消费支出来分析。2000 年城镇居民家庭平均每人全年文化娱乐消费支出为 264.07 元，2010 年、2011 年分别达到 966.30 元、1 101.74 元。其中文化娱乐服务消费增长更快，由 2000 年的 117.15 元增加到 2010 年的 559.34 元、2011 年的 652.19 元。文化娱乐消费支出占全部消费支出的比例由 2000 年的 5.28%提高到 2010 年的 7.17%，2011 年的 7.27%。② 但是，我国当前文化消费领域依然存在较多问题。

（1）文化消费总量较低。研究表明，当人均 GDP 超过 3 000 美元时，文化消费会快速增长；而当人均 GDP 接近或超过 5 000 美元时，文化消费则会进入“井喷时代”。根据国家统计局发布的数据，2011 年我国人均 GDP 超过了 5 000 美元，理论上已经进入文化消费的“井喷时代”，然而事实并非如此。

（2）文化消费层次不高。在我国居民的文化消费中，知识文化消费较少，却热衷于消遣、娱乐、炫耀摆阔等，甚至存在封建迷信、黄、赌、毒、暴力消费等。《半月谈》杂志社情民意调查中心 2012 年的调查显示，百姓最喜爱的休闲活动，排在前三位的分别是“看电视”（78.8%）、“读书看报”（54.3%）和“上网休闲娱乐”（52.3%）。民众平均每月用于文化活动的消费支出比较少，低度消费的迹象明显。

（3）区域间文化消费不平衡。从城镇居民家庭平均每人全年文化娱乐消费支出来看，区域间文化消费存在着明显的非均衡现象。2011 年上海城镇居民家庭平均每人全年文化娱乐消费支出达 2 460.78 元，而西藏只有 286.65 元，上海是西藏的 8.5 倍以上。

（4）优质文化产品供给不足，公共文化服务水平地区差异大。当前我国文化产品存在缺口，优质文化产品的供给不足，导致文化产品供求的产业链没有得到良性互动。我国当前的公共文化建设还存在地区发展不平衡、城乡发展不平衡的特点，特别是广大中西部地区文化公共事业的建设还相对滞后，文化发展的成果惠及乡村的程度比较低。

2. 发展我国文化消费的对策

增加文化消费总量，提高文化消费水平，是文化产业发展的内生动力，是文化

① 参见陈承明、李巍主编：《消费经济学概论》，180～181 页，上海，上海财经大学出版社，2012。

② 参见《中国统计年鉴（2012）》，http://www.stats.gov.cn/tjsj/ndsj/2012/indexch.htm。

强国的必经途径。为此，必须尽快采取扩大文化消费的具体措施。

(1) 正确引导居民扩大文化消费。要以科学、先进的文化观为指导，通过加强学校教育、家庭培养、媒介宣传，重点引导青少年和农民，重点建立科学合理的消费观，逐步形成观念先进、方向正确、消费自律、结构合理的消费风尚和社会氛围，引导娱乐休闲消费为主向知识文化消费为主转变。还可以通过对健康、科学、向上的文化消费进行补贴的方式，引导与激发广大居民进行文化消费。

(2) 加大公共文化服务体系建设。政府应以加大投入，推进公共文化服务体系建设，特别是要加大向广大中西部地区和农村地区的投入，全面、扎实地推进基层文化场所建设，改善公共文化服务的设施、资源和内容。

(3) 积极推进文化体制改革。要通过文化体制改革，为文化生产和文化消费创造良好的社会环境，为文化创作者和从业者提供支持，鼓励多创造精品，营造多层次的文化消费市场，使居民能够购买到他们真正需要、深入人心的文化产品和服务。这是扩大基层文化消费、改善文化民生的重要途径。

二、教育消费

(一) 教育消费的含义和作用

1. 教育消费的含义

要了解教育消费，有必要先认识教育这个概念。教育有广义和狭义之分，广义的教育泛指一切有目的地影响人的身心发展的社会实践活动；狭义的教育主要指学校教育，即教育者根据一定的社会要求和受教育者的发展规律，有目的、有计划、有组织地对受教育者的身心施加影响，期望受教育者发生预期变化的活动。

消费者要参加获取知识和能力的教育活动，就需要有相应的支出，这种支出就是教育消费。因此，教育消费是指用于教育活动过程中所需要的教育物化产品和教育劳务的开支。这种支出既可以由政府负担，也可以由私人负担。如果是政府负担的支出，就是政府的教育消费（支出）。如果是私人负担的支出，就是私人的教育消费。当然，一般所说的教育消费是指私人的或者居民家庭的教育消费。居民家庭的教育消费既包括用于学校教育的消费，也包括目前用于学校教育以外的消费。在知识经济时代，教育消费已经成为普通百姓的一项重要的消费支出。

2. 教育消费的作用

在 21 世纪的今天，教育水平的高低已经成为衡量一个国家是否强大的最重要标准。因而，教育消费的作用绝不可低估。

(1) 教育消费能够促进经济发展。一方面，教育消费的结果是培养人才和提高人的素质，而人才和人力资本在国家与地方的经济建设中发挥着特别重要的作用，是经济发展的最重要因素。另一方面，教育消费不仅可以直接扩大消费、拉动经济增长，而且可以带动建筑、仪器设备、办公家具、文教用品、交通、通信、报刊出版、旅游等一系列行业的发展，从而达到带动经济增长的目的。

（2）教育消费能够推动文化繁荣。在教育消费中，文化从一部分人传递给另一部分人，从一代人传递给另一代人，人类的文化和文明才得以积累、普及和传承。教育不仅起到了对现有文化的传递作用，还具有更新、发展文化的功能。这是因为在教育消费中，可以通过科学研究，从事文化创造，产生新的思想、观念和科学文化成果，这是文化创造的一个直接途径。教育输送了具有创新精神的各方面人才，通过这些人才再去创造新的文化。

（3）教育消费能够逐步实现人的全面发展。人的全面发展是人类社会追求的最高目标，有着极其丰富的内涵，但至少应包括四个层面的含义，即完整发展、和谐发展、多方面发展和自由发展，而不是片面发展、畸形发展。教育消费是在着眼于人们现实的物质文化生活需要得到不断满足的同时，又着眼于促进人们素质的提高，也就是努力促进人的全面发展。我们要在发展社会主义社会物质文明和精神文明的基础上，不断推进人的全面发展。

（二）我国教育消费的现状及发展对策

1. 我国教育消费的现状

新中国成立特别是改革开放以来，我国教育消费增长较快。从政府的教育消费（支出）来看，1980年，国家教育财政支出首次突破100亿元，达到114.15亿元；1994年，国家教育财政支出则突破1 000亿元，达到1 018.78亿元；2011年，在国家财政支出中，教育支出已经达到16 497.33亿元。再从居民个人教育消费来看，1995年，城镇、农村居民家庭平均每人全年消费支出中，文教娱乐用品及服务（教育消费没有单列）的支出分别为312.71元、102.35元；2011年则是1 851.74元、396.36元。随着教育消费的较快增长，我国的教育事业得到较快发展：普及了义务教育，2011年小学净入学率达99.8%，初中毛入学率达98.3%；高等教育实现了从精英教育向大众教育的转变。但是，我国当前教育消费领域依然问题较多。

（1）国家教育财政支出总量不足和地区不平衡。尽管2011年我国教育财政支出达到16 497.33亿元，但教育经费支出占GDP总量的比重仍不足3.5%；2012年国家财政性教育经费支出达21 984亿元，占GDP的4.23%，可仍与4.5%的世界平均水平有差距。并且，在国家教育财政支出中，明显存在东部地区高于中西部地区、城市高于农村的现象。

（2）优质教育服务供给不足，教育不公平问题突出。正是由于教育资源在地区之间、城乡之间、校际之间配置不均衡，导致地区之间、城乡之间、校际之间教育发展差距仍然较大，教育不公平问题突出，优质教育资源短缺，优质教育服务供给不足，致使“择校”现象依然在很多地方存在，不少家庭承担不合理“择校”教育消费负担。此外，随着高等教育从精英教育向大众教育转变，一些家庭送子女读大学，一方面学费太高，另一方面毕业后工作难找，使得“新读书无用论”在一些地方蔓延。

（3）学前教育消费负担重，“辅导班”教育消费难抉择。目前，在城市中，公立幼儿园供给不足，私立幼儿园的学前教育消费普遍存在偏高的现象，城市居民的学前教育消费负担偏重，生存成本和生存压力加大。而在学校之外的教育消费中，现在又比较普遍存在“辅导班”教育消费难抉择现象。根据中国青少年研究中心家庭教育研究所2012年的调查，越来越多的家长在孩子要不要参加各种辅导班上，正面临经济学上的囚徒困境。选了辅导班，意味着孩子的自由时间被挤占，幸福感降低；如果不选择辅导班，又意味着孩子可能会输在起跑线上，可能会失去美好的未来。在这种将幸福童年与成功未来对立起来的心态下，越来越多的家长辗转反侧、纠结万分。①

2. 发展我国教育消费的对策

必须提高教育质量，提供均衡的优质教育服务供给，进行合理的教育消费，使教育大国成为教育强国。要达到这一目的，应采取如下对策。

(1) 正确引导居民进行合理的教育消费。教育消费是所有消费中最能有效完善人格、最能实现社会利益和个人利益相结合的一种形式。教育消费不仅是一种消费，而且是一种投资，它对于增长智力资源、提升人力资本价值具有重要意义。因而要帮助人们正确认识教育消费，积极鼓励和引导居民的教育消费。要通过收入分配制度和就业制度的改革，均衡行业之间的收入差距，拓宽大学生的就业渠道，抑制“读书无用论”的蔓延。同时，要引导居民不盲目进行教育消费，而是根据自己的实际情况进行合理的选择。

(2) 在继续加大国家财政性教育经费投入的同时，注重地区平衡。虽然2012年国家财政性教育经费支出占GDP的比重首次超过了4%，但与世界平均水平仍有差距。因此，作为最大的发展中国家，财政性教育经费投入至少应该达到世界平均水平。同时，应该注重财政性教育经费投入的地区间均衡，特别是新增的财政性教育经费投入，应该向中西部地区倾斜、向农村倾斜。

(3) 通过深化教育体制改革与适当监管，提供更多的优质教育服务供给。要通过教育投入体制、教育管理体制等改革，实现教育资源的合理配置，增加优质教育服务供给。对于学前教育，主要是应增加公立幼儿园的数量。对于义务教育和高中阶段教育，主要是应公平校际资源配置，通过招聘特岗教师等方式加强普通学校的师资队伍建设，使更多的学校为人们所喜爱，以逐步解决“择校”问题，降低居民“择校”教育消费负担。对于高等教育，主要是要通过结构调整与增加学校办学自主权，增强各高等学校的活力、竞争力和吸引力，使人们乐于消费、放心消费。而对于完全市场化的“辅导班”教育消费，一方面要对这种教育服务加强监管，防止居民盲目消费；另一方面要通过各类招生制度的改革，使“辅导班”教育消费不再难抉择。

---

① 参见李松涛、潘圆：《中国城市教育支出占家庭支出35.1% 增速超收入》，载《中国青年报》，2012-03-16。

第4节　旅游服务消费

一、旅游消费的含义及作用

（一）旅游消费的含义

旅游消费是指人们在旅行游览过程中，为满足自身享受与发展的需要而进行的各种物质资料和精神资料消费的总和。人们在满足基本生活需要之后，就产生了高层次的旅游等消费需求，因而旅游消费是一种综合性的享受消费、发展消费。

根据不同的划分标准，可以把旅游消费分为不同的种类。按旅游者在旅游活动中的消费形态，可以把旅游消费划分为物质消费和精神消费。物质消费是指旅游过程中所消耗的诸如食物、饮料和日用品等物质产品，精神消费是指旅游者观赏、娱乐的山水名胜、文物古迹、民俗文化等精神产品。按旅游消费的内容，可以把旅游消费分为基本旅游消费和非基本旅游消费。基本旅游消费是指旅游过程中所必需的而又稳定的消费，如旅游住宿、饮食与交通等方面的消费；非基本旅游消费是指具有较大弹性的消费，如旅游购物、医疗、通信消费等。按旅游消费是否跨越国界，可以把旅游消费划分为境内旅游消费和境外旅游消费。

（二）旅游消费的作用

旅游消费作为当今社会一项重要的经济活动，无论是对居民个人，还是对国家经济与文化的发展，都发挥着越来越重要的作用。

（1）旅游消费有利于促进人的身心健康和全面发展。旅游是在经济社会得到一定程度的发展之后，才逐渐成为普通百姓的消费需求的。居民进行旅游消费能够提高他们的消费层次与消费质量，从而提高了生活品位，因为居民在旅游活动中能够开阔视野、陶冶情操、增长知识。居民在旅游消费过程中，在得到美的享受的同时，又有利于恢复、发展人的体力与智力，还能够提高人的素质，并促进人的全面发展。

（2）旅游消费有利于促进产业结构优化，促进经济社会发展。旅游业作为“无烟的工业”，是世界公认的朝阳产业。改革开放以来，中国旅游业得到了快速的发展，旅游业已逐步成为国民经济的战略性支柱产业，是新的经济增长点。由于旅游业资源消耗低、带动系数大、就业机会多、综合效益好，因此发展旅游消费不仅能够优化消费结构，而且能够扩大内需，促进产业结构的优化，并促进整个经济社会的发展。

（3）旅游消费有利于吸收劳动力就业，缓解我国目前严峻的就业压力。旅游业属于劳动密集型产业，能吸引大量的劳动者就业，并且旅游业带动系数大，能够带动交通、建筑、商贸物流、金融保险、通信、餐饮住宿、文化娱乐等产业的发展。根据世界旅游组织的研究，旅游业每增加一个从业成员，就能带动相关产业5个人就业。统计表明，我国目前旅游直接就业达1 350万人，而相关就业人员则超过5 000万人。

(4) 旅游消费有利于发展消费文化，弘扬精神文明，推动社会进步。“读万卷书，不如行万里路”。古代很多著名诗人，如李白、杜甫和白居易都是在“游山玩水”中写下了不朽诗篇。甚至著名史学家司马迁的“千古绝唱”《史记》，也是在游遍全国、收集大量资料之后才写成的。当今社会，经济文化高度一体化，发展旅游消费，在促进经济发展的同时，也能促进社会文化的发展和居民文化素质的提高，弘扬精神文明，推动社会全面进步。

二、旅游消费的发展趋势

改革开放以来，随着经济社会的不断发展，居民的可支配收入和闲暇时间不断增多，旅游消费不仅越来越普及，而且其消费的方式也在不断转变。

(1) 我国旅游消费市场潜力巨大，正在从旅游大国向旅游强国转变。我国作为人口大国，有着世界上其他任何国家无可比拟的最大的国内旅游客源市场。按照国务院常务会议通过的《关于加快发展旅游业的意见》的预测，到2015年，旅游市场规模进一步扩大，国内旅游人数达33亿人次，年均增长10%；入境过夜游客人数达9 000万人次，年均增长8%；出境旅游人数达8 300万人次，年均增长9%。旅游业增加值占全国GDP的比重提高到4.5%，占服务业增加值的比重达到12%。国内外学者一致看好我国旅游业的发展前景，认为我国将成为世界旅游强国。

(2) 旅游消费层次将不断提高，旅游消费将更体现个性化趋势。当前的旅游消费中，尽管低层次的一般性观光旅游、探亲旅游仍占很大比重，但高层次的文化旅游以及其他一些有特色的旅游将越来越多，旅游的文化内涵将越来越丰富。同时，消费个性化将日益显现，也是旅游消费发展的一大趋势。通过消费显现、发展和完善自己的个性，正成为越来越多的人的追求，消费个性化正变得越来越普遍。这一特点同样会反映到旅游消费领域，一些个性化、参与性强的旅游项目，如登山、攀岩、探险、滑水、滑沙、狩猎、自驾车游、海洋旅游等旅游活动将大行其市，备受欢迎。

(3) 漫游式度假休闲渐成大趋势，游客逐渐分化呈现多个层次。那种“上车睡觉、下车拍照”式观光旅游将逐渐减少，而更能融入一方水土民情的漫游式旅游，可以让更多在繁华都市中被快节奏挤压出城市病的消费者，更好地放松身心，体验不同的文化氛围，因而漫游式度假休闲将在未来引领旅游消费领域。但是，由于我国各地区经济发展不平衡，多层次的经济发展水平决定了旅游消费的梯次性，从而决定旅游消费市场的多层级特征。以境外游为例，美国、澳大利亚、南非为代表的高端出境游和东南亚、日韩、中国台湾为代表的大众海岛游路线，都将拥有各自的消费群体。

(4) 旅游购物日趋理性，特色旅游商品和奢侈品将更受青睐。购物是旅游消费活动必不可少的一个环节。尽管过去我国旅游商品花色品种少、质量不过关，不少消费者仍经不起诱惑，往往在旅游中购买一大堆商品。但随着旅游消费的经常化以及旅游购物陷阱增多，居民旅游购物日趋理性。当然，由于越来越富有的国人增多，特色旅游商品和奢侈品更受青睐。以奢侈品购买为例，中国人已成为节假日境外最具购买力的奢侈品消费群体，居全球之首。有机构预计到 2015 年，中国人将买下全球 3/5 的奢侈品，成为世界上最大的奢侈品消费国家。

三、大力发展旅游消费

（一）旅游消费发展中存在的问题

（1）旅游基础设施配套落后，消费环境欠佳。我国一些新开发的景点尤其是一些位于边远山区、落后地区的景点，旅游消费的各项配套设施相当落后，最为典型的是交通不便捷，通信条件差。有些景区卫生状况脏、乱、差，车船等交通工具排放的大量废气造成了空气污染，每天排放的生活废水、固体废弃物污染了景区环境和水源。从消费的软环境看，求神问卦、看相算命等封建迷信活动招摇过市，赌博、色情活动时有发生，饭店拉客、小贩到处摆摊设点兜售旅游商品以及乞丐成群纠缠游客等现象，恶化了旅游消费环境，严重影响了游客的情绪。

（2）旅游资源开发缺乏理性，生态环境污染严重。一些地方旅游资源的开发缺乏科学规划，盲目开发，既制约了旅游消费质量，又破坏了旅游资源，削弱了旅游经济。有的在景区乱建宾馆、商场、游乐设施，甚至开办工厂，“无烟产业”变成了“冒烟产业”，破坏了植被，侵蚀了水体，改变了地貌。有的竟发展到为了项目建设不惜砍伐珍贵树木、破坏自然景观或文物古迹。总之，开发中缺乏理性的现象十分严重。而旅游消费的迅速发展又会不可避免对生态环境产生副作用，再加上规划失误、管理不善等因素，导致在旅游消费中对旅游区各类生态环境产生不同程度的污染。

（3）旅游服务人员和旅游者平均综合素质不高，导致旅游消费层次难以提高。相当一部分旅游行业服务人员存在旅游知识、服务技能、职业素养欠缺的情况，因而影响到服务质量。有些景点一味赚钱却很少考虑及时有效地提供其他相关服务，有的甚至故意欺诈和“宰客”。同时，旅游消费是一种较高层次的、享受性与发展性的消费活动，需要较高素质的消费者，但目前旅游者平均综合素质不高，难以进行高层次的旅游活动。

（4）旅游法制还不健全，旅游消费者的权益难以维护。旅游消费的情况比较复杂，涉及面又广，因而对法制的要求更高。当旅游消费者的权益受到侵害时，大多参考《消费者权益保护法》、《民法》中有关条例来进行处理，而由于这些法律针对性不强，容易产生纠纷。再加上有法不依、执法不严的现象仍比较多见，所以旅游消费中的权益难以维护。

（二）加快发展旅游消费的对策

（1）加快完善基础设施，改善旅游环境。各地要根据旅游业的实际，加快景区水、电、路和通信设施的建设；改善旅游交通车辆条件，使游客“行”得舒适、“游”得愉快；合理布局旅游饭店、旅游商品供应点和娱乐场所，全面满足游客各个环节的需求。同时，要加强对景区废水、废气和固体废弃物的综合治理，注重治理脏、乱、差的现象；搞好各建设场所完工以后的绿化恢复，多种草、多植树；加强对旅游景区的日常管理，对于不讲文明、不讲科学、不讲诚信的行为，加强监督管理、及时纠正。

（2）合理开发旅游资源，重视生态环境保护。自然景观和人文景观是人类历史上留下的宝贵资源遗产，必须进行保护性开发，才能实现可持续利用。开发自然景观要加强调查研究、科学论证、合理规划，切忌掠夺式开发。要坚持可持续的原则，因地制宜，促进人与自然的和谐发展。要避免重复建设，避免旅游接待设施过剩。严禁在景区内乱搞开发、兴建工厂、侵占绿地，应坚决拆除景区内的违法建筑，维护和改善景区的自然风貌。要高度重视生态环境保护，保护好野生动植物，促进生态平衡。

（3）提高旅游服务人员和旅游者平均综合素质，推动旅游消费上层次。旅游消费是高层次的消费活动，而欲进行高层次的旅游消费活动，一方面需要有高层次的旅游消费服务产品的供给，这就需要强化旅游从业者的服务意识、增加服务项目、提高服务技能；另一方面需要有能够进行高层次旅游消费的消费者，这就需要实施消费教育，切实提高旅游消费者的素质，使他们具有较高的科学文化水平和艺术修养。

（4）建立健全旅游法制，保护旅游消费者的权益。《中华人民共和国旅游法》于 2013 年 10 月 1 日正式实施，它的实施将对转变旅游发展方式、调整旅游产业和产品结构等产生深远影响，也为保护旅游者合法权益提供了直接的法律保障。当然，有了旅游基本法后，还需要完善旅游法制，如旅游业的综合性立法等。要通过旅游法制的健全，切实保护旅游消费者的权益。

□ 本章小结

所谓服务消费，是指消费者为了满足特定的消费需要而对消费（性）服务的消费，具有内容上的活动性、消费与生产上的同一性等特点；服务消费在提高人们的消费水平、提高劳动力素质、促进社会生产力的发展、促进就业等方面具有重要作用；服务消费呈现出服务消费增长的速度将快于实物消费、服务消费社会化和市场化的程度将会越来越高、内部结构中高层次部分的比重将不断增加的趋势。

服务消费的主要形式有闲暇消费、信息消费、文化消费、教育消费与旅游消费。闲暇消费通常是指人们在闲暇时间里自由和有目的地进行的各种享受性和发展性消费活动。信息消费是社会信息生产和交流过程的延续，是由信息消费者获取信息、认知信息和再生信息等基本环节构成的消费活动。文化消费是指人们为了满足精神生活的需要，对精神文化产品与精神文化性劳务的占有、使用、欣赏与享受等过程。教育消费是指用于教育活动过程中所需要的教育物化产品和教育劳务的开支。旅游消费是指人们在旅行游览过程中，为满足自身享受与发展的需要而进行的各种物质资料和精神资料消费的总和。这几种服务消费在我国已得到较快发展，但发展潜力仍然巨大。当然，在发展的过程中也存在不少问题，因而需要针对发展中的问题采取相应的对策，以更好地促进它们的发展。

□ 重要名词

服务消费　闲暇消费　信息消费　文化消费　教育消费　旅游消费

□ 思考题

1. 简述服务消费的作用与发展趋势。
2. 闲暇消费的特点和作用是什么？
3. 信息消费的特点和功能是什么？
4. 如何进一步扩大我国居民的文化消费？
5. 我国当前教育消费存在哪些问题？如何发展教育消费？
6. 简述旅游消费的作用与发展趋势。

□ 推荐阅读

1. 尹世杰．消费与产业结构研究．北京：经济科学出版社，2010

2. 瞿华．教育服务产品生产与消费研究．北京：经济科学出版社，2009.

3. 孙浩．农村公共文化服务有效供给研究．北京：中国社会科学出版社，2009

4. 夏杰长，张颖熙．我国城乡居民服务消费现状、趋势及政策建议．宏观经济研究，2012（4）

5. 毛中根，洪涛．中国服务业发展与城镇居民消费关系的实证分析．财贸经济，2012（12）

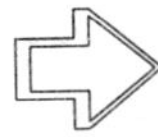

案例分析　海南国际旅游岛建设成效显著

2009 年 12 月 31 日国务院批准海南国际旅游岛发展规划，并以国发 44 号文件下达了《关于推进海南国际旅游岛建设发展的若干意见》，意见认为："充分发挥海南的区位和资源优势，建设海南国际旅游岛，打造有国际竞争力的旅游胜地，是海南加快发展现代服务业，实现经济社会又好又快发展的重大举措，对全国调整优化经济结构和转变发展方式具有重要示范作用。"

海南国际旅游岛建设发展的战略定位是我国旅游业改革创新的试验区、

世界一流的海岛休闲度假旅游目的地、全国生态文明建设示范区、国际经济合作和文化交流的重要平台、南海资源开发和服务基地、国家热带现代农业基地。海南国际旅游岛建设发展的目标是到2015年，旅游管理、营销、服务和产品开发的市场化、国际化水平显著提升，旅游业增加值占地区生产总值比重达到8%以上，第三产业增加值占地区生产总值比重达到47%以上，第三产业从业人数比重达到45%以上；到2020年，旅游服务设施、经营管理和服务水平与国际通行的旅游服务标准全面接轨，初步建成世界一流的海岛休闲度假旅游胜地，旅游业增加值占地区生产总值比重达到12%以上，第三产业增加值占地区生产总值比重达到60%，第三产业从业人数比重达到60%。

国际旅游岛建设几年以来，经济社会发展取得了较大成就。2012年，海南省地区生产总值达到2 855.54亿元，2010—2012年3年平均增速达12.3%。全省人均GDP继2010年超3 000美元、2011年超4 000美元后，2012年再上5 000美元台阶，标志着海南经济发展进入了一个新的阶段。城乡居民收入快速增长，人民生活水平不断提高。全省城镇居民人均可支配收入在2010年突破15 000元关口，2012年达到20 918元，2010—2012年3年年平均增长15.0%；农村居民人均纯收入在2010年突破5 000元关口，2012年达到7 408元，3年年平均增长16.0%。财政收入大幅增长，增速超过30%，全省地方公共财政预算收入3年连跨3个百亿关口，2010年实现270.99亿元，2011年实现340.12亿元，2012年实现409.44亿元，3年年平均增速达到31.9%。经济结构调整取得明显成效，产业结构实现转型升级，2010年三个产业结构比重实现了由“三一二”向“三二一”的转变。2012年三个产业增加值占比为24.9∶28.2∶46.9，第二、第三产业比重较3年前提高了3个百分点。全省固定资产投资总额2012年超过2 000亿元，3年年平均增速达到34.0%。消费市场持续旺销，全省社会消费品零售总额2012年达到852.34亿元，3年年平均增速为16.6%。旅游业保持较快发展势头，来琼游客明显增加，全省接待过夜旅游人数2011年突破3 000万人次，2012年达到3 320.37万人次，3年年平均增速为13.8%。省统计局对4 000名来琼游客的抽样调查结果显示，游客对海南旅游住宿消费和旅游交通消费等方面较为满意，67.94%的游客还想再来海南旅游。

资料来源：根据人民网2010年1月1日消息、2013年7月29日消息整理而成。

讨论分析

1. 请结合海南的变化思考建设海南国际旅游岛的意义与背景。

2. 要把海南打造成世界一流的海岛休闲度假旅游目的地还需解决哪些重点问题？

第 10 章 消费环境

Chapter 10

内容提要

本章在确定消费环境含义的基础上分析了消费环境的重要性，分别论述了消费的自然生态环境、人工物质环境和社会经济文化环境对消费的影响；接着分析了优化消费环境的含义、意义和主要途径；可持续发展是全球的共识和发展战略，而环境问题是可持续发展的核心所在，本章在最后提出了可持续发展对消费环境的要求，阐述了消费环境可持续发展的内容和措施。

第 1 节　消费环境的含义与重要性

一、消费环境的含义

环境是指影响某个活动主体各种客观因素的总和。环境既包括以空气、水、土地、植物、动物等为内容的物质因素，也包括以观念、制度、行为准则等为内容的非物质因素；既包括自然因素，也包括社会因素；既包括非生命体形式，也包括生命体形式。活动主体不同，环境的大小、内容等也就不同。任何消费活动都是与一定的消费环境相联系的，离开消费环境就不可能有消费活动。环境是环绕中心事物的外部世界，因此环境所包含的具体内容是相对于一定的主体而言的。消费环境是指人类在生存和发展过程中所依存和面临的，对消费者有一定影响的、外在的、客观的因素。组成消费环境的这些因素既有自然的、物质的，也有社会的、经济的和文化的，它们决定、影响和制约着人类的消费活动。依据组成环境的因素不同，可以把消费环境分为自然生态环境、人工物质环境和社会经济文化环境。

二、消费环境的重要性

（一）消费环境决定了人类的消费活动

人类要生存和发展，要从事消费活动，必须有消费品。消费品包括有形的物质消费品和精神文化娱乐等无形的非物质消费品。很显然，物质消费品与消费环境中自然的、物质的要素联系在一起。正是这些自然的、物质的要素为消费品的生产与形成提供了条件，而且一些自然要素本身就是消费品，如水、空气等。消费环境不仅为物质消费品的生产提供条件，也为一些精神文化娱乐等无形消费品的供给创造条件。例如，风景优美的大自然才可能成为人们旅游的去处。因此，消费品的来源离不开消费环境，从这个意义上说，消费环境决定了人类的消费活动。

（二）消费活动必须依存于消费环境

消费活动必须在一定的消费环境中进行，也就是说，消费环境为消费活动提供了空间和场所。这些空间和场所既包括有形的，也包括无形的。有形的空间和场所由消费环境中自然的和物质的要素提供，表现为室内外的空间和场所。例如，道路、地形、气候等就是室外空间和场所；建筑体等则是室内空间和场所。无形的空间和场所由社会经济文化因素构成，例如家庭成员关系、社会关系、相关政策与体制、文化背景等，任何人都不可能脱离这些因素生存和发展。可见，消费环境不仅是消费的条件，也是消费的空间和场所。

（三）消费环境影响消费结构、消费质量和消费水平

正因为消费环境是消费的条件，消费活动必须在一定的消费环境中进行，所以消费环境必然影响消费结构、消费质量和消费水平。

消费环境为消费品的生产和形成提供与创造条件，什么样的消费环境就会产生什么样的消费品，从而形成什么样的消费结构。例如，在日本，其自身的能源资源较少，需要从国外进口大量能源，日本居民的能源消费支出所占的比重就比其他许多发达国家高。又如，国家的社会经济政策对居民的消费支出结构有着较大的影响。

任何消费活动都必须具备三个基本要素，即消费主体（消费者）、消费客体（消费品）和消费环境。任何人（消费主体）的消费都是在一定的消费环境中对消费客体进行消费的过程。消费质量反映的就是三者的结合中所产生的消费的质的规定性，反映消费者需要的满足程度。消费质量包括消费主体的质量、消费客体的质量和消费环境的质量。三者质量高，结合得较好，消费质量就较高；否则消费质量就低。消费环境促进消费质量的提高表现在三个方面。一是消费环境的质量本身就是消费质量的重要组成内容。例如，自然环境好，人们生活在优美的环境之中，消费质量就高；社会文化环境好，人们心情舒畅，生活在优美的文化气氛中，消费质量就高。如果在恶劣的自然环境、社会环境和充满“文化垃圾”的环境之中，人们就难以进行正常、合理的消费，更谈不上消费质量了。二是消费环境的质量影响消费客体（消费品）的质量，从而影响消费质量。消费品主要来自消费环境，消费环境好，消费品的质量就高，就有利于提高消费质量；反之就会阻碍消费质量的提高。例如，被污染的江河湖泊怎么能提供优质的水产品呢？三是消费环境与消费活动的另外两个要素消费主体（消费者）和消费客体（消费品）的好的结合可以促进消费质量的提高。

消费结构和消费质量是表现消费水平的重要内容，消费环境对消费结构和消费质量的影响也就是对消费水平的影响。此外，消费品生产和消费的多少也会受消费

环境的影响。消费者消费消费品的数量是体现消费水平的一个因素。既然消费品的供给要受消费环境的影响，那么消费者消费消费品的数量也会受到消费环境的制约。

（四）消费环境影响经济增长

消费环境的好坏影响消费，从而影响经济增长。良好的消费环境能刺激消费，恶劣的消费环境则会抑制消费。收入水平和价格是影响消费最主要的因素，而消费品的质量、消费品的结构、消费品的供给情况等也影响消费。收入水平、价格、消费品的质量、消费品的结构、消费品的供给情况等又都受消费环境的影响。消费环境本身的因素还可以直接影响消费，尤其是社会经济文化因素能对消费产生较大的影响。例如，一项消费政策的推行就可以拉动或抑制消费增长。实际上，在许多情况下，消费者是否消费，与消费环境有很大的关系。此外，消费环境本身的建设会带动投资需求，促进经济增长。

（五）消费环境的可持续发展是人类社会可持续发展的重要内容

已经出现的环境与资源问题使人类逐渐认识到进行环境保护和推行可持续发展战略的重要性。可持续发展的核心是要使经济、社会、环境三者协调发展，显然这三者的协调发展是与消费环境联系在一起的。因为构成消费环境的自然生态、物质（含技术）和社会经济文化这三大因素，也是社会生产的条件。如果消费环境没有实现可持续发展，也就意味着经济、社会、环境三者出现了失调状况。可见，消费环境的可持续发展是“可持续发展系统”的内在要求和重要组成内容。

第 2 节　消费环境的内容

一、消费的自然生态环境

（一）自然生态环境的含义及其对消费的影响

自然生态环境是指构成地球表面层的各要素及其相互作用所形成的自然生态系统。地球表面层的各构成要素包括水、光、热、空气、岩石、土壤、生物等，这些要素经过长期的相互作用，形成了稳定而和谐的自然生态系统，人类也是这个自然生态系统的组成部分，与其进行着信息、能量和物质的交换。所以自然生态环境成为人类赖以生存和发展的物质条件，是人类重要的消费环境，它从以下几个方面影响人类消费。

（1）生态环境是人类消费的资源，消费品主要来自自然生态环境。具体表现为：第一，空气、水等自然环境要素是人类生活不可缺少的基本生活资料，人类一时一刻都离不开它。人们要呼吸新鲜空气，饮用干净水，新鲜空气和干净水要依赖于自然生态环境的质量。第二，人们消耗的物质消费品是靠自然生态环境供给的资源生产的，无论是直接用于吃、穿、住、用的物质消费品，还是生产物质消费品的生产资料，无不如此。尽管现代生物工程和新材料科学的发展创造了许多新产品，但其物质元素的构成仍然来自自然界，况且人类社会对浩瀚的宇宙还知之不多，并未全部开发利用。第三，不少非物质消费品也要依赖于自然生态环境提供。非物质消费品主要满足精神文化生活的需要，属于享受和发展层次的需要。例如郊游、旅行、水上活动等，其消费对象就是名山大川、飞禽走兽等，它们是靠自然环境要素供给的。

（2）自然生态环境可以影响人工物质环境的质量。人工物质环境建立在自然生态环境之上，依托自然生态环境而存在。人工物质环境可能因美好的自然生态环境而变得更加优美，更能满足人们的消费需要，也可能因自然生态环境的负面影响而难以满足人们的消费需要，例如，一幢别墅，如果不是坐落在优美的自然生态环境中，其居住效果就要大打折扣。况且部分人工物质环境本身就取材于自然生态环境。所以自然生态环境的质量状况如何，影响着人工物质环境的质量。例如，名胜古迹往往坐落于名山大川；供人观赏的动植物园、海底世界等要取材于大自然。

（3）自然生态环境影响消费结构。既然消费品主要来自自然生态环境，那么自然资源禀赋也就影响着消费品的供给结构，影响着消费者对消费对象的偏好，从而影响消费结构。此外，良好的自然生态环境会优化消费结构，使消费结构合理化；恶劣的自然生态环境会扭曲消费结构，不利于消费结构的改善。例如，在一个和谐发展、保持平衡的自然生态系统中，人类可以获取相应的物质资源和消费品，使消费结构趋于合理化，而一旦这个生态系统被破坏，导致一些自然资源的短缺甚至消失，就将严重影响消费品的供给，恶化消费结构。

（4）自然生态环境可以促进或制约消费质量的提高。好的自然生态环境不仅可以提供结构合理的消费品，也可以提供优质的消费品，促进消费质量的提高，如空气清新、山水优美的自然环境不仅使人身心愉悦，还可提供高品质绿色食品满足人的消费需要。然而人类在向自然生态环境索取资源和利用资源的同时，也向自然生态环境排放废弃物，把资源变为废弃物还于环境中。废弃物污染环境，不仅降低资源的再生能力，而且影响生产资料和生活资料的生产，降低这些产品的质量。人类还往往过度地向自然生态环境索取资源，超过资源的再生速度，其结果是破坏了自然生态系统的平衡。这些都会制约消费质量的提高。

（二）努力改善消费的自然环境

18 世纪以来，由于工业化不断推进，人类的经济活动着重追逐社会生产的发展和利润的增加，毫无节制地开发自然资源和倾倒废弃物，忽视对自然生态环境的保护和治理。其结果是环境污染空前加剧，生态平衡被严重破坏，自然资源日益稀缺。正如恩格斯所说：“……我们不要过分陶醉于我们人类对自然界的胜利。对于每一次这样的胜利，自然界都对我们进行报复。”① 目前这种报复已经非常严重。例如空气污染，大气中一氧化碳、二氧化碳、硫和氮的氧化物的含量正在增加，每年有害气体排放量达 50 亿吨之多，于是臭氧层被破坏，温室效应产生，全球气温升高。气温的升高又破坏了生态平衡，导致不少地区生物物种灭绝。又如土地沙化、耕地面积不断减少，目前全球 1/3 的陆地面积已成为沙漠或正在沙漠化，全世界每年丧失 700 万公顷耕地和 1 700 万公顷森林。大江大河被污染导致许多个国家缺水，20 多亿人口用水紧张，饮水污染中毒事件时有发生。环境污染、生态环境失衡、自然灾害频发，已给人类的生存和发展带来了巨大危害，这样的例子举不胜举。

从我国情况看，生态环境问题同样严重。江海湖泊水域被污染，水质恶化，耕地土壤镉、汞、铅、锌、磷等重金属含量超标，水土流失，草原退化、沙化、盐碱化，空气质量恶化，不少城市 PM 2.5 超标，大面积发生雾霾并有酸雨，旱涝灾害频繁等。这些环境问题的出现和加剧，严重威胁着人们的生存和发展。

伴随生态环境问题的是我国自然资源尤其是不可再生资源的减少和稀缺。我国森林覆盖率只有 12.5%，人均森林面积仅相当于世界平均水平的 1/4。我国人均耕地面积仅 0.08 公顷，居世界第 119 位，人均煤炭资源为世界平均水平的 51.3%，人均石油资源为世界平均水平的 3.78%。《瞭望》周刊曾载文指出，2/3 的主要矿产已进入短缺状态。

综上所述，由于生态环境问题的严重性，导致环境质量下降，已使消费环境越来越成为决定和影响消费质量的重要因素。改善生态环境既是当务之急，又是惠及子孙后代的可持续发展的重大战略问题。

二、消费的人工物质环境

（一）人工物质环境的含义

人工物质环境是指在自然界提供的各种条件的基础上，通过人的活动或人类加工创造的用于满足人类生活的物质设施和物质条件，它建立于自然生态环境之上，依托自然生态环境而存在。例如，建筑群落、交通通信设施、动植物园、假山园林、海底世界等，都属于人工物质环境。人工物质环境与自然生态环境有着密切的联系，它要取材于自然生态环境，自然生态环境的好坏和质量如何影响着人工物质环境的建设。当然，人工物质环境由于凝结了人类的智慧和创造，也就蕴涵了丰富的社会经济文化因素，所以它具有超越自然生态环境的完美性和创新性。

人们的消费水平是不断提高的，消费需要层次也是不断上升的，这就要求有相应的消费环境作为依托。人工物质环境可以用来满足人们的多层次消费需要，它不仅可以满足基本的生存需要，而且可以满足享受和发展层次的需要，例如名胜古迹、仿古园林、世界之窗等人文景观，可为消费者提供娱乐、增长知识、陶冶情操

① 《马克思恩格斯选集》，2 版，第 4 卷，383 页，北京，人民出版社，1995。

等。所以人工物质环境能够满足人们日益上升的消费需要。从这个意义上说，人工物质环境也是人类不可或缺的消费环境内容。随着生产力水平的提高、社会的进步以及经济的发展，人们可以建设更多、更好的人工物质环境，以满足人们不断增长的消费需要。

（二）人工物质环境对消费的影响

人工物质环境对居民消费水平、消费结构、消费方式，尤其是消费质量影响较大。人们常以消费的物质资料和劳务的多少来衡量消费水平的高低，而许多劳务消费品和物质消费品是由这些人工物质环境设施提供的。当然，这些环境也有不提供具体劳务和产品的。就提供具体劳务和产品而言，人工物质环境提供的是消费资料；就不提供具体劳务和产品而言，人工物质环境是作为生活环境而存在的。人工物质环境也对人们生活是否方便、舒适、安全起着直接的作用，因而对消费质量也起着重要作用。例如，卫生防疫设施、医疗服务设施对人们的身体健康关系极大。这些是就人工物质环境因素对居民消费发挥作用的一个方面而言的。另一方面，这些环境因素还具有美学和艺术方面的作用，可以满足人们的心理需要，陶冶人们的情操。那些美丽的人工绿地、生态公园、步行街、健身广场、运动场馆、街心公园、绿地草坪、林荫道等，既是人们休闲和从事体育活动的场所，又是城市的风景。因此，归纳起来，人工物质环境对消费者来说，其作用是既提供消费品，又是消费环境，同时还是人们闲暇的活动场所，是生活中不可或缺的。

（三）人工物质环境的建设必须与社会经济发展水平和消费水平相适应

人工物质环境的建设必须与社会经济发展水平和消费水平相适应，只有这样，才能发挥人工物质环境对消费的积极作用。如果人工物质环境的建设滞后，则不能满足人们的消费需要，不能适应消费趋势的发展，也就会阻碍消费质量的提高。如果人工物质环境的建设盲目超前和重复建设，则是一种社会资源浪费，不能发挥人工物质环境对消费的重要作用。

三、消费的社会经济文化环境

（一）社会经济文化环境的含义

消费者是在一定的社会经济文化条件下进行消费的，人们在消费时所依存和面对的各种社会经济文化因素统称为消费的社会经济文化环境。有些教材把社会经济文化环境分为社会环境、文化环境等进行阐述，但考虑到社会经济文化因素既相互独立，又紧密联系在一起，因此在这里就把它们放在一起进行探讨。

人是社会的人，人的消费本质上是一种社会行为，任何人的消费都无法脱离社会，必须依赖于一定的社会环境。马克思说：“活动和享受，无论就其内容或就其**存在方式**来说，都是**社会的**，是**社会的**活动和**社会的**享受。自然界的**人的**本质只有对社会的人来说才是存在的……”① 消费者的生存和发展离不开各种社会关系，这些社会关系构成了消费者的各种集体。每个消费者在消费时，其实都处于不同的集体和团队中。这些不同的集体和团队对消费者的消费决策、选择、方式、层次、偏好等有很大影响。此外，消费者还受到整个社会大背景的影响，如社会风气、秩序、社会治安等。社会风气好，人人有道德，讲文明礼貌，就会大大提高消费质量。

消费者进行消费活动要依赖和面对相应的经济因素。收入水平、商品价格、产品供给、宏观经济运行情况等是影响消费者消费最直接的经济因素，这在其他章节中有详细的阐述，这里论述的主要是经济制度、经济政策、市场环境、经济法规等因素对消费的影响。不同的经济制度下，消费环境的差别很大。例如，在从计划经济体制向市场经济体制转变时，人们的消费观念、消费心理、消费模式、消费结构等都会发生深刻的变化。经济政策规定了国民经济发展的方向和速度，营造一定的宏观经济环境，不仅影响消费品的供给，更影响消费需求的增长。消费者能否购买到价格合理、数量真实、品质合格的消费品，在很大程度上受市场环境的影响。经济法规不仅规范企业的行为，而且会使消费需求的数量、质量和结构发生变化，起到鼓励和限制某些产品的生产和消费的作用。

消费者在消费过程中，所依存和面临的文化因素有历史传统、共同价值准则、道德规范、风俗习惯、宗教信仰、生活观念、思想、精神风貌等方面。消费者作为一种存在，每时每刻都受文化的调节和规范。长期处于某一种文化环境中，人们的观念、信仰、习惯、价值观等就会不由自主地受制于该文化，并受该文化的影响。文化按其辐射的主要区域或范围不同，可以分为国家文化、社团文化、社区文化、家庭文化等。相应地，文化环境可以分为国家文化环境、社团文化环境、社区文化环境、家庭文化环境。任何一个消费者的消费都在以上文化环境中进行，受到各种文化的制约和引导。消费者所处的文化环境不同，由此形成不同的消费观念、消费习惯和消费模式。

（二）社会经济文化环境对消费的影响

1. 社会因素对消费的影响

人不仅要处理好人与自然界的关系，还要处理好人们在消费过程中的关系。社会环境不仅对人的生存和发展有很大作用，而且对两个文明建设有重要影响。人与人之间的社会关系、社会风气、社会秩序、社会治安等都直接与消费活动有关。社会风气好，社会秩序好，人人有道德、有文化、有纪律、讲文明、有礼貌，就会大大提高消费质量。如果社会风气不好，犯罪率高，人们就会缺乏安全感和舒适感，就会影响正常的消费活动。特别是一些公共消费场所，更需要良好的社会环境。家庭内部的关系、邻里关系对人们消费活动的开展也有直接影响，建立良好的家庭内部和邻里关系有利于社会秩序的稳定、社会风气的改善，有利于发展平等、互助、

---

① 《马克思恩格斯全集》，中文1版，第42卷，121～122页，北京，人民出版社，1979。

团结、友爱的人与人之间的新型关系。这些都有利于促进社会主义精神文明建设，提高消费质量。

2. 经济因素对消费的影响

经济因素更是会对消费产生极大的影响，这里主要阐述经济制度、经济政策、市场环境、经济法规等因素对消费的影响。(1) 经济制度制约着消费。我国传统的计划经济体制是一种压抑消费、注重积累的体制。而社会主义市场经济体制是一种促进消费、注重通过消费需求满足来实现人的全面发展的体制。目前的经济体制改革正在形成有利于消费增长和经济发展的新制度。(2) 包括扩大消费内需政策在内的经济政策影响着消费结构和消费需求。正确的经济政策有利于为居民消费创造良好的宏观经济环境，促使消费需求稳定增长。鼓励和引导消费的政策能够影响居民的消费结构和消费水平。例如我国近年来出台了鼓励精神文化消费、绿色消费、旅游消费、假日消费、教育消费等的政策，有利于优化居民消费结构。(3) 市场环境直接影响消费。市场环境包括"软"、"硬"两方面。"软"的方面主要体现在市场秩序上，良好的市场秩序有利于消费者购买价格合理、数量真实、品质合格的消费品。"硬"的方面主要是市场建设，表现在市场体系的完善程度、商业网点的布局、零售业态的多样化情况等，都会影响着人们的消费活动。(4) 经济法规的健全和完善能够维护社会主义经济秩序，规范企业运行，保护企业竞争，打击假冒伪劣，保障消费者权益和社会的长远利益。

3. 文化因素对消费的影响

文化因素对消费欲望的产生和消费行为的实施具有重要影响。这些影响表现在：(1) 宗教信仰。宗教信仰一旦形成就容易扩散和沿袭继承，形成一种模式，影响人们的消费需求和消费行为。我国信仰道教、佛教、伊斯兰教、基督教等宗教的不同民族，基本都具有本民族的消费习惯和特点。(2) 价值观念。消费观念受价值观念指导，消费观念则直接影响一个人的消费行为。生活在不同社会文化环境中的人有不同的价值观念，如我国传统价值观念以节俭为荣、挥霍为耻，表现在消费行为中就是精打细算，注重商品质量，讲究经久耐用，注重量入为出，防范风险，存钱备用。而随着社会主义市场经济体制改革的推进，人们的消费观念正在发生变化，大胆地追求和享受消费。(3) 消费习俗。消费习俗作为人们历代流传下来的一种消费方式、消费习惯，对消费具有重要的引导作用。健康的消费习俗有利于正确、主动地引导健康的消费，表达人们美好的心灵、良好的祝愿、奋发向上的情感。而对于庸俗的消费习俗要进行纠正，使之能够健康地发挥引导消费的作用。(4) 道德规范。不同的道德规范决定人们不同的交往行为，决定不同的家庭消费模式和消费偏好。

总之，良好的社会经济文化环境，不仅有利于提高消费质量，促进人的全面发展，而且是促进社会文明和社会全面进步、促进社会主义现代化建设的重要条件。

(三) 消费的社会经济文化环境中存在的问题

在我国，当前消费的社会经济文化环境中存在的比较突出的问题主要表现在以下几个方面。

（1）侵犯消费者合法权益的现象时有发生。尽管我国早已制定了《消费者权益保护法》，消费者协会也已开展了多年的消费者权益保护工作和消费教育工作，在保护消费者权益上取得了不小的成绩，但是由于消费者往往处于弱势地位，依然有一些生产经营者为追求一己私利肆意侵犯消费者权益，影响了消费者正常的消费活动。

（2）市场上假冒伪劣消费品猖獗，扰乱了消费环境，严重影响了消费者的身心健康和生命安全。在我国现阶段，一些企业或个人为了追求自身的利润，置消费者的利益于不顾，生产和销售假冒伪劣消费品。市场上的这些假冒伪劣消费品不胜枚举，严重扰乱了消费环境，损害了消费者的利益，并且危及消费者的生命安全。

（3）存在以虚假广告为代表的虚假宣传。在我国消费市场总体上转变为买方市场后，经营者越来越重视营销手段的运用，然而有相当多的经营者采用虚假的广告、信息、包装、说明书等故意隐瞒产品的真实性能、主要成分、使用方法等，或者含糊其辞，夸大功效，引诱消费者上当。

（4）存在不健康的价值观念和文化，不利于引导正确合理的消费。价值观念影响消费观念，从而影响消费行为。一部分人中存在的不健康的价值观念，往往产生不健康的消费行为和不健康的消费示范效应。例如，在相当一部分人中，残存着迷信思想和赌博心理，带来一些畸形消费活动。随着对外开放的进一步扩大，国外的消极、不健康的文化和价值取向都会涌进来，一些人不加分析地接受，并付诸行动。

第3节 优化消费环境

一、优化消费环境的含义

优化消费环境包括优化消费的自然生态环境、人工物质环境和社会经济文化环境，从而按照科学发展观的要求，建立或营造与科学消费相适应的和谐消费环境。和谐消费环境就是突出以人为本，以消费者为中心，使影响消费的各方面因素能和谐共存，协调发展。具体表现为：安全放心的消费环境、公平公正的消费环境、文明健康的消费环境和诚信友好的消费环境。安全放心的消费环境是针对生产者的商品生产、商品销售、服务提供等而言的，这是和谐消费环境的基本要求。公平公正的消费环境是针对消费活动的交易过程而言的，是构成和谐消费环境的基本内容。文明健康的消费环境就是生产者生产和提供文明健康的消费品、消费场所、消费品广告等，消费者树立文明健康的消费理念。诚信友好的消费环境包括企业与消费者之间的诚信友好关系，以及企业、消费者与自然生态环境的友好协调关系，这种友好协调关系还是实现消费环境可持续发展的必然要求。此外，消费环境的优化是渐进的过程，是与时代相适应的。

二、优化消费环境的意义

由于我国处于社会主义初级阶段，社会主义市场经济体制还不完善，是一个发展中国家，我国的自然生态环境问题还比较严峻，环保任务还相当艰巨。人工物质环境和社会经济文化环境也存在不少问题。现阶段，大力优化消费环境，营造和谐消费环境在我国尤显迫切，其意义是：

（1）优化消费环境是满足人们消费质量和消费水平不断提高的需要。良好的消费环境是消费质量和消费水平提高的前提和基础。如前所述，由于生态环境问题的严重性，导致环境质量下降，已使消费环境越来越成为决定和影响消费质量的重要因素。经济学家已提出“绿色GDP”，即要扣除现行国民经济核算体系下的自然、人文两大虚数，其中自然部分的虚数包括环境污染造成的环境质量下降、自然资源的退化与匹配不均衡、长期生态退化所造成的损失、自然灾害所引起的经济损失、资源稀缺所引发的成本。这些说明了生态环境因素在人类生存与发展中的重要性，以及生态环境问题在消费质量中的重要程度。尤其是近年来强调生态消费，更显示了自然生态环境的重要意义。

人工物质环境和社会经济文化环境不仅是消费质量变化的影响因素，更在满足人民日益增长的消费需要和消费水平的提高方面发挥了很大的作用。目前，我国居民的消费正由以数量扩张为主转变为以质量提高为主，当代科技特别是信息技术的迅猛发展使人们的消费方式和内容发生了重大变化：饮食讲究营养，居住讲究舒适，穿用讲究高档、名牌，闲暇消费及旅游消费与信息、文化消费明显增多，这一切都对我国的消费环境，如交通、通信、休假制度等提出了挑战。因此，必须优化各种人工物质环境和社会经济文化环境，以适应消费发展的需要。

（2）优化消费环境是落实科学发展观、发展科学消费的内在要求。在社会经济文化的发展中，坚持以人为本永远是一条准则，这也是科学发展观的宗旨。尤其在转变经济发展方式、提高经济增长质量的今天，强调以人为本有着特别重要的意义。发展经济的最终目的是提高全体社会成员的生活质量。人既是社会经济活动的主体，也是享受发展成果的主体。以人为本，就要处处体现人文关怀。凡是与人性相悖的东西，凡是有碍人类生存、破坏生活环境的事情，都是对人类群体的伤害。坚持科学发展观，追求城乡、经济社会、不同区域协调发展，是以人为本的体现。因此，优化消费环境是科学发展观在消费领域的内在要求。要不断优化消费环境，使消费环境满足人们的生存、享受和发展的需要，满足人们实现全面提高消费质量的需要。当然，强调以人为本，优化消费环境，不能以破坏自然生态平衡为代价，相反，加强环境治理、防止环境污染、节约资源恰恰是优化消费环境的重要内容。

（3）优化消费环境是全面建设小康社会、实现中国梦的要求。全面建设小康社会的奋斗目标，是一个集宏观与微观、城市与农村、政治经济文化与生态环境以及人的全面发展于一身的综合性、系统性目标。全面建设小康社会，是继续全面推进经济体制改革、完善社会主义市场经济体制的战略目标，也是实现中国梦的要求，其出发点和落脚点是提高全国人民的生活水平。在基本生存资料得到满足和初步达到小康后，人民生活继续改善的方向是拓宽消费领域，提高消费质量，促进人的全面发展。党的十八大提出建设生态文明、打造美丽中国更是实现全面小康的环境要求。消费环境与消费质量是与人的全面发展紧密联系在一起的，对提高消费水平和消费质量有着极大的影响。然而，目前我国的消费环境现状与全面建设小康社会的要求仍有较大差距。人工物质环境还不能满足全体人民的消费需要，尤其在农村，公共基础设施有待进一步改善，城乡环境还存在相当大的差距。消费的社会经济文化环境同样有许多亟待解决的问题。例如，消费品市场环境不尽如人意，假冒伪劣产品时有泛滥，市场诚信严重缺失，侵害消费者权益的现象时有发生等。显然，这些情况与改善人民生活、提高消费质量是不协调的，制约着全面建设小康社会目标的实现。全面建设小康社会，就要全面优化消费环境，不仅要实现消费的自然生态环境可持续发展，而且要大力优化人工物质环境和社会经济文化环境，以满足改善人民生活、提高消费质量、实现人的全面发展的需要。

（4）优化消费环境能够促进经济增长。环境是生产力，环境出生产力，良好的消费环境可以促进经济增长。优化消费环境，可使消费品价格、消费品质量、消费品供给情况、消费品结构等朝有利于消费增长的方向转变，社会经济文化环境的优化会直接刺激消费需求增长。如果消费环境恶化，则会抑制消费需求的增长和释放，并反过来影响经济增长。目前随着我国市场经济体制改革的深化、经济发展的推进和买方市场的形成，社会经济文化方面的消费环境问题日益凸显，深刻地影响着消费增长和整个经济的增长。当前我国消费环境中还存在着不和谐因素，压抑了消费者的消费积极性，限制了消费活动的扩大，阻碍了消费增长。而消费增长是经济增长的动力。可见，优化消费环境对促进经济增长的意义是明显的。

三、优化消费环境的主要途径

在这里，我们主要探讨人工物质环境和社会经济文化环境的优化途径，关于自然生态环境的优化途径将在下一节阐述。

（1）深化改革，加大科技创新，大力增加有效供给。要建设优良的人工物质环境，必须有先进的生产力，有技术和制度上的保证。在现阶段，我们要优化消费环境，必须进一步深化市场经济体制改革，要破除种种限制消费需求释放的制度约束和观念束缚，完善促进消费的政策支持，进一步释放消费需求。要进一步加大科技创新，大力发展生产力，努力增加有效供给，满足和创造消费需求。社会主义市场经济体制是发展生产力的必要制度保证，发展科学技术是提高生产力水平的必要途径，只有不断从制度创新和技术创新上促进生产力发展，才能创造出更丰富的物质产品和有效供给，才能在现有的基础上进一步优化人工物质环境。

（2）端正价值导向，优化消费文化环境。要优化消费文化环境，必须从根本上解决价值观、价值导向的问题。要特别重视价值导向，净化社会风气，树立正确的价值观、人生观、消费观，使人们真正认识到，什么样的消费行为是有意义的、有价值的、值得追求的，什么样的消费行为是没有意义的、没有价值的、不文明不健康的、不值得追求的。“随风潜入夜，润物细无声”，培育良好的社会经济文化环境需要从细微处入手，从每个人的具体行动做起。要加强社会公德、职业道德和家庭美德建设，提高全民族的思想道德素质和科学文化素质，用高层次的精神文化建立文明、健康、科学的生活方式，以形成良好的消费文化环境。

(3) 加强法制建设，净化社会环境。市场具有比较强的自发性，也易诱发人们的非理性行为。半殖民地半封建旧社会残留下来的腐朽思想仍有相当影响，而西方腐朽思想也会乘虚而入。由于消费全球化，国外的消费品和消费文化产品不断涌入，西方的消费倾向、消费风气也不断进入，在泥沙俱下、良莠混杂的情况下，更容易出现一些非理性消费，有的甚至走入消费误区，还有些人大搞“灰色消费”、“黄色消费”、“黑色消费”。应当吸取世界上一些国家“现代病”的教训，防止“文化矛盾”，从根本上培育优良的社会机体，同时对腐蚀社会机体的各种毒素、毒菌进行坚决扫除，净化社会环境。这是一项极其重要的任务，要加强法制建设，净化市场，包括精神文化市场。要建立、健全有关的法律、法规和制度，依法加强对社会生活各个方面的管理，制裁和打击危害社会的不法行为。必须把社会环境纳入法制轨道，下大力气治理社会治安不好和环境脏、乱、差的状况。当前要坚决纠正各种行业不正之风，严厉打击假冒伪劣产品和各种欺诈行为，坚决扫除黄赌毒等社会丑恶现象。只有坚决割除社会的毒瘤，培育优良的社会机体，才能改善社会环境，提高社会的文明程度和人民消费的文明程度。

(4) 不断优化消费结构。随着社会经济的发展，人们消费结构的发展趋势是：生存资料在消费结构中的比重逐步下降，享受资料、发展资料的比重逐年上升。而在享受资料、发展资料的消费中，越来越多地由物质消费转向精神文化消费。因而精神文化消费在消费结构中的比重不断上升是发展的必然趋势。我国目前的精神文化消费在消费结构中的比重较低，特别是发展性、智力性消费的比重还偏低。要引导广大消费者充分认识文化消费的重大作用，自觉地优化消费结构，提高高层次的精神文化消费的比重，不断提高消费中的文化含量。当代科学技术、文化、艺术迅猛发展，并大量渗透于消费领域，这将使人们的消费发生巨大的变化，不断提高消费层次和质量。消费中的科技含量、文化含量提高了，就有利于促进我国文化产业和文化事业的大繁荣及文化软实力的大增强，促进社会主义市场经济健康发展，促进社会文明和社会进步。

(5) 加强社会公共基础设施建设。要继续加强城市和农村公共基础设施建设，提高其文化含量和文化品位。在城市建设中要搞好配套公共文化设施。大中城市应重点建设好图书馆、博物馆，有条件的还应建设科技馆。县、乡应主要建设综合性的文化馆、文化站。对中西部欠发达地区和少数民族地区的文化事业，要采取有效措施增加投入。当前要以农村城镇建设为契机，提高农村公共基础设施供给的规模经济效益和辐射能力。对政府兴办的图书馆、博物馆、科技馆、文化馆、革命历史纪念馆等公益性事业单位，应给予经费保证。同时，要采取民办公助、公办民助、公退民进等形式，鼓励私人和企业兴办社会公共设施。要依据公共设施的非竞争性、非排他性特点，及时调整好产权。恰当的产权制度能保障不同供给者的利益，引导民间资源进入公共设施供给领域。并且，要改善对公共设施的经营管理，提高公共设施的质量和使用效率。

（6）营造放心消费环境。放心消费环境的主要特征是：消费者的基本权利能最大限度地得到保障而不被随意侵犯；消费者不会因担心经营者的欺诈行为而降低消费意愿；消费者的弱势地位不再被漠视而能得到逐步改善；消费者能在消费过程中享受物质和精神上的满足。良好而健康的消费环境是消费者合法权益顺利实现最重要的保障。然而从我国目前的消费环境现状看，存在不少问题，显然还不能给消费者提供一个放心消费环境。放心消费环境的营造任重道远。各级政府部门尤其是执法机构、行业组织、消费者组织以及各类媒体应该采取措施为创造放心消费环境而努力。各级政府部门要大力整顿和规范市场经济秩序，强化市场监管，严厉打击制售假冒伪劣商品等违法行为和虚假广告宣传；进一步加快制定和完善能够有效保护消费者权益的法规、标准、政策；对与人民生活密切相关的重要消费品，如食品、药品等的生产和经营，应尽快建立和完善社会责任保险制度和产品质量安全追溯体系；要抓好重点领域消费环境的治理；强化农村消费环境建设，健全、规范农村基层维权网络，消费维权力量应向最薄弱的农村消费者倾斜；推进食品放心消费工程；深化服务消费环境治理；大力改善家用轿车、商品住宅的消费环境。

第4节　消费环境与可持续发展

一、可持续发展对消费环境的要求

20世纪60年代以来，资源与环境问题开始引起人们的广泛关注。1972年，联合国第一次正式召开了人类环境会议，指出人类如果对地球上的资源使用不当，将会给人类环境造成“无法弥补的损害”。1987年，世界环境与发展委员会在《我们共同的未来》报告中系统地阐述了可持续发展的基本概念和基本思想，从战略高度为人类社会未来的发展与进步找到了最佳方式。1992年6月，联合国在巴西里约热内卢召开环境与发展大会，通过了《里约环境与发展宣言》和《21世纪议程》，进一步阐述了可持续发展的思想、要求和措施。从此可持续发展逐渐成为全球的共识，各国普遍推行了可持续发展的行动。

可持续发展的核心是经济、社会、环境三者协调发展，消费环境与这三者有着紧密的联系。前已述及，自然生态、物质技术和社会经济文化这三大因素，表现为消费的自然生态环境、人工物质环境和社会经济文化环境，当然这三大因素也是人类的生产条件。因此，要使经济、社会、环境三者协调发展，也就是要使消费环境能够不断改善优化和可持续利用，即消费环境的可持续发展。如果消费环境没有实现可持续发展，经济、社会、环境三者也就不可能协调发展。可见，消费环境的可持续发展是可持续发展系统的内在要求和重要内容。

走向生态文明新时代，建设美丽中国，经济、社会、环境三者协调发展是实现中华民族伟大复兴的中国梦的重要内容。我们应按照尊重自然、顺应自然、保护自然的理念，贯彻节约资源和保护环境的基本国策，更加自觉地推动绿色发展、循环发展、低碳发展，把生态文明建设融入经济建设、政治建设、文化建设、社会建设各方面和全过程，形成节约资源、保护环境的空间格局、产业结构、生产方式、生活方式，为子孙后代留下天蓝、地绿、水清的工作和生活环境。可见良好的消费环境是实现中国梦的本质要求。

二、消费环境可持续发展的内容及措施

（一）消费环境可持续发展的内容

人类要实现可持续发展模式，必须使消费环境实现可持续发展。消费环境的可持续发展是指消费的自然生态环境、人工物质环境和社会经济文化环境三者相互协调发展。自然生态环境不再被污染，自然资源能够可持续利用，生态系统实现良性循环；人工物质环境不断丰富、完善和优美；社会经济文化不断进步。也就是三个环境相互促进，处于良性循环过程中的发展。使三者协调发展的线索是消费和生产，也就是人类合理地在三个环境中分配消费活动，人类在创造人工物质环境时不影响自然生态环境的发展，而要做到这些，又需要社会经济文化的不断进步。

代内公平和代际公平是消费环境可持续发展必须遵循的原则。人们在消费环境中进行消费活动，不能影响其他人的消费活动，不能挤占和破坏其他人的消费环境，这是代内公平的体现。代际公平要求消费环境能够被可持续利用，当代人开展消费活动，不能影响子孙后代对消费环境的使用，不能剥夺子孙后代从事消费活动所需要的环境。

（二）消费环境可持续发展的措施

实现消费环境的可持续发展，本质上要求处理好人类的消费活动、生产活动与消费环境的关系。因此，保证消费环境可持续发展的措施必须达到这种要求。

（1）制定并实施有利于可持续发展的法规和政策。充分发挥和运用法律、法规和政策的威力以及必要的经济手段，推动经济、社会、环境的协调发展，促进消费环境的可持续发展。这已是不少国家的做法，并取得了一定的成效。我国在这方面也已有一些实践，但起步较晚，可持续发展的法律、法规和政策还不够完善，具体执行力度也不够。必须进一步加强完善环境标志制度，实行环境标志的强制认证；设置环境消费税；推行环境损害责任保险等。同时要切实加大环保法规的执行力度。

（2）强化环保意识，宣传、普及可持续发展的观念与知识。近年来，全民的环保意识和可持续发展观念有所增强，但离环境保护和可持续发展的要求仍然有较大的差距，不利于可持续发展和环境保护的现象还比较普遍地发生。因此，有必要强

化全民的环保意识，加强宣传、普及可持续发展的观念与知识，让全民深刻认识到环保和可持续发展的重要性，自觉实施环保和可持续发展的行动。强化环保意识，宣传、普及可持续发展的观念与知识不仅是政府部门要做的，也需要各种民间组织、社会团体、学校等的广泛参与，使推行可持续发展真正成为全社会的具体行动。

（3）加强微观规制和宏观调控，既要治理已污染的环境，又要预防环境污染。环境污染的预防和治理是自然生态环境可持续发展的重要举措。要采取坚决有力的手段，治理和预防环境污染，保持生态平衡。坚决落实“预防为主”、“污染者负担”、“强化环境管理”等基本政策。坚决落实早已制定的《中国环境保护行动计划》、《跨世纪绿色工程规划》等，使行动计划变为千百万人的具体行动。我们不仅要治理已污染的环境，更要坚决控制污染源，防止新的污染产生。比如，我国的水污染很严重，当务之急是解决水源污染问题。大气污染和固体废弃物污染也都要从源头上加以治理。各种发展、建设计划项目要在深入调查研究的基础上，通过环保评估充分论证再决定是否立项上马，要实行环保评估一票否决，防止污染严重的项目的建设和生产；所有上马建设项目都要制定具体的环保计划，保证在项目建设和项目建成经营期间有利于改善生态环境，保护生态平衡。

（4）践行低碳消费方式，实现可持续消费。消费环境决定和影响着人类的消费活动，人类的消费活动反过来影响着消费环境，人类的消费模式将直接影响消费环境能否实现可持续发展。而可持续消费是反映可持续发展要求的最先进的消费模式，它是一种既符合代际公平原则又符合代内公平的、能保证人类物质生活和精神生活不断由低层次向高层次演进的、能促进可持续发展战略实现的消费。可持续消费能实现资源的最优消耗和永续利用，能达到废弃物的最小排放和对环境的最小污染。如果人类社会实现了可持续消费，必将极大地促进消费环境的可持续发展，而践行低碳消费方式是实现可持续消费的必然选择和根本要求。

低碳消费方式是低碳经济的构成内容，也是建设资源节约型社会、环境友好型社会的要求，它回答了消费者怎样拥有和拥有怎样的消费手段与对象，以及怎样利用它们来满足自身生存、发展和享受需要的问题。它是后工业社会生产力发展水平和生产关系下消费者消费理念与消费资料供给、利用的结合方式，也是当代消费者以对社会和后代负责任的态度在消费过程中积极实现低能耗、低污染和低排放。当前，践行低碳消费方式，就是需要千千万万的消费者努力做到：一是“恒温消费”，即消费过程中使温室气体排放量最低；二是“经济消费”，即对资源和能源的消耗量最小、最经济；三是“安全消费”，即消费结果对消费主体和人类生存环境的健康危害最小；四是“新领域消费”，即转向有利于节约能源的新消费领域。

（5）实施生态经济发展模式，促进消费环境的可持续发展。生态经济的发展也就是生态经济协调发展，即使经济的发展与生态环境的状况相协调。随着经济增长与发展，生态环境状况不断得到改善，自然资源被合理利用，生态平衡得到保护，从而生态环境质量获得改善和提高，其结果也就促进了消费环境的可持续发展。为了确保生态经济协调发展，就必须正确处理经济发展与生态环境保护的关系，即把对生态环境的保护放在首位，在此基础上致力于发展经济。这样，生态环境既是出发点，也是归宿点。生态经济的发展具体表现为生态产业的发展。生态产业包括生态农业、生态工业、环保产业等。当代经济的发展就是要把这些产业的发展放在优先发展的战略地位。生态产业不仅是防治污染、保护环境、改善生态的物质基础，而且是现代文明由工业文明向更高级的生态文明发展的内在要求。我国是一个发展中国家，在生态经济发展方面有一定的成果，生态产业已有一定的发展，但与发达国家相比，还有很大的差距。这些表明了我国实行生态经济发展的紧迫性和艰巨性。为了整个社会经济的可持续发展和消费环境的可持续发展，必须全力推动生态经济和循环经济的发展。

□ 本章小结

消费环境是指人类在生存和发展过程中所依存和面临的、对消费者有一定影响的、外在的、客观的因素。依据组成环境的因素不同，可以把消费环境分为自然生态环境、人工物质环境和社会经济文化环境。消费环境十分重要，这主要表现在：消费环境决定了人类的消费活动，消费活动必须依存于消费环境，消费环境影响消费结构、消费质量和消费水平，消费环境影响经济增长，消费环境的可持续发展是人类社会可持续发展的重要内容。

消费环境的内容包括消费的自然生态环境、消费的人工物质环境、消费的社会经济文化环境。优化消费环境包括优化消费的自然生态环境、人工物质环境和社会经济文化环境，从而按照科学发展观的要求，建立或营造与科学消费相适应的和谐消费环境。优化消费环境是满足人们消费质量和消费水平不断提高的需要，是落实科学发展观、发展科学消费的内在要求，是全面建设小康社会、实现中国梦的要求，能够促进经济增长。优化消费人工物质环境和社会经济文化环境的主要途径有：深化改革，加大科技创新，大力增加有效供给；端正价值导向，优化消费文化环境；加强法制建设，净化社会环境；不断优化消费结构；加强社会公共基础设施建设；营造放心消费环境。

消费环境的可持续发展是指消费的自然生态环境、人工物质环境和社会经济文化环境三者相互协调发展，这是实现中华民族伟大复兴的中国梦的重要内容。消费环境可持续发展的措施是：制定并实施有利于可持续发展的法规和政策；强化环保意识，宣传、普及可持续发展的观念与知识；加强微观规制和宏观调控，既要治理已污染的环境，又要预防环境污染；践行低碳消费方式，实现可持续消费；实施生态经济发展模式，促进消费环境的可持续发展。

□ 重要名词

环境　消费环境　自然生态环境　人工物质环境　社会经济文化环境　优化消

费环境　消费环境的可持续发展

□ 思考题

1. 消费环境的含义是什么？消费环境对消费的发展具有哪些重要性？

2. 试分别阐述消费的自然生态环境、人工物质环境、社会经济文化环境对消费的影响。

3. 阐述优化消费环境的含义以及怎样优化消费环境。

4. 什么是消费环境的可持续发展？

□ 推荐阅读

1. 许涤新主编．生态经济学．北京：经济科学出版社，1988

2. 王松霈主编．走向21世纪的生态经济管理．北京：经济科学出版社，1992

3. 查尔斯·D·科尔斯塔德．环境经济学．北京：中国人民大学出版社，2011

4. 杨东平主编．中国环境发展报告．北京：社会科学文献出版社，2012

5. 陈晓春，谭娟，陈文婕．论低碳消费方式．光明日报，2009-04-21

6. 于伟．消费者绿色消费行为形成机理分析——基于群体压力和环境认知的视角．消费经济，2009（4）

7. 符玉梅．营造和谐消费环境建设和谐社会．商场现代化，2007（6）

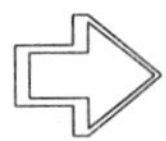

案例分析　我国超1/3城市遭垃圾围城

高速发展中的中国城市正在遭遇“垃圾围城”之痛。据《人民日报》等媒体报道，北京市日产垃圾1.84万吨，如果用装载量为2.5吨的卡车来运输，长度接近50公里，能够排满三环路一圈，并且每年垃圾量以8%的速度增长。上海市每天生活垃圾清运量高达2万吨，广州市每天产生的生活垃圾也多达1.8万吨。住建部的一项调查数据表明，目前全国有1/3以上的城市被垃圾包围。全国城市垃圾堆存累计侵占土地75万亩。同时全国4万个乡镇、近60万个行政村大部分没有环保基础设施，每年产生生活垃圾2.8亿吨，不少地方还处于“垃圾靠风刮，污水靠蒸发”状态。“垃圾围城”对公众身体健康的危害已经显现。据《南方都市报》报道，广东省东莞市虎门镇远丰村是一个有400余人的村庄，村后有座垃圾山，10年间12人因患癌症死亡，被包括央视在内的众多媒体称为“癌症村”。

“垃圾围城”日益严重，但我国目前的整体垃圾处理能力还远远不够。以北京市为例，现有垃圾处理设施的设计总处理能力日均约为1.03万吨，每天缺口达8 000余吨。2011年，全国657个设市城市（包括直辖市、副省级城市、地级市、县级市）生活垃圾处理率为91.1%，其中20.1%为直接堆放或简易填埋。以当年城市垃圾清运量1.64亿吨计算，仅上述657座城市，当年已堆积未处理的垃圾就接近5 000万吨。

目前世界上通行的垃圾处理方式主要有填埋、焚烧和综合利用（再生循环利用）三种。当前，我国大多数城市都把填埋作为首选，而不少垃圾场是各方利益的结合体。但众所周知，我国是一个土地稀缺的国家，特别是在人口密集、垃圾产生量大的城市地区，填埋方式将受到越来越多的限制。全国人大常委会副委员长陈昌智认为，最好的垃圾处理办法是先焚烧然后再填埋，这样会大大减少填埋量，减少对土地的占用。同时垃圾焚烧发电也能够“变废为宝”，实现资源的循环利用。但现实的困境是很多地方担心垃圾焚烧带来大气污染，焚烧场周边的居民抵触情绪很大。实际上，我国目前的技术已经可以实现燃烧后每立方米空气二恶英的含量不超过0.1纳克，符合欧盟的环保标准。北京市政市容管理委员会的相关负责人也曾表示，垃圾经过焚烧之后体积是原来的1/5，重量只有原来的1/15，可以有效减容。

北京石油化工学院能源与环境政策研究中心副教授曹淑艳提醒，垃圾焚烧的前提是要做好垃圾减量和垃圾分类工作。早在2000年，北京、上海、广州、深圳、杭州等就被列为首批生活垃圾分类试点城市。然而至今，很多城市中垃圾分类工作依然举步维艰，甚至陷入名存实亡的境地。中国青年报社会调查中心于2011年进行的一项调查显示，垃圾分类之所以很难推行，受访者眼中最重要的原因是“人们难以养成垃圾分类的习惯”(63.0%)。其他原因还有：政府不重视（62.1%）；政府投入不够(61.4%)；分类标准复杂，很难掌握（54.3%）等。2012年9月23日，国家发改委环资司有关负责人在东盟博览会上表示，目前我国有上百个城市、近千个县没有生活垃圾处理设施。“十二五”期间，将重点关注生活垃圾无害化处理，国家将投资60亿元加以处理，并将推出利好政策鼓励企业投资。各地方政府也将投资450亿元鼓励垃圾清洁处理。陈昌智呼吁，全社会都要倡导垃圾减量、分类处理，使垃圾的总量降下来，尤其要倡导简单化生活，杜绝过度包装、过度消耗的生活方式。

资料来源：《我国超三分之一城市遭垃圾围城　侵占土地75万亩》，载《中国青年报》，2013-07-19。

讨论分析

1. “垃圾围城”现象产生的原因是什么？
2. 怎样解决垃圾围城、净化城市人居环境？

第 11 章 消费质量

Chapter 11

内容提要

提高居民消费质量是保障民生权益、实现民生幸福的客观要求。本章从生活质量入手，诠释消费质量的内涵及其作用，研究消费质量评价原则与评价指标体系，分析全面小康消费对消费质量的新要求及其实现途径，探讨低碳绿色消费的内容及发展低碳绿色消费的途径。

第 1 节 提高消费质量的重要性

一、消费质量的内涵

消费质量是生活质量的主要内容，国内外对消费质量的研究主要包括在生活质量的研究之中。1958 年，美国经济学家加尔布雷斯在其《丰裕社会》一书中首次提出了“生活质量”的概念，指出生活质量是指“人的生活舒适、便利的程度，精神上所得的享受和乐趣”。之后，关于生活质量的系统研究开始兴起。但迄今为止，学术界并没有在生活质量的定义问题上达成一致，有关研究分别把生活质量界定为两个互相对立的方面，要么指可供利用的资源，即社会生活的物质条件的好坏；要么指人们的主观满意程度，即人们对于自己获得幸福、效用的心理感受如何。因此，关于生活质量的评价也就有了客观评价（描述性评价）和主观评价（满意度评价）两套相互独立的指标体系。实际上，两个方面应该是统一起来的，所以有学者在著述中将生活质量定义为：“环境提供给人们生活条件的充分程度以及人们生活需求的满足程度，是在一定的物质基础之上，社会成员对自身及其自身所处的各种环境的感受和评价。”①

实际上，广义的生活质量包括经济生活、政治生活、文化生活的各个层面。生活质量的高低是通过消费质量来表现的，消费质量是生活质量的重要组成部分。因此，消费质量是指社会提供国民消费生活的充分程度和国民对消费需求的满足程度，是消费过程中消费主体、消费客体和消费环境三者相结合所产生的消

---

① 周长城：《社会发展与生活质量》，60 页，北京，社会科学文献出版社，2001。

费的质的规定性。

二、提高消费质量的作用

人们的消费需求是不断发展变化的，随着社会生产的不断发展，生产力水平不断提高，消费水平也相应提高，消费需求从总体上呈现出逐步上升的趋势，这就是人们通常所说的需求上升规律。在建立在社会化大生产基础上的现代市场经济社会中，需求上升规律是人们消费需求变化的普遍规律。这一普遍规律的作用不仅表现为消费需求总量的上升，而且表现为消费需求结构的优化升级，进一步表现为消费需求的层次性上升。而消费需求总量的上升、消费需求结构的优化升级和消费需求层次的上升，总体来看是消费质量优化和提高的过程。提高消费质量具有十分重要的作用，具体如下。

(1) 有利于满足消费需求，促进全面建成小康社会。当前，我国已经进入全面建成小康社会的新的发展阶段。反映在需求方面，居民消费从追求数量为主转变为提高质量为主，从满足生存需要为主转变为满足享受和发展需要为主。在全面建成小康社会进程中，必须遵循消费需求上升规律的内在要求，不仅重视消费需求的总量上升，而且重视消费需求的结构上升，重视居民整体的消费层次上升，持续推进居民消费质量的全面提高。消费领域扩大了，消费结构优化了，人们多样化的物质文化需求得到满足，正体现了消费质量的提高，正是全面建成小康社会的基本要求。

(2) 有利于提高消费力，发展生产力。消费力是指消费者为了满足自己的物质文化需要而消费消费资料（包括劳务）的能力。消费力不仅仅是“个人购买力”，而“是一种个人才能的发展，一种生产力的发展”①。消费质量提高了，享受资料、发展资料的比重提高了，有利于从根本上提高人的素质，提高消费力，促进消费结构的优化升级，推动产业结构的优化升级，形成新的经济增长点，进而发展生产力。生产力的发展、经济的增长反过来又促进消费需求的扩大和消费结构的优化升级，从而实现消费质量的提高。可见，消费需求与经济增长的良性循环过程、生产力与消费力相互促进的过程，就是消费质量不断提高的过程。

(3) 有利于保障民生权益，实现民生幸福。民生问题就是消费问题。所谓民生“……就是人民的生活——社会的生存、国民的生计，群众的生命便是……”② 消费问题“……就是解决众人的生存的问题，也就是民生问题……”③ 党的十八大报告指出，要实现“全面建成小康社会和全面深化改革开放的目标”，“必须以保障和改善民生为重点”、“要多谋民生之利，多解民生之忧，解决好人民最关心最直接最现实的利益问题，在学有所教、劳有所得、病有所医、老有所养、住有所居上持续取得新进展，努力让人民过上更好生活”。由此可见，民生权益的保障和民生幸福改

---

① 《马克思恩格斯全集》，中文 1 版，第 46 卷（下），225 页，北京，人民出版社，1980。

② 《孙中山选集》，802 页，北京，人民出版社，1981。

③ 《孙中山选集》，825 页，北京，人民出版社，1981。

善直接影响消费质量的高低。

（4）有利于实现可持续消费。联合国环境署1994年《可持续消费的政策因素》报告指出："可持续消费是指提供服务以及相关的产品以满足人类的基本需求，提高生活质量，同时使自然资源和有毒材料的使用量最少，使服务或产品生命周期中所产生的废物和污染物最少，从而不危及后代的需求。"① 可见，可持续消费是一种追求消费质量、符合代际公平与代内公平原则、能够实现人—自然—社会协调发展的消费，可持续消费与提高消费质量之间存在良性互动的关系。因此，为了实现可持续消费，就必须更好地满足人们对于消费质量的追求，必须全方位地满足消费主体、消费客体和消费环境质量提高的要求。

（5）有利于促进人的身心健康和全面发展。人的全面发展是"人以一种全面的方式，也就是说，作为一个完整的人，占有自己的全面的本质"②。社会物质文明和精神文明发展的过程，是消费质量提高的过程，也就是人的全面发展的过程。在消费质量提高的过程中，人们消费中科技含量和文化含量相应得到提高，从而促进人的身心健康和全面发展。

第2节 消费质量的评价

一、消费质量评价原则

（一）描述性评价为主、满意度评价为辅

坚持以描述性评价为主，就是因为消费的内容无论是实物、服务还是生态，虽然极为庞杂，覆盖消费的所有方面，但是其共同性在于都是客观的，相对容易测度，而且可以在更大程度上避免评价的主观随意性。同时，作为对于完全同一的客观内容的反映，不同主体的感受和认识却有所不同。因此，还必须对消费者的满意度进行测量，只不过该方面的评价居于次要地位，发挥辅助作用。

（二）直接评价为主、间接评价为辅

坚持以直接的评价为主，主要是考虑到消费质量的影响因素很多，并且与居民消费质量直接相关的因素影响更大，也更容易把握，是"矛盾的主要方面"。在影响消费质量的间接因素中，可以甄选出个别相对影响较大直至接近直接因素影响力的因素，这样，选择起主要作用的直接因素（当然也不可能是所有的直接因素，而是其中具有代表性的因素），加上发挥一定作用的间接因素（在数量上仅限于极个别因素）作为评价依据，对居民消费质量的评价将会更客观、更切合实际。

---

① 转引自赵丽芬、江勇：《可持续发展战略学》，147页，北京，高等教育出版社，2001。

② 《马克思恩格斯全集》，中文1版，第42卷，123页，北京，人民出版社，1979。

（三）实物消费、服务消费与生态消费的评价相统一

居民消费质量的提高反映消费需求层次上升的规律。消费需求层次上升反映消费水平的提高，反映实物消费、服务消费与生态消费质量之间结构的优化。因而对居民消费质量进行评价是实物消费、服务消费、生态消费三方面的有机统一。

（四）城乡之间的消费质量评价标准相统一

由于城乡之间存在的现实差异，设置评价指标时要就其共性内容设置相应的指标；同时因为城市居民消费对于农村居民具有示范效应，农村发展的过程就是一个城市（镇）化的过程，农村消费质量的发展就是一个不断向城市居民消费质量靠近、看齐的过程，因此，设计指标时以城市为重点参照。

二、消费质量评价指标体系

消费质量评价指标体系如图 11—1 所示。

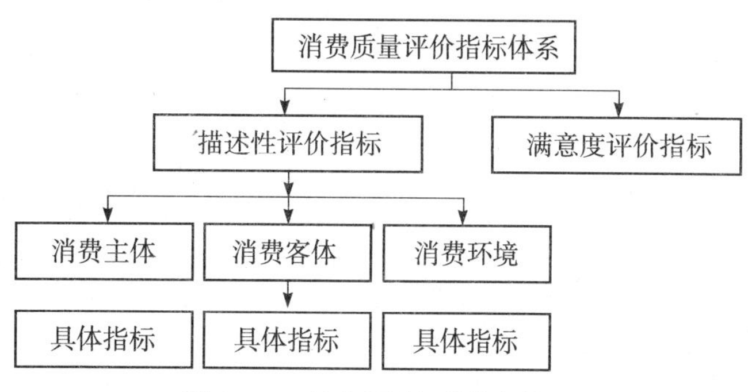

图 11—1　消费质量评价指标体系

（一）描述性评价指标体系

1. 指标体系

按照消费质量三要素的内在逻辑，将指标体系分成三部分，即反映消费主体质量的指标、反映消费客体质量的指标、反映消费环境方面的指标，如表 11—1 所示。

表 11—1　消费质量的描述性评价指标体系

一级系统	具体指标	单位	备注
消费主体	人均可支配收入	元	
	万人受高等教育比重	%	
	人均预期寿命	岁	
	婴儿死亡率	‰	
	闲暇时间	小时	
	人均日热量、蛋白质、脂肪摄入量	克	
	户均就业率	%	

续前表

一级系统	具体指标	单位	备注
消费客体	社会消费品零售总额	亿元	
	人均居住面积	平方米	
	服务业增加值占 GDP 的比重	%	
	千人计算机普及率	%	
	互联网光缆到户率	%	
	旅游支出比重	%	
	人均高档消费品占总消费	%	
	交通通信支出比重	%	
	卫生保健支出比重	%	
	文娱教育支出比重	%	
	恩格尔系数	%	
消费环境	人均 GDP	元	经济环境
	通货膨胀率	%	
	第三产业增加值比重	%	
	城市人口比重	%	
	贫困线以下人口比重	%	
	农村社会保障覆盖率	%	
	基尼系数	0～1（等级）	
	主要污染物 CO_2 排放量	吨	自然环境
	人均淡水资源	吨	
	单位 GDP 能耗	吨标准煤/万元	
	空气质量状况	等级	
	森林覆盖率	%	市场环境
	诚信企业覆盖率	%	
	服务适宜	等级	
	商品质量达标率	%	
	网络购物安全率	%	
	消费维权突发事件处理率	%	
	消费者维权知识普及率	%	
	消费维权受理、审理、结案率	%	

说明："服务适宜"中的适宜表达"恰当的，不超过心理预期度的，与某事不冲突的，相吻合的、合适，相宜"的意思。

2. 指标体系的权重设置方法

方法 1：无数据状况时采用优序图法。即利用专家的打分来确定，具体操作如下：设 n 为比较对象（如方案、目标、指标）的数目，优序图是一个棋盘格的图，共有 $n\times n$ 个空格，在进行两两比较时可选择 1，0 两个基本数字来表示何者为大、为优。"1"表示两两相比中相对"大的"、"优的"、"重要的"，"0"表示相对"小的"、"劣的"、"不重要的"。以优序图中黑字方格为对角线，把对角线两边对称的空格数字对照一番，如果对称的两栏数字正好一边是 1，另一边是 0 形成互补或者两边都为 0.5，表示填表数字无误，即完成互补检验。满足互补检验的优序图的各行所填的各格数字横向相加，分别与总数 T（$T=n(n-1)/2$）相除就得到了各指标的权重。

方法 2：有详细数据时，可采用主成分分析法。此方法需要采集多个样本的相关数据做相关分析。

原理：它把给定的一组相关变量通过线性变换转成另一组不相关的变量，这些新的变量按照方差依次递减的顺序排列。在数学变换中保持变量的总方差不变，使第一变量具有最大的方差，称为第一主成分；第二变量的方差次大，并且和第一变量不相关，称为第二主成分。依次类推，I 个变量就有 I 个主成分。

计算方法如下：

（1）原始指标数据的标准化。采集 p 维随机向量 $x^0=(x_1, x_2, \cdots, x_p)^T$，$n$ 个样品，$x_i=(x_{i1}, x_{i2}, \cdots, x_{ip})^T$ $(i=1, 2, \cdots, n, n>p)$，构造样本阵，对样本阵进行如下标准化变换：

$$Z_{ij}=\frac{x_{ij}-\overline{X}_j}{S_j},\ i=1, 2, \cdots, n;\ j=1, 2, \cdots, p$$

式中，$\overline{X}_j=\dfrac{\sum_{i=1}^{n}x_{ij}}{n}$，$s_j^2=\dfrac{\sum_{i=1}^{n}(x_{ij}-\bar{x}_j)^2}{n-1}$，得标准化阵 Z。

（2）对标准化阵求相关系数矩阵。

$$R=[r_{ij}]_p x p=\frac{Z^TZ}{n-1}$$

式中，$r_{rj}=\dfrac{\sum z_{kj}\cdot z_{kj}}{n-1}$，$i,j=1,2,\cdots,p$。

（3）解相关系数矩阵 R 的特征方程 $|R-\lambda I_p|=0$ 得 p 个特征根，确定主成分。

按 $\dfrac{\sum_{j=1}^{m}\lambda_j}{\sum_{j=1}^{p}\lambda_j}\geqslant 0.85$ 确定 m 值，使信息的利用率达 85%以上，对每个 λ_j $(j=1, 2, \cdots, m)$，解方程组 $Rb=\lambda_j b$ 得单位特征向量 b_j^0。

（4）将标准化后的指标变量转换为主成分。

$$U_{ij}=z_i^T b_j^0,\ j=1, 2, \cdots, m$$

U_1 称为第一主成分，U_2 称为第二主成分，…，U_p 称为第 p 主成分。

（5）对 m 个主成分进行综合评价。

对 m 个主成分进行加权求和，即得最终评价值，权数为每个主成分的方差贡献率。

（二）满意度评价指标体系

消费者对消费质量满意度呈现整体性、模糊性。美国坎贝尔等人早在 1976 年就建立了 Cs-Cd 等级模型对生活整体的满意度和对 13 个具体领域的满意度，提出选择非常满意、比较满意、一般性满意、比较不满意、非常不满意 5 个层次区分程度差异，以描述消费者对自身消费质量的心理感受。具体地，在测度中依次对 5 个不同层次赋予权重，进行统计抽样，再加权平均，计算得出的结果就是居民消费质量满意度评价的实际权重。

第3节　全面小康消费与消费质量

一、全面小康消费对消费质量的新要求

2012年11月党的十八大报告提出，“我们要准确判断重要战略机遇期内涵和条件的变化，全面把握机遇，沉着应对挑战，赢得主动，赢得优势，赢得未来，确保到二〇二〇年实现全面建成小康社会宏伟目标”[①]。全面小康消费对消费质量提出如下新要求。

（一）实现GDP和城乡居民人均收入可持续增长

GDP和城乡居民人均收入的增长是实现全面小康消费质量的基础。为此，转变经济发展方式取得重大进展，在发展平衡性、协调性、可持续性明显增强的基础上，实现GDP和城乡居民人均收入比2010年翻一番。根据城镇居民人均可支配收入、农村居民人均可支配收入以及城乡常住人口比重加权平均计算，全面小康目标值为≥15 000元。

（二）全面提高居民生活水平

消费水平不断提高是全面小康消费质量的基本保障。为此，要实现基本公共服务均等化，全民受教育程度和创新人才培养水平明显提高，进入人才强国和人力资源强国行列，教育现代化基本实现。就业更加充分。收入分配差距缩小，中等收入群体持续扩大，扶贫对象大幅减少。社会保障全民覆盖，人人享有基本医疗卫生服务，住房保障体系基本形成，社会和谐稳定。其中，人均住房使用面积指城镇人均住房使用面积和农村人均钢筋砖木结构住房面积的加权平均。住房作为居民消费质量的重要承载物，是一个居于突出地位的指标，全面小康目标值人均住房使用面积27平方米。恩格尔系数低于40%；5岁以下儿童死亡率低于20‰，平均预期寿命75岁以上。

（三）促进资源节约型、环境友好型社会形成

主体功能区布局基本形成，资源循环利用体系初步建立。单位GDP能源消耗和二氧化碳排放大幅下降，主要污染物排放总量显著减少。森林覆盖率提高，生态系统稳定性增强，人居环境明显改善。

---

① 胡锦涛：《坚定不移沿着中国特色社会主义道路前进　为全面建成小康社会而奋斗——在中国共产党第十八次全国代表大会上的报告》，16～17页，北京，人民出版社，2012。

二、提高消费质量实现全面小康消费的途径

（一）加强城镇化质量建设，推动城乡发展一体化

城镇化是我国经济增长的巨大引擎。2012 年我国城镇化率已超过 52%，但如按户籍人口计算仅 35%左右，远低于发达国家近 80%的平均水平。差距就是潜力。从现代化发展规律看，今后一二十年我国城镇化率将不断提高，每年将有相当数量的农村富余劳动力及人口转移到城市，这将带来投资的大幅增长和消费的快速增加，也会给城市发展提供多层次的人力资源。但城镇化不是简单的人口比例增加和城市面积扩张，更重要的是实现产业结构、就业方式、人居环境、社会保障等一系列由“乡”到“城”的重要转变。要积极稳妥地推进城镇化，注重提高城镇化质量，科学规划城市群规模和布局，促进大中小城市和小城镇合理分工、功能互补、集约发展。同时，努力为农民工及其家属提供基本公共服务，使农民能够转为市民。

解决好农业农村农民问题是重中之重，城乡发展一体化是解决“三农”问题的根本途径。要加大统筹城乡发展力度，增强农村发展活力，逐步缩小城乡差距，促进城乡共同繁荣。坚持工业反哺农业、城市支持农村和多予少取放活方针，加大强农惠农富农政策力度，让广大农民平等参与现代化进程、共同分享现代化成果。加快发展现代农业，增强农业综合生产能力，确保国家粮食安全和重要农产品有效供给。坚持把国家基础设施建设和社会事业发展重点放在农村，深入推进新农村建设和扶贫开发，全面改善农村生产生活条件。着力促进农民增收，保持农民收入持续较快增长。坚持和完善农村基本经营制度，依法维护农民土地承包经营权、宅基地使用权、集体收益分配权，壮大集体经济实力，发展农民专业合作和股份合作，培育新型经营主体，发展多种形式规模经营，构建集约化、专业化、组织化、社会化相结合的新型农业经营体系。改革征地制度，提高农民在土地增值收益中的分配比例。加快完善城乡发展一体化体制机制，着力在城乡规划、基础设施、公共服务等方面推进一体化，促进城乡要素平等交换和公共资源均衡配置，形成以工促农、以城带乡、工农互惠、城乡一体的新型工农、城乡关系。

（二）改革分配政策，健全社会保障体系

在经济增长的情况下，加快收入分配制度改革，理顺分配体系，才能确保最广大的人民群众收入快速增长，社会平均消费倾向才会得以提高，全体居民消费质量的提高才有保障。为此，要始终坚持效率优先的原则，同时必须兼顾公平，在分配中发挥政府职能，调节差距过大的收入。加快建立符合市场经济机制运行的工资制度。改革税制，强化个人所得税等税收制度对收入分配关系的调节作用，调节过高的收入，切实缩小不同收入群体之间的较大收入差距，不断降低基尼系数。作为政府运用收入再分配手段为劳动者提供物质帮助和社会服务的制度，社会保障制度的建立和完善，既能保障居民的基本生活，在社会改革、发展过程中发挥“减震器”

的作用，也是抑制居民收入差距过大的重要手段，能够成为广大居民持续提高消费质量的必要基础。

（三）严格执行法规标准，确保消费品及服务质量

消费品的质量问题近些年来愈益突出，它危及的不仅仅是居民消费质量，甚至是消费者的生命、财产安全。因此，必须严格执行国家有关质量、技术方面的法律、法规与标准，对于不法生产者、经营者借伪劣商品攫取暴利的行为给予严厉打击。各级负有督查职责的机构务必加大监督的力度，对一些执法者在执法中渎职甚至故意偏袒的行为要依照相关制度与法规及时处理，并及时予以公示。同时，着眼于严格标准、加重处罚，必须加快完善有关的质量技术法律、法规与标准，加强调查研究，汲取国际经验，细化操作性办法，为执法提供切实可行的依据。我国当前的服务消费领域无论是质量标准的制定还是相关法规的建设，整体上都显得较为薄弱。因此，既要结合新的情况对传统服务业的一些具体管理办法进行修改，对相关的法规进行完善，又要针对新兴服务行业出现的问题，尽快出台相应的法规和管理办法，已经出台的要严格执行，从而保证消费者的服务消费正常发展，促进消费质量逐步提高。

（四）大力发展服务消费，拓宽消费领域

突出服务消费重点，不断拓宽生活消费领域，是提高居民消费质量的重要途径。为此，除了继续规范传统消费服务业管理、保障服务消费效用，应制定优惠政策与措施，切实扶持一些当前急需的、新兴的、有益于人们体力、智力恢复和有益于消费者身心全面发展的消费服务业的成长，壮大消费服务业的整体实力，改善消费服务业结构，积极推动其朝产业化、规模化方向发展。积极发展消费服务业，就必须积极发展文化、教育、旅游、信息、咨询、技术、法律和会计服务等新产业，竭力为消费者提供多方位、更全面的服务。同时，要致力于改善消费服务业内部结构的平衡问题，通过对不同的服务项目实行不同税制等差别政策，调控开发经营，尽力避免资源闲置以致浪费。目前，服务消费市场由于缺乏健全的法律制度，管理乏力，目前市场秩序较为混乱、交易行为不规范，尤其是服务价格的确定随意性大等现象极为普遍。因此，必须加强合作，加大调控力度，借助经济的、法律的、行政的办法，重点治理服务市场环境，规范服务市场，以从根本上促进我国服务消费市场的培育、拓展，促进服务消费的整体发展和居民消费质量的持续提高。

（五）改善生态环境，营造适宜消费环境

党的十八大报告指出，要坚持节约资源和保护环境的基本国策，坚持节约优先、保护优先、自然恢复为主的方针，着力推进绿色发展、循环发展、低碳发展，形成节约资源和保护环境的空间格局、产业结构、生产方式、生活方式，从源头上扭转生态环境恶化趋势，为人民创造良好生产生活环境。

一是要优化国土空间开发格局。按照人口资源环境相均衡、经济社会生态效益

相统一的原则，控制开发强度，调整空间结构，促进生产空间集约高效、生活空间宜居适度、生态空间山清水秀，给自然留下更多修复空间，给农业留下更多良田，给子孙后代留下天蓝、地绿、水净的美好家园。加快实施主体功能区战略，推动各地区严格按照主体功能定位发展，构建科学合理的城市化格局、农业发展格局、生态安全格局。提高海洋资源开发能力，发展海洋经济，保护海洋生态环境，坚决维护国家海洋权益，建设海洋强国。

二是要全面促进资源节约。节约集约利用资源，推动资源利用方式根本转变，加强全过程节约管理，大幅降低能源、水、土地消耗强度，提高利用效率和效益。推动能源生产和消费革命，控制能源消费总量，加强节能降耗，支持节能低碳产业和新能源、可再生能源发展，确保国家能源安全。加强水源地保护和用水总量管理，推进水循环利用，建设节水型社会。严守耕地保护红线，严格土地用途管制。加强矿产资源勘查、保护、合理开发。发展循环经济，促进生产、流通、消费过程的减量化、再利用、资源化。

三是要加大自然生态系统和环境保护力度。实施重大生态修复工程，增强生态产品生产能力，推进荒漠化、石漠化、水土流失综合治理，扩大森林、湖泊、湿地面积，保护生物多样性。加快水利建设，增强城乡防洪抗旱排涝能力。加强防灾减灾体系建设，提高气象、地质、地震灾害防御能力。坚持预防为主、综合治理，以解决损害群众健康突出环境问题为重点，强化水、大气、土壤等污染防治。坚持共同但有区别的责任原则、公平原则、各自能力原则，同国际社会一道积极应对全球气候变化。

四是要加强生态文明制度建设。把资源消耗、环境损害、生态效益纳入经济社会发展评价体系，建立体现生态文明要求的目标体系、考核办法、奖惩机制。建立国土空间开发保护制度，完善最严格的耕地保护制度、水资源管理制度、环境保护制度。深化资源性产品价格和税费改革，建立反映市场供求和资源稀缺程度、体现生态价值和代际补偿的资源有偿使用制度和生态补偿制度。积极开展节能量、碳排放权、排污权、水权交易试点。加强环境监管，健全生态环境保护责任追究制度和环境损害赔偿制度。加强生态文明宣传教育，增强全民节约意识、环保意识、生态意识，形成合理消费的社会风尚，营造生态环境的良好风气。

（六）加强文化教育，提高消费质量

全面小康消费需要大力加强文化和精神消费，通过高品质的文化和精神力量，开拓人的心智，提高人的精神境界，放射出人类“崇高精神之光”，从而使消费者精神消费、享受消费的内涵不断得到丰富，发展资料、享受资料在消费结构中的比重不断提高。为此，要大力发展高科技产业，发展文化教育，发展包括旅游业在内具有文化内涵、有益于人的身心健康和全面发展的闲暇产业，提高消费质量。

加强消费教育，学校应该成为主要阵地。应该从娃娃抓起，从幼儿教育一直延伸到高等教育，通过各级各类学校的教育，使各个年龄层次的在校学生学会生存、学会生活，形成正确的消费观，形成良好的消费习惯。通过学校普及消费常识、消

费基础知识与基本技能的教育为主，强调消费教育进教材、进课堂以及课外活动，既进行经常性的教育，又结合典型事例进行专门教育。家庭是社会机体的基本细胞，具有教育子女的基本职能。良好的家庭氛围、正确的教育方法、父母的表率及其消费知识技能修养等，有益于培养孩子养成良好的消费行为习惯，形成健康的消费心理，提高消费品位，文明消费、合理消费。社会也是消费教育的大舞台。各类社会组织应该承担起相应的职责。报纸、杂志、广播、电视、网络等传播媒体，作为研究消费理论、宣传消费知识的重要阵地，在导向上要把好关。提高消费者的商品知识、市场知识、消费知识，提高文化教育水平，提高消费者的素质，提高消费力，提高消费者的维权意识和能力，也有利于提高消费质量。

第4节　低碳绿色消费与消费质量

一、低碳绿色消费的含义及必然性

低碳绿色消费，也称可持续消费，是指以适度消费、避免和减少对环境的破坏、崇尚自然和保护生态等为特征，从而实现代内公平与代际公平、人与自然和谐发展的消费行为和消费方式。大多数研究者习惯从四个层面对“低碳绿色消费”进行描述和解释：第一，从环境学角度讲，是指人类的消费活动无害于环境，即“无污染消费”；第二，从资源学角度讲，是指人类的消费活动应该适度和综合利用自然资源，即“可持续消费”；第三，从生态学角度讲，是指人类的消费活动应符合生态系统物质和能量流通规律，人类消费既满足人类营养和其他方面的需要提高生态经济效益，又不至于造成生态学上的浪费，即“经济消费”；第四，从健康学角度讲，人类消费要符合健康需求，倡导消费者在消费时选择未被污染或有助于公众健康的绿色产品，即“安全消费”。低碳绿色消费的兴起是在新的形势下，人们消除传统消费行为的威胁和进一步提高消费质量时提出的新要求，也是当代世界范围内消费质量提高的一种客观趋势。

随着社会发展、环境变迁，一方面给人类带来了更大福利，为消费结构的优化、消费质量的提高奠定了坚实的物质基础；另一方面也产生了极大的负面效应，制约着人类对于消费质量的追求。一些非绿色的传统生产行为、消费行为的开展，直接或间接地导致了生物种群锐减、资源枯竭、臭氧层出现空洞、温室效应、热岛效应、水体污染、水土流失、水灾与干旱并存、人口膨胀等环境问题，不仅阻碍了人们消费质量的提高，甚至严重危害着消费者的身体健康。因此，在人类社会已经进入新的更高水平的发展阶段时，一种崭新的有益于维持和促进人与自然协调发展、持续提高消费质量的消费方式——低碳绿色消费应运而生。

近二三十年来，低碳绿色消费已经风靡全球，渗透到人们消费的各个领域，并将逐步成为人们消费生活的主流，成为人们消费质量的重要标志，在消费中占据越来越重要的地位。早在 1992 年，欧共体的一项调查就显示，82%的德国人和 62%的荷兰人在超市购物时会考虑环境污染问题，66%的英国人愿意支付更高的价格来购买绿色商品。有人统计，40%的欧洲人喜欢购买有环境标志的产品，而不是传统的产品；在美国，84%的消费者愿意购买用有机农业生产方式生产的蔬菜和水果。人们低碳绿色消费意识的不断增强，有力地支撑了低碳绿色产品和产业的大发展。随着人们消费质量意识的进一步增强，蓬勃兴起的低碳绿色消费需求将会进一步扩展到消费生活的方方面面，21 世纪将是低碳绿色消费的世纪。

党的十八大报告指出，建设生态文明，是关系人民福祉、关乎民族未来的长远大计。面对资源约束趋紧、环境污染严重、生态系统退化的严峻形势，必须树立尊重自然、顺应自然、保护自然的生态文明理念，把生态文明建设放在突出地位，融入经济建设、政治建设、文化建设、社会建设各方面和全过程，努力建设美丽中国，实现中华民族永续发展。

二、低碳绿色消费的内容

随着低碳绿色消费的兴起，绿色消费的内容也越来越丰富。但根据英国 1987 年出版的《绿色消费者指南》一书，绿色消费的内容是要竭力避免使用下列商品：危害到消费者和他人健康的商品；在生产、使用和丢弃时造成大量资源消耗的商品；因过度包装、超过商品本身价值或过短的生命周期而造成不必要浪费的商品；使用出自稀有动物或自然资源的商品；含有对动物残酷或不必要的剥夺而生产的商品；对其他国家尤其是发展中国家有不利影响的商品。

就其一般性原则来讲，低碳绿色消费主要包括三个方面的内容：消费无污染的物品；消费过程中不污染环境；自觉抵制和不消费那些破坏环境或大量浪费资源的商品等。或者如一些西方学者认为的，进行低碳绿色消费，必须坚持“3E”和“5R”，即讲究经济实惠（economic），讲求生态效应（ecological），符合平等和人道的原则（equitable）；节约资源、减少污染（reduce），绿色生活、环保选购（re-evaluate），重复使用、多次利用（reuse），分类回收、循环再生（recycle），保护自然、万物共存（rescue）。

从消费品类型的角度看，低碳绿色消费的内容包括绿色食品、绿色服装、绿色住房、绿色汽车、绿色家用电器以及其他绿色消费品等。绿色产品中，目前最受关注的首推绿色食品。绿色食品的生产经营应实行“从土地到餐桌”全程质量控制，主要包括无污染、无公害的农、林、牧、渔、果等产品以及以其为原料加工的食品。由于各国致力于发展绿色食品，近年来绿色食品品种迅速增加。仅在我国，绿色食品就已经扩展到五大类近千个品种。从 1996 年开始，绿色食品又有了 A 级和 AA 级的区别，其中，A 级绿色食品是指在生态环境质量符合规定标准的产地，生产过程中允许限量使用限定的化学合成物质，按特定的生产操作规程生产、加工，产品质量及包装检测、检查符合特定标准，并经专门机构认定，许可使用 A 级绿色食品标志的产品；AA 级绿色食品是指在生态环境质量符合规定标准的产地，生产过程中不使用任何有害化学合成物质，按特定的生产操作规程生产、加工，产品质量及包装经检测、检查符合特定标准，并经专门机构认定，许可使用AA级绿色食品标志的产品。低碳绿色服装，有的又叫做“环保服装”、“生态服装”，如果是棉织品，则要求从棉花栽培到生产工艺都从环保的角度考虑，避免使用对环境造成污染的印染原料和破坏生态环境的树脂等物质；从面料的选择到纽扣、拉链、别针等配件的使用均选择无污染的天然原料；从款式构想到花色设计都注重环保意识的体现。现在，彩棉织品及服装产品被认为是纺织品中真正的绿色产品，已经在很多国家风行。低碳绿色住房正在全球悄然兴起，它主要运用木料或新的生态建筑材料建造，在建筑设计上充分实现了生态学与建筑学的结合，实现人工环境与自然环境的完美结合，每一基本系统如采光、取暖、通风、废物处理等都源于自然，或不会对环境造成污染，能节约能源，便于回收利用。目前，低碳绿色汽车的研发越来越受关注，欧、美、日等地的大汽车公司为了争取世界汽车市场的主动权，纷纷在不断讲究产品质量的同时，要求对产品在设计、生产和使用过程中乃至淘汰时对生态环境的影响做出评估，务必使产品更符合环保标准，并进一步发展新一代的“零污染”电动汽车、太阳能汽车，有的还在研制氢燃料汽车以及其他类型的绿色汽车。目前，安全、健康、污染小、能耗少的绿色家用电器正在加速取代传统的家电产品，高科技手段正越来越多地运用到家电产品的设计和制造中，不含氟利昂的绿色冰箱、绿色空调，低噪音、省电的绿色洗衣机，高清晰度、节电、环保的绿色彩电，副作用少、高效、易回收的绿色电脑等绿色产品越来越多地进入人们的生活。此外，绿色家具、绿色旅游、绿色日常用品等越来越受到普遍欢迎。

三、发展低碳绿色消费的途径

一种消费模式的形成是受到公民素养、文化渊源、社会向导、市场诱惑等因素影响的。低碳绿色消费是一种适度节制的消费方式，它以崇尚自然和保护生态为特征，能够避免或减少对环境的破坏，保持生态平衡。为促进消费者低碳绿色消费观念的形成和消费行为的养成，推动企业的绿色营销活动，构建社会经济可持续发展的微观基础，转变消费模式，形成低碳绿色的消费模式，要从以下几个方面入手。

（一）加强低碳绿色消费宣传教育

没有低碳绿色消费的观念和意识，就不会有低碳绿色消费的行为，低碳绿色消费知识的多少直接影响着绿色消费的水平和质量。我国绿色消费尽管已经有了一定的发展，但是总体上消费的水平还比较低，内容还不够丰富，与发达国家相比差距还比较大。因此，要加快发展我国的低碳绿色消费，逐步改变人们的传统消费方式，首先，需要通过各种传统媒体和新兴的网络媒体，通过各级各类学校的宣传教育，帮助人们树立绿色消费观念，增强绿色消费意识。其次，大力发展低碳绿色组织，通过低碳绿色组织对消费者的低碳绿色消费意识和低碳绿色消费理念的教育宣传推广工作，让广大消费者树立低碳绿色消费观念，追求低碳绿色消费时尚，主动选择低碳绿色消费。还要帮助消费者掌握足够的低碳绿色消费知识，号召大家遵守低碳绿色消费准则，要在整个社会范围内营造低碳绿色消费氛围，积极推进低碳绿色消费潮流。消费者协会应该从维护消费者权益出发，继续深化低碳绿色消费主题活动，找准活动的切入点，注重活动效果，尤其要注意对广大农村消费者和城镇中低收入消费者的绿色宣传与教育，真正使低碳绿色消费观念深入人心。消费者协会要积极受理消费者在低碳绿色消费中的投诉，加大维权力度，维护消费者的低碳绿色消费权益，增强消费者的低碳绿色消费信心，促进全社会的低碳绿色消费。

（二）构建低碳绿色产业化体系

低碳绿色产业体系化是发展低碳绿色消费的重要保障。低碳绿色产品是绿色消费的物质基础。低碳绿色产品的生产离不开绿色技术的研究与创新，离不开生产基地建设，离不开绿色营销。通过倾斜税制等切实措施引导企业增加低碳绿色投入，加强技术创新，搞好绿色设计，多出绿色新品。努力降低产品成本，制定合理的低碳绿色产品的价格，激发消费者对低碳绿色产品消费动机；建立低碳绿色产品生产基地，保障产品的主要原材料产地符合低碳绿色产品的生态环境标准，没有工业的直接污染和污染源，符合低碳绿色产品的大气标准、土地标准、水质标准，在“清洁生产”的基础上确保低碳绿色技术顺利演进为低碳绿色产品；在原材料的采购、产品的设计和制造、保管和运输等方面坚持低碳绿色标准，加强对生产、加工、销售环节的安全控制，为消费者提供源源不断的低碳绿色产品；树立低碳绿色营销观念，实施低碳绿色营销组合策略，尤其要加强低碳绿色产品的开发，真正保证低碳绿色产品的低碳绿色效果；客观宣传低碳绿色产品，科学介绍低碳绿色产品，提高顾客的低碳绿色消费满意度；加快低碳绿色技术研发，建立低碳绿色产品生产、营销体系，真正沟通低碳绿色商品的生产与消费，最终实现低碳绿色产品的效用，满足低碳绿色消费需求；实施不同于传统营销的低碳绿色营销，推行低碳绿色产品策略、低碳绿色定价策略、低碳绿色促销策略、低碳绿色渠道策略及其营销组合策略，实现低碳绿色产品的效用，满足绿低碳色消费需求。要从实践上进一步开辟低碳绿色通道，创出低碳绿色产品品牌，促进低碳绿色消费加快发展。

（三）严格推行低碳绿色产品认证

低碳绿色环保标志是消费者识别低碳绿色产品的重要依据，对达到环境标准的低碳绿色产品要授予低碳绿色环保标志，为消费者区别低碳绿色产品与普通产品、低碳绿色产品与自诩的所谓“低碳绿色产品”提供可信赖的依据。这是对低碳绿色产品的肯定，有助于低碳绿色产品的销售，有助于低碳绿色产品的扩大再生产，有助于低碳绿色产品的生产经营者获得较好的回报，从而实现社会效益与经济效益的统一。要做好这项工作，一是要加大宣传，尽快提高低碳绿色环保标志的公众知晓度；二是要严格推行“第三方”低碳绿色产品认证，提高认证工作的透明度，切实增强低碳绿色环保标志认证的公信度。目前，尽管各国在不同的产品领域都有一些自己的认证办法、认证计划，如加拿大的“环境选择”、新加坡的“绿色标签”、德国的“蓝色天使”、中国的“低碳绿色食品”等，但首先是要推行国际标准化组织的 ISO 14000 系列认证，以便与国际市场接轨，方便我国的绿色产品打上“环保”标签，突破绿色壁垒，更快地进入国际市场。

（四）强化政府监督与管理

政府在发展低碳绿色消费中的作用主要是制定各个方面相应的法律、法规、政策，执行监督和宏观管理的职能。例如制定合理的价格政策，理顺绿色产品价格体系，注意生产和消费中的环境成本，保护自然资源，革除旧的价格体系中“产品高价，原材料低价，环境无价”的不合理格局；制定必要的优惠政策，鼓励和扶持绿色产业的发展；规范绿色产品生产经营者资格，调控好绿色产品市场秩序，确保竞争得以公开、公平、公正地进行；进一步完善立法，制定关于规范个人消费活动和行为符合绿色环保准则的法律规范。政府在发展低碳绿色消费中的重要作用，主要包括以下几个方面：第一，完善并严格执行绿色核算体系，把绿色生产、绿色营销、绿色消费、绿色环保等各项指标作为各级政府、部门和企业经济、社会发展的重要指标，并将其作为各级领导干部选拔任命、晋级提升的重要标准。第二，承担起对全民进行绿色教育的责任，针对不同层次的对象，采取不同方式进行不同内容的教育培训，以提高全民的环境意识和低碳绿色消费知识水平，增强全社会的低碳绿色消费意识。第三，扶持低碳绿色产业，增加对低碳绿色产业的投资，提高企业的科研与开发能力，促进低碳绿色技术的引进和推广。鼓励外商直接投资低碳绿色企业，引进先进的环保技术清洁生产设备。完善绿色奖励政策，使绿色企业享有减免税收、优惠贷款、加速折旧、发行绿色债券等权利。建立绿色产业发展专项投资基金和绿色银行，支持创建和发展绿色企业。第四，强化绿色认证，加强绿色产品的标志管理，统一消费者对绿色产品的判别标准，完善绿色法规，加强绿色监管，加大对绿色产品生产销售中违法行为的打击力度，创造良好的绿色消费环境。

□ 本章小结

消费质量是生活质量的重要组成部分，是消费过程中消费主体、消费客体和消费环境三者相结合所产生的消费的质的规定性。消费质量评价应当遵循描述性评价为主、满意度评价为辅，直接评价为主、间接评价为辅，实物消费、服务消费与生态消费的评价相统一，城乡之间的消费质量评价标准相统一的评价原则。根据以上原则，本章确立了描述性评价指标体系和满意度评价体系及其测定方法。

在全面小康消费目标下，提高消费质量的途径是加强城镇化质量建设，推动城乡发展一体化；改革分配政策，健全社会保障体系；严格执行法规标准，确保消费品及服务质量；大力发展服务消费，拓宽消费领域；改善生态环境，营造适宜消费环境；加强文化教育，提高消费质量。

低碳绿色消费是提高消费质量的新要求，低碳绿色消费以适度消费、避免和减少对环境的破坏、崇尚自然和保护生态等为特征，从而实现代内公平与代际公平、人与自然和谐发展的消费行为和消费方式。它包括三个方面的内容：消费无污染的物品；消费过程中不污染环境；自觉抵制和不消费那些破坏环境或大量浪费资源的商品。从消费品类型的角度看，低碳绿色消费的内容包括绿色食品、绿色服装、绿色住房、绿色汽车、绿色家用电器以及其他绿色消费品等。发展低碳绿色消费需要加强低碳绿色消费宣传教育，构建低碳绿色产业化体系，严格推行低碳绿色产品认证，强化政府监督与管理。

□ 重要名词

消费质量　评价指标体系　全面小康消费　低碳绿色消费

□ 思考题

1. 简述消费质量的内涵及其作用。
2. 怎样理解消费质量评价指标体系？
3. 提高消费质量实现全面小康消费的途径有哪些？
4. 怎样理解低碳绿色消费与消费质量的关系？

□ 推荐阅读

1. 尹世杰．消费环境与和谐消费．消费经济，2006（5）
2. 赵丽芬，江勇．可持续发展战略学．北京：高等教育出版社，2001
3. 陈文．消费质量与全面小康．理论月刊，2005（1）
4. 万后芬．绿色营销．北京：高等教育出版社，2001
5. 肖浩辉．科学消费与消费质量的提高和人的全面发展．消费经济，2002（2）
6. 柳思维．提倡科学消费，促进消费发展．消费经济，2002（2）
7. 何昀．全面小康进程中提高居民消费质量的路径思考．南方经济，2005（5）

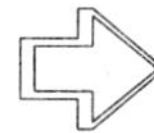

案例分析　我国消费质量的问题

改革开放以来，全国人民消费质量有了很大的提高，但现在还存在不少问题。

一是在消费结构中，恩格尔系数仍然较高。2012 年我国城镇居民家庭恩格尔系数为 37.1%，农村居民家庭恩格尔系数为 40.8%，比之一些发达国家，还是偏高。如早在 1996 年，一些国家的恩格尔系数分别为：美国 10.6%，荷兰 14.1%，加拿大 14.4%，日本 16.3%，法国 17.6%，英国 19.9%。这些国家的恩格尔系数均比我国低得多。

二是消费结构中，享受资料、发展资料的比重还不高。特别在农村，更是如此。以文化教育、娱乐、保健等消费而言，2012 年上半年，广东省城镇居民消费支出中，娱乐教育文化服务支出占 11.8%，医疗保健服务占 4.8%。比之发达国家，差距很大，如娱乐文化教育消费在消费结构中所占的比重，新加坡早在 1993 年为 15.29%，韩国 1997 年为 16.62%。近年来，有些国家仅休闲消费在消费结构中的比重就达 20%以上。我国消费结构中，这些方面的比重还很低，反映出消费质量还不高。

三是消费环境欠佳。消费环境是影响消费质量的重要因素。从生态环境来说，在工业社会，环境污染影响人的生存和发展。空气污染、水污染、固体废弃物污染，大大影响人们的消费质量。就社会环境（包括市场环境）而言，现在问题也不少。例如，假冒伪劣商品和服务充斥市场，吃、穿、用、住、行以及服务领域，都存在不少问题。人们不敢放心消费，怎么谈得上提高消费质量？价格欺诈、行业垄断、强制交易等，都严重损害消费者的权益，影响人们的消费生活。中国消费者协会 2012 年的主题是“消费与安全”，这是保护消费者权益、提高消费质量、促进社会主义市场经济健康发展的基本条件，也是全面建设小康社会的基础性工作。

四是存在一些不文明、不合理的消费。有的人单纯追求感官快乐，忽视精神文化消费；有的人挥霍浪费，吃喝第一；有的人求神问卦，看相算命，热衷于封建迷信；有的人沉溺于“黄色消费”、“黑色消费”不能自拔；有的人甚至腐化堕落，走向邪路。这些情况虽不普遍，但败坏社会风气，破坏社会主义精神文明。不清除这些不良现象，怎么谈得上提高消费质量？怎么谈得上全面建成小康社会？

资料来源：《尹世杰选集（第三卷）》，117～118 页，长沙，湖南师范大学出版社，2012。

讨论分析

1. 联系实际分析我国消费质量存在哪些问题。
2. 如何提高我国居民消费质量？

第 12 章 Chapter 12 消费者行为

内容提要

消费者作为市场经济的重要主体，其选择行为反映生产者经济活动的效果，其满意状况反映社会生产目的的实现程度。消费者收入状况、素质的差异和性情特征的多样性导致市场上所表现出的消费者行为也多种多样。本章主要阐明消费者行为的一般原理，论述消费者行为的含义、特征及影响因素，分析消费者行为的类型，研究消费函数与消费者行为，探讨对消费者行为的引导。

第 1 节 消费者行为的含义及类型

一、消费者行为的含义与特征

消费者行为是指消费者为获取、使用、处置消费物品或服务所采取的各种行动，包括先于且决定这些行动的决策过程（R. D. Engel et al.，1995）。消费者行为多种多样，而且非常复杂。多样性表现为不同消费者在需求、偏好以及选择产品的方式等方面各有侧重、互不相同；同一消费者在不同时期、不同情境、不同产品的选择上，其行为也呈现出很大的差异性。对于消费者行为的复杂性，一方面可以通过它的多样性、多变性反映出来；另一方面也体现在它受很多内外因素影响，而且其中很多因素既难识别，又难把握。消费者行为不仅受动机影响，而且受文化的、经济的、个体的因素影响。

具体来说，消费者行为包括消费者购买的方式、方法、过程及其变化。研究消费者行为，就要研究五个“W”，即谁在购买（who）、何时去购买（when）、到何处去购买（where）、购买何物（what）以及为什么要购买（why）。显而易见，前三个“W”比较容易回答，而后两个“W”即购买何物和为什么要购买，却比较复杂。而消费者行为主要表现为购买行为。因此，研究消费者行为，主要是研究消费者为什么要购买以及怎样购买的问题。

消费者行为与消费者心理是两个既有区别又有联系的概念。消费者心理是指消费者在处理与消费有关的问题时所发生的心理活动，即消费者在寻找、选择、购买、使用、评估和处理与自身的满足相关的产品和服务时所发生的心理活动。消费者行为是指消费者在处理与消费有关的问题时所表现出的行为，即消费者在寻找、选择、购买、使用、评估和处理与自身满足相关的产品和服务时所表现出的行为。前者是一种纯粹的内部心理活动，是不可见的；而后者是一种外部活动，是可见的。但是，消费者心理与消费者行为密不可分，消费者行为由消费者心理引起，同时消费者心理还规定了消费者行为的方向性和目的性。从时间序列上看，一般是先有某种消费需要，再有因这种需要而产生的消费者心理、消费动机，尔后才有受消费者心理支配的、能够满足消费者需要的消费实践活动即消费者行为。消费者行为是一种有目的的（这种目的由消费者心理所决定）、满足消费者需要的行动，消费者行为进行的过程，也就是消费者心理和消费需要不断满足的过程。值得注意的是，人们的某一消费行为，可能不只由某一种消费需要引起，也不只与一种消费心理相联系。比如，购置大屏幕彩电，对消费者来说，不仅满足了观看各种节目、增长知识、开阔视野的需要，也满足了显示自己家庭收入水平和消费水平有了较大提高或者比别人优越的心理需要等。而当消费者的现有需要得到满足以后，围绕这一需要的消费者心理就将逐渐削弱；同时，一些新的需要和新的消费者心理又会产生，从而引发新的消费者行为。

二、影响消费者行为的因素

影响消费者行为的因素很多，总体来说，消费者行为取决于生产力的发展水平和生产关系的性质。具体来说，影响消费者行为的因素主要有三大类：消费者自身的因素、经济因素、环境因素。

（一）消费者自身的因素

消费者自身的因素包括：（1）生理因素，例如消费者的性别、年龄、健康状况和生理特征等；（2）心理因素，例如个性和认知因素等，是影响消费者行为的内在因素；（3）行为因素，消费者行为过程主要包括认识问题、信息收集、产品评价、购买决策和购后行为，消费者已经发生或正在发生的外在行为影响其后续行为。

具体就个性和认知因素而言，兴趣对消费者有十分稳定且显著的影响，兴趣能促使消费者积极地认识消费对象，有助于消费者作出消费决策，为购买活动做好准备，并能促使消费者经常从事有关消费活动，进行长期性、重复性购买；消费者的气质特点主要反映在他们购买商品前的决策速度、购买时的行为特点和情绪反应强度、购买后消费商品的体验等方面。一般情况下，多血质和胆汁质消费者的决策速度快一些，与售货人员接触比较主动，相处比较容易；而黏液质和抑郁质消费者则相反，但他们在消费体验方面更深刻。不同性格的消费者，其消费者行为差异也表现在消费观念的陈旧与更新、消费情绪的乐观与忧郁、消费决策的果断与犹豫、消费态度的节约与奢华、购买行为的冷静与冲突等方面；由于消费能力的差异，每个人可能在某一方面或某类商品的消费上表现出充分的信心，而对另一种商品的消费又表现为缺乏信心；消费者对商品的感知辨别力、分析评价能力以及选购决策能力直接影响消费效果。从认知角度来看，消费需要是消费者行为的基础和源泉，感受和态度对商品的评价和购买倾向有重要影响，经验的获取与积累有利于提高消费能力、完善消费者行为。前面提到的消费者行为之所以表现出不同的类型，关键在于消费者自身的特性尤其是心理倾向的不同。

（二）经济因素

经济因素是制约消费者行为的一个基本因素。经济因素包括宏观经济因素和微观经济因素。微观经济因素主要涉及消费者的以往经济状况、现有经济状况、预期经济状况、经济地位等一系列因素。宏观经济因素是指整体的经济环境，这与经济周期有关。当经济处于繁荣时期，人们的经济状况良好，可以有更多可支配的收入，消费水平也相对高；当经济处于衰退时期，人们的收入减少，可能会节省可支配收入，消费水平就会降低。

经济因素对消费者行为的影响主要集中于收入和价格对消费者行为的约束上。随着家庭收入的增加，人们在食品方面的支出在收入中所占的比例（即恩格尔系数）下降，用于文化、娱乐、卫生、劳务等方面的费用支出所占的比例增大。根据恩格尔系数划分的消费结构水平代表了一个国家或一个家庭的生活水平，并可以据此分析消费者的消费者行为与消费趋势。与此相似的是，菲利浦·科特勒等人对亚洲各国的收入水平和消费特点进行了研究（见表 12—1）。

表 12—1　收入水平与消费特点（亚洲）　单位：美元

年收入	消费特点
1 000 以下	主要集中在基本食品上；很少有可自由支配的消费开支
1 000～2 000	某些消费品开支；开始外出就餐；在某些超级市场购物，但所购产品范围有限
2 000～3 000	在超级市场采购范围很广的食品；娱乐或休闲的开支很显著；耐用消费品的开支增加，购买个人使用的小型汽车或摩托车
3 000～5 000	多样化的饮食消费；多样化的休闲开支，包括旅游度假；耐用消费品开支范围很广，包括非必需的耐用品（如摄像机或高保真音响）；个人健身的开支增加；购买汽车的增多
5 000～10 000	外出就餐的开支增加，基本食品已为冷冻的加工食品所代替；休闲开支包括海外度假与购买奢侈品；出现投资
10 000 以上	投资；购买奢侈品；家庭娱乐

资料来源：菲利普·科特勒：《市场营销管理（亚洲版）》（上），16 页，北京，中国人民大学出版社，1997。

商品价格也是影响消费者行为的非常重要而且很敏感的因素。商品价格具有衡量商品价值和品质，显示社会价值和社会地位，传达市场信息和引导消费方向等许多功能，直接影响消费者行为。不同商品的价格需求弹性是不同的。企业通常通过营销战略、产品策略、价格策略、渠道策略和促销策略等营销因素直接或间接作用于商品价格，从而影响消费者对价格的选择和态度等。

（三）环境因素

环境因素是指消费者外部世界的所有物质和社会要素的总和，包括有形的物质实体，如商品和商场；空间关系，如消费者与商场的空间距离、商场的位置及商品在商场中的位置；其他人的社会行为，如周围是什么样的人，他们在想什么、做什么等。根据空间覆盖范围和影响人数的多少，环境因素可分为微观环境因素和宏观环境因素两个层次。微观环境因素是指消费者直接接触到的、具体的物质因素和社会因素的总和。例如，商场的购物环境、人流的多少、售货员的服务技能和态度、家人和朋友对某商品的看法等这些看似较小的因素都会影响消费者的特定行为。宏观环境因素是指大规模的、具有普遍性的、影响广泛的物质环境和社会环境的总和，包括人口因素、经济因素（这里仅指宏观经济环境）、政治法律因素、社会文化因素、自然因素和科学技术因素等。下面重点说明社会文化因素对消费者行为的影响。

1. 社会角色对消费者行为的影响

每个消费者都在社会生活的大舞台上扮演着一定的角色，消费者自觉不自觉地体现身份和地位的行为，最终都可以在消费中得到凸显。每个人扮演的角色也不是一成不变和唯一的，例如，某人虽现为文教科研人员，但是一旦成为企业管理人员，其角色就发生了变化，而一位妇女则可能同时身兼女儿、母亲、妻子和公司职员等多种角色。每个人的消费行为往往与自己所担任的社会角色比较吻合，比如，作为家庭中的角色如妻子或母亲，她就比较关注日常生活用品、化妆品、服装及儿童用品。消费者在社会中所扮演的角色会对其造成某些限制和规范，从而影响其消费行为。如作为教师、干部，一般会非常关注自己服饰仪表的庄重性，对奇装异服则很少关注；而一名文艺界明星则重视服装的时髦、新潮、流行，以引起别人的关注。因此，每个人的角色意识会影响其消费结构，并反映在消费行为的特点上。

2. 社会阶层对消费者行为的影响

每个社会都按照某些标准或社会准则将其成员划分为若干社会阶层，属于同一社会阶层的人具有某些相似的价值观念和行为准则，这些共同的观念和行为准则对消费者行为有很大的影响，它们使同一阶层的消费者行为有很大的相似性，不同阶层的消费者行为会有很大的差异性，这突出表现在不同阶层的消费者在产品和品牌选择、购货频率、信息来源、对创新的态度等消费决策上有很大的不同。例如，高收入阶层追求新颖，倾向于购买高档、豪华消费品；低收入阶层则仍以满足基本的消费需要为主，对新颖、高价的消费品一般持比较慎重的态度。正视这些因素对消费者行为的影响，对于企业营销中细分目标市场、制定具有针对性的营销策略是很有帮助的。

3. 相关群体对消费者行为的影响

相关群体主要指社会关系群体，包括家庭、学校、朋友、邻居、同事、社会团体等。相关群体影响个人的态度和价值观念，向人们展示了新的行为和生活方式。由于相关关系不同，各相关群体对消费者行为的影响程度是不一样的，其中，家庭作为一个基本的消费单位，是相关群体中对消费者行为影响最大的群体。家庭结构不同和处在家庭生命周期的不同阶段，消费者行为都会有所不同。比如，独生子女的消费行为一般表现出无忧无虑、任性、随意等特点；非独生子女家庭负担相对较重，而且要照顾大家，均衡支出，孩子们也慢慢养成了安守本分、不搞特殊化的消费习惯。在家庭生命周期的不同阶段，家庭的不同成员分别扮演着消费行为的影响者、决策者和身体力行者的角色。另外，一些特殊的、并无直接关联的社会群体有时也会对消费者行为产生影响。比如，影视体育明星、商界大款、政界要人等，他们的消费行为常常成为部分人模仿的对象，由此更加证明了相关群体对于消费者行为有着不容忽视的重要影响。

4. 社会文化对消费者行为的影响

社会文化常常直接或间接地影响消费者的兴趣、爱好、思想等，进而影响消费者的行为。生活在不同文化环境中的人，其价值观念、行为方式、行为习惯、行为准则等也就不同。社会文化分为地理文化、种族文化、民族文化、宗教文化等亚文化，因此，不同地理区域、不同种族、不同民族、不同宗教信仰及风俗习惯的消费者，他们的消费行为可能大相径庭。一个总的趋势是，社会生产力发展水平越高，社会文明的发育程度越高，社会文化对于消费者行为的影响的积极、进步因素就越多，社会整体的消费水平和消费质量就越高。

值得注意的是，上述经济因素和环境因素常以一定的制度形式规范着消费者行为，制度变迁会对消费者行为产生很大的影响。

三、消费者行为的类型

消费者行为的类型划分有不同的标准，主要包括购买目标的确定程度、购买态度与要求、购买现场的情感特征、购买时的介入程度及品牌差异度，以及其他分类方法。

（一）按消费者购买目标的确定程度划分

1. 全确定型

此类消费者在进入商店前，就已有明确的购买目标，对商品的名称、商标、型号、规格、样式、颜色以及价格等都有明确的要求。他们进入商店后，可以毫不迟疑地买下商品。

2. 半确定型

此类消费者进入商店前，已有大致的购买目标，但具体要求还不甚明确。这类消费者进入商店后，一般不能向营业员明确地提出所需产品的各项要求。实现其购买目的，需要经过比较和评定的过程。

3. 不确定型

此类消费者在进入商店前没有明确的或坚定的购买目标，进入商店后一般漫无目的地浏览，或随便了解一些商品的销售情况，碰到感兴趣的商品也会购买。

（二）按消费者的购买态度与要求划分

1. 习惯型

此类消费者往往根据过去的购买经验和使用习惯采取购买行为，或长期惠顾某商店，或长期使用某个品牌、商标的产品。

2. 慎重型

此类消费者的购买行为以理智为主、情感为辅。他们喜欢收集商品的有关信息，在购买过程中，往往要经过对商品细致的检查、比较，反复衡量各种利弊因素后，才作出购买决定。

3. 价格型（即经济型）

此类消费者在选购商品时多从经济角度考虑，对商品的价格非常敏感。例如，有的从价格昂贵确认产品的质优，从而选购高价商品；有的从价格低廉评定产品的便宜，从而选购廉价商品。

4. 冲动型

此类消费者心理反应敏捷，易受产品外部质量和广告宣传的影响，以直观感觉为主，新产品、时尚产品对其吸引力较大，一般能快速作出购买的决定。

5. 感情型

此类消费者兴奋性较强，情感体验深刻，想象力和联想力丰富，审美感觉也比较灵敏，因而在购买行为上容易受感情的影响，也容易受销售宣传的引诱，往往以产品的品质是否符合其感情的需要来作出购买决策。

6. 疑虑型

此类消费者具有内向性，善于观察细小事物，行动谨慎、迟缓，体验深而疑心大。他们在选购商品时从不冒失仓促地作出决定，在听取营业员介绍和检查商品时，也往往小心谨慎，疑虑重重。他们挑选商品时动作缓慢，费时较多，还可能因犹豫不决而中断，购买商品需要“三思而后行”，购买后仍放心不下。

7. 不定型

此类消费者多属于新购买者。由于缺乏经验，购买心理不稳定，往往是随意购买或奉命购买商品。他们选购商品时大多没有主见，一般都渴望得到营业员的帮助，乐于听取营业员的介绍，并很少亲自去检验和查证商品的质量。

（三）按消费者在购买现场的情感特征划分

1. 沉默型

此类消费者在购买活动中往往沉默寡言，情感不外露，举动不明显，不屑与营业员谈无关商品内容的话题。

2. 温顺型

此类消费者选购商品时往往尊重营业员的介绍和意见，作出购买决定较快，并对营业员的服务比较放心，很少亲自重复检查商品的质量。

3. 健谈型

此类消费者在购买商品时，能很快与人们接近，愿意与营业员和其他顾客交换意见，兴趣广泛，并富有幽默感，喜爱开玩笑，有时甚至谈得忘记选购商品。

4. 反抗型

此类消费者在选购中，往往不能接受别人的意见和推荐，对营业员的介绍异常警觉，抱有不信任的态度。

5. 激动型

此类消费者选购商品时表现出不可遏制的劲头，在言语表情上显得傲气十足，甚至用命令的口气提出要求。对商品品质和营业员的服务要求极高，稍不如意就可能发脾气。虽然这类消费者为数不多，但营业员要用更多的注意力和精力接待好这类顾客。

（四）按消费者购买时的介入程度及品牌差异度划分①

1. 复杂的购买行为

如果消费者属于高度购买介入者，并且了解现有各品牌之间存在的显著差异，则消费者会产生复杂的购买行为。对昂贵的、不常购买的、冒风险的和高度自我表现的商品，消费者属于高度介入购买。通常这种情况是由于消费者对此类产品知道得不多但要了解的地方又很多，比如一个购买个人电脑的人可能连要找什么样的产品属性都不知道。在这种情况下，这个购买者将经过认识性的学习过程，其特征是他首先要逐步建立对产品的信念，然后转变成态度，最后作出谨慎的购买决定。

2. 减少失调感的购买行为

有时消费者高度介入某项购买，但他看不出各品牌有何差异，这种高度介入的原因在于该项购买是昂贵的、不经常的和冒风险的。在这种情况下，购买者将四处察看以了解何处能买到该商品。但由于品牌差异不明显，故其购买较为迅速，购买者可能主要因价格便宜或某时、某地方便而决定购买。

3. 习惯性的购买行为

许多产品是在消费者低度介入和品牌没有什么差异的情况下被购买的。盐的购买就是很能说明该问题的一例。消费者很少介入产品，他们走进商店时随手拿起一种品牌就买下了。实践证明，消费者对大多数价低的、经常购买的必需品介入程度较低。

4. 寻求多样性的购买行为

有些购买情境的特征是消费者低度介入但有着显著的品牌差异，此时可看到消费者经常转换品牌。饼干的购买就是一例。消费者有一些信念，不过没有经过太多评估便选择了某种品牌的饼干，然后在消费时才加以评估，但可能在下一次购买时会因为厌倦原有口味或想试试新口味而寻找其他品牌。品牌转换是因为追求多样性，而不是对产品不满。

① 参见菲利普·科特勒：《营销管理》，177 页，上海，上海人民出版社，1999。

（五）其他分类方法

对于消费者行为的类型，除以上四种划分方法，美国市场学家霍华德和谢思（Howard and Sheth）把消费者的购买行为视同解决问题的活动，提出了另外一种分类方法。他们认为消费者行为可分为三种类型。

1. 常规反应行为

这是最简单的购买行为，一般指价值低、次数频的商品的购买行为。购买者已熟知商品的特性和各种主要品牌，并在各品牌中有明显的偏好，因此购买决策很简单，如每天买一包香烟，每月买一支牙膏等。但由于缺货、商店的优惠条件，或喜新尝鲜心理的影响，有时也会更换品牌。但一般来说，这类购买行为如同日常的例行活动，无须花费太多的时间和精力。在这种情况下，营销者应使质量和价格保持稳定，以便留住现有顾客；同时宣传自己品牌较其他品牌优越的方面，尽量吸引其他品牌的顾客。

2. 有限解决问题

消费者熟悉某一类商品，但不熟悉所有的品牌，当他想买一个不熟悉的品牌时，购买行为就较为复杂。例如，有人想买自行车，也懂行，但对某一新牌号尚不熟悉，这就需要进一步了解情况，解决有关这个新牌号的问题，然后才能作出决策。对此，营销者应通过各种促销手段，加强信息传递，增强消费者对新品牌的认识和信心。

3. 广泛解决问题

消费者面对一种从来不了解、不熟悉的商品，购买行为最为复杂。例如，第一次购买微波炉的消费者，对品牌、型号、性能等一无所知，这就需要广泛解决有关该商品的一切问题。营销者必须了解潜在购买者如何收集信息和评估产品，多方设计和介绍产品的各种属性，使消费者增加对产品的了解，便于作出购买决策。

第2节 消费函数与消费者行为

一、基于实际收入的消费函数理论

（一）凯恩斯的绝对收入假说

凯恩斯（1936）首次把收入与消费正式联系起来，提出了著名的绝对收入假说。该假说认为实际消费支出与实际收入之间存在稳定的函数关系，随着消费者收入的增长，其消费支出也增长，但这种收入增量将引起消费增量较小的变化，这就是所谓的边际消费倾向递减规律。凯恩斯这一著名的“基本心理规律”是基于一种纯静态的构想，即将储蓄视为一种财货，消费者将他的收入花费在这种财货上。因此，收入可看成既是个人储蓄又是国民储蓄的主要而系统的决定因素。按照凯恩斯的上述思想，可以将消费（C_t）表示为收入（Y_t）的线性函数：

$$C_t=\alpha+\beta Y_t+\varepsilon_t$$

式中，α 为自主性消费，即不受收入影响的那部分消费支出，或者说消费者的最低消费支出；β 为边际消费倾向，即消费增量与收入增量的比值，它随着收入的增加而减小；ε_t 为随机变量，表示消费支出受到其他因素的干扰。

其中最重要的系数是 β，并且 $0<\beta<1$，其具体含义是：

（1）边际消费倾向 $\beta=\mathrm{d}C_t/\mathrm{d}Y_t>0$，说明消费是收入的递增函数；

（2）$\beta=\mathrm{d}C_t/\mathrm{d}Y_t<1$，说明边际消费倾向递减，这是经济系统稳定的因素之一；

（3）$\beta=\mathrm{d}C_t/\mathrm{d}Y_t<C_t/Y_t$，说明边际消费倾向小于平均消费倾向。

凯恩斯的基于绝对收入假说的线性消费函数得到了许多预算研究的支持。但是，绝对收入假说并不注重解释消费者愿意把他们的收入“分配”到储蓄上去为什么是合理的这一问题。而且，由于凯恩斯分析的是短期消费和收入的关系，其理性主体是所谓的“短视的和原始的”消费者，追求的是短（单）期预算约束下的效用最大化，消费者规避风险的行为都比较弱。因此，在许多较复杂的情况下，绝对收入假说也很难自圆其说。美国经济学家西蒙·库兹涅茨（Simon Kuznets，1941）曾研究了美国1919—1938年间的消费经济资料并得出结论：长期边际消费倾向并不符合递减规律，而是稳定在0.87左右。

（二）杜森贝里的相对收入假说

杜森贝里（1949）的相对收入假说是针对凯恩斯的绝对收入假说而提出的，认为消费者的消费支出不仅受自身收入的影响，而且受他人消费支出的影响。这称为消费的示范作用，在数学上可表示为：

$$C_i/Y_i=(1-\alpha)+\beta(\bar{Y}/Y_i)$$

式中，$\bar{Y}$ 为全体消费者的平均收入；Y_i 为个别消费者的收入；C_i 为消费支出；α，β 为待定参数。

由于消费的示范作用，因此随着收入的增加，消费增量在收入增量中的比例不一定是递减的。

另外，杜森贝里还认为，消费者的消费支出不仅受本人目前收入的影响，而且受本人过去收入与消费的影响，特别是受过去高峰时期收入的影响，这是消费习惯起作用的结果，它称为消费的不可逆性。由于消费的不可逆性，消费者在收入减少时宁可动用（或减少）其储蓄来维持已达到的消费水平，而不愿意改变消费习惯，减少消费。这样，当社会收入减少时，消费习惯有可能使消费支出不变或只有轻微的下降，从而不至于影响整个社会的总需求量。这种消费支出的变化滞后于收入变化的现象，又称消费的棘轮效应。其模式为：

$$C_t/Y_t=1-\alpha-\beta Y_t/Y_{\max}$$

式中，$Y_{\max}$ 为过去高峰时期的收入。

在杜森贝里的模式中，理性主体被设定为后顾的和攀附的消费者，追求的仍然是一期预算约束下的效用最大化。

最后，需要特别说明的是，杜森贝里的相对收入假说对当前消费经济研究中的位置消费理论（positional consumption theory）产生了深远的影响。位置消费理论强调人类争名的一面，即人们不仅追求其消费的绝对数量，而且非常看重其消费水平在周围人群中的排位，这种排位或名次是消费效用的重要影响因素。位置消费理论的观点对标准的微观经济学的消费者理论形成了挑战，因为后者主张效用是本人消费量的函数，而前者认为消费函数中还包括他人的消费量。可以用简化的数学公式表示这一差别，即

（1）标准的消费者效用函数是：$U_i=U(x_1^i,\ x_2^i,\ \cdots,\ x_n^i)$。

（2）位置消费理论中的消费者效用函数是：$U_i=U\ (x_1^i,\ x_2^i,\ \cdots,\ x_n^i,\ x_2^{i^-},\ x_2^{i^-},\ \cdots,\ x_n^{i^-})$。其中，$U_i$ 为消费者 i 的效用；$(x_1^i,\ x_2^i,\ \cdots,\ x_n^i)$ 为消费者对各种消费品的消费量；i^- 为除 i 以外的其他消费者；$(x_1^{i^-},\ x_2^{i^-},\ \cdots,\ x_n^{i^-})$ 为其他人的消费量。

有些学者甚至认为位置消费理论动摇了主流经济学的微观基础。①

（三）广义相对收入假说和托宾、霍塔克等人的资产假说

1. 广义相对收入假说

在杜森贝里之后，布朗于 1952 年进一步发挥了消费不可逆性的观点，他从习惯坚持和消费行为的滞后性角度，将过去的消费和收入纳入其模型和框架体系，从而提出了广义相对收入假说：

$$C_t=\alpha_0+\alpha_1 Y_{t1}+\alpha_2 C_{\max}$$

式中，$C_{\max}$ 为过去高峰时期的消费，可用滞后一期的消费 C_{t-1} 替代：

$$C_t=\alpha_0+\alpha_1 Y_{t1}+\alpha_2 C_{t-1}$$

该方程表示，当期的消费不仅取决于当期的收入，而且取决于以前的消费习惯。由于消费习惯在一定程度上取决于以前的收入，因此当 $0<\alpha_2<1$ 时，此式等价于：

$$C_t=\alpha_0/\ (1-\alpha_2)\ +\alpha_1 Y_t+\alpha_1\alpha_2 Y_{t-1}+\alpha_1 a_2^2 Y_{t-2}+L$$

显然，这已将消费表示为过去各期收入的指数加权平均。它同时具有如下特性：第一，由于 $0<\alpha_2<1$，所以 $\alpha_1>\alpha_1\alpha_2>\alpha_1 a_2^2>L$，这说明离现在越远的过去收入对现在消费的影响越小，离现在越近的过去收入对现在消费的影响越大；第二，若经过相当长时间的变化，各变量将趋于稳定值：$C_t\rightarrow\overline{C}$，$Y_t\rightarrow\overline{Y}$，由此，$C_t$ 的指数加权平均式即可写成：$\overline{C}=\alpha_0/\ (1-\alpha_2)\ +\alpha_1/\ (1-\alpha_2)\ \overline{Y}$，这里 $\overline{Y}$ 的系数 $\beta=\alpha_1/\ (1-\alpha_2)$ 为长期边际消费倾向，其经济含义为：从长期看，收入平均每增加 1 个单位，将会引起消费平均增加 $\alpha_1/\ (1-\alpha_2)$ 个单位。这一消费函数将消费习惯与收入决定因素巧妙地联系在一起作为现期消费的解释变量，使人们对消费支出的动力机制能有一个较为直观、清晰的认识，但它反映的仍是后顾性和一期预算约束下效用

---

① 关于位置消费理论更详细的介绍，参见王建国：《争名的经济学——位置消费理论》，见汤敏、茅于轼主编：《现代经济学前沿专题》（第三集），北京，商务印书馆，1999。

最大化的消费行为。

2. 詹姆斯・托宾的流动资产假定

詹姆斯・托宾的流动资产假定则认为储蓄对消费也有影响，其函数模型为：

$$C_t=\alpha_0+\alpha_1(Y_t/P_t)+\alpha_2(M_t/P_t)$$

式中，C_t，Y_t，M_t 分别为 t 期的消费、收入和储蓄；P_t 为 t 期的价格。

流动资产假定为人们提供了一种用收入"存量"来分析消费变化的有力工具，这在资产结构日趋多元化的现代社会尤为如此。

3. 霍塔克和泰勒提出的非流动资产假定

即消费品存量调整学说。霍塔克和泰勒认为，非流动资产即耐用消费品存量对消费者的现期消费支出也有一定影响。在其他条件不变的情况下，消费者过去在非耐用消费品（主要取决于消费习惯）上的支出越大，也就是消费者的耐用消费品存量越小，那么其现期耐用消费品支出也就越大；反之，消费者过去在非耐用消费品上的支出越小，也就是消费者的耐用消费品存量越大，那么他的现期耐用消费品支出也就越小。消费者总是通过现期消费支出的数额和结构来调整耐用消费品存量的某种平衡。霍塔克还将消费者过去在耐用消费品上的支出所留下的已经贬值的余量，称为情境变量。这就将消费品存量调整的假定提升至动态的高度。若设 C_t，C_{t1}，C_{t2}，C_{t1-1}，C_{t2-1} 和 Y_t 分别为现期消费支出、现期耐用消费品支出、现期非耐用消费品支出、前期耐用消费品存量（净值）、前期非耐用消费品支出和现期收入，则有关消费品存量调整学说的测度模型可概括为：

模型一：$C_t=C_{t1}+C_{t2}$

模型二：$C_{t1}=\alpha_0+\alpha_1 Y_t+C_{t1-1}+\varepsilon_t$

模型三：$C_{t2}=\beta_0+\beta_1 Y_t+C_{t1-1}+\varepsilon_t$。

上面的模型一为定义方程，表示现期消费支出由现期耐用消费品支出和现期非耐用消费品支出构成。模型二、模型三均为估计方程，前者表示现期耐用消费品支出取决于现期收入和前期耐用消费品存量（净值）；后者表示现期非耐用消费品支出取决于现期收入和消费习惯。消费品存量调整学说的贡献在于：将生产领域内的固定资本折旧和更新的概念引入了消费领域，并将消费品存量调整对耐用消费品支出的影响与消费习惯对非耐用消费品支出的影响结合起来，形成了统一的分析体系。

二、基于预期收入的消费函数理论

（一）弗里德曼的持久收入假说

米尔顿・A・弗里德曼（1957）提出了持久收入假说。他将消费者的收入分为暂时收入与持久收入，将消费者的消费分为暂时消费与持久消费，并且指出：消费者在某一时期的收入等于暂时收入加上持久收入，消费者在某一时期的消费等于暂时消费加上持久消费；在这些消费与收入的两两关系中，只有持久收入与持久消费之间存在固定的比率关系：

$$C_t^p=KY_t^p \quad C_t=C_t^p+C_t^t \quad Y_t=Y_t^p+Y_t^t$$

式中，C_t^p 为持久消费；Y_t^p 为持久收入；K 为常数；C_t，C_t^t 分别为实际消费和暂时消费；Y_t，Y_t^t 分别为实际收入和暂时收入。

弗里德曼用持久收入假说来重新解释杜森贝里的棘轮效应。他认为，消费支出的变化滞后于收入的变化，这是由于消费者可以通过预支未来的收入来维持过去高峰时期的消费支出。显然，持久收入假说在理论上强调了消费者未来的或长期的收入与现期消费支出之间的关系（后来弗里德曼将这种长期性的收入发展为“是指一个人在比较长的一个时期内的过去、现在和将来的收入的平均数”）。其理论前提为：前瞻的消费者追求的是跨时预算约束下的效用最大化。根据持久收入假说，只要有了稳定的、长期性的收入（来源），消费者的现期消费支出就可以超过其现期收入，也就是消费者能够或可以超前消费。

（二）莫迪利亚尼的生命周期假说

弗朗科·莫迪利亚尼（1966）的生命周期假说与弗里德曼的持久收入假说在内容上极为相似，两者都是对消费者的未来收入进行分析，但生命周期假说强调的不仅仅是消费与收入之间的关系，更重要的是消费与财产之间的关系。生命周期假说的要点是：

（1）一个家庭的实际支出在任何时期内都围绕着家庭的生活水平而上下变动，一个家庭的生活水平则取决于其成员对自己财产状况的理解，即对整个家庭生活周期内可以用于消费支出的预算财产的一种估计。一个家庭预期的总财产＝家庭开始时的净财产＋目前的财产＋预期的财产－计划的遗产的价值。

（2）一个家庭的生活水平与其财产水平保持稳定的比例，而不是与其收入保持稳定的比例（若财产已达到所要保持的数额，余下的部分就可以用于消费；若还没有达到，收入就有可能转化为财产，而不是用于消费）。因此，当各种社会、经济因素使得家庭的财产状况发生变化时，其生活水平和消费支出就要受到影响。

（3）人的一生可分为三大阶段：少年、壮年、老年。在少年与老年阶段，消费大于收入；在壮年阶段，收入大于消费；壮年阶段多余的收入用于偿还少年时期的债务或通过储蓄用于养老。每个人都想实现自己从少年到老年整个生命周期的效用最大化，也就是每个时期的消费不仅依赖于某一时期的收入，而且依赖于一生中各个时期的收入。由此可见，生命周期假说所追求的是终身跨时预算约束下的效用最大化。

（4）根据以上假定导出的消费函数为：

$$C=\alpha\omega R+cYL$$

式中，ωR 为实际财富；α 为财富的边际消费倾向；YL 为劳动收入；c 为劳动收入（通过当前工作赚取的收入，而不是诸如租金、利润之类的收入）的边际消费倾向。

生命周期假说以人的生命周期为线索，用更为理性和实际的方式，对人们的消费与收入间的数量关系进行系统的分析与测定。

（三）詹姆斯·摩根的消费决策影响收入假说

美国著名消费经济学家詹姆斯·摩根于 1962 年在其《美国的收入与福利》一书中提出了消费决策影响收入的观点，被当代西方经济学界认为是对收入和消费理论的又一新发展。摩根认为，由于收入中包括不确定部分的收入，这就造成了决策影响收入的可能性，也即家庭在作出消费决策后，通过某种努力，可以确定收入中这些原来不确定的部分，从而可以使收入增加。现代消费者之所以能够以消费决策来影响收入，主要由于以下两方面的原因：其一，在经济高速发展的条件下，劳动者的法定工作时间日益减少，这便于他们兼职；其二，消费信贷和抵押贷款的日益流行，也促使人们先消费，然后再去筹措资金。消费决策影响收入的结果直接导致了在特定的时期内，一般消费者可以使自己的购买超过现期的收入。由此导出的消费函数可表示为：

$$C_t=\alpha_1 Y_t^P+\alpha_2 Y_t^t+\varepsilon_t$$

式中，C_t，Y_t^P，Y_t^t，ε_t 分别为消费支出、确定收入和随机误差；α_1，α_2 为待定参数；$Y_t^t=F(C_t^d)$，C_t^d 为消费决策亚变量（或虚拟变量），F 为消费决策影响收入的函数形式。

消费决策影响收入假说的最大功绩在于：从理论上建立了一个“由消费目标到收入变动再到消费目标实现”的循环反馈机制，进而使得消费与收入的关系不再是一种简单的、固定的解释与被解释之间的关系，而是一种从消费动机出发的、可置换的解释与被解释之间的互动递进关系。

（四）霍尔的随机游走假说

罗伯特·霍尔（1978）融合了弗里德曼的持久收入假说、莫迪利亚尼的生命周期假说和理性预期理论，提出了一种称作随机游走的消费者行为模型。该模型在持久收入假说和生命周期假说所确立的新古典分析框架的基础上，针对某一代人向下一代人遗赠这一广泛现象，对任何一代人的效用与其后一代人的效用之间的数量关系进行了考察和测度，从而把“对消费者行为的分析观测”纳入至可持续发展的研究领域——消费者预算约束的时间跨度，从终身预算约束向跨代预算约束过渡；消费者追求的效用最大化由一生效用的最大化向跨代效用的最大化过渡。

霍尔假定：处于 0 期的消费者预期能活到 T 期；消费者在现期收入、预期收入和现期财富的条件下选择现期消费水平，以使从 0 到 T 各期效用都达到最大；不给后代留下遗产，即消费者在 T 期把财富和收入都花完；基本的效用函数为对数形式，$U(c)=\ln c$，且 $U'(c)=1/c>0$ 和 $U''(c)=-1/c^2<0$；各期的边际效用相互独立，即每一期的边际效用不受其他时期消费水平的影响；未来效用的主观贴现率为 δ；不考虑不确定性。于是，消费者面临的问题是：

$$\max\sum_{c_t=0}^{T}\frac{\ln c_t}{(1+\delta)^t}$$

使得

$$\sum_{0}^{T}\frac{c_t}{(1+r)^t}=\sum_{0}^{T}\frac{y_t}{(1+r)^t}$$

式中，r 表示市场利率。

用拉格朗日乘法求解可得

$$\frac{Ct}{c_0}=\frac{1+r}{1+\delta},\quad \frac{c_r}{c_{t-1}}=\frac{1+r}{1+\delta}$$

根据假设条件可得

$$\frac{U'(c_t)}{U'(c_{t-1})}=\frac{1/c_t}{1/c_{t-1}}=\frac{c_{t-1}}{c_t}=\frac{1+\delta}{1+r}$$

这意味着相邻两期消费的边际效用之比等于市场利率与消费者主观贴现率之比。具体来说，当 $r>\delta$ 时，消费路径将随时间的推移不断上升，有利于推迟消费；当 $r<\delta$ 时，消费路径将随时间的推移不断下降，有利于提前消费或现期消费更多。

根据随机游走假说，现期消费反映了人们可以得到的所有信息，现期消费的变动与过去的经验是无关的。在此理论中，消费者的消费和投资行为的选择受跨代预算的约束，其目的也发展到追求效用最大化。随机游走假说的一个重要结论是消费与滞后的收入变量无关，但后来许多实证分析发现，消费与滞后的收入显著正相关，即消费对收入具有“过度敏感性”。坎贝尔和曼昆（1989）等人对霍尔的理论进行了补充和修正。①

三、消费函数理论与消费者行为规律

（一）收入、消费惯性与消费者行为

从消费惯性的角度看，人们的消费不仅取决于收入，而且取决于消费习惯，从表示消费习惯演化的参数变动趋势中，可以测定出某一特定人口的消费习惯对其消费支出变化的影响程度。在布朗的广义相对收入假说模型中，通过前期消费 C_{t-1} 的参数 α_2 即可分析和衡量消费习惯对现期消费支出的影响。在杜森贝里的消费的不可逆性模型中，则可通过表示习惯效应的参数 β 来测度现期消费倾向的变动趋势。

（二）持久收入与消费者行为

从收入决定的角度看，主要决定人们现期消费支出的不是一时收入，而是持久收入。由此可推论：（1）只要持久收入有了稳定的增长，人们就可能或愿意超前消费，这对消费者和经济发展都是有利的。（2）在劳动生产率水平迅速提高的条件下，人们的消费增长主要靠持久的收入增长来推动，而不是靠一时收入的增长来推动。在不考虑劳动生产率的条件下，若收入增量主要由持久的收入增加引起，那么因收入增加引致的消费需求膨胀的可能性就大一些；若收入增量主要由一时的收入增加引起，那么因收入增加引致的消费需求膨胀的可能性就小一些。

① 关于随机游走假说的详细介绍，参见唐文进：《西方消费函数理论的新进展》，载《经济学动态》，1999（3）。

（三）资产变动与消费者行为

从资产决定的角度看，由于人们现实的、将来的消费需求和对未来的风险预期，人们收入的增加一方面表现为持久消费的增加，另一方面表现为包括流动资产和非流动资产在内的资产总额的增加，而且后者的变动还会对前者的变动产生一定或较大的影响。这就会产生这样一个命题：人们不能仅从过去、现在或不远的将来这样一个相对长久的时间序列来分析和平衡其资产与消费之间的关系，而应该从整个生命周期的这一长时间序列来分析和平衡其资产与消费之间的关系，进一步地说，应该从任何一代与另一代的更长远的时间序列来考虑这一问题，即从可持续发展的角度来分析、衡量或测度消费与收入或资产间的数量关系，以及由此产生的对人们生活与经济发展的深刻影响。

（四）消费决策与消费者行为

从消费决策的影响角度看，消费者的消费支出或消费行为不仅取决于收入、资产和消费习惯这三个变量，而且取决于人们的消费决策因素。人们为了实现远大的消费目标，就会通过各种努力来改变和提高其原来的收入水平，从而形成一个从消费到收入，再由收入到消费的良性循环，即消费目标提出→收入提高→消费目标实现→推动经济增长→收入进一步提高→新的消费目标的提出……这对经济高速增长的发展中国家而言，具有更为现实的意义。

（五）外部影响与消费者行为

从消费者的相互影响角度看，人们的消费支出不但受其自身的收入、资产、消费习惯和消费决策等因素的影响，而且受他人的消费行为的影响。由于这种消费示范作用的存在，因此随着收入分配差距的扩大，将会产生低收入者消费倾向趋升、高收入者消费倾向趋降的发展格局。其后果是：低收入者的入不敷出将通过社会保障、财富或收入的再次分配、借贷以及动用其有限储蓄或遗产的方式加以缓解或补偿；高收入者的财富将不断得到积累和扩张，从而进一步加大贫富两极的分化。社会供需结构的矛盾也会因为低收入者消费的虚增和高收入者消费的虚降而渐趋复杂化。因此，从这种消费行为的交互作用所产生的效应看，收入分配是经济增长和社会发展中不可或缺的重要组成部分。

（六）代际效用与消费者行为

从消费的时空及功能发展优化分析看，不仅要进行消费者某一阶段和终身的效用分析，而且要进一步开展消费者代际和子孙后代的效用分析；不仅要把握狭义空间领域内的消费跨代优化过程，而且要研究并领略广义空间范畴内的消费的可持续发展进程。

第3节 消费者行为的引导

一、加强对消费者行为引导的必要性

消费是人们为满足某种特定需要，用货币在市场上购买商品和劳务并予以消耗的行为。消费发展与扩大内需有着密切的关系，因为消费占内需的比重最大。消费是GDP中最大的一个单独成分。我国改革开放以来，在最终消费、资本形成、净出口这三大最终需求中，最终消费对GDP的增长贡献度一直是最大的，一般都在55%以上，有的年份甚至超过了65%，2012年最终消费对经济增长的贡献率为51.8%。应充分理解消费需求在社会再生产中的重要性，它是经济发展最主要的推动力。在扩大内需的过程中，只有成功扩大消费需求才能扩大投资需求和提高投资效率。消费虽然是家庭的个体行为，任何两个家庭都不会以完全相同的方式使用它们的货币，然而，根据人们对食物、衣着、住宅和其他主要项目消费的追求，以及社会经济发展的可能性，从总体上加以适当的引导，是很有必要的，具体表现在以下几方面。

（一）充分发挥消费对生产的反作用，推动经济发展

按照马克思主义的观点，生产决定消费，消费反作用于生产。消费引导搞得好，形成优良的"社会订单"，必将促进生产力的发展。对消费发展作必要的超前考虑和全局考虑，能够带动生产力向着未来需要的方向发展，克服消费自发性发展中可能出现的盲目性和落后性。国外在这方面有不少成功的做法。例如，在20世纪初期，美国就对全民汽车消费作了战略考虑，道路框架和城镇建设均按此要求规划，促进了汽车工业的高度发展。消费引导是一种积极主动的行为，它虽然带有一定的主观性，但在科学技术高度发达的当今社会，在掌握许多发达国家众多可资借鉴的具体实践的情况下，结合我国的发展实际，对消费从总体上、战略上作前瞻性的考虑和规划，是完全有可能的，也确实应该这样去做。

我国的市场很大，但有待开发。如果善于引导，市场的潜在力量就会迸发出来，从而给我国国民经济的发展带来强劲的增势。凡事预则立，不预则废。通过消费引导，激发蕴藏在广大人民群众中的巨大消费潜力，是整个宏观经济管理中必须重视的问题。只有走活这盘棋，才能保持国民经济持续、快速、健康发展。

（二）促进消费与社会文化协调发展，形成科学的文化消费观

我国已经进入了全面建设小康社会的历史新时期。越来越多的增长收入将用于购买发展型和享受型服务与产品，特别是购买精神文化类的服务和产品。2011年城乡居民人均文化消费分别达到1 102元和165元，比2002年分别增长170.7%和253.8%，年均分别增长11.7%和15.1%，年均增速分别快于人均消费支出0.9和

2.7个百分点。2011年城乡居民文化消费占消费支出的比重分别为7.3%和3.2%，比2002年分别提高0.6和0.7个百分点。[①] 市场经济的发展结束了长期以来我国文化产品的生产和消费的直接需要相脱离的二元状态，人们拥有了选择和享受文化产品的自由。这一方面带来了文化市场的空前繁荣；另一方面也使得文化产品越来越商品化。因此，要对大众的文化产品进行正确的消费引导，使之有利于广大消费者形成科学的文化消费观，推动社会主义先进文化的发展和繁荣，最终使消费与社会文化协调发展。在小康社会，文化产品将成为人们必不可少的消费品，其质量和数量反映了人们的兴趣、爱好和价值观念，从总体上反映出我国人民的文化水平，制约着社会改革和发展的速度。对消费进行积极引导，有利于提高人们的综合素质和文化水平；倡导健康、文明、高雅的文化消费观是搞好精神文明建设的重要途径，直接关系到全面建设小康社会的进程。

（三）全面提高消费者素质，促进人的全面发展

早在2002年党的十六大报告就把人的全面发展提到“马克思主义关于建设社会主义新社会的本质要求”的高度，积极的消费引导有利于提高消费者素质，促进人的全面发展。因为在市场经济中，由于消费的商品化和市场化，买卖双方人格上的不一致，使生产者有机会利用消费者的各种购买动机，侵害消费者的利益。消费者面对成千上万种商品，其知识非常有限，对商品的质量、性能、文化含义、具体使用等方面都不可能完全了解，因此，消费的社会和政策引导就成为必要。通过消费引导，消费者的购买知识和消费知识才能不断增加，消费者的素质也将在购买和消费的过程中得到提升，最终使消费成为促进人的全面发展的主要推动力量。

（四）提高消费质量，实现科学文明消费

科学文明消费是现代经济社会和人类需要发展的一个总体趋势，既包括消费内容的科技含量高、文化含量高和生态环境优美，也包括消费方式的文明、健康和科学。但科学文明消费的基本前提条件是消费质量得到保障，没有消费质量，一切科学消费的说教都将成为空谈。只有在消费质量和消费者权益得到根本保障的情况下，才有可能进一步追求消费内容和消费方式上的科技含量，实现科学消费。但市场交易中普遍存在买卖双方之间的信息不对称，消费者往往处于信息弱势地位，容易受到产品质量、性能、价格、服务等方面的侵害。据估计，我国每年食物中毒者达几十万乃至数百万人次。这些都说明我国当前的消费市场还不够安全，消费质量还有待提高。事实上，即便在成熟的市场经济中，消费者的弱势地位也同样存在。因此，对消费者的购买和消费行为的引导在不发达和发达的市场经济中都是必要的，消费者必须得到帮助，以便改进消费方式，提高甄别能力，更新消费意识，从而最大限度地遏制市场中的侵权行为，提高消费质量，最终实现科学文明的消费。

---

① 参见商务部财务司：《我国居民文化消费状况分析》，http://www.ccnt.gov.cn/sjzznew2011/cws/whtj_cws/201211/t20121107_267151.html。

二、消费者行为的发展趋势

把握消费者行为的发展趋势，因势利导，对于促进消费的科学化、合理化，搞好生产经营，更好地满足人民日益增长的物质文化需要都有积极意义。与社会经济发展相适应，消费者行为的发展趋势体现在以下几个方面。

（一）消费需求的内容不断丰富，层次不断上升

随着生产力的发展，科学技术不断进步，人们的收入不断增加，不仅更加激发了消费者欲望的不断延伸，而且使人们很多欲望的实现成为可能。在人们消费生活日益丰富多彩、消费需求满足程度不断提高的基础上，消费需要的层次也在不断上升。比如，对生存资料的需要满足了，又产生了对享受资料、发展资料的需要；对一些享受资料、发展资料的需要满足了，又产生了对新的、更多的享受资料、发展资料的需要。时至今日，社会上的“文化热”、“电脑热”、“培训热”等方兴未艾，就反映了人们在满足了低层次的、生理的、物质的需要以后，对于高层次的、心理的、精神的需要要求日益强烈，通过消费来实现人的全面发展的意识日益突出。

（二）消费方式灵活多样，消费的选择性不断增强

消费者不再满足于单一的消费模式，对灵活多样的消费方式提出了迫切要求。与此同时，随着科学技术水平的不断提高，新工艺、新技术、新产品不断涌现，消费品丰富多彩，在客观上为消费者增强消费的选择性、采取灵活多样的消费方式创造了条件。可见，掌握这些情况，注意探讨消费的发展趋势，科学预测消费品的生产规模、品种、规格等，合理组织消费品的供给，才能适应消费的选择性不断增强的要求。

（三）消费者的时效观念不断增强

“时间就是金钱，效率就是生命”，这是适应市场经济特点的一种观念。随着我国社会主义市场经济的发展，不仅在生产领域、流通领域，而且在消费领域，传统的慢节奏的运作方式已很难适应现实需要。工作和生活节奏逐渐加快，人们在消费中的时效观念不断增强，效率意识日益突出，如今家务劳动已经逐步社会化，方便食品备受青睐，有效利用时间的社会心理正在形成。

（四）消费趋同现象不断减少，个性化不断突出

恩格斯曾经指出，在社会主义下，“一切生活必需品都将生产得很多，使每一个社会成员都能够完全自由地发展和发挥他的全部力量和才能”[①]。随着社会主义市场经济的发展，充分发挥人的才能，促进个性发展和人的全面发展是一种必然趋势。人们消费生活中的趋同现象越来越少，符合自我发展需要、个性的消费活动

---

① 《马克思恩格斯选集》，2版，第1卷，237页，北京，人民出版社，1995。

不断增加，兴趣消费、智力消费及体现消费者个人审美观的消费发展很快。认真研究消费者个性化的需求，开展特色经营，不仅可以使生产经营者在竞争中立于不败之地，而且符合消费者的普遍愿望。

（五）消费的文明、开放程度不断提高

社会在发展，文明在进步，无论物质消费领域，还是精神文化消费领域，一些无文化、非文化甚至反文化的消费现象都在逐步减少；相反，社会物质文明和精神文明的成果日益深入人心，并渗透到消费领域，人们的审美意识不断增强，追求健康、文明、合理的消费正在成为一种潮流。同时，消费的开放程度也在不断提高。随着市场经济的发展，传统的保守、封闭型消费观念逐渐为社会化、开放型消费观念所取代，人们之间的社会交往大大增加，消费社会化程度逐步提高，消费信息开始得到重视和利用，人们的消费生活也随之变得更加丰富多彩。

三、引导消费者行为的原则及途径

（一）引导消费者行为的原则

针对我国目前消费领域的实际状况，为了建立文明、健康、科学的生活方式，在引导消费者行为中要坚持以下几条基本原则。

1. 量入为出，崇俭戒奢

勤劳、俭朴是我国人民的传统美德，在今天，坚持这一原则仍有积极的现实意义。2012 年党的十八大报告指出我国仍处于并将长期处于社会主义初级阶段的基本国情没有变，人民日益增长的物质文化需要同落后的社会生产之间的矛盾这一社会主要矛盾没有变，我国是世界最大发展中国家的国际地位没有变。社会生产力还不发达，底子薄、人口多的问题仍突出，人均资源占有量低，当前仍有部分边远农村人口没有解决温饱问题，城市低收入者贫困人口还比较困难，应提倡抑奢崇俭，继续发扬艰苦奋斗的精神，以利于消费的可持续发展。

2. 合理适度

提倡崇俭戒奢的消费原则，并不是号召人们做禁欲主义者，而是与合理、适度消费相结合的崇俭戒奢。消费对生产具有反作用，可以拉动经济增长，尤其在当前市场疲软、有效需求不足的情况下，发挥消费的拉动作用意义重大，更要鼓励消费。但是，任何时候都要坚持消费的适度性、合理性。适度消费，从宏观上理解是要求消费的增长建立在生产发展和经济效益提高的基础上，消费的增长速度应低于生产增长的速度；从微观上理解是要求消费者的消费支出应与自身收入水平大致持平，消费水平的提高应是一个渐进的而不是剧变的过程。消费的合理性主要是指消费中要尽量避免盲目性、浪费性、炫耀性、愚昧性等消费，消费要文明、科学、合理，符合社会可持续发展的要求。

3. 积极分流，鼓励多样化消费

由于收入水平、生活情趣、消费能力等不同，消费分层和多样化是一种必然趋

势。我们应鼓励人们消费分流，鼓励适应消费者个体特征的消费行为，以利于消费结构的改善和消费质量的提高。

4. 提倡智力性、发展性消费

随着科学技术的飞速发展，未来社会对人们各方面素质的要求越来越高。因此，人们在消费中注重提高智力性、发展性消费的比重，不断开阔自己的眼界，强化知识技能修养，提高综合素质，不仅是个人发展的需要，同时也是社会发展的需要。

（二）引导消费者行为的主要途径

1. 要运用宣传教育手段进行引导

近年来，消费对经济发展的拉动作用越来越明显，要进一步发挥社会传播媒介、社会舆论以及各种教育形式的积极作用，使人们充分了解消费与经济资源、精神文明建设、社会全面进步的关系。在此基础上，帮助人们不断更新消费观，逐步树立适应现代消费方式要求的价值观念，使消费更趋科学、合理。

2. 要运用经济手段进行引导

通过运用税收、信贷、价格等经济手段，对人们的消费活动进行宏观调控，限制短缺资源消费品的生产与消费，避免资源浪费，既能使人们的消费需求满足程度不断提高，又能使消费与生产平衡协调发展。

3. 要运用法律手段进行引导

在当前的消费生活中，尽管消费的主流是健康、合理、积极向上的，但还存在一些不健康、不合理甚至腐朽的消费现象，比如愚昧消费沉渣泛起，“黄赌毒”消费仍然存在等。因此，有必要在继续完善法制的同时，加大宣传和执法力度，通过运用法律手段规范消费者的行为，进而引导人们自觉纠正不健康的消费心理。

4. 要运用行政手段进行引导

为了加强对消费心理和消费者行为的引导，有针对性地借助一定的行政手段也很有必要。比如，在当前要狠刹公款吃喝风，净化精神文化领域等，除了运用一定的法律手段，还要强化行政手段。如各级党政领导只有通过加强行政管理，矫正不良消费习惯，优化社会消费风气，才能创造文明、健康的社会消费环境，人们的消费才会日趋合理，消费水平与消费质量才能不断提高。

总之，加强引导消费者行为的途径多种多样，也只有通过各种手段的综合运用，才能达到引导的目的，建立健康、文明的消费生活方式，实现人的全面发展。

□ 本章小结

消费者行为是指消费者为获取、使用、处置消费物品或服务所采取的各种行动，包括先于且决定这些行动的决策过程。消费者行为多种多样，而且非常复杂。消费者行为与消费者心理是两个既有区别又有联系的概念。影响消费者行为的因素主要有三大类：消费者自身的因素、经济因素、环境因素，其中经济因素包括宏观经济因素和微观经济因素，微观经济因素主要涉及消费者的以往经济状况、现有经济状况、预期经济状况、经济地位等因素。

消费者行为的类型划分有不同的标准，主要包括按照购买目标的确定程度分类、按购买态度与要求分类、按在购买现场的情感特征分类、按购买时的介入程度及品牌差异度分类和其他分类方法。

在消费函数方面，凯恩斯（1936）提出了绝对收入假说，发现了边际消费倾向递减规律。杜森贝里（1949）针对凯恩斯的绝对收入假说提出相对收入假说和基于预期收入的消费函数理论。弗里德曼（1957）提出了持久收入假说。弗朗科·莫迪利亚尼（1966）提出了生命周期假说。詹姆斯·摩根（1962）提出了消费决策影响收入假说。罗伯特·霍尔（1978）提出了一种称作随机游走的消费者行为模型，研究了代际消费预算与代际效用问题。综合来看影响消费者行为的有收入、消费惯性、持久收入、资产变动、消费决策与外部影响。

要重视对消费行为的引导，它可充分发挥消费对生产的反作用，推动经济发展；促进消费与社会文化协调发展，形成科学的文化消费观；全面提高消费者素质，促进人的全面发展；提高消费质量，实现科学文明消费。目前消费者行为的发展趋势表现为：消费需求的内容不断丰富，层次不断上升；消费方式灵活多样，消费的选择性不断增强；消费者的时效观念不断增强；消费趋同现象不断减少，个性化不断突出；消费的文明、开放程度不断提高。引导消费者行为中要坚持以下几条基本原则：量入为出，崇俭戒奢；合理适度；积极分流，鼓励多样化消费；提倡智力性、发展性消费。引导消费者行为的主要途径有宣传教育手段、经济手段、法律手段、行政手段。

□ 重要名词

消费者行为　消费者行为类型　消费函数　预期收入　位置消费理论　消费引导

□ 思考题

1. 消费者行为的含义是什么？
2. 影响消费者行为的因素有哪些？
3. 消费者行为可以按哪些标准分类？按各种标准可以把消费者行为分为哪些类型？
4. 西方经济学中的消费函数理论主要有哪些？各种消费函数理论的要旨是什么？

5. 引导消费者行为的原则和途径是什么？

6. 为什么说位置消费理论动摇了主流微观经济学的基础？

□ 推荐阅读

1. 所罗门，卢泰宏，杨晓燕．消费者行为学（第8版，中国版）．北京：中国人民大学出版社，2009

2. 臧旭恒．中国消费函数分析．上海：上海三联书店，上海人民出版社，1994

3. 厉以宁．消费经济学．北京：人民出版社，1984

4. 文启湘．消费者行为学．西安：陕西人民出版社，1999

5. 方福前，张艳丽．城乡居民不同收入的边际消费倾向及变动趋势分析．财贸经济，2011（4）

6. 晏国祥．消费者行为理论发展脉络．经济问题探索，2008（4）

7. 杨汝岱，朱诗娥．公平与效率不可兼得吗？——基于居民边际消费倾向的研究．经济研究，2007（12）

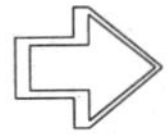

案例分析　我国消费者行为的新变化

随着我国社会经济的发展，人均收入和消费水平的不断提高，我国居民消费需求将进入从小康走向富裕的过渡时期，消费者的需求结构将逐步趋于高级化，因此，未来我国消费者消费行为无论是消费者购物习惯还是消费者喜好方面，都将发生重大变化。

未来消费者购物习惯将发生重大变化

未来，消费者购物习惯将从就近消费转变为便捷性消费。所谓就近消费，是指消费者一般选择离居住地比较近的消费场所进行消费。但随着地铁等交通业的快速发展、私家车数量的猛增，消费者消费行为将不断转向便捷性消费。购物场所停车场停车位的数量、轨道交通的通达性成为消费者选择购物的重要因素。再者，消费者消费从价格考量转向综合性体验消费考量。随着收入和生活水平的提高，人们的消费心理也发生了微妙的变化，消费者的消费不仅仅追寻商品的价格，而更多地关注综合性体验感受，在购物过程中产生美好的消费快感。因此，消费者对购物环境的追求、对顾客服务水平、商品质量控制的要求都越来越高。进入21世纪，随着信息技术的发展，人们将选择更多的渠道购买商品，而不会仅仅局限于单一的现场零售终端的购物方式。如今，随着B2C网站的发展，出现了一批强有力B2C竞争者，如京东商城、好乐买等；还有更多的C2C网站，如淘宝网等，虎视零售消费市场。消费者购物将会在网络购物、商业街、百货公司、奥特莱斯等购物场所中进行选择。

未来消费者的消费喜好将发生重大变化

在日益发展的社会经济中，人们的消费观念正在逐步发生转变，人们的审美不断向个性化转变。消费者购买商品越来越重视商品的象征意义，更加关注通过消费来获取个性的满足以及优越感；更多的消费者从原来以商品性价比为核心转向以自身社会地位定位。在当代，在物质丰富的条件下，人们更关注自身的社会地位，更注重对品牌的追求，不同的社会地位集群对应着不同的品牌集群，这就使消费喜好发生了明显的细化，例如，办公室白领和政府公务员的品牌喜好是泾渭分明的。同时，消费者消费过程中更在意全方位的生活需求。随着生活水平的提高、物质的丰富，人们不再像过去那样，将好的衣物摆放在人前，而是全方位地享受品质生活，在度假、旅游以及各种私人社交活动中将更多地出现品牌化商品，在各个领域，人们将不断追求品牌化商品，以满足消费者的心理和精神的需求。与此同时，随着我国社会的发展，追求自我价值实现及被社会认同的人群数量会越来越多，人们将开始注重奢侈品的消费，由此奢侈品在我国的黄金时期即将到来。北京某咨询公司发布了一份报告，2009 年我国奢侈品市场增长了近 12%，达到 96 亿美元，占全球市场份额的 27.5%。预计未来 5 年，我国奢侈品市场将会达到 146 亿美元，居全球奢侈品消费额的首位。

资料来源：根据北京昭邑零商管理咨询有限公司刘晖 2013 年 5 月 24 日的新浪博客整理。

讨论分析

目前我国消费者购物行为出现了哪些新变化？为什么会出现这些新变化？

第 13 章 Chapter 13 消费者权益与消费者教育

内容提要

消费者权益是消费者实现消费满足过程中内在的和本质的规定。本章阐述消费者权益的内涵及主要内容，研究保护消费者合法权益的必然性和必要性，分析消费者权益受损的表现、原因及维护消费者权益的对策，并探讨如何加强消费者教育。

第 1 节　维护消费者权益

一、消费者权益的内涵

消费者权益是指消费者在消费生活中，尤其是在购买、使用商品和接受服务时所享有的权利和利益。消费者的权利和利益既相互区别，又紧密联系。一方面，消费者的利益是消费者权利保护的对象和目标，即消费者的利益包含于消费者的权利之中；另一方面，消费者的权利是消费者利益实现的前提和保证，即消费者权利的完整存在决定着消费者利益的根本实现。因此，消费者权益是消费者权利和利益的有机统一体，是消费者应有权利得到保护时给消费者带来的应得利益。

消费者的权利具有以下特征：第一，消费者权利的享有者是消费者。消费者权利是法律赋予消费者的特殊权利，与消费者的特殊身份密切相关。只有为满足生活需要而购买、使用商品和接受服务的社会成员包括消费个体和消费群体，才能享有消费者权利，生产经营者不能享有消费者的权利。第二，消费者权利属于法定权利。消费者权利是消费者保护法直接规定的消费者享有的权利，生产经营者任何形式的剥夺或限制消费者权利的行为都是非法和无效的。消费者权利是宪法所规定的公民权利的具体化。如消费者享有的结社权、保障安全权、公平交易权、自主选择权等都是宪法规定的公民权利在消费领域的具体体现。

消费者权益反映了一定的社会经济关系，反映了在一定的社会经济条件下，消费者和生产者、经营者之间的关系，也反映了消费者之间的关系。

二、消费者合法权益的主要内容

（一）消费过程及消费活动的安全权

消费者的安全权是指消费者在购买、使用商品和接受服务时所享有的人身、财产安全不受损害的权利。它是消费者最为重要的权利，也是宪法和民法赋予公民的人身权、财产权在消费者保护领域的具体体现。

《中华人民共和国消费者权益保护法》（以下简称《消费者权益保护法》）第七条规定："消费者在购买、使用商品和接受服务时享有人身、财产安全不受损害的权利。"据此，我国消费者的安全权包括人身安全和财产安全两方面。

为了保障消费者安全权的实现，《消费者权益保护法》还将尊重消费者的安全权设定为一项法定义务，该法第七条规定："消费者有权要求经营者提供的商品和服务，符合保障人身、财产安全的要求。"

（二）消费者对消费客体的知情权

消费者的知情权，是指消费者在购买、使用商品或者接受服务时所享有的知悉有关商品或服务的真实情况的权利。知情权是消费者了解商品和服务，避免因盲目购买、使用商品和接受服务而遭受损害的法律保障。

《消费者权益保护法》第八条规定："消费者享有知悉其购买、使用的商品或者接受的服务的真实情况的权利。消费者有权根据商品或者服务的不同情况，要求经营者提供商品的价格、产地、生产者、用途、性能、规格、等级、主要成份、生产日期、有效期限、检验合格证明、使用方法说明书、售后服务，或者服务的内容、规格、费用等有关情况。"据此，知情权的内容大致包括三个方面：一是关于商品和服务的基本情况；二是关于商品的技术状况；三是关于商品和服务的价格以及商品的售后服务情况等。

消费者为了实现其知情权，既有权要求经营者按照法律、法规规定的方式标明商品或者服务的真实情况，也有权向经营者询问和了解商品和服务的有关情况。在消费者因被欺诈和引人误解的宣传而与经营者交易的情况下，还有权主张该交易行为无效。

（三）消费者购买消费客体的选择权

消费者的选择权是指消费者在购买商品或接受服务时所享有的自主选择的权利，包括选择购买种类、数量、地点、时间和购买交易方式的权利。选择权是在市场经济条件下，契约自由原则在消费保护领域中的具体体现。

《消费者权益保护法》第九条规定："消费者享有自主选择提供商品或者服务的权利。消费者有权自主选择提供商品或者服务的经营者，自主选择商品品种或者服务方式，自主决定购买或者不购买任何一种商品、接受或者不接受任何一项服务。消费者在自主选择商品或者服务时，有权进行比较、鉴别和挑选。"据此，消费者的选择权包括以下四个方面的基本内容：一是消费者有权选择提供商品或者服务的经营者；二是消费者有权自主选择商品品种或者接受服务的方式；三是消费者有权自主决定购买或者不购买任何一种商品、接受或者不接受任何一项服务；四是消费者有权对商品或者服务进行比较、鉴别和挑选。

（四）消费者购买过程公平交易权

公平交易是市场经济的一项准则，也是法律追求的一种价值目标。公平交易权是民法规定的公平原则在消费保护领域的具体体现，它是指消费者与经营者进行交易时，双方应本着公平的精神，充分体现各自的真实意愿，使双方的交易目的都得以有效实现。

《消费者权益保护法》第十条规定："消费者享有公平交易的权利。消费者在购买商品或者接受服务时，有权获得质量保障、价格合理、计量正确等公平交易条件，有权拒绝经营者的强制交易行为。"据此，消费者的公平交易权包括以下四个方面的内容：一是消费者在购买商品或者接受服务时，有权获得质量保障；二是消费者在购买商品或者接受服务时，有权以合理的价格成交；三是消费者在购买商品或者接受服务时，有权要求经营者计量正确；四是消费者在购买商品或者接受服务时，有权拒绝强制交易。

（五）消费者权益受损后的求偿权

求偿权又称获得赔偿权。消费者的求偿权事实上是一种民事索赔权，它是消费者在购买、使用商品或者接受服务时，因人身和财产受损害而依法取得向经营者请求赔偿的权利。

《消费者权益保护法》第十一条规定："消费者因购买、使用商品或者接受服务受到人身、财产损害的，享有依法获得赔偿的权利。"据此，消费者的求偿范围包括人身损害和财产损害两个方面。根据该法的进一步规定，经营者提供商品或者服务，造成消费者或者他人人身伤害，应当支付医疗费、治疗期间的护理费、因误工减少的收入等费用；造成残疾，还应支付残疾者生活自助费、生活补助费、残疾赔偿金以及其抚养人所必需的生活费等费用；造成死亡，应当支付丧葬费、死亡赔偿金以及死者生前抚养人所必需的生活费等费用。经营者提供商品或者服务，造成消费者财产损害的，应当按照消费者的要求，以修理、重做、更换、退货、补足商品数量、退还货款和服务费用或者赔偿损失等方式承担民事责任。消费者与经营者另有约定的，按照约定履行。这里的财产损害既包括直接的财产损害，也包括间接的财产损害。

值得注意的是，消费者在行使求偿权时，《消费者权益保护法》第四十九条还对经营者的惩罚性赔偿作了明确规定："经营者提供商品或者服务有欺诈行为的，应当按照消费者的要求增加赔偿其受到的损失，增加赔偿的金额为消费者购买商品的价款或者接受服务的费用的一倍。"这种惩罚性赔偿目前在我国现有的立法中仅见于消费者权益保护领域，它充分体现了《消费者权益保护法》保护弱者的立法宗旨。消费者既要注意积极援用这一条款以充分维护自身的权益，同时也要注意其适用条件，不可任意扩大其适用范围。

（六）消费者结社权

消费者的结社权是指消费者为了维护自身的利益，组织消费者团体的权利。它是宪法规定的结社权在消费领域的具体体现。

《消费者权益保护法》第十二条规定："消费者享有依法成立维护自身合法权益的社会团体的权利。"消费者的结社权是由消费者的弱者地位所决定的，它是随着消费者运动的兴起而在法律上的必然表现。事实上，各国不仅先后成立了消费者组织，而且在此基础上最终还成立了消费者的国际性组织——国际消费者联盟组织。实践证明，消费者组织在维护消费者权益方面发挥着不可替代的重要作用。

（七）消费者受教育权

消费者的受教育权是宪法规定的公民受教育权的重要组成部分，是指消费者享有获得有关消费和消费者权益保护的知识以及获得所需商品和服务的知识和使用技能的权利。与其他消费者权利不同的是，消费者的受教育权既是消费者的一项权利，也是消费者的一项义务，其本身包含着权利和义务两个方面。

《消费者权益保护法》第十三条规定："消费者享有获得有关消费和消费者权益保护方面的知识的权利。消费者应当努力掌握所需商品或者服务的知识和使用技能，正确使用商品，提高自我保护意识。"据此可知，消费者通过行使受教育权有权获得的知识包括消费知识和有关消费者权益保护的知识两大类。前者一般是指有关商品、服务、市场以及消费心理等方面的知识，它有助于消费者做出正确的消费选择。后者通常是我国法律、法规规定的对消费者权益予以保护的知识，它有助于消费者自觉运用法律武器维护自己的合法权益。

（八）消费者受尊重权

《消费者权益保护法》第十四条规定："消费者在购买、使用商品和接受服务时，享有其人格尊严、民族风俗习惯得到尊重的权利。"消费者的受尊重权是我国宪法规定的公民受尊重权在消费领域的体现。它具体包括消费者的人格尊严权和消费者的民族风俗习惯受尊重权两项内容。前者是指消费者在购买、使用商品和接受服务时享有的人格尊严不受他人侵犯的权利。后者则是指少数民族消费者在购买、使用商品或者接受服务时所享有的其民族风俗习惯不受歧视、不受侵犯的权利。

（九）消费者的监督权

消费者的监督权是公民监督权在消费领域的具体体现。《消费者权益保护法》第十五条规定："消费者享有对商品和服务以及保护消费者权益工作进行监督的权利。消费者有权检举、控告侵害消费者权益的行为和国家机关及其工作人员在保护消费者权益工作中的违法失职行为，有权对保护消费者权益工作提出批评、建议。"

从上述规定来看，监督权包括三个方面的内容：一是对商品和服务进行监督；二是对国家机关及其工作人员在维护消费者权益工作中的违法失职行为进行监督；三是对保护消费者权益的工作提出批评和建议。实践中，要确保监督权的实现，除了消费者应将其作为一项神圣权利和责任，经营者也应把自己的经营活动自觉置于消费者的监督之下，有关国家机关应自觉接受监督并为消费者行使监督权提供必要的条件。

三、市场经济与维护消费者权益

（一）市场经济是消费者主权经济

在市场经济体系中，存在着两大基本利益主体，即生产经营者和消费者。从二者的相互地位来看，随着市场商品供给的日益丰富，消费者日益处于支配和主导地位。而且市场经济越发展，消费者对经营者的支配和引导作用就越明显。换言之，市场经济是消费者主权经济。

所谓消费者主权，是指“消费者在决定某个经济体系所经营商品的种类和数量上起着支配和主导作用”①。即生产经营者必须服从消费者的“指令”，按照消费者的意愿和偏好决定生产什么、生产多少和如何生产。消费者主权概念在古典经济学家亚当·斯密的著作中就已出现。早期庸俗经济学家萨伊也竭力宣传这一概念。在当代西方经济学家中，哈耶克、弗里德曼、罗宾逊等人是消费者主权概念最有力的维护者，尤其是哈耶克更热衷于宣传这一理论。他在《通往奴役之路》、《自由的宪章》等著作中，全面论述了为什么在市场中消费者能以“至高无上”的力量决定商品生产的种类和数量，为什么生产者要服从于消费者，按照消费者的意志和偏好去组织生产和经营。②

从全社会的角度来看，消费者主权有利于实现社会资源的优化配置。所谓资源有效配置，是指社会上的人力、物力、财力等资源各得其所，也就是配置在最有效率的地区和部门，既没有闲置的资源，也不存在过度的资源耗费。消费者通过代表其消费偏好和趋向的货币选票选购商品，迫使生产者据此调整投资的方向和数量、使用生产资料和劳动力的比例和结构，进而研究提高商品质量的方法和技术，生产适销对路的商品。

从社会再生产的角度看，消费主导社会再生产过程和市场经济的发展。消费既是上一个经营过程的终点，也是下一个经营过程的起点。作为终点，消费在满足消费者需要的同时，也验证经营者的经营；作为起点，消费创造新的经营动力和方向。市场经济发展的实践业已证明，消费者主权是最终趋向。随着市场商品供给的日益丰富，由卖方决定一切的卖方市场态势逐渐让位于由买方说了算的买方市场态势。日益加剧的市场竞争驱使生产者必须遵循消费者的意愿行事，即消费什么就生产什么。这样，消费成为市场经济发展的主导因素。消费者需求的变化无一例外地

---

① 张严方：《消费者保护法研究》，18～19页，北京，法律出版社，2003。

② 参见陈冬健、周芳：《消费者主权的实现与消费者权益的保护》，载《铁道师院学报》，1997（5）。

体现在生产者的跟随行动中，从而引领着社会资源配置出现相应的变化。

（二）消费者问题的产生是市场经济发展的必然结果

消费者权利是对应于消费者问题而提出并发展的。从历史的角度考察，消费者问题是商品交换中消费者利益受到损害的问题，它是社会经济发展到一定阶段所产生的特有现象，是商品经济条件下生产者、经营者和消费者分离的结果。在工业革命之前，由于商品生产和商品交换还不发达，交易过程比较简单，因此，当时消费者权利问题还无从谈起。18 世纪末，工业革命的浪潮席卷全球，主要资本主义国家迅速崛起，生产高度发展，技术日益进步，产销过程日益复杂化，消费者权利问题随之出现。到了垄断资本主义阶段，大生产、大消费的格局日益形成。随着产品制造技术日益复杂化、产品功能日益多样化、产销方式日渐多元化、产品经营日益广告化和产品流通日益国际化，消费者的自主消费行为越来越受制于生产者，市场地位越来越被动，与生产者相比，两者之间很难存在事实上的平等。这时，消费者权利问题便凸显出来，成为资本主义国家严重的社会问题之一。为了缓和社会矛盾，一些资本主义国家的政府和有识之士不得不提出一些解决对策。从法律上确认消费者的权利，就是其中的主要措施之一。

最早提出消费者权利的是美国前总统肯尼迪。1962 年 3 月 15 日，约翰·肯尼迪向联邦议会提出了《关于保护消费者利益的总统特别国情咨文》，从法律角度首次提出了著名的消费者“四项权利”，即有权获得安全保障、有权获得正确资料、有权自主决定选择和有权提出消费意见。在此基础上，随着国际保护消费者运动的发展，一些国家和地区纷纷制定有关消费者保护的法律，并在确认消费者上述四项权利的基础上，进一步扩展消费者的权利，先后提出了消费者有权获得合理赔偿、有权获得消费者教育、有权获得健康环境、有权组织和参加消费者团体等多项权利，从而使消费者权益的内容得到进一步完善和充实。1983 年，国际消费者联盟组织确定每年的 3 月 15 日为“国际消费者权益日”。1985 年 4 月 9 日，联合国通过了《保护消费者准则》，这是唯一的一部对世界各国，特别是对发展中国家有指导性意义的消费者保护的国际规范。该准则对上述消费者的基本权利作了确认，并敦促各国政府维护消费者的以下八项权利，即消费者有权得到必要的物品和服务以得以生存；消费者有权得到公平的价格和选择；消费者有得到安全的权利；消费者有得到充足资料的权利；消费者有寻求咨询的权利；消费者有得到公平的赔偿和法律援助的权利；消费者有得到消费者教育的权利；消费者有获得和享受健康的环境的权利。

（三）维护消费者权益的客观必然性、必要性

由于市场经济发展水平较低和经济体制等原因，我国对消费者权益的确认和维护起步较晚。1984 年 12 月 26 日，中国消费者协会在其章程中提出了消费者应当享有的六项权利。1993 年 10 月 31 日，八届全国人大常委会第四次会议通过的《消费者权益保护法》在借鉴国外消费者保护法有关规定的基础上，设专章第二章规定了

消费者的九项权利，并于1994年1月1日正式实施，标志着我国保护消费者权益的工作纳入了法制轨道，进入了消费者权益保护的新阶段。我国维护消费者权益的必然性和必要性是：

（1）维护消费者权益是实现社会主义生产目的的客观要求。在社会主义条件下，生产的目的是最大限度地满足人民日益增长的物质文化生活需要。这种满足从本质上具有主权得到尊重的质的规定性。也就是说，消费者的需要是与消费者的权益紧密结合在一起的，没有完整的权益保证，就不会有需要的根本满足。纵观我国的发展实际，随着社会主义市场经济体制的建立、生产力水平的不断提高、现代科学技术的飞速发展，社会生产为我国人民的消费提供了一个日益丰富的产品市场和服务市场，而且随着买方市场的出现，消费者的市场地位得到根本改变，消费选择自由大幅提高，消费需求导向趋势明显，这极大地提高了我国人民的生活水平和消费满足程度。但是在市场繁荣的同时，市场诚信和法制建设滞后，市场秩序混乱非常严重，造成消费者权益受损的现象日益突出。有些消费者在购买、使用商品和接受服务时不但不能使自己的需要得到满足，反而人身、财产、心理受到损害。因此，只有切实维护消费者权益，才是实现社会主义生产目的的根本出路。

（2）维护消费者权益是发展社会主义市场经济的客观要求。首先，从市场机制的完整构建来看，维护消费者权益既是市场机制发挥作用的必然结果，又是市场经济向纵深发展的客观表现。以竞争机制为例，在公平的市场竞争条件下，生产者要想在激烈的市场竞争中取胜，就必须以消费者为重，自觉维护消费者权益，为消费者提供优质商品和优质服务。这就促使它们在自觉更新设备、提高生产效率、增强自身竞争力上下工夫。这样，不仅消费者权益得到维护，而且生产者的素质也得以提高。其次，市场经济是法制经济。市场经济的有序运行需要法律来加以规范，这样才能保证公平竞争、优胜劣汰的市场经济基本原则切实发挥作用。在完善社会主义市场经济体制的过程中，法律的作用尤其重要。消费者权益问题实质上是法律问题，所以，维护消费者权益是我国市场经济走向法制化的内在要求。

（3）维护消费者权益是建设社会主义精神文明、构建和谐社会的客观要求。高度的精神文明是社会主义的本质特征，建设和谐社会是新的历史时期精神文明建设所追求的目标。和谐社会坚持以人为本，追求民主法治、公平正义、诚信友爱、安定有序、充满活力、人与人、人与自然、社会各系统和各阶层的和谐相处。构建和谐社会需要全社会通力协作经过长期奋斗、不懈努力才能逐步实现。对于消费者而言，积极维护自身权益，坚持文明、健康的可持续消费方式，提高自身文明素质；对于生产者和经营者而言，遵守职业道德和社会公德，依法生产和经营，不断向社会提供优质的物质和精神文化产品，倡导文明、健康的消费风气，即是对精神文明建设及和谐社会的重要贡献。而这既有利于维护社会的正常秩序，实现生产者、经营者和消费者和谐统一的市场关系，维护消费者的权益，又将促进精神文明和物质文明的协调发展，促进社会的全面进步及和谐社会的尽早实现。

第 2 节　消费者权益受损的表现及原因

一、消费者权益受损的表现

现实经济生活中，存在着种种损害消费者权益的现象，主要表现在以下几个方面。

（一）产品质量堪忧

产品质量与消费满意度息息相关，它一方面决定着消费者的消费效用，另一方面决定着消费者的消费忠诚，预示着消费者的货币选票会不会再度投向某一产品。所以重视产品质量本应是生产经营者的必然之道。但是，一些生产经营者只图一己私利，而置消费者利益于不顾，违反国家有关产品质量的规定标准，偷工减料、粗制滥造、以次充好，甚至生产损害消费者人身和财产安全的产品，使消费者遭受物质和精神上的损失，严重损害了消费者的合法权益。据全国各级消协组织统计汇总，2012 年共受理消费者投诉 543 338 件，其中投诉质量问题的比例最高，占 51.6%。在商品投诉中，食品类投诉居第三位。[1] 我国食品安全有奖举报制度实施之后，2012 年全国共受理食品安全举报案件 141 037 起，涉案金额达 8.6 亿元。[2] 食品质量安全问题堪忧。生命权是消费者的首要权利，食品消费是消费者实现其生命权的必要途径。但是由于市场管理制度缺失，在利益的驱动下，食品生产者忽视生产过程的安全生产、洁净生产等现象相当普遍。例如为提高产量而大量喷洒农药、化肥，涂抹植物膨大剂，喂服激素、瘦肉精；又如用地沟油炼制食用油，用生石灰处理皮革肥料并熬制工业明胶，用甲醛溶液喷洒白菜进行保鲜等，种种“餐桌污染”导致人们的身体健康受到影响，人类疾病谱和死因构成发生变化，以至于消费者对食品安全产生了信任危机。还有众所周知的婴幼儿奶粉问题。2012 年，全国消协组织受理婴幼儿奶粉投诉中，78.2%的投诉与质量问题有关。消费者对于婴幼儿奶粉尤其是国产奶粉的信任度大大降低，以至于到国外市场抢购奶粉的现象不断出现。从精神文化产品来看，非法、劣质出版物以及网络不良视频和游戏软件依然充斥市场，对消费者特别是青少年造成了极其恶劣的影响。因此，加大物质产品领域的治理力度和精神文化领域的“扫黄打非”力度，努力提高物质产品和精神文化产品的层次及质量，切实保护好消费者的合法权益，实属必要。

（二）假冒伪劣商品泛滥

多年来，我国消费品市场制假售假现象屡禁不止且波及甚广。从其对象范围来看，从普通消费品到高档耐用消费品和高科技产品，从生产资料到精神文化产品，

---

① 数据源于中国消费者协会网站。

② 数据源于中央电视台 2013 年“3·15”晚会。

几乎社会生活的各个领域都有假冒伪劣商品。假冒伪劣商品的泛滥，给国家、社会和广大人民群众造成了巨大危害。据统计，2012 年全国工商行政管理机关共捣毁制假售假窝点 7 339 个，立案查处侵权假冒案件 12.04 万件，依法向司法机关移送涉嫌犯罪案件 1 576 件，涉案金额 20.24 亿元。[①] 有的假冒伪劣商品直接威胁到人民群众生命财产的安全，令人触目惊心。如三聚氰胺奶粉事件直接导致婴幼儿出现肾脏结石，深圳“海沙”房导致房屋寿命大大缩短，“海沙危楼”致使房屋现住居民心惊胆战。此外，假冒伪劣商品还直接影响一些优质名牌产品的声誉及发展。如 2012 年全国消协组织受理白酒投诉案件，每 5 件投诉中就有 1 件涉及假冒问题，部分高价名酒成为假冒的重灾区。可见，不法生产者借假冒伪劣牟取暴利的行为，不仅严重损害了消费者的正当权益，而且极大地危害了社会利益，扰乱了正常的市场经济秩序。近年来假冒伪劣商品仍有蔓延之势：一是假冒伪劣商品品种几乎蔓延到商品生产的一切领域，使消费者不仅更加难以辨别真伪，而且防不胜防。在服务领域，假冒伪劣更是恣意横行。二是假冒的生产经营主体从少数见利忘义的个体工商户发展到个别国有企业，甚至出现“造假村”、“造假乡镇”等地域性群体。三是假冒伪劣商品的生产从过去的小作坊生产逐步发展为借助于新兴科技手段生产。四是假冒伪劣商品的市场区域也有不断发展的趋势，表现为假冒伪劣商品的生产和销售者根据政府各个时期打击假冒伪劣商品的重点区域不同的特点，采取了转移性的对抗策略。五是假冒伪劣商品在政府严厉打击的夹缝中，还有愈演愈烈的势头。

（三）产品价格与计量欺诈

市场中的价格秩序关系到市场的稳定和消费者的根本利益，所以我国政府明令禁止生产经营者的欺骗销售和价格垄断等行为。然而，一些生产经营者为了牟取暴利，大搞价格欺诈，如所标示商品的品名、产地、规格、等级、质地、计价单位、价格等或者服务的项目、收费标准等有关内容与实际不符；对同一商品或者服务，在同一交易场所同时使用两种标价签或者价目表，以低价招徕顾客并以高价进行结算；使用欺骗性或者误导性语言、文字、图片、计量单位等标价；标示的市场最低价等价格无依据或者无从比较；降价销售所标示的折扣商品或者服务，其折扣幅度与实际不符；混淆销售处理商品；采取价外馈赠方式销售商品和提供服务时，不如实标示馈赠物品的品名、数量或者馈赠物品为假劣商品；价格附加条件，不标示或者含糊标示；虚构原价，虚构降价原因，虚假优惠折价；不履行或者不完全履行价格承诺；采取掺杂、掺假，以假充真，以次充好，短缺数量等手段，使数量或者质量与价格不符；对实行市场调节价的商品和服务价格，谎称为政府定价或者政府指导价。[②] 此外，市场中的产品计量问题也日益严重。最典型的对消费者利益影响最大的要数商品房消费，商品房面积缩水已是众所周知的问题。2012 年，全国消协组织受理的房屋投诉中涉及合同问题的有 2 448 件，全年受理房屋合同投诉占房屋

---

① 参见郑梦超、郝军：《闪耀红盾护航消费》，载《中国消费者报》，2013－03－15。

② 参见《济南物价部门公布 13 种价格欺诈行为》，大众网，www.dzwww.com，2012－03－14。

投诉总量的 32.5%，远高于对其他商品合同问题投诉的比例。在合同问题投诉中，消费者反映的问题主要有：一些开发商违反合同约定，对于事先向消费者收取的“定金”不予退还，更谈不上按定金额度双倍返还；一些开发商任意延期交房，向消费者摊派不合理费用等。可见，商品价格及其计量问题也是一个非常重要的问题。

（四）产品广告宣传虚假

现在只要翻开报纸，打开电视机，广告宣传是铺天盖地，其中以美容、医疗、保健品、药品、日用品、商品房、汽车为最。众多的广告有效节省了消费者搜寻商品信息的成本，但是由于当前我国广告市场鱼龙混杂，因此随处可见的广告也大大增加了消费者的风险成本，使消费中的不确定性增强，消费者权益极易受到损害。一方面，商品生产经营者无视我国广告管理的法律法规，利用广告制作单位单纯追求利润的心理，制作虚假广告，人为制造“广告效应”，蒙骗消费者；另一方面，从广告存在的问题来看，医疗、药品、保健食品、美容服务、化妆品广告以及收藏品、招商加盟等广告宣传虚假成分较多，相当多的经营者在产品说明上不介绍产品的真实性能、主要成分、使用和养护方法，对必须说明的内容含糊其辞或故意夸大，引诱消费者上当受骗。如经营者以“让利”、“赠送”、“全市最低价”为诱饵欺骗消费者，医药、美容、化妆品等行业利用所谓消费者现场说明疗效等进行虚假夸大宣传，房地产开发商夸大宣传其所售房屋质优价低。此外，还有大量危害未成年人身心健康的非法涉性、低俗不良广告充斥网络及电视媒体。国家工商行政管理总局等五部门披露的相关数据显示，通过主要商业网站、广告监测发现，一些网站发布的医疗药品、医疗器械、保健食品广告的违法率高达 90%。[①] 广告的胡吹乱侃，使被广告牵着鼻子走的一些消费者受害颇深。

（五）服务质量低劣

随着社会经济发展水平和人民生活水平的提高，我国服务业发展迅速，但是忽视消费者利益、服务质量低劣的问题也十分突出。据全国消协组织受理投诉情况统计汇总数据，2012 年服务类投诉比重继续呈上升趋势，已占到总投诉量的 34.0%。服务投诉量居前的是媒体购物、移动电话服务、网络接入服务、美容美发等。此外，家电行业售后服务问题较多，部分家电行业售后服务中存在不平等格式合同条款，尤以苹果公司服务条款为代表，引起消费者不满。据不完全统计，全国消协组织 2012 年受理苹果公司产品投诉 2 170 件，其中涉及售后服务的投诉占 25.6%，高出家电全行业平均水平 7 个百分点。又如一些公用事业单位和垄断行业的经营者利用其强势地位，采用合同、声明、通知、店堂告示等形式，单方面设定消费者义务，强行推销，强制消费者接受商品和服务项目。如电信部门对使用 IC 电话卡限定使用期限等。又如银行擅自为消费者开卡并收取年费，擅自从账户中扣取包年短

① 参见梁淘淘：《2012 年国家工商总局查处互联网违法广告 3 725 件》，载《人民邮电报》，2013－03－18。

信息通知费等，对于消费者来说，这些行业规定都有明显的不合理、不公正之处。

二、消费者权益受损的原因

（一）市场发育水平低，市场机制不健全

完善的市场体制是消费者权益得以实现的基础。我国从计划经济体制向市场经济体制转轨的过程中，相当长时期内属于“过渡型”经济体制，市场发育不充分，市场体系不完善，市场机制不健全，因此容易出现消费者权益受损的现象。比如，商品和服务的数量、质量不能满足消费者的需要，在供求失衡的前提下，消费者的自主选择权难以实现。当前城乡市场仍处于分割状态，农村经济社会发展滞后的局面尚未根本改变，城乡基本公共服务不均等问题亟待解决。不同形式的市场垄断和分割损害市场的自由竞争和消费者权益。财政“分灶吃饭”使地方利益得到强化，地方保护主义随之盛行，以邻为壑式的经济增长方式阻碍了我国统一大市场的形成，一方面制约了国内优质产品的自由流通，保护了落后产品，影响了市场产品供给的质量结构；另一方面加大了消费者的预算支出，损害了消费者的利益，影响了消费者的自由选择。此外，像房地产市场发展中本身受到政府对土地供给的干预，土地供给“招拍挂”制度某种程度上被地方财政用来获取收入，加上我国房地产行业缺乏有效的市场监管机制，从而使我国房地产价格出现了不正常的高企现象，较大地影响了消费者的消费权益和消费生活。

（二）法治不健全，执法不严

我国已经通过并颁布了《消费者权益保护法》及其他相关的法律法规，这为消费者权益保护工作提供了强有力的支持。但是随着市场经济的进一步发展，人们的消费需求逐步升级，消费领域不断拓宽，新兴的消费内容不断出现，消费者受损害的现象已非现有的保护法律和法规可以解决，制度建设的滞后已经大大影响了对消费者保护的效果。主要表现在：一是立法速度缓慢，跟不上形势发展的需要。一方面是在整个传统流通领域，专业分工行业的商业立法太少；另一方面是在新兴商业服务业领域，如健身、美容、信息消费、邮电通信、房地产以及金融证券业等缺少相关法律规定，使得众多的消费问题无法可依，消费者权益受损害的事件时有发生。二是现行的消费法律制度中对损害消费者权益的生产经营者的处罚规定不太合理，重罚轻赔，忽视民事责任，强调行政责任和刑事责任，显然不能引起生产经营者对消费者权益的足够重视。而且对生产经营者的处罚规定远没有国外严厉，因而起不到惩戒的作用，导致少数不法生产经营者屡罚屡犯。三是有的消费法律缺乏可操作性，没有实施细则，或者跟不上形势的要求，致使消费者诉讼成本过高，效率低下，一些消费者只好忍气吞声，或者只在消费诉讼标的很大或精神损失严重时才选择起诉的办法来保护自己，这就为消费主权的实现设置了障碍。四是我国的消费者权益保护法没有和国际接轨，致使一些国际性的消费者权益纠纷问题因为制度的缺陷而不能得到很好的解决。比如，在我国，缺陷产品缺乏召回制度，产品缺陷鉴

定困难，所以对于权益同样受到损害的我国消费者和其他国家的消费者，像苹果这样的大公司其处理办法会大相径庭。五是存在司法不公、地方保护主义保护假冒伪劣等侵权行为。

（三）生产经营者管理水平低

市场经济条件下，企业追求自身利益的最大化是企业作为“经济人”的本能反应，是一种正常的举动。这种举动只有在合法的范围内才具有合理性。所谓合法，即生产经营者必须尊重交易对方的利益和人格，诚实经营、高效经营，以此来谋求自身利益的最大化。但是，现实生活中，当生产者和消费者利益发生冲突的时候，有的生产者、经营者为了自己的利益而置消费者利益于不顾，不讲职业道德、社会公德，忽视行业自律，唯利是图，不择手段，制售假冒伪劣商品，坑蒙拐骗，致使消费者利益严重受损。有的生产者、经营者只顾眼前利益和自身利益，大搞掠夺性经营，忽视长远利益和社会利益，比如对资源的综合开发、合理利用缺乏生态观念和可持续发展观念，致使环境受到污染、生态平衡遭到破坏，影响了消费环境，损害了消费者的权益。有的生产经营者忽视市场公平竞争，不能规范自身行为，不能自觉依靠科学管理提高自身实力和取得市场竞争优势，往往通过不正当手段牟取私利，不仅致使消费者权益受到损害，而且其他合法的生产经营者的权益也遭到不同程度的损害，破坏了市场的正常秩序。

（四）消费者在市场中处于弱势地位

在市场经济条件下，消费需求在国民经济中的地位并不意味着消费者在消费品市场上拥有同样的地位。相反，消费者在市场中处于弱势地位已是人所共知的事实。首先，当消费者在市场上实现自己的个人需求时，这种需求表现为分散的个人消费行为。作为分散、独立行为的个人，消费者在市场上与消费品生产和销售企业的竞争中处于不利的位置。消费者根据自己的收入水平和消费偏好，“以脚投票”表达对消费品市场的评价。由于每个消费者的需求规模相对于市场供给乃至供给消费品的企业是如此狭小，其对市场的影响可以说微乎其微。其次，在市场信息的获得和处理上，消费者处于与生产经营者不对称的地位。信息的获得和处理受制于三个因素：经济规模即承受信息成本的能力、活动的空间范围和能够为收集信息付出的时间。从这三方面来看，显然企业在各个方面均优于消费者个人。由于信息不对称，即使在一个不存在假冒伪劣商品和商业欺诈行为的市场里，客观上也存在对消费者权益的损害。所以，在市场环境中消费权益受到损害的概率很高。最后，消费者在市场上的弱势地位，还表现为消费者在自身权益受到损害后寻求补偿的能力不足。因为寻求补偿需要付出成本，如为寻求补偿需要花费的时间及精力、为鉴定消费品性能或真伪而支出的费用、诉诸法庭可能要承担的诉讼费用等。再加上消费者寻求补偿的行为具有极大的收益外溢性，导致了消费者在利益受到损害后寻求补偿的积极性降低，这在一定程度上助长了生产经营者的不良行为。

（五）消费者的自我保护意识与能力薄弱

消费者素质是实现消费者主权极为重要的因素，甚至可以说是决定性因素。从我国现实情况来看，消费者主权意识淡薄的现象很普遍。由于受传统文化的影响，消费者在自身权益受到损害后往往息事宁人、自认倒霉，不积极采取办法来寻求补偿和保护。有的消费者缺乏应有的法律知识，正当权益受到损害时，不知道如何利用法律武器来保护自己。有的消费者由于缺乏有关的商品知识，没有能力判断商品的质量和真伪，以至于吃亏上当，这在农村表现得尤为突出。和城市相比，农村地区在收入水平、公共服务水平、市场监管水平等方面差距较大，一些不法经营者利用集市、交易会、展销会等场所公然向农村销售各种假冒伪劣商品，特别是这几年因城市市场监管力度大，假冒伪劣商品有向农村蔓延的趋势。而农村消费者依法维权意识比较淡薄，加上缺乏应有的科技知识，在一定程度上为假冒伪劣商品的泛滥提供了场所。总之，消费者权益受到损害，在相当大的程度上与消费者自身素质不高有关。消费者主权的实现必须依赖于消费者自身素质的提高。

第 3 节　维护消费者权益的措施

一、健全法制，加强对市场的法律监督

健全社会主义法制，首先，要制定更加完备的市场法律体系，并使之更加细化，以保证市场管理有法可依，保证已有法律易于执行；其次，要及时预测市场有可能出现的新情况、新问题，并制定出相关法律法规，以争取在问题出现以前就有章可循；最后，要加大执法力度，加强执法监督，提高执法效果，防止法律形同虚设现象出现。同时，健全司法制度，借鉴国外经验进一步方便消费者诉讼，以使消费者权益得到及时、有效的保护。

要进一步加强消费者权益的立法保护。这主要是指国家的立法机关通过其立法活动，制定消费者保护的相关法律，为消费者保护工作提供法律上的依据。现行的《消费者权益保护法》是我国关于消费者权益保护的专门法，也是我国保护消费者权益法律体系中的基本法。此外，国家颁布的相关法律还有《中华人民共和国产品质量法》、《中华人民共和国食品卫生法》、《中华人民共和国广告法》、《中华人民共和国反不正当竞争法》等。值得一提的是，我国消费者权益保护专门立法始于地方立法，至今地方立法在消费者权益保护法方面仍发挥着很大作用，并构成我国消费者保护立法的一个特色，对《消费者权益保护法》起到了重要的补充作用。

立法对消费者权益的保护主要表现为三个方面：一是通过法律的制定为保护消费者提供法律依据；二是国家在消费者权益保护的立法过程中，倾听消费者的意见，使消费者保护工作真正反映广大消费者的利益要求；三是立法机关通过对法律

贯彻执行情况进行监察、监督，保障《消费者权益保护法》的正确实施。

二、加强行政管理和监督

消费者权益的行政保护，是指行政机关通过行政执法和行政监督活动对消费者进行的保护。根据《消费者权益保护法》的规定，消费者权益的行政保护包括两方面：一是各级人民政府履行职责，保护消费者的权益；二是包括工商行政管理机关、技术监督部门、卫生监督管理部门、出入境检查、检疫部门和物价管理部门等在内的各级人民政府的具体行政主管机关履行职责，保护消费者的权益。

消费者权益的司法保护，是指国家的司法机关通过对侵害消费者权益的违法犯罪行为予以惩处，对侵害消费者权益引起的民事纠纷及时予以审理，保护消费者的权益。司法保护是消费者权益保护的最后一道屏障，也是国家保护消费者权益最有力的直接体现。近年来，一些地方法院还设置了专门审理消费者纠纷的审判庭，一些仲裁机构也进行了小额消费纠纷的仲裁，对方便消费者起到了积极作用。

要建立健全消费者保护的行政体系，以加强行政监督。近年来，行政机关在保护我国消费者权益活动中发挥了很大的作用。例如国家“进一步加强市场监督管理加大打击假冒伪劣违法行为”的政策已取得明显成效，又如根据国务院食品安全委员会的统一部署，全国 31 个省、自治区、直辖市都建立实施了食品安全有奖举报制度，这一举措调动了广大消费者，包括企业内部人员主动提供违法线索的积极性。但政府方面的行政管理和监管还有待加强，要进一步净化行政队伍，提高行政管理效率。

三、加强社会监督与舆论监督

消费者的社会保护是指消费者组织、社会舆论等通过一定的形式，对消费者权益予以保护的一些活动。《消费者权益保护法》第六条规定：“保护消费者的合法权益是全社会的共同责任。”

消费者权益的社会保护大致包括两方面的内容：一是一切组织和个人对损害消费者权益的行为进行社会监督。实践中，我国各级消费者协会在社会保护中处于核心地位，发挥着中坚作用。从成立之日起，全国各级消费者协会组织积极受理消费者投诉，替消费者出面解决与企业之间的纠纷，为消费者挽回了大量的经济损失。以 2012 年为例，各级消协组织共受理消费者投诉 543 338 件，解决 505 304 件，投诉解决率 93.0%，为消费者挽回经济损失 56 843 万元。其中，因经营者有欺诈行为得到加倍赔偿的投诉 7 213 件，加倍赔偿金额 1 283 万元。2012 年，各级消协组织支持消费者起诉 1 101 件，接待消费者来访和咨询 215 万人次。消协的存在实际上缓解、化解了消费者与生产经营者的矛盾，为营造良好稳定的社会环境作出了贡献。二是大众传媒通过维权宣传，对损害消费者合法权益的行为进行舆论监督。近年来，新闻媒体在普及消费法律知识，揭露各种损害消费者权益现象，维护消费者合法权益，组织大型宣传活动方面发挥着难以替代的重要作用。

因此，要建立和健全消费者保护的社会体系，利用各类社会组织、行业组织、消费者协会、新闻宣传媒体和广大消费者的力量，形成纵横交错的保护消费者权益的社会监督网络，积极保护消费者权益。

四、加强市场诚信建设和道德建设

信用是市场经济的基础。诚实守信，无论是在过去还是在现在和将来，都是经济发展的重要条件。2002 年党的十六大报告提出要“健全现代市场经济的社会信用体系”，2012 年党的十八大报告强调要“深入开展道德领域突出问题专项教育和治理，加强政务诚信、商务诚信、社会诚信和司法公信建设”。这说明诚信建设已成为我国的突出问题。完善的信用体系包括三个层次：第一层是法律框架基础，也就是法律制度，国家以各种法律形式规定权责关系；第二层是市场惩罚和政府约束，主要是针对市场参与者，比如违规企业和资产质量不好的企业得不到新贷款；第三层是道德约束，这是更高层次的，是从文化和道德角度来约束。要建立完整的信用体系，这三个层次必须相互作用、相互支持，缺一不可。当前应抓紧做好以下工作：加快制度建设，建立健全完善的信用制度体系、利益导向体系和监督管理体系。应当努力形成这样一种局面：如果一个企业依法经营，它就感觉不到政府的存在；如果它违法经营了，政府就无所不在。要认真根治制假售假屡查不止却屡禁不止的现象，既抓惩处，又抓预防，拒假冒伪劣于市场之外。要把企业、个人的诚信表现与他们的切身利益直接联系起来，通过建立激励约束机制，鼓励守信企业保持荣誉，鞭策失信企业痛改前非。在制度建设的基础上，还要注意教育引导。合理制度的落实需要道德来维系。应通过诚信教育倡导“谁诚信谁光荣”。创建和维护信用体系，需要全社会的共同努力，特别是需要加强各级政府公信力建设。要规范政府的行为，严格履行其对社会的承诺，保证执法和司法的公正、公平、公开，以提高政府的公信力，成为社会诚信的表率。

五、完善国内统一消费市场体系

充分竞争的市场经济是消费者权益得以实现的前提。在这种完善和发达的国内统一市场条件下，制售假冒伪劣商品的行为要想立足是相当困难的。国外发达国家的经验已经充分证明了这一点。完善国内消费市场的关键是打破地方行政、部门行政对市场的垄断与分割，使各地市场之间完全自由流通，货畅其流；同时，要努力发展和提高现代流通业的比重，进一步完善消费市场的交换体系和服务环境，充分发挥价格机制、竞争机制的作用，促使生产者公平竞争，自觉维护消费者利益，在满足消费需求的情况下实现企业的长远发展，实现优胜劣汰。

第 4 节　加强消费教育

一、加强消费教育的重要意义

消费教育是指消费者通过接受消费教育，树立正确的消费观念，获得丰富的商品知识，提高消费者权利意识和自我保护能力，依法维护自己的合法权益与明确消费行为道德规范和消费责任的活动。消费者的自我保护与责任担当是消费教育的理想结果，它是消费者权益保护的基础。只有每个消费者都对自己的权利和社会责任给予充分的关注，才有可能形成一股强大的社会力量，进而推动消费者权益保护工作向前发展。加强消费教育具有以下重要意义。

（1）加强消费教育有助于提高人民生活水平和质量。马克思说："消费的能力是消费的条件，因而是消费的首要手段"①，可见，没有消费能力或消费技能，消费者的消费就会受到限制。消费能力从根本上决定着消费者和消费资料的结合程度（包括结合的速度、水平、规模和结构等）。众所周知，消费者的消费需求包括具有货币支付能力的现实需要和潜在需要，潜在需要则受制于消费者对消费资料的认识接受能力以及获取能力。如果消费者能够较快速地认识并接受新产品，或者能够突破封闭式家庭预算约束的限制，而懂得如何使用消费信贷以及早获得商品的使用价值，那么其潜在需要就可以及早地转变为现实需要，从而能够促使产品价值更为有效地实现。另外，产品进入消费还有使用效果的问题。比如对于文盲和电脑专家来说，电脑的使用价值和利用程度大相径庭。又如一个有着丰富的家电使用知识和维护保养知识的消费者，同一个欠缺这些知识的消费者相比，前者的使用效果一定比后者要好，无论是在产品使用价值的充分发挥，还是在产品的使用成本等方面都将获得更多的消费满足。所以，要提高消费资料价值的实现效率，提高消费资料使用价值的利用率，必须提高消费能力。

（2）加强消费教育有利于推动社会生产力的进步。消费力和生产力关系密切，生产力决定着消费力（包括消费能力）的性质、状况和发展，但消费力反过来又制约着生产力。马克思说："消费的能力……是一种个人才能的发展，一种生产力的发展。"② 可见，消费能力的发展是生产力发展的重要前提之一。消费能力的提高，一方面使更为丰富多彩的消费对象被纳入消费领域，为消费力自身的实现提供了更为广阔的空间，使生产力中人力要素的再生产得以高水平地进行，从而可以更好地生产出生产者的素质，推动生产力的发展；另一方面又通过消费者的消费活动，创造出新的消费需求，为生产力的发展开拓新的生产领域，使社会生产力得以进步。所以，要实现消费力和生产力的良性互动，必须提高消费能力。

（3）加强消费教育有利于保护消费者的合法权益。当前，在消费市场上，假冒

① 《马克思恩格斯全集》，中文 1 版，第 46 卷（下），225 页，北京，人民出版社，1980。
② 《马克思恩格斯全集》，中文 1 版，第 46 卷（下），225 页，北京，人民出版社，1980。

伪劣、缺斤短两、价格欺诈、服务欺骗、广告虚假、强买强卖等现象随处可见，令人防不胜防。作为消费者，如果能够提高辨别能力，练就一双“火眼金睛”，则会最直接减少上当受骗的可能性。王海等打假人士之所以敢打假索赔，就是因为他们具备了一般消费者所不具备的识别假货的能力。他们的行为在一定程度上对不法商贩起到了震慑作用，客观上维护了消费者的权益。如果通过消费教育使这样的消费者再多一些，消费者打假索赔的力度再大一些，则必将形成消费者维权的合力，从而将有效减少假冒伪劣以及其他商业欺诈等不良现象。

二、消费教育的基本内容

（一）有关消费技术知识教育

首先是消费决策技术教育，即通过向消费者灌输相关知识，教育消费者正确决策，减少盲目性，提高决策效率。消费决策教育是消费教育的起点。任何消费都是由消费决策开始的。由于消费品的复杂性以及消费者自身素质和行为目的的差异性，在可支配收入一定的条件下，当面临多种诱惑而又难以同时兼顾时，不同消费者的购买决策是不同的。而消费决策正确与否，必然影响消费效果。

其次是商品识别技术教育，即以灌输商品的性能、特点等知识为主要内容，旨在提高消费者对商品的识别能力、鉴赏能力的消费教育活动。当前市场商品丰富多彩，作为消费者，要想买到自己最满意的商品，必须具备慧眼识珠的能力，也就是具有搜寻商品、识别或鉴别商品的能力，这样才能择优汰劣。对于经验商品，尽管其性能、特点难以鉴别，但是拥有商品基本特性知识，并且知晓如何通过市场优质产品信号和企业声誉信号等方式去规避市场风险，经验商品也可以变为搜寻商品。所以，商品识别教育也是消费教育不可或缺的内容。

最后是商品使用和维护技术教育。商品使用和维护技术教育是指向消费者传授商品使用知识及必要的维护、维修知识，以充分利用消费品的使用价值，降低使用成本，提高消费效益的教育活动。正确使用商品是消费者保障自己人身安全的前提，同时也是充分发挥消费品使用价值的必要条件。另外，消费者懂得如何维护和保养所购商品，还会延长商品的使用寿命，降低商品的使用成本，从而可以获得最大的消费满足。可以说，消费者在该方面的技术拥有情况及熟练程度，直接决定着消费者对该商品的满意度，而这将最终决定消费者的货币选票会不会再度投向该商品及其生产者。所以，商品使用和维护技术教育是消费技术教育中的重中之重。

（二）服务性消费的能力培育

劳务和精神文化产品等服务性消费的能力培育是指向消费者传授有关服务消费方面的知识，以提高消费者的享受能力和欣赏水平，从而使消费者获得更好的身心满足。比如，对于进行旅游消费的消费者来说，如何选择旅游景点、怎样寻找合适的旅行社、旅游之前应做哪些准备、旅游之中应注意什么问题、怎样才能从旅游中获取更多的知识和愉悦等内容的教育是必需的。又如对于音乐等文化产品的消费者来说，懂得如何正确欣赏是保证文化作品产生精神激励的前提。所以，加强对消费者这方面的教育是必要的。北京音乐厅在此方面先行一步，每年专门通过 100 多场普及音乐会和暑期音乐夏令营，向普通消费者宣讲音乐欣赏知识，一方面大大提高了人们的音乐欣赏水平，另一方面也使得音乐厅上座率明显提高，收到了良好的社会效益。

（三）消费法律知识教育

消费法律教育内容较多，且直接影响着消费者权益的实现。其内容主要有：

（1）对国家有关保护消费者权益法律、法规的普及教育。主要是让消费者了解保护消费者权益的法律、法规种类，以及这些法律法规的立法宗旨、目的和主要内容。其中尤其是通过对《消费者权益保护法》这一基本法律的学习和理解，让消费者弄清楚《消费者权益保护法》与自己的切身关系以及它在保护消费者权益中的重要地位和作用。

（2）对尊重消费者权利的法律意识的培养。法律意识是“与群体和个体（个性）心理特征相连的，人们关于法现象的认识、情绪和意志的总和”。法律意识是将法律规范变成法律关系，将法条中的法变成现实中的法的桥梁。只有培育消费者和经营者的法律意识，消费者权益才能在现实中得到很好的保护。

（3）对消费者权利的认识。通过对消费者权利的教育，可以使消费者了解自己享有哪些法定权利以及这些权利的具体内涵，从而在现实中利用这些权利保护自己。

（4）对经营者义务和责任的认识。通过对经营者义务、责任的教育，既可以进一步加深对消费者权利的认识，又可以使经营者切实把握行为边界和认识违法行为所带来的后果，从而从正反两方面更加有效地维护消费者的权利。

（5）对消费争议解决途径及有关仲裁、诉讼知识的认识。消费权益纠纷属于一种特殊的民事权利纠纷，考虑到消费者和经营者地位的实际不平等性以及消费纠纷发生的频繁性，《消费者权益保护法》规定了与经营者协商和解、请求消费者协会调解、向有关行政部门申诉、根据经营者达成的仲裁协议提请仲裁机构仲裁和向人民法院提起诉讼共五种争议解决途径，通过法律教育，消费者可掌握如何依法与经营者交涉以及如何依法投诉、申诉、诉讼等知识。

（6）对《消费者权益保护法》保护体系的认识。消费者权益保护是一个涉及面很广的社会问题，为此，我国通过立法建立了较为完善的社会保护体系，即对消费者权益除了国家的法律保护，还有政府的行政保护、司法保护、舆论保护和社会团体（特别是消费者协会）保护等，保护的责任单位除了各级政府，还有法院、工商行政管理部门、技术监督部门、物价、卫生、商检、行业管理部门、消费者协会、行业协会以及企业自建的处理消费纠纷的机构等。

（四）消费者道德及消费者责任知识教育

由于消费活动具有外部性，而消费的外部性既可产生有利于社会和他人的正效应，也可能产生损害社会和他人的负效应，因此必须加强消费者的道德与责任教育。党的十八大报告指出："全面提高公民道德素质。这是社会主义道德建设的基本任务。要坚持依法治国和以德治国相结合，加强社会公德、职业道德、家庭美德、个人品德教育，弘扬中华传统美德，弘扬时代新风。推进公民道德建设工程，弘扬真善美、贬斥假恶丑，引导人们自觉履行法定义务、社会责任、家庭责任，营造劳动光荣、创造伟大的社会氛围，培育知荣辱、讲正气、作奉献、促和谐的良好风尚。"① 要加强对消费者的行为道德规范教育，使消费者、职业道德、家庭美德、个人品德息息相关，既是其内在要求和组成部分，又直接影响上述道德建设。

消费者权益与消费者责任总是相生相伴的，有权益必有责任，权益与责任是统一的。要防止消费者权益保护得到重视的同时，而弱化了消费者责任，这样不仅降低了个体消费质量和能力，也最终损害社会和公众利益。要通过教育使广大消费者明确其在消费活动中也必须承担相应的社会责任，树立责任担当意识，明确消费者责任的基本内容，如消费者拒绝假冒伪劣商品、不助长制假贩假泛滥的责任，消费行为承担保护环境、爱护公物的责任，消费行为不损害他人利益和社会利益的责任，消费行为有利于促进两型社会建设和三大文明建设（政治文明、经济文明、生态文明）的责任，消费行为有助于爱护、保护、美化自然生态环境的责任等。

三、建立完善的城乡消费教育体系

（一）形成消费教育体系

消费教育体系主要是就其主体体系而言的，这一体系应该包括政府各部门、消费者协会、新闻媒体、学校、工商企业、文艺团体、消费者、工会、少先队、共青团等社会团体，也就是说消费教育主体是全社会性的。各教育主体的工作各有侧重。

政府各部门的工作是制定政策及保障政策实施，如可通过价格政策、税收政策、信贷政策来间接引导消费者进行消费品的选择。技术监督部门、工商行政管理局、物价局等部门可通过向消费者提供咨询和技术服务的方式，提高消费者对消费品的鉴别能力、购买谈判能力等。

新闻媒体、文化团体等对消费教育起着摇旗呐喊的作用，它们可以作为思想宣传阵地，利用先进的、优秀的艺术作品来宣扬正气，缔造科学消费、合理消费的良好社会氛围。文艺团体还可以通过文化下乡、文化进校的方式让艺术真正贴近百姓生活，提高消费者的欣赏水平，改善其欣赏品位，真正实现人民的艺术与艺术的人民的完美结合。

工会、妇联、少先队、共青团等群众团体作为相关群体对消费者行为也存在一定的影响，因此，在消费者教育中其作用也不可忽视。这些团体可利用其崇尚科学、追求先进思想等社团一贯的宗旨，引导、教育其成员正确对待消费，尤其是文

① 胡锦涛：《坚定不移沿着中国特色社会主义道路前进　为全面建成小康社会而奋斗——在中国共产党第十八次全国代表大会上的报告》，32页，北京，人民出版社，2012。

化消费。

工商企业为社会提供产品的过程本身就是引导消费、教育消费者的过程，应该把对消费者的消费教育与企业自身消费教育和企业经营结合起来，树立全新的消费观念，改善企业经营理念，贯彻诚实守信原则，为消费者提供一个良好的消费环境。同时，通过增加产品和服务中的文化含量、技术含量，运用主题营销和开设消费者学校倡导科学、文明、健康消费，培育消费文化，提升消费者层次，培育忠诚消费者，这样客观上既有助于消费者更理性、更技术地消费，又有利于企业更好地经营。

学校是进行消费教育的重要阵地，我国应该从幼儿园、小学开始就向学生灌输必要的消费知识，培养其基本的消费技能。此外，我们还可以利用其他的社会办学渠道如技校、职校、业余学校、短期培训班等来开展消费技术教育。

消费者协会在我国的消费教育中历来就是中坚力量，其职能也最齐全，既要负责向消费者灌输消费知识，又要负责为受到损害的消费者维护权益。同时，还可以通过自身力量影响国家有关政策的实施，如参与价格听证等。

（二）特别关注农村消费者教育

主要原因有：一是农村消费者的弱势地位比城市消费者更突出；二是城乡市场发展差距扩大，农村消费者权益更易受到损害；三是农村消费环境差，农村消费者自身素质低的问题比城市更突出；四是农村消费者组织不健全。因此，要从统筹城乡市场协调发展的高度来重视农村消费者教育，突出抓好对广大农民的商品知识教育、法律知识教育、科学消费知识教育和市场道德教育，以提高农村消费者素质，更好地维护自身权益。

□ 本章小结

消费者权益是指消费者在消费生活中，尤其是在购买、使用商品和接受服务时所享有的权利和利益。消费者的权利和利益既相互区别，又紧密联系。消费者的权利具有以下特征：第一，消费者权利的享有者是消费者。第二，消费者权利属于法定权利。消费者通常享有下列合法权益：消费过程及消费活动的安全权、消费者对消费客体的知情权、消费者购买消费客体的选择权、消费者购买过程公平交易权、消费者权益受损后的求偿权、消费者结社权、消费者受教育权、消费者受尊重权、消费者的监督权。市场经济是消费者主权经济，维护消费者权益是实现社会主义生产目的的客观要求，是发展社会主义市场经济的客观要求，是建设社会主义精神文明、构建和谐社会的客观要求。现实经济生活中，存在着种种损害消费者权益的现象，主要表现在：产品质量堪忧、假冒伪劣商品泛滥、产品价格与计量欺诈、产品广告宣传虚假、服务质量低劣。究其原因主要有：市场发育水平低，市场机制不健全；法治不健全，执法不严；生产经营者管理水平低；消费者在市场中处于弱势地位；消费者的自我保护意识与能力薄弱。维护消费者权益的措施有：健全法制，加强对市场的法律监督；加强行政管理和监督；加强社会监督与舆论监督；加强市场诚信建设和道德建设；完善国内统一消费市场体系。

消费教育是指消费者通过接受消费教育，树立正确的消费观念，获得丰富的商品知识，提高消费者权利意识和自我保护能力，依法维护自己的合法权益与明确消费行为道德规范和消费责任的活动。加强消费教育有助于提高人民生活水平和质量，有利于推动社会生产力的进步，有利于保护消费者的合法权益。消费教育的基本内容包括有关消费技术知识教育、服务性消费的能力培育、消费法律知识教育、消费者道德及消费者责任知识教育。消费教育体系应该包括政府各部门、消费者协会、新闻媒体、学校、工商企业、文艺团体、消费者、工会、少先队、共青团等社会团体，也就是说消费教育主体是全社会性的；要特别关注农村消费者教育。

□ 重要名词

消费者权益　《消费者权益保护法》　消费者组织　社会监督　市场诚信　消费教育　消费者责任

□ 思考题

1. 消费者主要享有哪些合法权益？
2. 在我国现阶段，保护消费者权益有什么意义？
3. 现阶段，损害消费者权益的主要表现有哪些？原因是什么？
4. 加强消费者教育的必要性及教育的内容是什么？为什么要特别关注农村消费者教育？
5. 怎样从根本上维护消费者权益？
6. 建设两型社会、生态文明，消费者应有哪些社会责任？

□ 推荐阅读

1. 严方．消费者保护法研究．北京：法律出版社，2003

2. 柳思维．强化食品市场安全监管维护消费安全有关问题的探讨．消费经济，2012（2）

3. 江平．消费者权益保护法的完善．北京：中国工商行政管理出版社，2001

4. 王淑泱．消费者权益保护法问答．北京：中国计量出版社，1994

5. 焦斌龙．浅析电子商务与消费者权益保护．中国流通经济，2003（2）

6. 马伯均．论消费者责任．消费经济，2008（4）
7. 艾金娣．完善我国金融消费者权益保护机制的建议．金融时报，2012-02-20

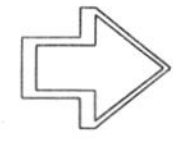

案例分析　苹果“咬”了中国一口，也在中国跌了一跤

售后服务“双重标准”、“整机交换”维修方式名不副实、更换维修产品后保修期不顺延……中国消费者协会和中央电视台 2013 年“3·15”晚会对苹果售后问题进行的曝光，一项项确凿的事实直指苹果的“缺口”。然而，面对曝光和公众的质疑，苹果却以傲慢、回避甚至“自我表扬”的态度予以回应。

为维护中国消费者的合法权益，有关部门和主流媒体先后密集发声。中国消费者协会提出四大劝谕，要求苹果公司尊重中国消费者；国家工商行政管理总局下发通知要求各地加强对苹果等电子产品企业的合同监管；人民日报连续刊发《傲慢苹果“啃”不动?》、《霸气苹果伤了啥》、《打掉苹果“无与伦比”的傲慢》等评论与报道，就苹果的傲慢态度、售后服务等问题提出批评。央视在《新闻联播》、《焦点访谈》等节目保持了对苹果的曝光。面对中国消费者合理合法的要求以及强大的舆论压力，苹果公司终于低下了“高傲的头”。2013 年 4 月 1 日晚，苹果公司 CEO 蒂姆·库克在苹果中国官方网站向中国消费者发出致歉信，称今后将对中国维修和保修政策进行深刻反思并承诺改进维修政策。这是自“3·15”消费者权益日苹果产品售后维修和保修问题遭曝光半个月以来，苹果公司面向中国消费者的首次正式道歉。

对于苹果迟来的道歉，有评论认为，这是苹果公司朝正确方向迈出的一步，值得中国消费者和媒体欢迎，但也有分析人士认为，最终让苹果态度软化的是中国巨大的市场。据了解，苹果的傲慢不只体现在中国市场。2011 年 9 月，苹果在韩国为故障手机用户更换二手翻新机，引发韩国用户众怒。在韩国公平贸易委员会的要求和用户的压力之下，苹果最终同意修改 iPhone 在韩国的服务政策。2012 年年初，意大利反垄断监管机构裁定苹果违反了意大利标准的保修政策，被意大利有关当局罚款 120 万美元。

苹果公司为何在中国消费者面前如此傲慢？有评论认为，一是苹果领先的技术、新颖独特的产品设计，尤其是智能手机领域形成了一定的垄断优势，中国国内缺乏能与之抗衡的品牌和产品。二是苹果采用饥饿营销的方式，在不断发布新品的同时限量且不同步供应，这样便促进了消费者的购买热情，苹果却“绑架”了自我权益保护意识薄弱的中国消费者。三是苹果的傲慢与中国相关的法律法规不尽完善、市场标准缺失和监管不严有着直接关系。

有人认为，此次事件反映出苹果在管理等方面长期积累的隐患：苹果至今在中国没有核心管理部门，研发本地化步伐明显缓慢；经营方式上忽视与本土运营商合作，与中国市场缺乏深入的联系；而在售后服务上，缺乏及时的反馈和跟踪，对中国市场反馈明显“迟钝”。这些都将影响其竞争力和长远增长。随着中国市场进一步扩大，退出中国意味着巨大损失。中国开放的市场一直欢迎世界各国优秀的公司前来投资发展，从不摆谱或显示傲慢，也不欢迎别人的盛气凌人和莫名的傲慢。1993 年，苹果正式进入中国市场；20 年后，苹果仍在了解中国。通过这次危机，苹果也许应该明白，中国市场不仅需要同步的产品，更需要同步的尊重与沟通。

资料来源：《面对中国市场苹果应更“圆”》，载《人民日报（海外版）》，2013-04-04。

讨论分析

1. 什么原因促使傲慢的苹果向中国消费者正式道歉？
2. 如果购买使用苹果产品出现质量问题，你如何处理？

续发展的原则。党的十八大提出的绿色发展、循环发展、低碳发展战略与可持续发展具有内在一致性和连续性。

（三）消费与生产良性互动的原则

消费是广义的生产过程中的重要环节。但单纯的消费并不能带来社会经济的进步。消费力的高低是体现消费发展水平高低的表现形式之一。消费的宏观调控应在良性化原则的指引下推进消费力的发展，实现消费力与生产力的良性循环与有机结合。消费力与生产力之间的确存在着相互依存、相互促进的关系。恩格斯指出："竞争的实质就是消费力对生产力的关系。在一个和人类本性相称的社会制度下，除此之外，就不会有另外的竞争。社会那时就应当考虑，靠它所掌握的资料能够生产些什么，并根据这种生产力和广大消费者之间的关系来确定，应该把生产提高多少或缩减多少，应该允许生产或限制生产多少奢侈品。"① 恩格斯的精辟论述强调了消费者的需要可以影响和决定生产力的水平，揭示了消费力与生产力之间关系的处理正是社会竞争的本质特征。由此可知，在对消费进行宏观调控时，要立足于改善消费力的质量与结构，提高消费力的发展水平，促进消费力的整体行为模式升级，从而进一步促使生产力相对应的质量、结构、水平、模式均得到提升。相对而言，生产力提升了，人民收入就可以增加，进而也会带来消费力的提高。可见，用良性循环原则指导消费的宏观调控，不仅可以解决消费本身的问题，还可以促进经济的良性循环。这种调控原则的具体落实可以带来更可观、更长远的社会效益和经济效益。

（四）"以人为本"的原则

"以人为本"的经济发展理念，是中国改革开放 30 多年来成功经验的总结，也是今后经济持续、稳定、繁荣的重要保证。强调消费调控的"以人为本"原则，必须有意识地明确消费政策在新时期的重要地位，突出消费政策对人的关怀和尊重，从而切实体现一切经济活动的终极目的都是为了增进公众福利，提高生活质量。绝不允许本末倒置，将居民消费仅仅视为经济增长的手段，甚至继续坚持地方保护主义，强行用行政方式驱使居民消费迁就和将就某些落后的生产和供给。要明确消费调控的目的是在中国城乡居民收入不断增长的条件下，使居民消费得到最大限度的满足，以市场化的途径引导生产者千方百计地迎合消费需求，实现消费效果的最大化。绝不可扭曲对消费调控终极目的，要求民众的消费服从于某种异化出来的政策目标和增长指数。总之，要切实按照市场规律，将长期稳定、"以人为本"贯穿于消费调控的始终，明确经济增长的最终目的是满足民生，尤其是要持续提高城乡居民的消费水平。

---

① 《马克思恩格斯全集》，中文 1 版，第 1 卷，615 页，北京，人民出版社，1956。

二、现阶段我国消费宏观调控的内容

（一）调整消费与宏观经济发展中的重大比例关系

宏观经济中许多重大的比例关系都与消费息息相关，如果这些比例失调，就会严重影响社会消费，进而危及广大居民的消费生活和实际利益。如粮油等重要商品供不应求，必然影响广大居民的日常消费，并会危及社会的稳定。因此，消费宏观调控首先应注重宏观经济中重大比例的调节与控制。这些需要调控的重大比例关系主要有：（1）整个社会积累基金与消费基金的比例要协调，投资需求与消费需求的比例要协调；（2）消费总供给与总需求之间的比例要协调，以防止出现严重的市场波动和市场危机；（3）居民收入增长水平与整个生活物价上涨幅度要协调，既要防止通货膨胀，又要防止通货紧缩；（4）城乡之间、地区之间、居民个人之间的消费水平差距要协调，允许合理差距的存在，但要防止差距持续扩大；（5）消费结构与产业结构要协调发展，以防止出现严重的产需脱节，造成资源浪费或消费需要得不到满足。

（二）提高居民消费能力

增强居民消费能力是现阶段我国消费宏观调控的基本要求。我国消费需求长期不足的一个重要原因，是居民消费能力不强。造成这一状况的根源主要是城乡居民可支配收入增长速度较慢，特别是农民、农民工、工薪阶层和城乡低收入群体的收入增长缓慢，消费能力有限。同时，我国现阶段中等收入者规模偏小，其消费主力军作用发挥不充分。因此，消费宏观调控的关键是要以提高收入为手段来增强广大居民的消费能力。

要着力推动收入分配制度改革，建立居民收入与经济增长挂钩、劳动收入与企业效益挂钩、工资水平与物价水平挂钩的“三挂钩”机制，提高消费者的现实消费能力；建立政府让利于民、企业让利于民的双让机制，增加对文体卫教、生态环境和气候改良等多方面的财政投入，提高消费者的潜在消费能力。同时，要力推城镇化工作，加快农民市民化进程，制定长期有效的鼓励性政策，引导社会和企业创造更多就业机会，给予大学生和进城务工者更多的创业基金支持，减免在就业创业上贡献较大的培训教育机构和部分企业的所得税费，保障居民基本消费能力；通过建立健全社会救助、民间捐赠、慈善事业、志愿者行动等多种形式的三次分配制度和机制，提高居民总体消费能力。对个人所得税提高免征额，拉大适税收入等级，降低比例税率，增加居民可支配收入，提高居民内在消费能力；继续贯彻对中低收入者的“三低一保”政策，提高贫困人群的基本补贴标准，增加城乡基本养老金和医疗保险投入，提高居民基本消费能力。

（三）形成良好消费预期

消费能力反映的是消费主体的现实购买力，消费潜力反映的是消费主体的潜在购买力。当前我国居民储蓄率高，消费需求具有巨大潜力。但消费潜力转换为消费能力，还受到消费预期影响。应该说，我国消费需求长期不足的原因不仅仅是消费主体无钱消费，还在于部分消费主体不敢消费。很多居民考虑到未来教育、医疗、养老等负担沉重，后顾之忧较多，消费信心不足，消费预期较差。因此，对消费进行宏观调控，需要建立广覆盖、保基本、多层次、可持续的社会保障体系，逐步完善符合国情、比较完整、覆盖城乡、可持续的基本公共服务体系，提高政府保障能力，形成良好的居民消费预期。

（四）创造良好的消费环境

创造良好的消费环境是消费宏观调控的重要组成部分。消费环境包括硬环境与软环境。硬环境主要指消费所处的自然环境和物质环境，软环境则指消费所处的社会环境和市场环境。消费需求的扩大需要有良好的消费环境。

当前，我国在消费环境方面还存在不少问题，如城乡商业和服务网点布局不够合理，生产者和销售者的社会责任意识和诚信理念有待加强，消费者权益还难以得到充分保护等。正视并不断改善消费环境，也是消费宏观调控的重要内容。

一方面要增加消费有效供给；尤其要加大对消费金融、物流配送等生产性服务业和宜居房产、新能源汽车、文化教育、旅游休闲、养生养老、高端餐饮、家政服务、通信增值等消费性服务业的政府扶持力度，鼓励有发展前景的新兴产业和服务业；另一方面要积极发展新型消费业态，合理布局消费网络空间，加快城乡专业市场建设。推进社区服务基础设施，改善消费硬环境。制定专门的治理消费和消费金融准入制度，改善消费软环境。同时，以鼓励多建经济适用房、公共租赁房等方式控制房产等大宗消费品价格上行，以增加价格补贴预算来稳定中低收入者消费，改善城镇消费条件；进一步支持农村义务教育、基本医疗和养老服务改革，增加对水利、电力、交通、通信等基础设施的投入，改善农村消费条件。总之，要全面建设小康社会，营造一个全社会放心的消费环境，并切实发展与保护良好的消费环境。

（五）培育消费热点

在新时期，应引导低碳宜居住宅消费，在节能环保新能源汽车上出台更有针对性和长期性的产销补贴措施，并给予价格让利、使用优先、置换便利、维修专业等系列配套政策；同时要提出分步骤、分阶段的鼓励措施，适当采用以奖代扣的多元化方式加大文化娱乐消费、旅游休闲消费、养生保健消费等的引导力度，培育和发展新的消费热点。以加大境外消费者出境退税和入境奢华品消费关税来有序引导奢华消费的回流，合理释放富人奢华消费能力。继续延续和试点消费产品和服务下乡的新老优惠政策，研究城乡消费梯度差异因素，努力引导农村消费热点形成集群消费。

（六）促进消费结构升级

国际经验表明，人均 GDP 超过 3 000 美元后，消费的更新换代将进入加速期。

2012我国人均GDP已超过6 000美元，按理说正处于消费升级加速期，但由于有效供给与消费结构升级之间未能完全匹配，加之基尼系数过高，居民贫富差距过大，我国消费结构升级的进程还不够顺利。尤其是随着人们生活水平提高，我国部分群体已迈入享受型消费阶段，但与此相适应的供给结构却没有形成，很多消费者便把消费的主要阵地转移到国外，购买力严重外流。因此，要建立扩大消费需求的长效机制，促进消费结构的升级，在调整收入分配格局提高居民消费率同时，还应努力改善国内产品供给，加大消费品有效供给的创新，加快消费服务业发展，拓展服务消费，积极促进消费结构升级。

（七）构建可持续消费模式

实现消费模式的转变从根本上说，是体现以人为中心的、以实现人的发展和社会全面进步为目的的科学发展观。传统消费模式是一种以消耗资源和浪费资源为特征的发展模式，从根本上体现了旧的发展观，其弊端已日益显现。科学发展观既坚持以经济建设为中心，又在经济发展的基础上实现社会全面发展。坚持科学发展观原则必须落实到消费领域，贯彻到居民的生活中，建立可持续的生活方式。只有这样，才能实现资源和能源的可持续利用，既满足当代人的需求，又不损害后代人的需求，实现全面发展的战略目标。为了建立可持续的消费模式，不仅要改变个人消费者的习惯，更重要的是从体制层面做出改变。为了实现可持续消费模式，必须合理使用土地、交通工具、水资源和处理固体废弃物。这四个因素具体到生活方式上就是建立可持续的交通模式、住宅模式、奢侈品消费模式、非传统食品、非传统服装和能源密集型产品的消费模式。另外，要建立全面发展的消费文化。在对消费模式的重构过程中，政府要有长远眼光，不要为一时的扩大内需而造成长久的生态和环境灾难。也就是说，政府的政策干预是必要的。必要的经济手段，诸如价格政策、税收政策等，对于建立可持续的消费模式和生活方式至关重要。在制定和实施可持续消费方式的政策中，还应注意尊重消费者和生产者的选择，尊重文化的多样性，保护社会低收入阶层的利益和社会上易受损害群体的利益。

第3节　消费宏观调控的途径

一、政策手段调控

从世界范围来看，第二次世界大战以后各国普遍加强了消费政策的研究，以摆脱越来越严重的市场相对狭小及资源日益贫乏的矛盾。重视对消费政策的研究和调整已成为当今世界发达国家的一种趋势。

消费政策是国家根据一定的经济发展形势和运行状况制定的关于消费发展的各种方针、制度、政策及相关具体措施的总和，是国家宏观经济政策的有机组成部分。消费政策的具体内容十分广泛、丰富，它可以分为单项消费政策和综合消费政策、宏观消费政策和微观消费政策等。各项消费政策衔接配套，构成消费政策体系，但主要分为紧密相关的两大层面：一是增加收入、扩大消费购买力增量的政策；二是在收入既定时，消费购买力存量得到充分实现的政策。消费政策应当具有指导性、前瞻性、阶段性、连续性、相对稳定性和可操作性。消费政策虽然会依照某一时期的具体状况而有所侧重和进行某种倾斜，但最终目的都应当是充分体现民众的根本利益和愿望，尽可能公平、公正、最大限度地增进城乡居民的生活福利，实现收入增长和消费满足的最大化。这是评价消费政策效果的基本标准。另外，消费政策还代表公众的意志和愿望，在具体措施中针对不同的收入与消费行为和方式，分别表达出鼓励、刺激、促进或限制、约束、禁止等鲜明的政策含义和倾向。

在经济发展周期的不同阶段，政府可以通过消费政策变化影响经济环境。这种影响或是通过政策的放宽形成环境的宽松状态，或是通过政策的收紧形成环境的紧缩状态。因此在经济繁荣时期和经济衰退时期，消费政策是有区别的。然而无论是收紧还是放宽，都是要实现经济的稳定而持续的发展。在 20 世纪 80 年代，针对经济转型过程中出现的经济过热、投资和消费双膨胀以及持续的通货膨胀、挤兑抢购和供不应求，我国曾采取过断然的治理整顿措施，通过抑制货币名义收入增长过快的方式（主要在国有经济当中），对消费增长实行了必要的限制政策。随着经济双轨体制的逐步改观，20 世纪 90 年代中期以来，我国消费品市场总体出现了买方市场格局，商品生产相对过剩，经济形势发生了根本性变化。城乡居民连续几年的消费需求不足已经逐步上升为影响经济改革与发展全局的突出难题，因而，鼓励、刺激、促进消费的政策理所当然被提上了日程，这是消费政策基点的重大转变和调整。

近年来我国一直强调要扩大消费需求，也取得了一定成效，但总体上看消费对经济增长的贡献率依然偏低。这说明，在扩大消费需求方面还存在一些体制机制性障碍，亟待通过建立扩大消费需求的长效机制来破解。事实上，扩大消费需求是一项复杂的系统工程，涉及消费主体、消费客体、消费者权益、产品供给、市场环境、法制环境、信用环境等诸多方面。只有综合考虑、多管齐下，建立长效机制，才能真正把扩大消费需求的方针落到实处，保持我国经济平稳较快发展。

（1）明确中长期的消费战略及目标。消费政策制定的依据是经济社会发展战略总目标和消费战略及目标。经济社会发展战略是政府关于经济、社会、人文和生态协调发展的大政方针，其中包括居民消费发展的总方针。党的十八大报告提出“确保到二〇二〇年实现全面建成小康社会宏伟目标”。我国中长期的消费战略及目标必须服从这一目标，并落实这一战略目标。十八大报告中具体勾画的这一目标就是“人民生活水平全面提高。基本公共服务均等化总体实现。全民受教育程度和创新人才培养水平明显提高，进入人才强国和人力资源强国行列，教育现代化基本实现。就业更加充分。收入分配差距缩小，中等收入群体持续扩大，扶贫对象大幅减少。社会保障全民覆盖，人人享有基本医疗卫生服务，住房保障体系基本形成，社会和谐稳定。”① 面临国际市场需求不振及不稳定，国内买方市场局势延续，加快经济发展方式转变仍是主线，努力扩大消费需求，尽快建立扩大消费需求的长效机制，是我国中长期的消费战略。

（2）调整并制定中长期消费的总体政策。消费总体政策的任务就是规定一定时期内消费总的指导原则。消费的总政策具有相对稳定性。根据我国今后中长期消费战略的要求，应坚持实行“促进消费”的总政策，要通过积极的财政政策和稳健的货币政策，扩大支出，降低税负，发展消费信贷，防止通货膨胀和通货紧缩，努力提升消费率，提高居民的实际消费水平和消费质量，让城乡居民更多分享改革与发展的成果。同时要抑制贫富差距继续扩大，特别注重提高中低收入者的收入水平和消费水平，努力实现共同富裕。

（3）制定消费总体政策指导下的具体消费政策。具体消费政策是对一定时期的消费总量和消费结构，包括衣、食、住、行、用结构，个人消费与集团消费，物质消费与文化消费结构，以及社会福利制度和劳动就业等方面的具体政策规定，是引导居民消费结构、消费方式和消费质量的具体措施。调整消费结构的另一重要方面是扩大消费领域。服务消费和文化消费将是未来我国消费需求的热点。随着收入水平的提高、生活方式的变化和闲暇时间的增加，人们对服务消费和文化消费的数量和质量会产生更多的需求。

（4）建立有效的宏观消费政策体系。这一体系的内容包括：1）调整和完善收入分配政策；2）调整居民消费支出投向；3）灵活运用货币政策和财政政策来调控消费需求；4）建立规范的信用消费制度；5）加快建立健全社会保障制度，为消费需求的正常增长提供良好环境；6）重视消费政策与投资政策的协调；7）重视研究和调节社会消费心理，形成健康的社会消费行为机制。

二、经济杠杆调控

经济手段，又称为经济杠杆，是价值的转化形态。经济手段的调控是指国家和政府通过政策对各种经济变量产生影响，从而改变经济主体的利益结构，最终实现对社会经济活动（包括消费活动）的调节。经济手段调控的实质是通过经济杠杆变化调整经济活动成本与收益的比例关系，诱导人们根据经济利益的增减变化来调整自身的经济行为。利用经济手段对消费进行宏观调控的途径和手段主要有以下几种。

1. 财税杠杆

随着我国国家财力不断增强，财政政策在消费宏观调控中的作用日益明显。因此，为实现消费政策目标，必须继续加强政府财政和税收在消费宏观调控中的作用。财政政策主要具有优化资源配置、稳定经济增长、公平收入分配的三大职能。这三大职能有利于促使财政政策在扩大消费需求中发挥有效作用。首先，财政政策

① 胡锦涛：《坚定不移沿着中国特色社会主义道路前进 为全面建成小康社会而奋斗——在中国共产党第十八次全国代表大会上的报告》，18 页，北京，人民出版社，2012。

的配置职能为消费宏观调控提供了方向，引导更多资源进入消费领域。其次，财政政策的稳定职能为消费宏观调控提供了平台，推动了消费需求与经济总量的联动。要充分发挥财税政策的收入再分配功能，调节过高收入，提高中低收入者的工资水平，逐步缩小居民消费水平的差距。与个人消费有关的税种有个人所得税、消费税、各类财产税（含房产税、物业税、车船税及车辆购置税、契税、遗产税等），要高度重视财税政策的税收调节功能，如开征遗产税抑制贫富差距；开征消费税，限制各类灰色消费、炫耀性消费、奢侈性消费，鼓励智能型消费、文化型消费，形成合理的消费结构和科学的消费方式。要合理运用财税政策的国债调节手段，在增发国债、刺激消费时，更应注重国债的投向，使国债更好地发挥消费宏观调控作用。

2. 货币杠杆

随着我国社会主义市场经济体制的逐步完善和金融市场的不断发展，货币政策在消费调控中将发挥更大的作用。要综合运用各种货币政策手段对消费进行宏观调控，充分运用再贷款、再贴现、公开市场业务、存款准备金等货币政策手段，进一步刺激消费，扩大需求，促进经济增长。要逐步取消利率限制、信贷配额，以及对市场利率的直接干预，消除货币政策传导机制的梗阻，使货币政策在消费宏观调控中更好地发挥作用。要进一步开放金融市场，加快资本市场、债券市场、信用市场的发展，为货币政策发挥作用创造更好的外部环境。

3. 价格杠杆

价格政策是消费政策体系中影响面广、牵涉关系复杂的综合性政策，是从宏观上进行消费引导和调控的基本工具。当前，应当尽快转变价格政策的调控方式，减少政府对市场价格的直接干预。但对一些重要必需品（如药品）和重要收费项目，要加强价格管理，坚决制止各种非法定价和不合理的价格行为。努力制止价格改革过程中的比价复归和新的涨价，尤其对主要生活资料价格、生活必需品价格和重要的社会服务项目收费价格，要加强调控，避免价格波动给消费者带来损失。

4. 收入分配杠杆

根据西方经典的消费理论，消费是收入的函数，因此，通过调节收入来对消费进行宏观调控是一种重要的途径和手段。要确保社会消费需求的合理稳定增长，就必须通过制定合理的收入分配政策，逐步缩小收入差距，不断提高城乡居民收入水平，提高全社会的总体消费倾向，提高消费率，刺激消费需求。要按照按劳分配为主、多种分配方式并存的基本原则，在初次分配和再分配中，坚持公平效率的有机统一，关注公平，理顺分配机制，改变居民收入分配结构，调节过高收入，逐步提高中低收入居民的收入水平，避免居民消费水平的两极分化。要全面普及城镇居民最低生活标准，确保下岗、失业、退休人员的基本生活得到保障，确保无收入来源的贫困者得到最基本的生活保障。要加快建立覆盖城乡居民的养老、失业、工伤、计生社会保障体系，增强居民消费信心，改善居民消费预期。

三、法律手段调控

法律手段是指通过立法、司法、执法等法律杠杆对消费进行调控。要开展对消费的法律调控，首先要求加快建立和完善各种消费关系的法律体系。国家制定的消费政策，通过经济手段、行政手段、教育手段等多种措施加以贯彻与执行，取得一定成效，并经得起社会实践的检验，证明其是正确、可行的，则可以用法律条文规定下来，使之成为人们消费生活中应该遵循与执行的行为规章。比如，《消费者权益保护法》的制定，就借鉴了国际经验，也结合了我国特殊的发展环境和经验。自该法颁布实施以来，我国各省、自治区、直辖市分别结合当地的情况，陆续制定和推行了一些相关的实施细则，使立法工作的实践操作性加强。目前，我国已制定的与消费相关的法律还有《中华人民共和国产品质量法》、《中华人民共和国食品卫生法》、《中华人民共和国药品管理法》、《中华人民共和国计量法》、《中华人民共和国价格法》、《中华人民共和国反不正当竞争法》、《中华人民共和国广告法》等。同时，我国政府制定颁布的新刑法、《禁止价格欺诈行为的规定》等，也是有关消费调控的法律体系中不可或缺的组成部分。通过对消费领域采用立法方面的宏观调控，可以有效地规范市场竞争行为，更好地保护消费者的正当权益。

其次，在运用法律调控消费活动时，还要关注与消费有关的法律规范的实施组织工作，加强司法和执法，确保法律手段的严肃性、权威性，真正做到法律面前人人平等，有法必依，违法必究，执法必严。因为消费活动的法律调控本身是一个庞大的系统工程，它涉及与个人消费领域有关的各种社会关系和民事、行政、经济、文化、刑事诉讼程序等多方面的法律活动。既包括以消费者为保护对象的直接的消费调控法律制度，也包括某些虽然不直接以消费者为直接保护对象，却在实质内容或执行结果上有利于消费者权益的法律制度。因此，要加强对消费领域的法律调控，不仅表现在有关立法工作方面，更表现在司法方面。司法工作不仅取决于法律条款的可行性与完善性，更取决于对于法律法规的实施组织工作是否到位。通过相关程序与宣传加大司法执行力度，监督执行结果，教育人们自觉遵守市场经济中的各项法律，才能充分发挥法律手段的调控作用。

四、教育手段调控

消费教育已成为当今世界范围内的概念，受到各国的普遍重视。它具有说服消费者接受政府的消费政策、提高消费者主体的素质、维护主体权益、减少盲目性、杜绝浪费和提高消费效益等功能和益处，因而构成消费调控体系的又一重要手段。针对消费的教育手段调控，可以从消费教育的基本内容和基本途径两个方面来阐述。

（一）消费教育的基本内容

1. 消费观念教育

通过消费教育，破除传统消费观念，形成节约时间和劳动、注重实际消费效益、注重从消费中得到更多的精神满足等新型消费观念；强调合理与适度的消费，反对过度消费、虚高消费、超前消费，提倡“量入为出”有计划地消费；强调节约、勤劳俭朴等节俭消费观，反对及时享乐、奢侈腐化、挥霍浪费等消费主义观；强调理性消费、理性行为，反对非理性的盲目消费，包括盲目攀比、盲目从众的病态消费；强调健康向上的精神文化消费，反对不健康或有害的精神文化消费，杜绝非道德、反道德或违法犯罪的“灰色”、“黑色”和“黄色”消费行为，避免消费心理扭曲、道德沦丧；强调绿色消费，反对有损生态环境的消费行为；强调智力性、发展性消费，反对只重视娱乐性、消遣性消费，从而提高消费结构中的文化、教育含量，实现最大的消费效益等。

2. 消费期望教育

消费的高期望值是指消费者的总体收入水平及储蓄水平低于自己的预期消费目标，或消费者对所需消费品和服务的期望值高于其货币收入及其他福利性收入和储蓄水平。因而，预期消费指标中某些项目的消费除非有亲友馈赠、赞助或借贷，否则就无法实现。当前我国城市居民特别是青年在消费方面确实存在过高的期望值，其产生的原因是复杂的。消费教育就是要对症下药，通过规劝和引导，说服人们从实际经济情况出发，放弃过高的消费期望值。

3. 消费素质与能力、责任教育

教育消费者提高自身文化素质，学习和掌握科学消费的知识与能力。针对消费者年龄和消费行为的特点，加强消费道德和社会责任教育。教育形式应多样化，各级消协可开设消费教育专题培训和展示，使消费者了解消费技巧技能以及常用消费品的选择、评价、鉴赏、使用、维修与保护等，提高消费者对非科学消费的抵抗能力和适应市场的能力；也可举办系列消费知识专题讲座，介绍商品标识鉴别、法律维权、社会责任等知识；还可在居民社区开展消费问题研讨会、消费知识竞赛或有奖问答活动、消费品鉴别与鉴赏、消费投诉等实践活动等。

4. 消费法律教育

教育消费者学会运用法律武器来维护和实现自己在消费方面的正当权益，运用我们享有的权利（生存权、评价权、选择权、安全权、知情权、求偿权、获助权、受教育权、环保权等）来保护消费者的正当消费权利。

（二）消费教育的主要途径

1. 家庭消费教育

从刚出生到牙牙学语再到入幼儿园或上小学之前，这一阶段的幼儿由于本能和父母（特别是母亲）的诱导，初识消费，掌握了一些最简单的消费方法。节约资源、爱护环境、反对浪费等许多消费观念都可在孩提时代的家庭教育中形成，家庭消费教育是正规的学校消费教育的前奏。同时，即使孩子上学后，其在家庭生活的时候，仍受家庭父母及长辈的教育和影响，家庭对孩子的消费教育是潜移默化的。

2. 校园消费教育

正规的学校消费教育是指幼儿、少年儿童、青年在各类学校所接受的关于消费知识的教育。正规的学校消费教育包括幼儿园消费教育、小学消费教育、中学消费教育、大学消费教育。从目前的情况看，正规的学校消费教育在我国还很不平衡，各地情况大不一样。有的地区开展消费教育早一些，有的晚一些。

3. 社会消费教育

社会消费教育是指通过各种社会性活动对消费者进行的消费教育，具体采取以下几种形式：（1）以各级消协组成全国性消费教育网络，维护消费者权益，向消费者提供消费信息和咨询服务；（2）创办消费教育学校，系统传播消费常识、消费方面的法律法规知识，全面提高消费者素质；（3）树立维权者标兵，造就一支宏大的维权者队伍，在全社会形成广大消费者积极参与维护正常的流通秩序、净化消费市场、维护正当的消费者权益的氛围和局面；（4）利用各种传媒如电视台、电台、书籍、报刊及各种文艺形式经常性地开展消费教育，引导消费者进行科学、健康的消费；（5）建立网络和热线电话咨询系统，借助QQ群、微信群及博客、微博等新媒体传播方式，拓展消费教育的空间，给消费者当好维权和科学、健康消费的参谋；（6）由消协和媒体不定期发布警示公告，监督消费品市场，提高消费者对假冒伪劣商品及各种侵权行为的辨别能力。

□ 本章小结

消费的宏观调控是根据一定时期社会经济发展的战略目标、方针、政策以及消费领域的实际情况，对整个社会消费活动和消费者个人的生活消费进行有意识的、合理化的调节，最终使社会消费和个人消费都按预定目标健康发展，以最大限度发挥消费的积极功能，促进宏观经济可持续健康发展，并与社会、政治、文化、生态的发展全面协调。对消费宏观调控的必要性由以下几个方面决定：消费的宏观调控是国民经济宏观调控的重要组成部分，是国民经济又好又快发展的重要条件，是加快经济发展方式转变、引导消费科学健康发展的重要保障，是促进人的全面发展的重要前提。

对消费进行宏观调控的主要目标表现在三个方面，即促进国民经济健康协调可持续发展，促进社会的全面发展，促进人的全面发展。只有实现人与经济、文化、社会、生态的全面发展，才能真正解决发展消费的出发点和落脚点。消费宏观调控的基本原则包括先进文化导向的原则、可持续发展的原则、消费与生产良性互动的原则和“以人为本”的原则。现阶段我国消费宏观调控的内容包括调整消费与宏观经济发展中的重大比例关系、提高居民消费能力、形成良好消费预期、创造良好的消费环境、培育消费热点、促进消费结构升级、构建可持续消费模式。

消费政策是国家根据一定的经济发展形势和运行状况制定的关于消费发展的各种方针、制度、政策及相关具体措施的总和，是国家宏观经济政策的有机组成部分。消费政策的具体内容十分广泛、丰富，它可以分为单项消费政策和综合消费政策、宏观消费政策和微观消费政策等。在经济发展周期的不同阶段，应实行不同的消费政策。要明确中长期的消费战略及目标，调整并制定中长期消费的总体政策，制定消费总体政策下的具体消费政策，建立有效的宏观消费政策体系。

消费宏观调控的经济杠杆是指国家和政府通过政策对各种经济变量产生影响，从而影响或改变经济主体的利益结构，最终实现对社会经济活动（包括消费活动）的调节。经济杠杆包括财税杠杆、货币杠杆、价格杠杆和收入分配杠杆。消费宏观调控的法律手段是指通过立法、司法、执法等法律杠杆对消费进行调控。要开展对消费的法律调控，首先要加快建立和完善各种消费关系的法律体系，其次要加强司法和执法，确保法律手段的严肃性、权威性。此外，还有消费教育手段。

□ 重要名词

消费宏观调控　政策手段调控　经济杠杆调控　财税杠杆　货币杠杆　法律手段调控　教育手段调控

□ 思考题

1. 为什么要对消费进行宏观调控？
2. 消费宏观调控的主要目标和基本原则是什么？
3. 我国现阶段消费宏观调控包括哪些方面的内容？
4. 当前我国应如何使用消费宏观调控中的经济杠杆？
5. 如何对消费进行法律调控？

□ 阅读推荐

1. 高鸿业主编．宏观经济学．北京：中国人民大学出版社，2000

2. 曼昆．经济学原理（下册）．北京：生活·读书·新知三联书店，北京大学出版社，1998

3. 申琳，马丹．政府支出与居民消费：消费倾斜渠道与资源撤出渠道．世界经济，2007（11）

4. 徐忠，张雪春，丁志杰，唐天．公共财政与中国国民收入的高储蓄倾向．中国社会科学，2010（6）

5. 李永友，钟晓敏．财政政策与城乡居民边际消费倾向．中国社会科学，2012（12）

6. 胡永刚，郭新强．内生增长、政府生产性支出与中国居民消费．经济研究，2012（9）

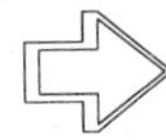

案例分析　两任总理研究促消费政策

2009年12月9日，国务院总理温家宝主持召开国务院常务会议，研究完善促进消费的若干政策措施。会议根据经济结构调整和环境保护的要求，对一些政策进行了必要的调整和完善：（1）继续实施家电下乡政策。大幅提高下乡家电产品最高限价，进一步完善下乡家电产品补贴标准和办法；各省（区、市）可根据本地实际增选1个品种纳入补贴范围。（2）将汽车下乡政策延长实施至2010年年底，已纳入汽车下乡补贴渠道的摩托车下乡政策执行到2013年1月31日。（3）家电以旧换新2010年5月底试点结束后，继续实施这项政策，并在具有拆解能力等条件的地区推广实施。（4）继续实施农机具购置补贴政策，适当增加补贴资金规模。（5）继续实施节能产品惠民工程，加大高效照明产品推广力度，将节能与新能源汽车示范推广试点城市由13个扩大到20个，选择5个城市进行对私人购买节能与新能源汽车给予补贴试点。（6）将减征1.6升及以下小排量乘用车车辆购置税的政策延长至2010年年底，减按7.5%征收。汽车以旧换新的单车补贴金额标准提高到5 000元至1.8万元。（7）个人住房转让营业税征免时限由2年恢复到5年，其他住房消费政策继续实施。（8）将支持困难企业的缓缴社会保险费、降低部分保险费率、提供相关补贴及下岗失业人员再就业税收优惠和灵活就业人员社会保险补贴政策执行期延长1年。

国务院总理李克强2013年7月12日主持召开国务院常务会议，研究部署加快发展节能环保产业，促进信息消费，拉动国内有效需求，推动经济转型升级。根据政策目标，“十二五”后3年，我国信息消费规模年均增长20%以上。权威部门测算，到2015年，我国信息消费规模将超过3.2万亿元，成为我国信息产业发展和信息消费的重大利好。根据此次国务院常务会的政策部署，要努力实现“十二五”后3年信息消费规模年均增长20%以上的目标。由此预计，到2015年，我国信息消费规模将超过3.2万亿元，带动相关行业新增产出超过1.2万亿元，其中基于互联网的新型信息消费规模将达到2.4万亿元，年均增长30%以上。基于电子商务、云计算等信息平台的消费快速增长，网络零售有望带动新增消费1.2万亿元。电子商务交易额将超过18万亿元，网络零售交易额将突破3万亿元。

资料来源：根据中国政府官方网站2009年12月9日信息及2013年7月12日信息整理。

讨论分析

两位总理不同时期主持两次国务院常务会议研究促消费政策有什么相同之处？有什么区别？为什么？

参考文献

1. 马克思恩格斯选集．2版．第1卷～第4卷．北京：人民出版社，1995

2. 马克思．资本论．3版．第1卷～第3卷．北京：人民出版社，2004

3.《马克思恩格斯全集》．中文1版．第42卷．北京：人民出版社，1979

4.《马克思恩格斯全集》．中文1版．第26卷（Ⅱ）．北京：人民出版社，1973

5.《马克思恩格斯全集》．中文1版．第47卷．北京：人民出版社，1979

6. 斯大林选集．下卷．北京：人民出版社，1979

7. 江泽民．全面建设小康社会　开创中国特色社会主义事业新局面——在中国共产党第十六次全国代表大会上的报告．北京：人民出版社，2002

8. 胡锦涛．坚定不移沿着中国特色社会主义道路前进　为全面建成小康社会而奋斗——在中国共产党第十八次全国代表大会上的报告．北京：人民出版社，2012

9. 陈岱孙主编．新帕尔格雷夫经济学大辞典（中译本）．北京：经济科学出版社，1996

10. 中国统计年鉴（2012）．北京：中国统计出版社，2012

11. 许涤新主编．政治经济学辞典．北京：人民出版社，1981

12. 厉以宁．消费经济学．北京：人民出版社，1984

13. 于光远．政治经济学社会主义部分探索．北京：人民出版社，1980

14. 张培刚．发展经济学教程．北京：经济科学出版社，2001

15. 尹世杰主编．现代消费经济词典．成都：西南财经大学出版社，1991

16. 尹世杰．消费需要论．长沙：湖南出版社，1992

17. 尹世杰等．小康消费水平研究．北京：中国商业出版社，1993

18. 尹世杰．消费文化学．武汉：湖北人民出版社，2002

19. 尹世杰主编．消费经济学（第二版）．北京：高等教育出版社，2007

20. 刘方棫．消费经济学概论．贵州：贵州人民出版社，1984

21. 王美涵．消费经济概论．北京：中国财政经济出版社，1985

22. 臧旭恒．中国消息函数分析．上海：上海三联书店，上海人民出版社，1996

23. 陈宗胜．国民收入分配研究．上海：上海三联书店，上海人民出版社，1996

24. 尹世杰．消费力经济学．北京：中国财政经济出版社，2001
25. 尹世杰．尹世杰选集（第三卷）．长沙：湖南师范大学出版社，2012
26. 陆学艺．当代中国社会阶层研究报告．北京：社会科学文献出版社，2002
27. 崔晓文．消费中的经济学．北京：清华大学出版社，2012
28. 樊勇明，杜莉．公共经济学．上海：复旦大学出版社，2003
29. 符国群．消费者行为学．北京：高等教育出版社，2001
30. 龚志民等．消费经济学前沿．北京：经济科学出版社，2002
31. 顾纪瑞．家庭消费经济学．北京：中国财经出版社，1988
32. 黄恒学．公共经济学．北京：北京大学出版社，2002
33. 李君如．小康中国．杭州：浙江人民出版社，2003
34. 李爽．消费的陷阱——当前中国消费问题．珠海：珠海出版社，1998
35. 李新家编著．消费经济学．广州：广东人民出版社，1995
36. 林文益．贸易经济学．北京：中国财政经济出版社，1995
37. 廖九如，柳思维等．简明消费经济学．北京：中国商业出版社，1988
38. 刘茂松．家庭经济行为论——我国市场经济条件下家庭经济行为研究．长沙：湖南人民出版社，2002
39. 柳思维．中国商品市场发育研究．长沙：湖南出版社，1996
40. 苏志平等．消费经济学．北京：中国财政经济出版社，1997
41. 隋晓明．积习：中国人和美国人观念与心态比较．北京：中央民族大学出版社，2000
42. 王建国．争名的经济学——位置消费理论．见汤敏，茅于轼主编．现代经济学前沿专题（第三集）．北京：商务印书馆，1999
43. 王江云．消费者权益保护问题．北京：法律出版社，1990
44. 文启湘．消费经济学导论．西安：陕西人民出版社，2000
45. 文启湘．消费经济学．西安：西安交通大学出版社，2005
46. 卢嘉瑞．消费经济学文选．石家庄：花山文艺出版社，2012
47. 熊汉富．现代家庭消费经济研究．北京：当代中国出版社，2002
48. 杨灿明，李景友．公共部门经济学．北京：经济科学出版社，2003
49. 杨娴等．家庭经济．北京：科学普及出版社，1991
50. 伊志宏．消费经济学（第二版）．北京：中国人民大学出版社，2011
51. 黄铁苗主编．节约经济学．北京：中国金融出版社，1990
52. 周振东．旅游经济学．大连：东北财经大学出版社，2002
53. 张严方．消费者保护法研究．北京：法律出版社，2002
54. 周长城．社会发展与生活质量．北京：社会科学文献出版社，2001
55. 黄铁苗主编．消费经济学．广州：广东人民出版社，2005
56. 中华人民共和国消费者权益保护法．北京：中国法制出版社，1993
57. 马歇尔．经济学原理（上卷）．北京：商务印书馆，1981
58. 魁奈．魁奈经济著作选集．北京：商务印书馆，1979

59. 多恩布什，费希尔·斯塔兹．宏观经济学（第七版）．北京：中国人民大学出版社，1999

60. 保罗·萨缪尔森，威廉·诺德豪斯．经济学．北京：中国发展出版社，1992

61. 凯恩斯．就业、利息与货币通论．北京：商务印书馆，1977

62. 菲利普·科特勒．营销管理．上海：上海人民出版社，1999

63. 杨巍，刘宇．对影响居民消费需求主因的研究——基于中国31个地区面板数据的实证分析．调研世界，2011（4）

64. 余芳东．世界主要国家居民收入分配状况．调研世界，2012（10）

65. John C. Mowen and Michael S. Minor. 消费者行为学．北京：清华大学出版社，2003

66. L. G. Schiffman and L. Kanuk. Consumer Behavior（英文影印版）．北京：清华大学出版社，1997

67. C. A. Carroll. Theory of the Consumption Function, with and without Liquidity Constraints. *Journal of Economic Perspectives*, 2001, Vol. 15, No. 3, 23-45

68. J. F. Engel, R. D. Blackwell, and P. W. Miniard. Consumer Behavior. FL: The Dryden Press, 1995

69. Milton A. Friedman. A Theory of the Consumption Function. Princeton, NJ: Princeton University Press, 1957

70. Franco Modigliani. The Life Cycle Hypothesis of Saving, the Demand for Wealth, and the Supply of Capital. *Social Research*, 33, 160-217

71. Walt Whitman Rostow. The Stages of Economic Growth: A Non-communist Manifesto. Cambridge University Press, 1960

后 记

《现代消费经济学通论》是由中国人民大学前校长纪宝成教授主持编著的21世纪贸易经济系列教材中的一本。系列教材编委会确定全书由柳思维教授主编，编写大纲由主编提出，先后经过2003年10月编委会湘西会议与2004年2月编委会厦门会议讨论修改确定编写提纲后，由主编组织编写。参加第一版初稿编写的有湖南师范大学商学院刘茂松教授、熊汉富教授、何昀教授，湘潭大学教授资树荣博士，河北经贸大学教授戎素云博士，长沙理工大学教授刘建江博士，上海立信会计学院王延君博士，湖南商学院李定珍教授、李陈华教授、刘导波教授、黄微芬副教授、陶开宇副教授。初稿完成后由主编柳思维教授修改总纂，并请广东省社科院副院长、广东消费经济研究会会长李新家教授和广东省委党校黄铁苗教授审阅书稿，根据他们的意见和建议，主编又一次对全书进行了修改，并最终定稿。本次再版教材初稿编写分工如下：第1章柳思维教授、王娟博士，第2章何昀博士、教授，第3章杨波博士、教授，第4章郝爱民博士、教授，第5章孙爱军博士、教授，第6章胡若痴博士、副教授，第7章汤跃跃博士、教授，第8章唐红涛博士、副教授，第9章刘乐山博士、教授，第10章资树荣博士、教授，第11章钟陆文博士、副教授，第12章陈华博士、教授，第13章戎素云博士、教授，第14章陶开宇博士、副教授，全书由柳思维教授修改定稿。

本书第一版和再版编写过程中得到了中国高校贸易经济教学研究会、各参编单位及各位编写者的大力支持与鼎力相助，中国人民大学纪宝成教授及黄国雄教授、马龙龙教授、陈甬军教授、谷克鉴教授、刘向东教授、王晓东教授、王强博士，中南财经政法大学余鑫炎教授、张建民教授，南京财经大学徐从才教授，河北经贸大学纪良纲教授，淮海工学院晏维龙教授、哈尔滨商业大学刘北林教授、王德章教授，首都经贸大学祝合良教授等先后对本书编写提纲及内容提出了指导性意见，广东省社科院副院长李新家教授、广东省委党校黄铁苗教授对本书一版初稿进行了审定，并提出了许多中肯的修改意见。李陈华教授协助我完成了第一版修改稿的校订技术处理工作。本教材的再版修订得到湖南商学院领导重视与支持，各位参加编写、修订的教授、博士付出了艰辛的劳动，中国人民大学出版社工商管理出版分社于波社长和责任编辑进行精心指导和帮助，王娟博士协助我整理了有关案例资料，徐志耀博士协助我与各位参编者及时进行联系沟通并对书稿汇总编辑进行技术处理，特此一并表示衷心感谢。

一本教材容量有限，既不可能囊括消费经济学领域科研的全部最新成果，又难以对需要研究的诸多理论与实践问题作深入探讨，更囿于本人能力限制，加之老眼昏花患有白内障症，夏日酷热中，操刀修改，力不能及，教材中肯定存在这样那样的纰漏与问题，敬请学界同仁、高校师生不吝赐教，批评指正，以便今后不断修改完善。

柳思维

教师教学服务说明

中国人民大学出版社工商管理分社以出版经典、高品质的工商管理、财务会计、统计、市场营销、人力资源管理、运营管理、物流管理、旅游管理等领域的各层次教材为宗旨。

为了更好地为一线教师服务，近年来工商管理分社着力建设了一批数字化、立体化的网络教学资源。教师可以通过以下方式获得免费下载教学资源的权限：

在“人大经管图书在线”（www. rdjg. com. cn）注册，下载“教师服务登记表”，或直接填写下面的“教师服务登记表”，加盖院系公章，然后邮寄或传真给我们。我们收到表格后将在一个工作日内为您开通相关资源的下载权限。

如您需要帮助，请随时与我们联络：

中国人民大学出版社工商管理分社

联系电话：010－62515735，62515749，82501704

传真：010－62515732，62514775　　　电子邮箱：rdcbsjg@crup. com. cn

通讯地址：北京市海淀区中关村大街甲 59 号文化大厦 1501 室（100872）

教师服务登记表

姓 名		□先生 □女士	职　称		
座机/手机			电子邮箱		
通讯地址			邮　编		
任教学校			所在院系		
所授课程	课程名称	现用教材名称	出版社	对象（本科生/研究生/MBA/其他）	学生人数
需要哪本教材的配套资源					
人大经管图书在线用户名					

院/系领导（签字）：

院/系办公室盖章